C·H·Beck
PAPERBACK

Reza Aslan erzählt in diesem brillant geschriebenen Buch die Geschichte des muslimischen Glaubens vom Propheten Mohammed bis zur Gegenwart. Dabei gelingt es ihm meisterhaft, den Leser von der ersten Seite an zu fesseln. Treffende Geschichten, Beispiele und Portraits vermitteln einen höchst lebendigen Eindruck von der ersten muslimischen Gemeinde in Medina, den Rivalitäten zwischen Sunniten und Schiiten oder der islamischen Mystik. Aber das Buch ist mehr als ein anschaulicher historischer Überblick: Aslan erklärt, warum der Islam gegenwärtig zwischen Traditionalisten und Reformern gespalten ist, und tritt für eine islamische Aufklärung ein.

Reza Aslan, iranisch-amerikanischer Religionswissenschaftler, lehrt als Professor an der University of California. Durch Beiträge für große Zeitungen (New York Times, Washington Post u. a.) und Bestseller wie «Kein Gott außer Gott» oder «Der Zelot» ist er einem großen Publikum bekannt. Für seine wissenschaftliche und literarische Arbeit wurde er vielfach ausgezeichnet.

Reza Aslan

Kein Gott ausser Gott

Der Glaube der Muslime von Muhammad bis zur Gegenwart

Aus dem Englischen von Rita Seuß

C.H.Beck

Titel der amerikanischen Originalausgabe:
«No god but God. The Origins, Evolution, and Future of Islam»

Dieses Buch erschien zuerst in gebundener Form im Verlag C.H.Beck.
1. und 2. Auflage. 2006
3. Auflage. 2007

Die Neuausgabe in C.H.Beck Paperback folgt der aktualisierten und erweiterten
Random House Trade Paperback Edition 2011.

1. Auflage in C.H.Beck Paperback. 2019

Satz: Janß GmbH, Pfungstadt
Druck und Bindung: Druckerei C.H.Beck, Nördlingen
Umschlaggestaltung: roland angst,
Berlin + stefan vogt, München
Umschlagabbildung: Die Ka'ba in Mekka. © Das Fotoarchiv
Printed in Germany
ISBN 978 3 406 73639 1

www.chbeck.de

Für
meine Mutter Soheyla
und
meinen Vater Hassan

Im Namen Gottes, des Erbarmers,
des Barmherzigen

Inhalt

VORWORT
zur aktualisierten Neuausgabe 11

PROLOG
Der Kampf der monotheistischen Religionen 15

1. DAS HEILIGTUM IN DER WÜSTE
Das vorislamische Arabien 27

2. HÜTER DER SCHLÜSSEL
Muhammad in Mekka 47

3. DIE STADT DES PROPHETEN
Die ersten Muslime 74

4. KAMPF NACH DEM WILLEN GOTTES
Der Dschihad 100

5. DIE RECHTGELEITETEN
Die Nachfolger Muhammads 132

6. DIESE RELIGION IST EINE WISSENSCHAFT
Theologie und Recht im Islam 165

7. IN DEN FUSSSTAPFEN VON MÄRTYRERN
Vom Schiitentum zum Chomeinismus 198

8. Färbe deinen Gebetsteppich mit Wein
Der Weg der Sufis 222

9. Ein Erwachen im Osten
Die Antwort auf den Kolonialismus 248

10. Der lange Weg nach Medina
Auf der Suche nach der islamischen Demokratie 279

11. Willkommen zur islamischen Reformation
Die Zukunft des Islams 303

Anhang

Dank 319 · Anmerkungen 321
Literaturhinweise 343 · Zeittafel 352
Glossar 354 · Personenregister 359

Vorbemerkung zu Umschrift, Aussprache und Zitierweise

Es existiert zwar eine weithin anerkannte wissenschaftliche Umschrift des Arabischen mit diakritischen Zeichen zur Markierung langer und kurzer Vokale; um der Klarheit und Lesbarkeit willen habe ich jedoch versucht, die in diesem Buch vorkommenden arabischen Namen und Begriffe in ihrer einfachsten Form wiederzugeben. Der arabische Buchstabe *hamza*, der einen festen Stimmabsatz bezeichnet, ist durch einen nach links offenen Apostroph (') gekennzeichnet, der Buchstabe *ain*, ein in der Kehle gebildeter stimmhafter Reibelaut, durch einen nach rechts offenen Apostroph (ʿ) wie in *baiʿa*, «Eid, Schwur». Das «th» (z. B. in *Hadith*) entspricht dem englischen «th» in *thing*, «dh» (z. B. in *dhikr*) dem englischen «th» in *the*.

Im allgemeinen wird die deutsche Koranübersetzung von Rudi Paret verwendet; in einigen Passagen wurde indes auf den Wortlaut von Reza Aslan zurückgegriffen.

Vorwort

zur aktualisierten Neuausgabe

Zehn Jahre nach den Anschlägen vom 11. September war die antimuslimische Stimmung in Europa und Nordamerika auf einem Allzeithoch, die Zeit unmittelbar nach jenem tragischen Tag des Jahres 2001 eingerechnet. Umfragen zeigten, daß fast die Hälfte der Bevölkerung in den Vereinigten Staaten und in Kanada den Islam negativ sehen. Gesetzliche Beschränkungen der Rechte und Freiheiten von Muslimen in Europa und die Erfolge erklärtermaßen antimuslimischer Politiker und politischer Parteien verstärkten in muslimischen Gemeinschaften das Gefühl der Ausgrenzung und Entrechtung.

Für dieses plötzliche Aufflammen antimuslimischer Hysterie wurden viele Gründe angeführt. Die internationale Finanzkrise hat gewiß eine Rolle gespielt. In Zeiten wirtschaftlicher Unsicherheit erscheint es nur natürlich, daß die Menschen nach einem Sündenbock suchen, auf den sie ihre Ängste und Befürchtungen abladen können. In vielen Teilen Europas und Nordamerikas geht die Angst vor dem Islam Hand in Hand mit einer Abwehrhaltung gegen Einwanderung und allgemein gegen eine zunehmend heterogene Welt, in der es keine Grenzen mehr gibt.

Zehn Jahre nach Beginn des sogenannten Kriegs gegen den Terror hatte sich zudem bei den Amerikanern und ihren westlichen Verbündeten eine Kriegsmüdigkeit breitgemacht. Nachdem die patriotische Begeisterung zu Beginn der Kriege in Afghanistan und im Irak verflogen war, fragten sich viele, was mit den Billionen Dollar, die dafür ausgegeben wurden, eigentlich erreicht wurde und wofür die Tausenden Menschen auf diesen fernen Schlachtfeldern gestorben sind. «Hausgemachte» Terroranschläge in Europa und Nordamerika verstärkten zugleich die Sorge, daß auch die wirtschaftlich erfolgreiche, gesellschaftlich integrierte und aufstrebende muslimische Gemeinschaft der Vereinigten Staaten nicht mehr immun ist gegen eine militante Ideologie, von der sich junge Muslime in Europa angezogen fühlen.

All dies sind wichtige Faktoren, um die wachsende antimuslimische Stimmung zu erklären. Es gibt jedoch einen weiteren, noch tieferen Grund. Umfragen zufolge glaubten im Jahr 2010 immer noch fast ein Viertel der Amerikaner, Präsident Barack Obama sei ein Muslim: das ist ein Zuwachs von 10 Prozent gegenüber 2008. Unter den Mitgliedern der Republikanischen Partei betrug der Anteil fast 40 Prozent, in der sogenannten Tea Party sogar mehr als 60 Prozent. Umfragen haben immer wieder gezeigt, daß die Ablehnung von Präsident Obamas Politik zur Gesundheitsfürsorge und zur Regulierung des Finanzmarkts mit der Überzeugung einherging, Obama sei ein Muslim.

Mit anderen Worten: Der Islam ist in den Vereinigten Staaten zum Inbegriff des «Anderen» geworden, zur Projektionsfläche aller Ängste und Befürchtungen, die angesichts einer strauchelnden Wirtschaft, einer neuen und unvertrauten politischen Ordnung und eines sich wandelnden kulturellen, ethnischen und religiösen Gefüges, das die Welt grundlegend verändert hat, immer weiter wachsen. In Europa und Nordamerika wird alles, was beängstigend, fremd, unbekannt und unsicher ist, mit dem Etikett «Islam» versehen.

Diese Entwicklung kann nicht überraschen, jedenfalls nicht in den Vereinigten Staaten. All das, was heute der muslimischen Bevölkerung Amerikas zugeschrieben wird – daß sie fremd, exotisch und unamerikanisch sei –, wurde vor fast hundert Jahren katholischen und jüdischen Einwanderern zugeschrieben. Auch die Ausgrenzung des Islams als des radikal «Anderen» in der westlichen Welt ist kein neues Phänomen. Von den Kreuzzügen bis zum «Kampf der Kulturen» hat der Islam im Westen stets die Rolle des fundamental «Anderen» gespielt. Entmutigend jedoch ist, daß selbst in einer Gesellschaft, die auf dem Prinzip der Religionsfreiheit gründet, große Teile der Bevölkerung der Ansicht sind, diese Freiheiten sollten nicht für Muslime gelten und Muslime seien irgendwie *anders*.

Als ich 2005 *Kein Gott außer Gott* veröffentlichte, wollte ich dieser Ansicht entgegentreten. Ich wollte zeigen, daß der Islam kein Sonderfall ist, sondern daß die historischen, kulturellen und geographischen Gegebenheiten, von denen die Entwicklung der Religionen in anderen Teilen der Welt geprägt wurde, auch die Entwicklung des Islams geprägt und ihn zu einer in hohem Maß eklektizistischen und vielgestaltigen Religion gemacht haben. Und auch wenn diese Botschaft heute mindestens so wichtig ist wie damals, müssen wir einräumen, daß eine genauere Kenntnis des Islams allein nicht ausreicht, um gängige Ansichten über die Muslime zu revidieren. Die Köpfe verändern sich nicht allein durch Daten und Fakten (wenn es so wäre, könnte man die Amerikaner leicht davon überzeugen, daß Obama ein Christ ist). Erst durch den beharrlichen Aufbau persönlicher Beziehungen erschließt sich die fundamentale Wahrheit, daß die Menschen überall auf der Welt dieselben Träume und Hoffnungen haben und mit denselben Sorgen und Ängsten ringen.

Ein solcher Prozeß der Veränderung von Wahrnehmungen braucht natürlich Zeit. Es kann noch eine Generation dauern, bis Feindseligkeiten gegenüber Muslimen als ebenso schändlich und verachtenswert gelten wie heute die katholiken- und judenfeindliche Hysterie der Vergangenheit. Doch dieser Tag wird zweifellos kommen. Vielleicht werden wir dann erkennen, wie eng die Verflechtungen sind, die uns alle jenseits unserer kulturellen, ethnischen und religiösen Zugehörigkeit miteinander verbinden.

Inschallah. So Gott will.

Prolog

Der Kampf der monotheistischen Religionen

Mitternacht, und noch fünf Stunden bis Marrakesch. Ich konnte noch nie im Zug schlafen. Der von den Rädern unerbittlich auf die Schienen geklopfte Rhythmus hält mich wach. Ein melodischer Klang, viel zu laut, um ihn zu ignorieren. Nicht einmal der Einbruch der Dunkelheit scheint zu helfen, im Gegenteil. Nachts ist es am schlimmsten, wenn von der grenzenlosen Weite und Stille der Wüste, die vor dem Fenster vorüberzieht, nur der Sternenhimmel zu sehen ist.

Das ist bedauerlich, denn eine Zugfahrt durch Marokko übersteht man schlafend am besten. In den Zügen tummeln sich illegale *faux guides*, falsche Führer, die von Abteil zu Abteil gehen, auf der Suche nach Touristen, denen sie ihre Dienste anbieten können: Empfehlungen der besten Restaurants, der billigsten Hotels und der attraktivsten Frauen. Die *faux guides* in Marokko sprechen ein halbes Dutzend Sprachen, und das macht es schwierig, einfach über sie hinwegzusehen. Meine olivbraune Haut, die dicken Augenbrauen und mein schwarzes Haar läßt sie gewöhnlich Abstand wahren. Doch die einzige Möglichkeit, sie sich ganz vom Leib zu halten, ist zu schlafen. Dann bleibt ihnen nichts anderes übrig, als ihr Glück beim nächsten Reisenden zu versuchen.

Genau diese Gedanken gingen mir durch den Kopf, als ich aus dem Nachbarabteil laute Stimmen hörte. Ich vermutete einen Wortwechsel zwischen einem dieser hartnäckigen *faux guides* und einem unwilligen Touristen. Das unnachgiebige Arabisch-Geschnatter, für meine Ohren viel zu schnell, wurde immer wieder von den ungehaltenen Entgegnungen eines Amerikaners unterbrochen.

Ich war schon mehrfach Zeuge derartiger Auseinandersetzungen gewesen: im Sammeltaxi, im Basar und oft auch im Zug. Während der Monate, die ich bisher in Marokko unterwegs war, hatte ich mich an die plötzlichen Wutausbrüche der Einheimischen gewöhnt. Sie donnern los wie aus heiterem Himmel. Doch genauso schnell verebbt der Ausbruch wieder, verliert sich in leisem Grummeln und freundlichem Schulterklopfen.

Die Stimmen nebenan wurden lauter, und jetzt glaubte ich zu verstehen, was los war. Es war gar kein *faux guide*. Ein scharfer Tadel wurde ausgesprochen. Schwer zu sagen, worum genau es ging, aber ich hörte Sprachfetzen des berberischen Dialekts heraus, der manchmal von den Behörden benutzt wird, um Ausländer einzuschüchtern. Der Amerikaner sagte immer wieder: «*Wait a minute*», und dann: «*Parlez-vous anglais? Parlez-vous français?*» Der Marokkaner, soviel verstand ich, verlangte die Pässe.

Neugierig geworden, stand ich auf und stieg behutsam über die Beine des neben mir schnarchenden Geschäftsmanns. Ich öffnete die Tür einen Spalt breit und schlüpfte hinaus auf den Gang. Als sich meine Augen an das Licht gewöhnt hatten, erhaschte ich durch die Glastür des Nachbarabteils einen Blick auf die bekannte rot-schwarze Uniform des Zugschaffners. Ich klopfte leise und trat ein, ohne eine Antwort abzuwarten.

«*As-salam alaikum*», sagte ich. *Friede sei mit dir.*

Der Schaffner hielt in seiner Zurechtweisung inne und wandte sich mir zu mit dem Gruß «*Wa-alaikum as-salam.*» *Friede sei auch mit dir.* Sein Gesicht war gerötet, seine Augen waren blutunterlaufen, aber er wirkte nicht wütend. Sein strähniges Haar und die zerknitterte Uniform ließen vermuten, daß er gerade erst aufgewacht war. Seine Stimme klang träge, und er war schwer zu verstehen. Meine Anwesenheit beflügelte ihn.

«Werter Herr», sagte er in klarem, verständlichem Arabisch, «das ist kein Nachtclub. Hier gibt es Kinder. Das ist kein Nachtclub.»

Ich hatte keinen Schimmer, was er meinte.

Der Amerikaner packte mich an den Schultern. «Würden Sie diesem Mann bitte sagen, daß wir geschlafen haben?» Er war jung und auffallend groß, mit großen grünen Augen, und fuhr sich unablässig mit den Fingern durch seinen blonden Haarschopf. «Wir haben geschlafen», wiederholte er und artikulierte dabei die Worte so überdeutlich, als müßte ich sie ihm vom Mund ablesen. «*Comprendez-vous?*»

Ich wandte mich wieder an den Zugschaffner und übersetzte: «Er sagt, er hat geschlafen.»

Der Schaffner, aschfahl im Gesicht, verfiel in seiner Nervosität erneut in einen unverständlichen Berber-Dialekt. Er fing an, wild zu gestikulieren, um seine Aufrichtigkeit zu unterstreichen und mir begreiflich zu machen, daß er sich wegen eines schlafenden Paares nicht so aufregen würde. Er habe selbst Kinder, betonte er immer wieder. Er sei ein Vater; und er sei ein *Muslim*. Er fuhr mit seiner Aufzählung fort, aber ich hörte ihm nicht mehr zu. Eine andere Person im Abteil beanspruchte meine ganze Aufmerksamkeit.

Da saß eine Frau hinter dem Mann, dicht hinter ihm, um Deckung zu finden, die Beine übereinandergeschlagen, die Hände im Schoß gefaltet. Ihr Haar war zerzaust, ihre Wangen glühten. Sie sah uns nicht direkt an, sondern verfolgte das Geschehen im verzerrten Spiegelbild des Abteilfensters.

«Haben Sie ihm gesagt, daß wir geschlafen haben?» fragte mich der Amerikaner.

«Ich denke nicht, daß er Ihnen glaubt», erwiderte ich.

Mein Englisch verblüffte ihn sichtlich, doch der Schock über die Anschuldigung war viel zu stark, als daß er den Gedanken weiterverfolgt hätte. «Er glaubt mir nicht? Na fein. Und was will er jetzt machen? Uns zu Tode steinigen?»

«Malcolm!» rief die Frau, lauter, als sie es wohl beabsichtigt hatte. Sie streckte die Arme aus und zog ihn zu sich herunter.

«Ist ja wunderbar», sagte Malcolm mit einem Seufzer. «Fragen Sie ihn, wieviel er haben will, damit er geht.» Er fummelte in seinen Hemdtaschen herum und zog einen Packen zerfledderter bunter Geldscheine heraus. Bevor er sie dem Schaffner entgegenstrecken konnte, trat ich dazwischen und nahm den Schaffner am Arm.

«Der Amerikaner sagt, es tut ihm leid», sagte ich. «Es tut ihm außerordentlich leid.»

Ich führte ihn behutsam zur Tür, aber er wollte die Entschuldigung nicht annehmen. Erneut forderte er die Pässe. Ich tat, als verstünde ich nicht. Seine Reaktion kam mir ein bißchen überzogen vor, fast als spielte er Theater. Vielleicht hatte er das Paar tatsächlich in einem unschicklichen Augenblick überrascht, aber in dem Fall hätte eine scharfe Rüge ausgereicht. Sie waren jung; sie waren Ausländer; die komplizierten Anstandsregeln der muslimischen Welt waren ihnen fremd. Das wußte der Schaffner ganz gewiß. Und trotzdem schien er durch dieses so offensichtlich harmlose Paar zutiefst beunruhigt, ja persönlich gekränkt. Nachdrücklich wiederholte er, er sei ein Vater und ein Muslim und ein anständiger Mensch. Ich stimmte ihm zu und versprach, bis zur Ankunft in Marrakesch bei dem Paar zu bleiben.

«Gott vermehre Ihre Freundlichkeit», sagte ich und öffnete die Tür.

Widerstrebend legte der Schaffner die Hand auf seine Brust und dankte mir. Schon im Begriff, in den Gang hinauszutreten, wandte er sich noch einmal um und wies mit zitterndem Zeigefinger auf das auf dem Bettrand sitzende Paar. *«Christian!»* stieß er auf Englisch hervor, und seine Stimme bebte vor Verachtung. Er schloß die Tür, und wir hörten, wie er geräuschvoll den Gang entlangstapfte.

Einen Augenblick sprach niemand ein Wort. Ich blieb an der Tür stehen und hielt mich an der Gepäckablage fest, als der Zug in eine weite Kurve bog. «Eine sonderbare Bemerkung», sagte ich lachend.

«Ich bin Jennifer», sagte das Mädchen. «Und das ist mein Mann, Malcolm. Danke für Ihre Hilfe. Es hätte ein schlimmes Ende nehmen können.»

«Das glaube ich nicht», sagte ich. «Er hat die Sache bestimmt längst vergessen.»

«Es gibt nichts zu vergessen», sagte Malcolm.

«Natürlich.»

Plötzlich wurde Malcolm wütend. «Die Wahrheit ist, der Mann lauert uns auf, seit wir in diesen Zug eingestiegen sind.»

«Malcolm», flüsterte Jennifer und drückte seine Hand. Ich versuchte, ihren Blick aufzufangen, aber sie sah mich nicht an. Malcolm zitterte vor Wut.

«Aber warum?» fragte ich.

«Sie haben doch gehört, was er gesagt hat», erwiderte Malcolm mit erhobener Stimme. «Weil wir Christen sind.»

Ich fuhr zusammen. Es war eine unwillkürliche Reaktion, nur ein Zukken der Augenbrauen. Doch Jennifer war es nicht entgangen, denn sie sagte beinah entschuldigend: «Wir sind Missionare und unterwegs in die Westsahara, um das Evangelium zu predigen.»

Und auf einmal begriff ich, warum der Schaffner das Paar nicht aus den Augen gelassen hatte; warum er so voller Groll und Unduldsamkeit war, als er sie in einer kompromittierenden Situation erwischt hatte. Mein Blick fiel auf einen kleinen offenen Karton zwischen zwei Rucksäkken auf der Gepäckablage, den ich bisher nicht bemerkt hatte. Darin lagen grün gebundene Taschenbuchausgaben des Neuen Testaments in arabischer Übersetzung. Drei oder vier davon fehlten.

«Möchten Sie eins haben?» fragte Jennifer. «Wir verteilen sie kostenlos.»

Seit den Anschlägen auf New York und Washington am 11. September 2001 erklären Experten, Politiker und religiöse Prediger in den Vereinigten Staaten und Europa, es herrsche ein «Kampf der Kulturen», um Samuel Huntingtons inzwischen zum Schlagwort gewordene Formulierung zu benutzen. Ein Kampf zwischen den modernen, aufgeklärten, demokratischen Gesellschaften des Westens und den archaischen, barbarischen, autokratischen Gesellschaften des Nahen Ostens. Einige durchaus anerkannte Wissenschaftler haben diesen Gedanken aufgegriffen und behauptet, die Schuld daran, daß es in der islamischen Welt keine Demokratie gebe, trage in erster Linie die muslimische Kultur selbst, die mit den Werten der Aufklärung, mit Liberalismus, Pluralismus, Individualismus und Menschenrechten, grundsätzlich unvereinbar sei. Es sei daher nur eine Frage der Zeit, bis diese beiden großen Kulturkreise mit ihren konträren Ideologien aufeinanderprallten. Und was könnte diese These besser belegen als der 11. September?

Hinter dieser törichten, Zwietracht säenden Rhetorik steckt eine subtilere, ungleich gefährlichere Geisteshaltung: daß es sich weniger um einen kulturellen als vielmehr um einen religiösen Konflikt handle; nicht um einen «Kampf der Kulturen», sondern um einen «Kampf der monotheistischen Religionen».

Aus dieser Gesinnung heraus lassen sich die Äußerungen des prominenten, politisch einflußreichen Erweckungspredigers Reverend Franklin Graham verstehen. Der Sohn Billy Grahams und geistliche Ratgeber des amerikanischen Präsidenten George W. Bush bezeichnete den Islam öffentlich als eine «bösartige Religion». In ähnlicher Weise argumentierte die extreme, doch ausgesprochen populäre konservative Kolumnistin Ann Coulter, die nach dem 11. September in ihren Artikeln die westlichen Länder aufrief, muslimische «Länder anzugreifen, ihre Führer zu töten und die Bevölkerung zum Christentum zu bekehren». Diese Gesinnung zeigt sich auch in der Rhetorik des Kriegs gegen den Terrorismus, der auf beiden Seiten des Atlantiks in entschieden christlich geprägter Terminologie als Kampf zwischen Gut und Böse beschrieben wird. Und sie bildet den Hintergrund für die Geschehnisse in den Gefängnissen Iraks und Afghanistans, wo muslimische Kriegsgefangene unter Androhung von Folter gezwungen wurden, Schweinefleisch zu essen, Alkohol zu trinken und den Propheten Muhammad zu verfluchen.

Freilich herrscht auch im Islam durchaus kein Mangel an antichristlicher und antijüdischer Propaganda. Bisweilen scheint es, als könnten selbst die Gemäßigteren unter den Predigern und Politikern der muslimischen Welt nicht widerstehen, gelegentlich von einer Verschwörung der «Kreuzzügler und Juden» zu sprechen – womit meist der gesichtslose, kolonialistische, zionistische und imperialistische «Andere» im Gegensatz zur eigenen, muslimischen Gemeinschaft gemeint ist. Der Kampf der monotheistischen Religionen ist jedoch kein neues Phänomen. Angefangen mit der islamischen Expansion über die blutigen Kriege und Inquisitionstribunale der Kreuzzugszeit bis hin zum Kolonialismus mit seinen tragischen Folgen und dem Teufelskreis der Gewalt in Israel und Palästina waren die Beziehungen zwischen Juden, Christen und Muslimen seit jeher von Feindseligkeit, Mißtrauen und oftmals Intoleranz und Gewalt geprägt.

In den letzten Jahren jedoch wird das Szenario eines apokalyptischen, endzeitlichen Kampfes heraufbeschworen und die politische Agenda theologisch unterfüttert, so daß die verblüffenden Ähnlichkeiten zwischen der feindseligen, auf Unkenntnis beruhenden Rhetorik der verheerenden Religionskriege der Vergangenheit und der Rhetorik der gegenwärtigen Kriege im Nahen Osten nicht mehr zu ignorieren sind. Wenn Reverend Jerry Vine, ehemals Vorsitzender der Southern Baptist Convention, der größten protestantischen Kirche in den USA, den Propheten Muhammad als einen «vom Teufel besessenen Kinderschänder» bezeichnet, gleicht er auf fast gespenstische Weise den mittelalterlichen päpstlichen Propagandisten, die in Muhammad den Antichristen und in der islamischen Expansion ein Zeichen für die herannahende Apokalypse erkennen wollten. Wenn der republikanische Senator James Inhofe aus Oklahoma vor dem US-Kongreß erklärt, die aktuellen Konflikte im Nahen Osten seien keine politischen oder territorialen Kriege, sondern «ein Kampf um die Wahrheit von Gottes Wort», so bedient er sich, wissentlich oder nicht, der Sprache der Kreuzfahrer.

Man könnte dem entgegenhalten, daß der Kampf der monotheistischen Religionen die unausweichliche Folge des Monotheismus selbst ist. Während eine Religion mit mehreren Göttern viele Mythen kennt, die die *conditio humana* beschreiben, hat eine Religion mit einem einzigen Gott tendenziell nur einen Mythos. Sie lehnt nicht nur alle anderen Götter ab, sondern auch alle anderen Beschreibungen Gottes. Wenn es nur einen Gott gibt, kann es auch nur eine Wahrheit geben. Ein solches Verständnis führt leicht zu blutigen Konflikten zwischen unversöhnlichen absoluten Positionen. Missionarische Aktivitäten, selbst wenn sie den Armen dieser Welt Gesundheit und Schulbildung bringen, gründen unweigerlich auf der Überzeugung, daß es nur einen einzigen Weg zu Gott gibt und daß alle anderen Wege zu Sünde und Verdammnis führen.

Malcolm und Jennifer gehörten, wie ich im Eisenbahnzug nach Marrakesch erfuhr, zu einer rasch wachsenden Bewegung christlicher Missionare, die zunehmend beginnen, ausschließlich in der muslimischen Welt zu operieren. Weil die christliche Evangelisierung in muslimischen Ländern stark in Mißkredit steht – vorwiegend aufgrund der immer noch wachen Erinnerung an den Kolonialismus, als die desaströse europäische «Zivilisierungsmission» mit einer vehement antiislamischen «Christianisierungsmission» Hand in Hand ging –, weisen evangelikale Organisationen ihre Missionare neuerdings an, in der muslimischen Welt «verdeckt» zu operieren, eine muslimische Identität anzunehmen, muslimische Kleidung (einschließlich des Schleiers) zu tragen, ja sogar zu fasten und zu beten wie Muslime. Gleichzeitig hat die Regierung der Vereinigten Staaten christliche Hilfsorganisationen aufgerufen, sich am Aufbau der Infrastrukturen im Irak und in Afghanistan nach dem Krieg aktiv zu beteiligen. Damit bestätigt sie das Mißtrauen all jener, die in der Besetzung dieser Länder von vornherein einen christlichen Kreuzzug gegen die Muslime gesehen haben. Hinzu kommt, daß viele Menschen in der muslimischen Welt an geheime Absprachen zwischen den Vereinigten Staaten und Israel glauben, die gegen muslimische Interessen allgemein und die Rechte der Palästinenser im besonderen gerichtet sind. Durchaus verständlich, daß unter diesen Vorzeichen Ressentiments und Argwohn der Muslime gegenüber dem Westen zugenommen haben – mit verhängnisvollen Konsequenzen.

Bedenkt man, wie mühelos sich religiöses Dogma mit politischer Ideologie verquicken ließ, stellt sich die Frage, wie es uns je gelingen kann, die Mentalität eines Kampfes der monotheistischen Religionen zu überwinden, die sich in das Bewußtsein der modernen Welt so tief eingegraben hat. Bildung und Toleranz spielen natürlich eine wichtige Rolle. Was wir aber am dringendsten brauchen, ist nicht so sehr ein besseres Verständnis für die Religion unserer Nachbarn, sondern ein tieferes und umfassenderes Verständnis der Religion an sich.

Religion ist etwas anderes als Glaube. Religion ist die *erzählte Geschichte* des Glaubens. Ein institutionalisiertes Gefüge aus Symbolen und Metaphern (Ritualen und Mythen) in einer Sprache, die es einer Glaubensgemeinschaft ermöglicht, einander ihre Begegnung mit dem Numinosen, dem Göttlichen, mitzuteilen. Religion handelt nicht von der faktischen, sondern von der sakralen Geschichte, die eben nicht wie ein Strom durch die Zeit verläuft. Die sakrale Geschichte gleicht eher einem geheiligten Baum, dessen Wurzeln tief in die Urzeit reichen und dessen Zweige in die faktische Geschichte ausgreifen, ohne sich um die Grenzen von Raum und Zeit zu kümmern. Ja, Religionen entstehen immer dann, wenn sakrale und faktische Geschichte aufeinanderstoßen. Zum Kampf der monotheistischen Religionen kommt es, wenn der Glaube, geheimnisvoll, unfaßbar und jegliche Kategorisierung scheuend, sich im knorrigen Geäst der Religion verfängt.

Das vorliegende Buch also erzählt die Geschichte des Islams. Eine Geschichte, die in den Erinnerungen der ersten Generation von Muslimen verankert und von den ersten Biographen des Propheten Muhammad, Ibn Ishaq (gestorben 768), Ibn Hischam (gestorben 833), al-Baladhuri (gestorben 892), al-Tabari (gestorben 922) u. a., aufgezeichnet worden ist. Im Mittelpunkt dieser Geschichte steht der heilige Koran, Gottes Offenbarung, die Muhammad in einem Zeitraum von dreiundzwanzig Jahren in Mekka und Medina zuteil wurde. Aus Gründen, die bald deutlich werden, erzählt der Koran nur sehr wenig über Muhammads Leben (ja, der Prophet findet darin kaum Erwähnung). Doch für das Verständnis des muslimischen Glaubens in seiner frühesten Zeit – also noch bevor der Glaube zur Religion und die Religion zur Institution wurde – ist der Koran von unschätzbarem Wert.

Dennoch dürfen wir nicht vergessen, daß der Koran und die Überlieferung der Worte und Taten des Propheten, so unverzichtbar und historisch wertvoll sie sein mögen, in der Mythologie verwurzelt sind. Es ist bedauerlich, daß das Wort *Mythos*, das ursprünglich nichts anderes bedeutete als «Geschichten vom Übernatürlichen», zum Synonym für Lüge und Falschheit wurde, wo doch Mythen an sich immer wahr sind. Sie besitzen eine ureigene Legitimität und Glaubwürdigkeit, auch wenn die Wahrheiten, die sie übermitteln, mit den historischen Fakten wenig zu tun haben. Die Frage, ob Mose das Rote Meer tatsächlich geteilt, ob Jesus Lazarus tatsächlich von den Toten auferweckt oder Gott tatsächlich aus dem Munde Muhammads gesprochen hat, ist vollkommen unerheblich. In bezug auf eine Religion und ihre Mythologie lautet die einzig wichtige Frage: Was wollen diese Geschichten zum Ausdruck bringen?

Es ist eine Tatsache, daß kein Verkünder der großen Weltreligionen je bestrebt war, historische Ereignisse in möglichst objektiver Form festzuhalten. Es ging ihnen nicht um die Weitergabe beobachtbarer Fakten! Vielmehr *deuteten* sie bestimmte Ereignisse, um den Mythen und Ritualen ihrer Gemeinschaft Form und Geltung zu verleihen, künftigen Generationen eine gemeinsame Identität, ein gemeinsames Ziel und eine gemeinsame Geschichte zu geben. Schließlich ist Religion per definitionem Deutung, Interpretation; und per definitionem haben alle Interpretationen ihre Berechtigung, auch wenn einige vernünftiger sind als andere. Und wie schon der jüdische Philosoph und Mystiker Moses Maimonides bemerkte, ist es der Verstand und nicht die Phantasie, der entscheidet, was glaubwürdig ist und was nicht.

Wissenschaftler formulieren eine vernünftige Interpretation einer bestimmten religiösen Tradition, indem sie die Mythen dieser Religion mit dem in Verbindung bringen, was über die spirituelle und politische Landschaft bekannt ist, in der diese Mythen entstanden sind. Gestützt auf den Koran und die Überlieferungen des Propheten und unter Berücksichtigung dessen, was wir über das kulturelle Umfeld wissen, in dem Muhammad geboren und seine Botschaft geformt wurde, können wir ein vernünftiges Bild über die Ursprünge und die Entwicklung des Islams gewinnen. Eine schwierige Aufgabe, die jedoch dadurch erleichtert wird, daß Muhammad «im vollen Licht der Geschichte» geboren wurde, um mit Ernest Renan zu sprechen, und als ein enorm wirkungsmächtiger Prophet starb (was ihm seine christlichen und jüdischen Kritiker nie verziehen haben).

Auf der Grundlage einer vernünftigen Interpretation über den Aufstieg des Islams im Arabien des 6. und 7. Jahrhunderts läßt sich nachvollziehen, auf welche Weise Muhammads revolutionäre Botschaft der moralischen Verantwortung und sozialen Gleichheit von seinen Nachfolgern allmählich neu interpretiert wurde; wie konkurrierende Auffassungen einer strengen Gesetzesfrömmigkeit und kompromißlosen Orthodoxie entstanden, die die muslimische Gemeinschaft spalteten und die Kluft zwischen der sunnitischen Hauptströmung des Islams und den beiden sektiererischen Strömungen Schiitentum und Sufismus immer weiter vergrößerten. Trotz ihrer gemeinsamen sakralen Geschichte strebte jede dieser Gruppen danach, ihre eigene Deutung der Schrift, ihre eigenen theologischen und juristischen Vorstellungen und ihre eigene Glaubensgemeinschaft zu entwickeln. Und jede dieser Gruppen fand im 18. und 19. Jahrhundert eine andere Antwort auf den Kolonialismus. Die koloniale Erfahrung zwang die gesamte muslimische Gemeinschaft, die Rolle des Glaubens in der modernen Gesellschaft neu zu überdenken. Während die einen auf eine eigenständige islamische Aufklärung drängten und sich bemühten, islamische Alternativen zu den westlichen säkularen Ideen der Demokratie zu entwickeln, plädierten die anderen für die Loslösung von den kulturellen Idealen des Westens zugunsten einer vollständigen «Islamisierung» der Gesellschaft. Mit dem Ende des Kolonialismus und der Entstehung des islamischen Staats im 20. Jahrhundert haben diese beiden Gruppen – vor dem Hintergrund der in der muslimischen Welt bis heute anhaltenden Debatte über eine eigene islamische Demokratie – ihre Argumente geschärft. Wie wir jedoch sehen werden, steht im eigentlichen Mittelpunkt der Debatte über Islam und Demokratie das ungleich wichtigere innere Ringen um die Definition der islamischen Reformation, die in weiten Teilen der muslimischen Welt bereits im Gange ist.

Die Reformation des Christentums war ein gewalttätiger Prozeß, aber er war nicht, wie häufig gesagt wird, eine Auseinandersetzung zwischen protestantischem Reformwillen und katholischer Intransigenz. Die christliche Reformation war vielmehr ein Kampf um die Zukunft des Glaubens – eine gewaltsame, blutige Auseinandersetzung, die Europa mehr als hundert Jahre lang Verwüstung und Krieg brachte.

Die islamische Reformation verlief bisher nicht viel anders. Für den Westen signalisierte der 11. September 2001 den Beginn eines weltweiten Kampfes zwischen dem Islam und dem Westen – die ultimative Manifestation des Kampfes der Kulturen. Aus islamischer Sicht dagegen waren die Angriffe auf New York und Washington Teil eines noch immer tobenden Kampfes zwischen denjenigen Muslimen, die ihre religiösen Werte mit den Gegebenheiten der modernen Welt in Einklang zu bringen suchen, und denjenigen, die dem Modernismus und Reformwillen mit einer Rückbesinnung auf die «Fundamente» ihres Glaubens entgegentreten – bisweilen auf fanatische Weise.

Das vorliegende Buch ist nicht nur eine kritische Bestandsaufnahme von Ursprung und Entwicklung des Islams; nicht nur eine Darstellung der gegenwärtigen innermuslimischen Auseinandersetzung um die Zukunft dieses großartigen, doch oft mißverstandenen Glaubens. Es ist vor allem ein Plädoyer für Reformen. Einige mögen finden, es bedeute eine Abkehr vom Glauben, aber das ist nicht weiter schlimm. Niemand kann für Gott sprechen – nicht einmal der Prophet (der *über* Gott spricht). Andere mögen es für apologetisch halten, aber das ist keine schlechte Sache. Eine Apologie ist eine Verteidigung, und was gibt es Nobleres, als den eigenen Glauben zu verteidigen, insbesondere gegen Ignoranz und Haß, und mitzuwirken, die Geschichte dieses Glaubens zu erzählen – eine Geschichte, die vor eintausendvierhundert Jahren, am Ende des 6. Jahrhunderts n. Chr., in der heiligen Stadt Mekka begann, wo Muhammad ibn Abdallah ibn Abd al-Muttalib geboren wurde, der Prophet und Gesandte Gottes. Möge Frieden und Segen auf ihm ruhen.

1. Das Heiligtum in der Wüste

Das vorislamische Arabien

Arabien, 6. Jahrhundert n. Chr.
Im trockenen, unfruchtbaren mekkanischen Becken, umrahmt von den kahlen Bergen der arabischen Wüste, steht ein kleines, rätselhaftes Heiligtum, ein gedrungener, würfelförmiger Bau, den die alten Araber Ka'ba nennen. Das dachlose Gebäude, eingesunken in einen sandigen Grund, besteht aus unverputzten Steinen. Seine Mauern, so niedrig, daß, wie es heißt, eine junge Ziege sie mühelos überwinden kann, sind ringsum mit schweren Tüchern verhüllt. In den grauen Stein sind zwei kleine Türen gemeißelt, die in das Innere des Heiligtums führen. Hier, in einem engen Schrein, wohnen die Götter des vorislamischen Arabien: der syrische Mondgott Hubal; die mächtige Göttin al-Uzza, die bei den Ägyptern Isis und bei den Griechen Aphrodite hieß; al-Kutba, der nabatäische Gott der Schrift und der Weissagung; Jesus, der menschgewordene Gott der Christen, und seine heilige Mutter Maria.

In und im Umkreis der Ka'ba befinden sich insgesamt rund dreihundertsechzig Bildnisse, die sämtliche Gottheiten der Arabischen Halbinsel repräsentieren. In den heiligen Monaten, wenn in der Stadt Mekka die Wüstenbasare und die großen Jahrmärkte stattfinden, strömen Pilger von überallher in diesen unfruchtbaren Landstrich, um ihren Stammesgottheiten zu huldigen. Sie umtanzen die Kultbilder, singen Lieder zum Lobpreis der Götter, bringen ihnen Opfer dar und bitten sie um Gesundheit und Wohlergehen. In einem einzigartigen Ritual, dessen Ursprung im dunkeln liegt, sammeln sich dann die Pilger und umrunden die Ka'ba siebenmal; manche bleiben stehen und küssen die Ecken des Heiligtums, bevor sie, vom Menschenstrom erfaßt, weitergedrängt werden.

Die heidnischen Araber, die sich um die Ka'ba versammeln, glauben, ihr Heiligtum sei von Adam, dem ersten Menschen, errichtet worden. Sie glauben, dieses ursprüngliche Gebäude sei von der Sintflut zerstört und von Noah wieder aufgebaut worden. Sie glauben, daß danach die Ka'ba jahrhundertelang in Vergessenheit geriet, bis Abraham sie wiederentdeckte, als er seinen erstgeborenen Sohn Ismail und seine Konkubine Hagar besuchte, die er auf Drängen seiner Frau Sara in diese Wüste geschickt hatte. Und sie glauben, daß an dieser Stelle Abraham seinen Sohn Ismail geopfert hätte, wenn Gott ihm nicht versprochen hätte, daß auch Ismail, wie dessen jüngerer Bruder Isaak, zum Stammvater eines großen Volkes werden würde, dessen Nachkommen jetzt wie ein Wüstensturm durch das sandige mekkanische Tal wirbeln.

Natürlich sind das nur Geschichten, die ausdrücken sollen, was die Ka'ba *bedeutet*, nicht, wo ihre tatsächlichen Ursprünge liegen. In Wahrheit weiß niemand, wer die Ka'ba erbaut hat oder wie lange sie schon existiert. Wahrscheinlich ist das Heiligtum nicht einmal der eigentliche Grund für die Heiligkeit des Ortes. Unweit der Ka'ba befindet sich der Brunnen Zamzam, der sich aus einer reichen unterirdischen Quelle speist und dessen Wasser der Überlieferung zufolge Hagar und Ismail vor dem Verdursten rettete. Es bedarf keiner großen Phantasie, um sich vorzustellen, daß eine Quelle mitten in der Wüste für die nomadischen Beduinenstämme Arabiens ein heiliger Ort werden konnte. Die Ka'ba selbst wurde womöglich erst viele Jahre später erbaut, nicht als arabisches Pantheon, sondern als Aufbewahrungsort für die geweihten Gegenstände, die beim Ritual des Zamzam-Brunnens zum Einsatz kamen. Ältesten Überlieferungen zufolge befand sich innerhalb ihrer Mauern eine in den Sand gegrabene Vertiefung mit «Schätzen», die von einer magischen Schlange bewacht wurden.

Denkbar ist auch, daß das ursprüngliche Heiligtum für die alten Araber eine kosmologische Bedeutung hatte. Zahlreiche Götterbilder der Ka'ba standen mit den Planeten und den Sternen in Zusammenhang, und die legendäre Zahl dreihundertsechzig für die Gesamtzahl der Götter deutet auf astrologische Verknüpfungen hin. Das siebenmalige Umrunden der Ka'ba – arabisch *tawaf* und bis heute das wichtigste Ritual der jährlichen Wallfahrt, des *haddsch* – könnte die Bewegung der Himmelskörper versinnbildlicht haben. Schließlich war unter den alten Völkern der Glaube verbreitet, daß die Tempel und Heiligtümer der Erde

Nachbildungen des kosmischen Berges sind, aus dem die Schöpfung hervorging. Die Ka'ba könnte daher, wie die Pyramiden in Ägypten oder der Tempel in Jerusalem, als *axis mundi* erbaut worden sein: als Weltachse und Mittelpunkt, als heiliger Ort, um den das Universum kreist, als Bindeglied zwischen der Erde und dem Himmelsgewölbe. Das würde auch erklären, warum einst ein Nagel in ihren Fußboden geschlagen wurde, den die Araber als «Nabel der Welt» bezeichneten. Wie G. R. Hawting nachwies, rissen sich manche Pilger beim Betreten des Heiligtums die Kleider vom Leib und legten sich mit dem Bauchnabel auf diesen Nagel, um mit dem Kosmos eins zu werden.

Doch wie so vieles im Zusammenhang mit der Ka'ba bleiben auch ihre Ursprünge reine Spekulation. Das einzige, was man mit Sicherheit weiß, ist, daß dieses kleine, aus Lehm und Stein gebaute Heiligtum der Mittelpunkt des religiösen Lebens im vorislamischen Arabien des sechsten nachchristlichen Jahrhunderts war: in jener faszinierenden, jedoch schwer faßbaren heidnischen Epoche, die die Muslime *dschahiliyya* nennen, «Zeit der Unwissenheit».

Traditionell definieren Muslime die *dschahiliyya* als eine Periode der moralischen Verworfenheit und religiösen Zwietracht, in der die Söhne Ismails dem Glauben an den einen wahren Gott abschworen und die Arabische Halbinsel in das Dunkel der Idolatrie stürzten. Doch dann tauchte zu Beginn des 7. Jahrhunderts wie eine Morgendämmerung der Prophet Muhammad in Mekka auf, predigte die Botschaft eines absoluten Monotheismus und einer kompromißlosen Moral. Durch das Wunder der göttlichen Offenbarungen setzte Muhammad dem Heidentum der Araber und der «Zeit der Unwissenheit» ein Ende und begründete die Universalreligion des Islams.

Tatsächlich war die religiöse Welt der vorislamischen Araber weitaus vielschichtiger, als es diese Überlieferung nahelegt. Zwar war die Arabische Halbinsel vor der Ankunft des Islams heidnisch geprägt, aber wie «Hinduismus» ist auch «Heidentum» ein wenig aussagekräftiger, ja herabwürdigender Pauschalbegriff, mit dem der Uneingeweihte eine schier unüberschaubare Vielzahl religiöser Überzeugungen und Praktiken faßbar zu machen sucht. *Paganus* heißt soviel wie «Bewohner eines ländlichen Bezirks», «grobschlächtiger Mensch»; das Wort wurde von

Christen ursprünglich abschätzig zur pauschalen Bezeichnung der nichtchristlichen Bevölkerung verwendet. In gewisser Weise eine durchaus zutreffende Beschreibung. Im Unterschied zum Christentum ist ja das Heidentum kein vereinheitlichtes System religiöser Überzeugungen und Praktiken, sondern eher eine religiöse *Perspektive*, offen für vielerlei Einflüsse und Interpretationen. Oft, wenngleich nicht immer polytheistisch geprägt, strebt das Heidentum weder nach Universalismus, noch erhebt es einen moralischen Absolutheitsanspruch. Es gibt keinen heidnischen Glauben oder heidnischen Glaubenskanon. Eine «heidnische Orthodoxie» oder «heidnische Heterodoxie» existiert schlichtweg nicht.

Mehr noch: Wenn man vom Heidentum der vorislamischen Araber spricht, muß man zwischen dem religiösen Leben der nomadischen Beduinen und dem der seßhaften Stämme unterscheiden, die sich in Städten wie Mekka angesiedelt hatten. Das beduinische Heidentum Arabiens im 6. Jahrhundert umfaßte ein breites Spektrum religiöser Vorstellungen und Praktiken – Fetischismus ebenso wie Totemismus und Manismus (Ahnenkult) –, doch die Auseinandersetzung mit metaphysischen Problemen, insbesondere der Frage eines Lebens nach dem Tod, wie sie in den größeren seßhaften Gesellschaften Arabiens gestellt wurde, fehlte ganz. Das heißt aber nicht, daß die Beduinen eine primitive Götzenverehrung praktizierten, im Gegenteil. Es gibt allen Grund zu der Annahme, daß die Beduinen des vorislamischen Arabiens eine reiche und vielgestaltige religiöse Tradition pflegten. Allerdings verlangte die nomadische Lebensweise eine Religion, die sich der unmittelbaren Nöte und Bedürfnisse annahm: Welcher Gott kann uns zu Wasserstellen führen? Welcher Gott kann unsere Krankheiten heilen?

Das Heidentum der seßhaften Gesellschaften Arabiens hingegen hatte sich von seinen frühesten und einfachsten Erscheinungsformen zu einem komplexen Neoanimismus entwickelt – mit einer Vielzahl göttlicher und halbgöttlicher Vermittler zwischen dem Schöpfergott und seiner Schöpfung. Dieser Schöpfergott hieß Allah, was jedoch kein Eigenname ist, sondern die kontrahierte Form von *al-ilah;* der Name bedeutet einfach nur «der Gott». Wie seine griechische Entsprechung Zeus war auch Allah ursprünglich eine alte Regen- und Himmelsgottheit, die die vorislamischen Araber zum obersten Gott erhoben. Allah war zwar eine mächtige Gottheit, in deren Namen die heiligsten Eide abgelegt wurden; aufgrund seiner prominenten Stellung im arabischen Pantheon war er jedoch, wie die meisten Hochgötter, nicht der Ansprechpartner für gewöhnliche Gläubige. Nur in der äußersten Bedrängnis wagte man ihn anzurufen. Gewöhnlich wandte man sich an die niedrigeren, leichter zugänglicheren Gottheiten, die als Allahs Fürsprecher fungierten. Die mächtigsten unter ihnen waren Allahs Töchter Allat («die Göttin»), al-Uzza («die Mächtige») und Manat (die Göttin des Schicksals, deren Name vermutlich vom hebräischen *mana*, «Teil», «Anteil», abgeleitet ist). Diese göttlichen Mittler waren nicht nur in der Ka'ba vertreten, sie besaßen auch eigene Heiligtümer anderswo auf der Arabischen Halbinsel: Allat in der Stadt Ta'if, al-Uzza in Nakhlah, und Manat in Qudaid. Zu ihnen beteten die Araber, wenn sie Regen brauchten, wenn ihre Kinder krank waren, wenn sie in eine Schlacht zogen oder sich auf eine Reise durch die gefährliche Wüste begaben, wo die Dschinnen hausten, vernunftbegabte, unsichtbare und ungreifbare Geisterwesen aus rauchlosem Feuer, gleichsam die Nymphen und Feen der arabischen Mythologie.

Im vorislamischen Arabien gab es keine Priester und keine heidnischen Schriften, was aber nicht heißt, daß die Götter stumm geblieben wären. Sie taten sich regelmäßig durch den Mund der *kuhhan* kund, die eine kultische Funktion ausübten. Die *kuhhan* waren Dichter, die die Aufgabe von Sehern und Weissagern erfüllten und gegen Bezahlung im Zustand der Trance göttliche Botschaften in gereimten Versen übermittelten. Dichter spielten in den vorislamischen Gesellschaften als Barden, Stammeshistoriker, soziale Kommentatoren, Übermittler von Moralvorstellungen und bisweilen auch als Rechtsprecher eine bedeutende Rolle. Doch die *kuhhan* repräsentierten ein eher spirituelles Dichtertum; sie waren unterschiedlicher sozialer und wirtschaftlicher Herkunft, und auch Frauen gab es unter ihnen. Sie deuteten Träume, klärten Verbrechen auf, kamen verirrten Tieren auf die Spur, schlichteten Streitfälle und erläuterten sittliche Verhaltensweisen. Wie bei der delphischen Pythia waren auch die Orakelsprüche der *kuhhan* absichtlich dunkel und vieldeutig. Es blieb dem Bittsteller überlassen herauszufinden, was die Götter sagen wollten.

Die *kuhhan* waren zwar das Bindeglied zwischen Menschen und Göttern, aber sie kommunizierten nicht direkt mit den höchsten Wesen, sondern vermittelt durch die Dschinnen und andere Geister, die somit ein integraler Bestandteil des religiösen Lebens der *dschahiliyya* waren. Weder die *kuhhan* noch sonst irgend jemand hatte Zugang zu Allah. Der

Gott, der Himmel und Erde erschaffen und die Menschen nach seinem Bild geformt hatte, war der einzige, der in der Kaʿba nicht bildlich dargestellt war. Er wurde «König der Götter» und «Herr des Hauses» genannt, aber er war nicht die zentrale Gottheit der Kaʿba. Diese Ehre gebührte dem syrischen Hubal, der Jahrhunderte vor dem Aufstieg des Islams nach Mekka gebracht worden war.

Obwohl Allah im religiösen Kult des vorislamischen Arabiens nur eine geringfügige Rolle spielt, ist seine herausragende Stellung im arabischen Pantheon ein klarer Hinweis darauf, wie weit sich der heidnische Glaube auf der Arabischen Halbinsel von seinen primitiven animistischen Ursprüngen bereits entfernt hatte. Das vielleicht anschaulichste Beispiel für diese Entwicklung ist das Prozessionslied, das der Überlieferung zufolge die Pilger sangen, wenn sie sich der Kaʿba näherten:

Hier bin ich, o Allah, hier bin ich.
Du hast keinen anderen neben dir,
Nur den, den du neben dir hast.
Er und alles, was ihm gehört, ist dein Eigentum.

Dieser eigentümliche Lobpreis mit seinen unverkennbaren Anklängen an das muslimische Glaubensbekenntnis – «Es gibt keinen Gott außer Gott» – ist im vorislamischen Arabien der vielleicht früheste Hinweis auf das, was der deutsche Philologe Max Müller als *Henotheismus* bezeichnete: den Glauben an einen einzigen Hochgott, ohne die Existenz anderer, untergeordneter Gottheiten abzulehnen. Das älteste Zeugnis für den Henotheismus in Arabien liefert der Stamm Amir, der im 2. Jahrhundert v. Chr. unweit des heutigen Jemen lebte und einen Hochgott namens *dhu-Samawi* verehrte, den «Herrn der Himmel». Genauere Einzelheiten über die Religion der Amir sind historisch nicht überliefert, doch die meisten Forscher sind überzeugt, daß der Henotheismus im 6. Jahrhundert n. Chr. der prägende Glaube der großen Mehrheit der seßhaften Araber war, die nicht nur Allah als Hochgott verehrten, sondern ihn mit Jahwe, dem Gott der Juden, gleichsetzten.

Die Präsenz der Juden auf der Arabischen Halbinsel kann, zumindest theoretisch, bis ins babylonische Exil tausend Jahre zuvor zurückverfolgt werden, auch wenn es 70 n. Chr., nach der Zerstörung des Tempels in Jerusalem durch die Römer, und erneut 132 n. Chr., nach dem antirömischen messianischen Aufstand Simon Bar Kochbas, weitere Migrationen gab. In ihrer Mehrheit bildeten die Juden eine wohlhabende, äußerst einflußreiche Diaspora, die mit ihrer Kultur und ihren Traditionen in das soziale und religiöse Milieu des vorislamischen Arabien vollständig integriert war. Ob als arabische Konvertiten oder als Einwanderer aus Palästina, die Juden nahmen Anteil an allen Bereichen des sozialen Lebens in Arabien. Gordon Newby zufolge gab es überall auf der Arabischen Halbinsel jüdische Kaufleute, jüdische Beduinen, jüdische Bauern, jüdische Dichter und jüdische Krieger. Jüdische Männer nahmen arabische Namen an, und jüdische Frauen trugen arabischen Kopfschmuck. Selbst wenn einige dieser Juden Aramäisch (oder zumindest eine korrumpierte Form des Aramäischen) sprachen, war ihre Hauptsprache doch Arabisch.

Trotz ihrer Kontakte zu größeren jüdischen Siedlungen im Nahen Osten hatten die Juden Arabiens eigene Spielarten des traditionellen jüdischen Glaubens und jüdischer religiöser Praxis entwickelt. Sie teilten viele religiöse Vorstellungen mit ihren heidnischen arabischen Nachbarn und pflegten gemeinsame volksreligiöse Praktiken, darunter Magie, Orakel und die Verwendung von Talismanen. Neben kleinen, rabbinisch geprägten Gemeinschaften in einigen Regionen der Arabischen Halbinsel gab es jüdische Seher, die *kohanim*, die in ihren Gemeinden kultische Funktionen ausübten und, wie die heidnischen *kuhhan*, den göttlichen Willen erkundeten und durch Orakel mitteilten.

Zwischen den Juden und den heidnischen Arabern herrschte eine symbiotische Beziehung: Nicht nur waren die Juden stark arabisiert, auch die Araber waren von jüdischen Glaubensvorstellungen und Praktiken nachhaltig beeinflußt. Beleg dafür ist die Ka'ba, deren Ursprungsmythen auf ein semitisches Heiligtum (arabisch *haram*) hindeuten, das in der jüdischen Tradition verwurzelt war. Adam, Noah, Abraham, Mose und Aaron waren allesamt lange vor dem Aufstieg des Islams auf die eine oder andere Weise mit der Ka'ba verknüpft. Und der geheimnisvolle schwarze Stein, der bis zum heutigen Tag in der südöstlichen Ecke des Heiligtums eingemauert ist, scheint ursprünglich mit dem Stein in

Verbindung zu stehen, auf dem Jakobs Kopf bei seinem berühmten Traum von der Himmelsleiter ruhte.

Die Verbindung des heidnischen Arabien zum Judentum wird plausibel, wenn man sich vor Augen hält, daß sich die Araber, wie die Juden, als Nachkommen Abrahams betrachteten, dem sie nicht nur die Wiederentdeckung der Ka'ba zuschrieben, sondern auch die Einsetzung der Wallfahrtsriten, die dort praktiziert wurden. Abraham genoß in Arabien so große Verehrung, daß er im innersten Heiligtum der Ka'ba sogar ein Bildnis hatte und gemäß heidnischer Tradition als Schamane dargestellt wurde, der durch das Werfen von Lospfeilen ein Orakel verkündet. Daß Abraham weder ein Gott noch ein Heide war, spielte für die Araber sowenig eine Rolle wie die Verbindung ihres Gottes Allah zum jüdischen Gott Jahwe. Für das arabische Heidentum des 6. Jahrhunderts, das sich für alle möglichen religiösen Gedankenwelten offen zeigte, war der jüdische Monotheismus keineswegs tabu. Die heidnischen Araber nahmen das Judentum vermutlich als eine Ausdrucksform ihrer eigenen religiösen Gefühle wahr.

Dasselbe gilt für die arabische Wahrnehmung des Christentums, das wie das Judentum auf der Arabischen Halbinsel von großem Einfluß war. Die arabischen Stämme waren von Christen umgeben. Im Nordwesten lebten syrische, im Nordosten mesopotamische und im Süden abessinische Christen. Im 6. Jahrhundert n. Chr. war der Jemen der Dreh- und Angelpunkt christlicher Aktivitäten in Arabien. Die Stadt Nadschran galt als Zentrum der arabischen Christenheit, und in Sanaa war eine große Kirche erbaut worden, die eine Zeitlang mit Mekka um den Status der wichtigsten Pilgerstätte der ganzen Region wetteiferte.

Als proselytische Religion machte das Christentum jedoch nicht an den Rändern des arabischen Siedlungsgebiets Halt. Dank konzertierter Missionierungsbestrebungen hatte sich bereits eine ganze Reihe arabischer Stämme geschlossen zum Christentum bekehrt. Der größte dieser Stämme waren die Ghassaniden im Grenzgebiet zwischen dem römischen und dem arabischen Kulturkreis, die eine Art Pufferstaat zwischen dem christlich-byzantinischen Reich und den «unzivilisierten» Beduinen bildeten. Sie betrieben aktiv die Missionierung Arabiens, gleichzeitig schickten die byzantinischen Kaiser ihre Bischöfe ins Innere der Wüste, um die heidnischen Araber in den Schoß ihrer Kirche zu holen. Doch die Ghassaniden und die Byzantiner predigten sehr unterschiedliche Versionen des Christentums.

Mit den Konzilien von Nizäa 325 n. Chr., das die göttliche und zugleich menschliche Natur Jesu bekräftigte, und Chalcedon 451 n. Chr., das die Dreifaltigkeitslehre in der christlichen Theologie verankerte, erklärte die römische Orthodoxie einen Großteil der Christenheit im Nahen Osten zu Häretikern. Da der Gedanke der Trinität im Neuen Testament nicht explizit formuliert wird (der Begriff wurde Anfang des 3. Jahrhunderts n. Chr. von Tertullian von Karthago geprägt, einem der ältesten und rigorosesten Kirchenväter), wurde er weder von allen frühchristlichen Gemeinden übernommen noch als verbindlich formuliert. Montanistische Christen wie Tertullian glaubten, Jesus besitze zwar dieselbe göttliche *Qualität* wie Gott, nicht jedoch in derselben *Quantität* wie dieser. Modalistische Christen betrachteten die Trinität als die Verkörperung des einpersönlichen Gottes in drei zeitlich aufeinanderfolgenden Seinsstufen: als Vater, als Sohn und schließlich als Heiliger Geist. Nach Auffassung der nestorianischen Christen hatte Jesus zwei völlig unterschiedliche Naturen (eine menschliche und eine göttliche), während für die gnostischen Christen, insbesondere die Doketisten, Jesus nur scheinbar Mensch, in Wirklichkeit jedoch Gott war. Und dann gab es noch die Arianer, die die Trinität Gottes rundweg ablehnten.

Nachdem das Christentum in Rom Staatsreligion geworden war, trat an die Stelle dieser unterschiedlichen Auffassungen über Jesu Identität eine einzige rechtgläubige Lehre, die am klarsten durch Augustinus von Hippo (gestorben 430) formuliert wurde: der Sohn sei «eines Wesens» mit dem Vater, ein Gott in drei Personen. Mit einem Mal wurden die Montanisten, die Modalisten, die Nestorianer, die Gnostiker und die Arianer zu Ketzern erklärt und ihre Lehren unterdrückt.

Die Ghassaniden waren Monophysiten wie viele Christen, die dem eisernen, immer fester werdenden Zugriff Konstantinopels entzogen waren. Sie lehnten die nizänische Lehre von der zweifachen Natur Jesu ab und vertraten den Glauben an eine einzige, göttlich-menschliche Natur Jesu, auch wenn sie, je nach Zugehörigkeit zu einer Denkschule, unterschiedliche Schwerpunkte setzten. Die Schule von Antiochien betonte stärker die menschliche Natur Jesu, während die Schule von Alexandrien seine Göttlichkeit hervorhob. Die Ghassaniden waren also zwar Christen und Vasallen des Byzantinischen Reiches, teilten jedoch nicht die theologischen Auffassungen ihrer Schutzherren.

Werfen wir erneut einen Blick auf die Ka'ba, um zu verstehen, welche

Spielart des Christentums in Arabien Fuß faßte. Überlieferungen zufolge wurde das Bildnis Jesu, das sich im Innern des Heiligtums befand, von Baqura aufgestellt, einem koptischen, d. h. monophysitischen Christen der Schule von Alexandrien. Wenn das stimmt, kann Jesu Präsenz in der Ka'ba als Hinweis auf die Dominanz des monophysitischen Glaubens an Christus als vollständig göttlicher Gottmensch gewertet werden – eine Christologie, die für die heidnischen Araber durchaus akzeptabel war.

Das Christentum auf der Arabischen Halbinsel – in seiner orthodoxen wie heterodoxen Ausprägung – muß auf die heidnischen Araber eine starke Wirkung ausgeübt haben. Immer wieder wurde darauf hingewiesen, daß die im Koran erzählten biblischen Geschichten, besonders diejenigen, die von Jesus handeln, eine tiefe Kenntnis der christlichen Überlieferungen und Erzähltraditionen bekunden. Es gibt verblüffende Ähnlichkeiten zwischen den christlichen und koranischen Beschreibungen der Apokalypse, des Jüngsten Gerichts und des Paradieses, das die Geretteten erwartet. Diese Ähnlichkeiten stehen dem muslimischen Glauben von der göttlichen Offenbarung des Korans zwar nicht entgegen, zeigen aber, daß die Vorstellung des Jüngsten Tages den heidnischen Arabern durch Bilder und Metaphern übermittelt wurde, die ihnen durch den Kontakt mit dem Christentum in dieser Region bereits vertraut waren.

So wie die Ghassaniden die Grenzen des Byzantinischen Reiches sicherten, schützte ein anderer arabischer Stamm, die Lachmiden, das zweite große Imperium der damaligen Zeit: das Reich der Sasaniden. Als imperiale Erben des altiranischen Königreichs Kyros' des Großen, das Zentralasien tausend Jahre lang beherrscht hatte, waren auch die Sasaniden Zoroastrier, Anhänger der wirkungsmächtigen Lehre des iranischen Propheten Zarathustra, der fast eintausendfünfhundert Jahre vorher gelebt hatte. Zarathustras Kosmogonie, seine Kosmologie und Eschatologie waren von enormem Einfluß auf die Entwicklung der anderen Religionen dieser Weltgegend, besonders von Judentum und Christentum.

Mehr als tausend Jahre vor Christus predigte Zarathustra die Existenz von Himmel und Hölle, den Gedanken einer leiblichen Auferstehung, das Versprechen eines Welterlösers, der eines Tages von einer Jungfrau geboren werden würde, und die Erwartung einer kosmischen Schlacht am Zeitenende zwischen den himmlischen Kräften des Guten und den dämonischen Kräften des Bösen. Im Mittelpunkt von Zarathustras Theologie stand ein einzigartiger Monotheismus mit Ahura Mazda (dem «Allweisen Herrn»), dem Schöpfer von Himmel und Erde, Tag und Nacht, Licht und Finsternis. Wie damals üblich, war jedoch auch für Zarathustra ein Gott als Ursprung von Gut *und* Böse nicht denkbar. Daher entwickelte er einen ethischen Dualismus, in dem zwei einander bekämpfende Urwesen, *Spenta Mainyu* («der wohltätige Geist») und *Angra Mainyu* («der feindselige Geist»), für das Gute bzw. Böse verantwortlich waren. Diese Geister, auch als «Zwillingskinder» Ahura Mazdas bezeichnet, waren jedoch keine Götter, sondern lediglich die spirituelle Verkörperung von Wahrheit und Unwahrheit.

Zur Zeit der Sasaniden hatte sich Zarathustras primitiver Monotheismus zu einer streng dualistischen Lehre entwickelt, derzufolge die beiden Urwesen, nunmehr Götter, einen unablässigen Kampf um die menschliche Seele führen: *Ohrmazd* (Ahura Mazda), der Gott des Lichts, und *Ahriman*, der Gott der Finsternis und Urbild des christlichen Satans. Der Zoroastrismus ist zwar eine nichtproselytische und – insbesondere aufgrund seiner streng hierarchischen sozialen Ordnung und beinahe fanatischen Obsession von ritueller Reinheit – schwer zugängliche Religion, doch aufgrund der militärischen Präsenz der Sasaniden auf der Arabischen Halbinsel konvertierten doch einige Stämme zum Zoroastrismus, vor allem zu den weniger strengen Sekten des Mazdaismus und des Manichäismus.

Im vorislamischen Arabien, einer der letzten vom (wenn auch stark henotheistisch geprägten) Heidentum beherrschten Regionen des Nahen Ostens, war die Religion also von den Lehren des Zoroastrismus, des Christen- und Judentums beeinflußt, ja durchdrungen. Aufgrund der relativ großen Entfernung von ihren jeweiligen Zentren konnten diese drei Religionen ihre Glaubensüberzeugungen und Rituale weiterentwickeln. Es entstanden innovative, vitale Weltanschauungen. Insbesondere in Mekka, dem Mittelpunkt der religiösen *dschahiliyya*, wurde dieses fruchtbare pluralistische religiöse Milieu zum Nährboden kühner neuer Ideen und aufregender religiöser Experimente. Am bedeutsamsten war eine rätselhafte arabische monotheistische Bewegung: der *Hanifismus*, der um das 6. Jahrhundert n. Chr. entstand und, soweit wir heute wissen, ausschließlich im westarabischen Raum beheimatet war, einer Region, die die Araber Hidschaz nannten.

Von den sagenumwobenen Ursprüngen des Hanifismus erzählt Ibn Hischam, einer der ersten Biographen Muhammads. Eines Tages, während die Mekkaner vor der Ka'ba ein heidnisches Fest feierten, zogen sich vier Männer, Waraqa ibn Naufal, Uthman ibn Huwairith, Ubaid Allah ibn Jahsch und Zaid ibn Amr, von den übrigen Gläubigen in die Wüste zurück. Dort kamen sie in einem geheimen «Bund der Freundschaft» überein, nie wieder die Götterbilder ihrer Ahnen anzubeten, und schlossen den Pakt, zur unverfälschten Religion Abrahams zurückzukehren, den sie weder als Juden noch als Christen ansahen, sondern als reinen Monotheisten: einen Hanif (aus der arabischen Wurzel *hnf*, was soviel wie «sich abkehren» bedeutet), der sich vom Götzendienst abgewendet hat. Die vier Männer verließen Mekka und schlugen getrennte Wege ein, um die neue Religion zu verkünden und Anhänger zu gewinnen. Schließlich konvertierten Waraqa, Uthman und Ubaid Allah zum Christentum – ein Umstand, der den großen Einfluß dieser Religion in der Region belegt. Nur Zaid blieb dem neuen Glauben treu; er gab die Religion seines Volkes auf und verzichtete auf die Anbetung der «hilf- und harmlosen Idole» des Heiligtums, um mit seinen Worten zu sprechen.

Im Schatten der Ka'ba, den Rücken gegen die grobe Steinmauer gedrückt, rief Zaid den Bewohnern Mekkas zu: «Ich sage mich los von Al-lat und al-Uzza, von allen beiden … Ich werde auch Hubal nicht anbeten, der unser Herr war in den Tagen, als ich wenig Verstand besaß.» Er schob sich durch den dicht bevölkerten Markt und rief mit einer Stimme, die den Lärm der Händler übertönte: «Außer mir folgt keiner von euch der Religion Abrahams.»

Wie alle Prediger seiner Zeit war auch Zaid ein Dichter, und die Verse, die die Überlieferung ihm zuschreibt, enthalten ungewöhnliche Aussagen: «Mein Lob und Dank gilt Gott», sang er. «Es gibt keinen Gott außer Ihm.» Doch trotz seines Aufrufs zum Monotheismus und seiner Zurückweisung der Götterbilder im Innern des Heiligtums hegte Zaid weiterhin eine tiefe Verehrung für die Ka'ba selbst, die er spirituell eng mit Abraham verknüpft sah. «Ich nehme Zuflucht dort, wo auch Abraham Zuflucht nahm», erklärte er.

Allen Berichten zufolge verbreitete sich die hanifitische Bewegung im gesamten Hidschaz, besonders in Städten wie Ta'if, wo der Dichter Umayya ibn Abi Salt in seinen Versen «die Religion Abrahams» pries, und in Yathrib, der Heimat der einflußreichen hanifitischen Stammesführer Abu Amir al-Rahib und Abu Qais ibn al-Aslat. Weitere hanifitische Prediger waren Chalid ibn Sinan, «ein seinem Volk verlorener Prophet», und Qass ibn Sa'idah, der «Weise unter den Arabern». Es läßt sich unmöglich sagen, wie viele hanifitische Konvertiten es im vorislamischen Arabien gab oder wie groß die Bewegung letztlich wurde. Sicher hingegen scheint, daß es auf der Arabischen Halbinsel starke Bestrebungen gab, den vagen Henotheismus der heidnischen Araber in einen «nationalen arabischen Monotheismus» zu verwandeln, wie es Jonathan Fueck formuliert.

Der Hanifismus war aber mehr als nur eine primitive monotheistische Bewegung. Den Quellen zufolge predigten die Hanifen einen Gott, der regen Anteil am Leben seiner Schöpfung nahm und keine Vermittler zwischen sich und den Menschen benötigte. Der Kerngedanke dieser Bewegung war die glühende Verpflichtung zu einer absoluten Moral, die mehr als nur das Verbot der Götzenverehrung zum Inhalt hatte. Der Mensch sollte nach moralischer Aufrichtigkeit streben. «Ich diene meinem Herrn, dem Mitleidvollen», sagte Zaid, «damit der verzeihende Herr mir meine Sünde vergibt.»

Die Hanifen hatten auch eine, wenngleich abstrakte, Vorstellung von einem Tag des Jüngsten Gerichts, an dem sich der Mensch moralisch zu verantworten hat. «Nehmt euch in acht, ihr Menschen, vor dem, was nach dem Tod kommt!» mahnte Zaid seine mekkanischen Mitbürger. «Gott bleibt nichts verborgen.» Ein völlig neuartiger Gedanke für ein Volk ohne eine deutliche Vorstellung von einem Leben nach dem Tod als Lohn oder Strafe für das Verhalten im Diesseits. Und da der Hanifismus, wie das Christentum, von einem starken Missionierungsdrang beseelt war, verbreitete er seine Lehre im gesamten Hidschaz. Die meisten seßhaften Araber hatten hanifitische Prediger gehört, und die meisten Mekkaner kannten die hanifitische Gedankenwelt. Daher kann es kaum einen Zweifel geben, daß auch Muhammad mit dem hanifitischen Denken vertraut war.

Eine wenig bekannte Überlieferung berichtet von einer erstaunlichen Begegnung zwischen dem Hanifen Zaid und dem zehnjährigen Muhammad. Erzählt wurde die Geschichte vermutlich erstmals von Yunus ibn Bukair unter Berufung auf Muhammads ersten Biographen Ibn Ishaq. Und obwohl die Geschichte in Ibn Hischams Muhammad-Biographie nicht aufgenommen wurde, listet M. J. Kister nicht weniger als elf weitere Überlieferungen einer nahezu identischen Version auf.

Es war, so die Chronisten, «ein heißer Tag in Mekka», als Muhammad und sein Freund Ibn Haritha aus Ta'if nach Hause zurückkehrten, wo sie zu Ehren eines der Götterbilder (wahrscheinlich Allat) ein Mutterschaf geschlachtet und gebraten hatten. Als die beiden Knaben den oberen Teil des mekkanischen Tals durchzogen, begegneten sie Zaid, der entweder als Einsiedler in den Bergen außerhalb von Mekka lebte oder sich eine Zeitlang in die religiöse Versenkung zurückgezogen hatte. Muhammad und Ibn Haritha erkannten ihn sogleich, begrüßten den Hanif mit dem «Gruß der *dschahiliyya*» (*in'am sabahan*) und setzten sich, um neben ihm Rast zu machen.

Muhammad fragte: «Warum, o Sohn des Amr, bist du bei deinem Volk verhaßt?»

«Sie gesellen dem einen Gott Gottheiten zu, und es widerstrebt mir, es ihnen gleich zu tun», erwiderte Zaid. «Ich wollte die Religion Abrahams.»

Muhammad nahm diese Antwort wortlos hin und öffnete seine Tasche mit dem Opferfleisch. «Iß von diesem Fleisch, mein Onkel», sagte er.

Doch Zaid reagierte mit Abscheu. «Neffe, ist das nicht ein Teil der Opfer, die du deinen Idolen darbringst?» Muhammad bejahte. Da wurde Zaid ungehalten. «Ich werde nicht von diesem Opferfleisch essen, ich will nichts damit zu tun haben», rief er aus. «Ich esse nichts, was einer anderen Gottheit außer Gott geopfert wurde.»

Muhammad war so betroffen von Zaids Zurechtweisung, daß er viele Jahre später, als er die Geschichte erzählte, hinzufügte, er habe seither «keines ihrer Idole mehr berührt … und ihnen nicht geopfert, bis Gott mir die Ehre seines Apostolats zuteil werden ließ.»

Der Gedanke, daß der junge heidnische Muhammad von einem Hanifen wegen seiner Götzenanbetung zurechtgewiesen worden sein soll, ist ungeheuerlich für einen traditionell denkenden Muslim, für den der Prophet schon immer einen einzigen Gott verehrte. Nach gängigen islamischen Vorstellungen nahm Muhammad bereits vor seiner göttlichen Berufung niemals an den heidnischen Ritualen seiner Gemeinschaft teil. In seiner Prophetenbiographie schreibt al-Tabari, Gott habe Muhammad vor der Teilnahme an solchen heidnischen Ritualen bewahrt, damit er nicht verunreinigt werde. Dieser Sicht, die an die katholische Vorstellung von der unbefleckten Empfängnis Mariens erinnert, fehlt jedoch jede historische Grundlage. Im Koran heißt es, Gott habe Muhammad «auf dem Irrweg gefunden und rechtgeleitet» (93, 7). Doch auch die älteren Überlieferungen belegen eindeutig, daß Muhammad die religiösen Sitten und Gebräuche Mekkas praktizierte: Umrunden der Kaʿba, Darbringung von Opfern und Rückzug zu Andacht und Gebet, *tahannuth*. Am Abriß und Wiederaufbau des heidnischen Heiligtums (es wurde vergrößert und endlich überdacht) war Muhammad tatkräftig beteiligt.

Dennoch ist Muhammads strikter und beharrlicher Monotheismus ein wesentlicher Bestandteil des muslimischen Glaubens, scheint er doch die Überzeugung zu bekräftigen, daß die Offenbarung, die ihm zuteil wurde, göttlichen Ursprungs ist. Das Zugeständnis, daß der Prophet von einem Hanif wie Zaid beeinflußt war, ist für manche Muslime gleichbedeutend mit der Leugnung der göttlichen Inspiration von Muhammads Botschaft. Solche Überzeugungen basieren auf der weitverbreiteten Annahme, Religionen entstünden in einem kulturellen Vakuum. Nichts ist weniger richtig als das.

Religionen sind stets untrennbar mit dem sozialen, spirituellen und kulturellen Umfeld verbunden, aus dem heraus sie wachsen und gedeihen. Es sind nicht die Propheten, die die Religionen schaffen. Propheten sind in erster Linie Reformer, die die bestehenden religiösen Überzeugungen und Praktiken ihrer Gemeinschaft neu formulieren, interpretieren und nachfolgenden Generationen neue Bilder und Metaphern zur Beschreibung der Wirklichkeit an die Hand geben. Ja, sehr häufig sind es die Nachfolger der Propheten, die die Aufgabe übernehmen, die Worte und Taten ihres Meisters zu einem einheitlichen, leicht verständlichen religiösen System auszugestalten.

Wie viele Propheten vor ihm beanspruchte auch Muhammad nie, eine neue Religion gegründet zu haben. Nach eigenem Bekunden war seine Botschaft ein Versuch, die herrschenden Glaubensvorstellungen und kulturellen Praktiken des vorislamischen Arabien zu reformieren und so dem arabischen Volk den Gott der Juden und Christen nahezubringen. «Er [Gott] hat euch [den Arabern] als Religion verordnet, was er dem Noah anbefohlen hat […] und was wir dem Abraham, Mose und Jesus anbefohlen haben», heißt es im Koran (42, 13). Es kann daher nicht überraschen, daß Muhammad als junger Mann von den religiösen Verhältnissen im vorislamischen Arabien beeinflußt war. So einzigartig und göttlich inspiriert die islamische Bewegung auch ist, ihre Ursprünge liegen unzweifelhaft in der multiethnischen und multireligiösen Gesellschaft, in der Muhammad aufwuchs und die es ihm ermöglichte, seine revolutionäre Botschaft in einer Sprache auszudrücken, die den heidnischen Arabern, die er mit aller Macht zu erreichen suchte, zugänglich war. Denn was immer Muhammad sonst noch war, er war ein Kind seiner Zeit, auch wenn diese als eine «Zeit der Unwissenheit» gilt.

Nach muslimischer Überlieferung wurde Muhammad 570 n. Chr. geboren, im selben Jahr, in dem Abraha, der christlich-abessinische Herrscher des Jemen, Mekka mit einer Herde Elefanten angriff, um die Ka'ba zu zerstören und die Kirche in Sanaa zum neuen religiösen Mittelpunkt der Arabischen Halbinsel zu machen. Als sich Abrahas Streitmacht der Stadt näherte, zogen sich die Mekkaner, so berichten die Quellen, in die Berge zurück, erschrocken beim Anblick der riesigen Elefanten, die die Abessinier aus Afrika importiert hatten, und überließen die Ka'ba ihrem Schicksal. Doch in dem Augenblick, als die Abessinier das Heiligtum angreifen wollten, verdunkelte sich der Himmel und ein Schwarm Vögel, jeder einen Stein im Schnabel, beschwor Allahs Zorn auf die angreifende Armee herab, die sich in den Jemen zurückziehen mußte.

In einer Gesellschaft ohne festen Kalender war «das Jahr des Elefanten», wie es bald genannt wurde, nicht nur das wichtigste Datum der jüngeren Geschichte, sondern, aufgrund der Bedeutsamkeit des Ereignisses, auch der Beginn einer neuen arabischen Zeitrechnung. Aus diesem Grund setzten die frühen Biographen Muhammads die Geburt des Propheten auf das Jahr 570 fest. 570 ist jedoch weder das korrekte Geburtsjahr Muhammads noch das Jahr des abessinischen Kriegszugs gegen Mekka. Die moderne Forschung bestimmt für dieses folgenschwere Ereignis das Jahr 552 n. Chr. Tatsache ist, daß damals wie heute niemand weiß, wann Muhammad geboren wurde, weil Geburtstage in der vorislamischen arabischen Gesellschaft keine besondere Relevanz hatten. Muhammad selbst wußte vermutlich nicht, in welchem Jahr er geboren wurde. Jedenfalls machte man sich erst Gedanken über sein Geburtsdatum, als er längst als Prophet anerkannt war, ja vielleicht sogar erst lange nach seinem Tod. Erst dann wurde es seinen Anhängern ein Anliegen, ein Geburtsjahr und damit eine islamische Zeitrechnung festzulegen. Und welches Jahr konnte geeigneter sein als das Jahr des Elefanten? Selbst mit modernen historiographischen Methoden läßt sich der Zeitpunkt von Muhammads Geburt nur annähernd auf die zweite Hälfte des 6. Jahrhunderts n. Chr. festlegen.

Wie bei den meisten Propheten war auch Muhammads Geburt von Zeichen und Wundern begleitet. Al-Tabari zufolge wurde Muhammads Vater Abdallah auf dem Weg zu seiner Braut von einer fremden Frau angehalten, die ihm sagte, sie habe ein helles Licht zwischen seinen Augen gesehen, und ihn in ihr Bett einlud. Abdallah lehnte höflich ab und setzte seinen Weg zu Aminas Haus fort, wo er die Ehe vollzog und der Prophet gezeugt wurde. Als Abdallah am folgenden Tag die Frau wiedersah, fragte er sie, warum sie ihm heute keine Avancen mache. Die Frau antwortete: «Das Licht, das dich gestern begleitete, hat dich verlassen. Ich brauche dich nicht mehr.»

Rätselhafte Worte für Abdallah. Er starb, noch bevor Muhammad geboren wurde, und hinterließ als bescheidenes Erbe ein paar Kamele und Schafe. Doch es gab weitere Zeichen, die auf Muhammads prophetische Bestimmung hindeuteten. Während ihrer Schwangerschaft hörte Amina eine Stimme, die zu ihr sprach: «Du hast empfangen den Herrn dieses Volkes, und wenn er geboren wird, so sprich: ‹Ich gebe ihn in die Obhut des Einzigen vor dem Übel eines jeden Neiders›. Und nenne ihn Muhammad.» Manchmal sah Amina, wie von ihrem Bauch ein Licht ausging, in dem sie die «Schlösser Syriens» erblickte – vermutlich eine Anspielung auf Muhammad als prophetischen Nachfolger Jesu (Syrien war eine bedeutende Stätte des Christentums).

Nach der Geburt kam Muhammad in die Obhut einer beduinischen Pflegemutter, wie es bei seßhaften Arabern üblich war, die ihre Kinder den Sitten und Gebräuchen ihrer Vorfahren gemäß in der Wüste aufwachsen lassen wollten. Und so machte Muhammad seine ersten prophetischen Erfahrungen in der Wüste. Als er eine Schafherde weidete, kamen zwei weißgekleidete Männer auf ihn zu, die eine goldene Schale mit Schnee bei sich trugen. Sie überwältigten ihn, griffen in seine Brust und holten sein Herz heraus. Nachdem sie einen schwarzen Tropfen herausgepreßt hatten, wuschen sie sein Herz mit Schnee und legten es behutsam wieder in seine Brust, bevor sie verschwanden.

Als Muhammad sechs Jahre alt war, starb auch seine Mutter, und nun wuchs der Knabe bei seinem Großvater Abd al-Muttalib auf, dem es oblag, das Wasser aus dem Zamzam-Brunnen an die Pilger zu verteilen und die Speisung der Wallfahrer zu leiten; damit bekleidete er in der heidnischen Gesellschaft Mekkas ein gewichtiges Amt. Als zwei Jahre später auch Abd al-Muttalib starb, kam der verwaiste Muhammad ins Haus seines einflußreichen Onkels Abu Talib, der Mitleid mit seinem Neffen hatte und ihm Aufgaben in seinem einträglichen Karawanenhandel übertrug. Auf einer dieser Handelsreisen nach Syrien wurde Muhammads prophetische Identität offenbar.

Abu Talib hatte erst im letzten Augenblick beschlossen, Muhammad in seiner Handelskarawane nach Syrien mitzunehmen. Von seiner Klause in Basra aus beobachtete der christliche Mönch Bahira die Karawane, wie sie durch die sonnenversengte Landschaft zog. Bahira war ein gebildeter Mann. Er besaß ein Buch mit geheimen Prophezeiungen, das die Mönche seines Ordens von Generation zu Generation weitergaben. In seiner Zelle hatte er diese alte Handschrift Tag und Nacht studiert und auf den vergilbten Seiten von der Ankunft eines neuen Propheten gelesen. Und als der Mönch sah, daß über einer bestimmten Person aus dem Karawanenzug eine Wolke schwebte, die sie vor der erbarmungslosen Sonnenglut schützte, beschloß er, die Karawane anzuhalten, die am schmalen grauen Horizont entlangzog. Blieb dieser Mann stehen, so stand auch die Wolke still, und als er an einem Rastplatz von seinem Kamel stieg, folgte ihm die Wolke und verharrte über einem Baum, dessen Zweige sich über ihn senkten und ihm Schatten spendeten.

Bahira ahnte, was diese Zeichen zu bedeuten hatten, und ließ dem Karawanenführer sagen: «Ich habe euch ein Mahl bereitet. Ich möchte, daß ihr alle kommt, Jung und Alt, Sklaven und Freie.»

Die Kaufleute waren verwundert. Auf ihrer Reise nach Syrien waren sie schon oft hier vorbeigekommen, aber Bahira hatte ihnen nie die geringste Aufmerksamkeit geschenkt. Jetzt beschlossen sie, an diesem Abend nicht mehr weiterzuziehen, sondern die Gastfreundschaft des Mönchs anzunehmen. Als sich Bahira unter seinen Gästen umsah, bemerkte er, daß der Mann fehlte, dem die Wolke und der Baum Schatten gespendet hatten. Er erkundigte sich, ob auch wirklich alle aus dem Karawanenzug gekommen seien. «Kein einziger von euch soll meinem Mahl fernbleiben.»

Die Männer erwiderten, sie hätten nur einen Knaben, den Jüngsten, draußen beim Gepäck gelassen. Voller Aufregung bestand Bahira darauf, Muhammad hereinzuholen. Als er die Klause betrat, beobachtete der Mönch ihn eindringlich und erklärte sodann, dies sei «der Gesandte des Herrn der Welten».

Muhammad war neun Jahre alt.

Wenn die Kindheitsgeschichten über Muhammad vertraut klingen, so deshalb, weil sie ein Topos sind und ein traditionelles literarisches Thema anschlagen, das in den meisten Mythologien auftaucht. Wie bei den Erzählungen über die Kindheit Jesu in den Evangelien geht es auch in diesen Geschichten nicht um die Wiedergabe historischer Ereignisse, sondern um die Erhellung des Geheimnisses der prophetischen Berufung. Sie wollen Antwort geben auf die Frage, was es *bedeutet*, ein Prophet zu sein. Ist der prophetische Ruf etwas, das plötzlich und unvermittelt hereinbricht, oder ist es ein Seinszustand, der bereits vor der Geburt, ja von Anbeginn der Zeit, festgelegt war? Ist dies der Fall, dann muß es Zeichen geben, die auf die Ankunft des Propheten hinweisen: eine wunderbare Empfängnis oder einen anderen Hinweis auf die Identität und Mission des Propheten.

Die Geschichte der schwangeren Amina ähnelt in verblüffender Weise der christlichen Geschichte Marias, der Mutter Jesu, die im sechsten Monat die Stimme des Engels des Herrn hörte, der zu ihr sprach: «Du wirst ein Kind empfangen, einen Sohn wirst du gebären: dem sollst du den Namen Jesus geben. Er wird groß sein und Sohn des Höchsten genannt werden» (Lk 1, 31 f.) Die Geschichte Bahiras besitzt deutliche Anklänge an die jüdische Geschichte Samuels. Als Gott Samuel verkündet, einer von Isais Söhnen werde der nächste König von Israel, läßt er die ganze Familie kommen, um mit ihr ein Mahl zu halten. David, der Jüngste, bleibt zurück und hütet die Schafe. «Schick jemand hin und laß ihn holen», befiehlt Samuel, nachdem alle anderen Söhne Isais vom Herrn verworfen worden waren. «Wir wollen uns nicht zum Mahl hinsetzen, bevor er hergekommen ist.» Als David kommt, wird er von Samuel zum König gesalbt (1 Sam 16, 1–13).

Wiederum ist die Frage nach der Historizität dieser Topoi irrelevant. Es ist unwichtig, ob diese Geschichten über die Kindheit Muhammads, Jesu oder Davids wahr sind. Entscheidend ist, was sie über unsere Propheten, unsere Messiasse, unsere Könige mitteilen: daß ihre Berufung heilig und von Ewigkeit her und seit Erschaffung der Welt von Gott verfügt worden ist.

Und doch vermitteln uns diese Überlieferungen in der Zusammenschau mit dem, was wir über die vorislamische arabische Gesellschaft wissen, wichtige historische Informationen. So läßt sich beispielsweise mit Sicherheit sagen, daß Muhammad ein Mekkaner und ein Waisenknabe war; daß er schon in jungen Jahren im Karawanenhandel seines Onkels tätig war; daß die Karawane häufig in dieser Region reiste und christlichen, zoroastrischen und jüdischen Stämmen begegnete, die mit der arabischen Gesellschaft in engem Austausch standen; und schließlich daß er die Religion und Weltsicht des Hanifismus kannte, der in Mekka weit verbreitet war und höchstwahrscheinlich den spirituellen Nährboden für Muhammads eigene Bewegung bildete. Gleichsam um den Zusammenhang zwischen Hanifismus und Islam zu unterstreichen, charakterisieren die frühen muslimischen Biographen Zaid als eine Art Johannes der Täufer, der das Kommen «eines Propheten aus dem Stamme Ismails» erwartete, «genauer gesagt, aus dem Stamme Abd al-Muttalibs».

«Ich denke nicht, daß ich ihn noch erleben werde», soll Zaid gesagt haben, «aber ich glaube an ihn, verkünde die Wahrheit seiner Botschaft und bezeuge, daß er ein Prophet ist.»

Vielleicht irrte sich Zaid. Vielleicht ist er diesem Propheten tatsächlich begegnet. Er konnte ja nicht wissen, daß der Waisenknabe, den er ermahnte, nicht den Götterbildern zu opfern, eines Tages dort stehen würde, wo er selbst einst gestanden hatte – im Schatten der Ka'ba –, und mit einer Stimme, die den Lärm der die Ka'ba umkreisenden Pilger übertönte, rufen würde: «Was meint ihr denn (wie es sich) mit Allat und al-Uzza (verhält) und weiter mit Manat? ... Das sind bloße Namen, die ihr und eure Väter aufgebracht habt ... (Für uns gibt es nur) die Religion Abrahams, der ein Hanif war, kein Heide» (53, 19 und 23; 2, 135).

2. Hüter der Schlüssel

Muhammad in Mekka

Mit Beginn der Wallfahrtszeit in den letzten beiden Monaten des ausgehenden und dem ersten Monat des neuen Jahres verwandelt sich das alte Mekka von einer geschäftigen Wüstenmetropole in eine Stadt, die aus allen Nähten platzt. Sie ist zum Bersten voll mit Pilgern, Kaufleuten und Karawanen, die zwischen Mekka und den großen Handelsmärkten in den benachbarten Städten Ukaz und Dhu'l-Madschaz hin und her ziehen. Ob aus Mekka stammend oder nicht, alle Karawanen, die in die Stadt wollen, müssen am Rand des mekkanischen Tals halt machen, ihre Waren kontrollieren lassen und über ihre Handelsmission Auskunft geben. Dann werden die Kamele entladen und in die Obhut von Sklaven gegeben, während ein mekkanischer Beamter den Wert der Stoffe, Öle oder Datteln beziffert, die die Karawane von den Märkten mitgebracht hat. Aus der Gesamtsumme wird die Abgabe errechnet, die an Mekka zu entrichten ist: eine geringfügige Steuer auf den gesamten Handel in und im Umkreis der heiligen Stadt. Erst wenn diese Prozedur abgeschlossen ist, können die Kameltreiber ihre schmutzigen Mäntel ablegen und sich zur Ka'ba begeben.

Das alte Mekka breitet sich in konzentrischen Kreisen um das Heiligtum im Herzen der Stadt aus. Durch die engen, schmutzigen Straßen ziehen die Pilger zur Ka'ba wie ein zäh fließender Strom. Die Behausungen der äußeren Ringe sind Lehm- und Strohhütten, die von den alljährlichen Überschwemmungen erbarmungslos weggespült werden. Die Häuser, die näher am Zentrum liegen, sind größer und stabiler, doch ebenfalls aus Lehm (nur die Ka'ba ist aus Stein). Hier liegt das mekkanische Basarviertel, der *suq*, wo die Luft dick und beißend vom Qualm ist und die Verkaufsstände nach Blut und Gewürzen riechen.

Die Kameltreiber schieben sich müde durch das Menschengewühl des Marktes, vorbei an Schafherzen und Ziegenzungen, die über offenem Feuer brutzeln, vorbei an Händlern, die laut schreiend ihre Waren anpreisen und mit den Pilgern feilschen, vorbei an dunklen, in Höfen kauernden Frauen, bis sie schließlich an die geweihte Schwelle des Heiligtums gelangen. Sie waschen sich am Zamzam-Brunnen und kündigen dem «Herrn des Hauses» ihr Kommen an, bevor sie sich in den Strom der Pilger einreihen, die die Ka'ba umrunden.

Unterdessen macht sich im Innern des Heiligtums ein alter Mann in einem makellos weißen Obergewand zwischen den Holz- und Steinbildnissen zu schaffen, zündet Kerzen an und richtet die Altäre her. Es ist kein Priester. Nicht einmal ein *kahin*. Er ist etwas sehr viel Wichtigeres: ein *Quraisch*, Angehöriger des mächtigen, sagenhaft reichen Stammes, der sich vor Jahrhunderten in Mekka angesiedelt hat und jetzt im gesamten Hidschaz als *ahl Allah* bekannt ist, «Stamm Gottes» und Hüter des Heiligtums.

Die Herrschaft der Quraisch über Mekka begann Ende des 4. Jahrhunderts n. Chr., als ein ehrgeiziger junger Araber namens Qusayy die Kontrolle über die Ka'ba gewann, indem er mehrere einander befehdende Clans unter seiner Führung einigte. Die Clans der Arabischen Halbinsel bestanden aus großen Familienverbänden, die sich *bait* («Haus») oder *banu* («Söhne») des Patriarchen der jeweiligen Familie nannten. Muhammads Clan nannte sich Banu Haschim, «die Söhne Haschims». Durch Heirat und politische Bündnisse schlossen sich mehrere Clans zu einem *ahl* oder *qaum* zusammen, einem «Volk» oder, geläufiger, Stamm.

In der frühen Siedlungszeit Mekkas wetteiferten mehrere Clans, die zum Teil lockere Bündnisse geschlossen hatten, um die Kontrolle über die Stadt. Qusayy war es gelungen, diese Clans, die nominell durch Bluts- und Heiratsbande miteinander verbunden waren, zu einem mächtigen Stamm zu einen, den Quraisch.

Qusayy hatte erkannt, daß der Quell und Ursprung der Macht Mekkas das Heiligtum war. Mit anderen Worten: Wer die Ka'ba kontrollierte, kontrollierte die Stadt. Indem Qusayy an das ethnische Zusammengehörigkeitsgefühl seiner Stammesgenossen appellierte, die er «die edelsten und reinsten unter den Nachkommen Ismails» nannte, gelang es ihm, die

Ka'ba den rivalisierenden Clans zu entreißen und sich selbst zum «König von Mekka» auszurufen. Zwar ließ er die Wallfahrtsrituale unangetastet, aber er verwahrte die Schlüssel zum Heiligtum. Damit hatte er die Verfügungsgewalt über Wasser und Nahrung für die Pilger und überwachte alles, was im Umkreis der Ka'ba geschah, wo Eheschließungs- und Beschneidungsrituale vollzogen wurden; zudem händigte er als oberster Kriegsherr die Kriegsfahnen aus. Gleichsam um zu demonstrieren, daß das Heiligtum der Quell von Macht und Autorität war, ließ Qusayy Mekka in Stadtviertel einteilen und einen äußeren und einen inneren Siedlungsring um die Ka'ba anlegen. Je näher man am Heiligtum wohnte, desto größer war die Macht, über die man verfügte. Qusayys Haus schloß scheinbar unmittelbar an die Ka'ba an.

Die Bedeutung dieser räumlichen Nähe zum Heiligtum konnte den Bewohnern Mekkas nicht entgehen, und es war offensichtlich, daß die Pilger, die die Ka'ba umrundeten, auch Qusayy die Ehre erwiesen. Da außerdem der Weg ins Allerheiligste der Ka'ba durch eine Tür in Qusayys Haus führte, konnte man sich nur über Qusayy den Göttern nähern. Auf diese Weise vereinte Qusayy die politische und religiöse Macht in seiner Hand. Er war nicht nur der König von Mekka, er war der «Hüter der Schlüssel». «Die Autorität, die er zu Lebzeiten und nach seinem Tod über die Quraisch ausübte, war wie eine Religion, der die Menschen folgten», schreibt Ibn Ishaq.

Qusayys entscheidende Neuerung war die Schaffung der wirtschaftlichen Grundlagen Mekkas. Er festigte die Bedeutung der Stadt als Ort der religiösen Verehrung im Hidschaz, indem er die von den Nachbarstämmen angebeteten Götterbilder in die Ka'ba brachte, besonders jene, die die heiligen Hügel al-Safa und al-Marwa krönten. Die Huldigung Isafs und Na'ilas, der Gottheiten der Liebenden, war jetzt nur noch in Mekka möglich und nur nach Entrichtung eines bestimmten Geldbetrags an die Quraisch für das Recht, die heilige Stadt zu betreten. Qusayy behielt sich auch das Monopol für den Kauf und Verkauf von Waren und Dienstleistungen an die Pilger vor. Das Geld dafür brachte er durch die Besteuerung der Mekkaner auf; den erwirtschafteten Gewinn steckte er in die eigene Tasche. Dieses System hatte ihm und den herrschenden Clans der Quraisch, denen es gelungen war, ihr Geschick mit dem seinen zu verknüpfen, binnen weniger Jahre immensen Reichtum gebracht. Doch in Mekka war noch mehr Profit zu machen.

Wie bei allen semitischen Heiligtümern war auch das Gebiet im Umkreis der Ka'ba heiliger Boden und die Stadt Mekka eine neutrale Zone, in der Stammeskämpfe verboten und das Tragen von Waffen nicht erlaubt waren. Die Pilger, die während der Wallfahrtszeit nach Mekka kamen, wurden ermuntert, den Frieden und Wohlstand der Stadt zu nutzen und hier Handel zu treiben. Zur Erleichterung des Warenaustausches wurden die großen Jahrmärkte des Hidschaz in die Wallfahrtszeit gelegt und aufeinander abgestimmt. Ob es Qusayys Idee war, für diesen Handel eine Steuer zu erheben, läßt sich schwer sagen. Vermutlich agierten die Quraisch zunächst nur als Organisatoren des Handels in und im Umkreis von Mekka und verlangten eine geringfügige Abgabe für ihre Dienste als Schutzmacht, die die Sicherheit der Karawanen in den gefährlichen Wüstengebieten gewährleistete. Sicher scheint dagegen, daß die Quraisch wenige Generationen später unter Qusayys Enkel und Muhammads Urgroßvater Haschim aus Mekka einen bescheidenen, aber profitablen Handelsplatz machten, der auf die Pilger angewiesen war, die alljährlich die Ka'ba besuchten.

Wie weit diese Handelsbeziehungen reichten, ist in der Forschung heftig umstritten. Lang herrschte die Ansicht, Mekka sei das Zentrum einer Fernhandelsroute gewesen und habe Gold, Silber und Gewürze aus den Häfen des Jemen im Süden importiert und dann mit großem Profit an das Byzantinische Reich und das Sasanidenreich weiterverkauft. Dieser These zufolge, die von einer überwältigenden Anzahl arabischer Quellen gestützt wird, beherrschten die Quraisch damit einen natürlichen Handelsknotenpunkt zwischen dem Süden und dem Norden Arabiens in einer Region, deren Ansehen durch die Ka'ba mächtig gesteigert wurde. Nach Montgomery Watt war Mekka der wirtschaftliche Dreh- und Angelpunkt des gesamten Hidschaz und – mit den Worten von Muhammad Shaban – der Handel Mekkas Existenzgrundlage.

In jüngerer Zeit jedoch haben Forscher diese Ansicht in Frage gestellt, vor allem deshalb, weil es keine einzige nichtarabische Quelle gibt, die die These von Mekka als Fernhandelszentrum bestätigt. «Die Quraisch und ihr Handelsplatz werden nirgends erwähnt, weder in den griechischen noch in den lateinischen, syrischen, aramäischen, koptischen oder anderen außerhalb Arabiens entstandenen Schriften vor den Eroberungen», schreibt Patricia Crone in *Meccan Trade and the Rise of Islam*. «Dieses Schweigen ist überraschend und bemerkenswert.»

Crone und andere argumentieren damit, daß es im Unterschied zu anderen fest etablierten Handelsstädten wie Petra und Palmyra keine stichhaltigen Hinweise auf eine Kapitalanhäufung im vorislamischen Mekka gibt. Und trotz gegenteiliger Behauptungen arabischer Quellen lassen die historischen Zeugnisse und die geographische Lage nur den Schluß zu, daß Mekka nicht an einer der bekannten Handelsrouten der Arabischen Halbinsel lag. «Warum sollten Karawanen tief herab ins unfruchtbare Tal Mekkas ziehen, wenn sie in Ta'if halt machen konnten?» fragt Crone.

Crone hat völlig recht. Es gab keinen Grund nach Mekka zu reisen, geschweige denn sich dort anzusiedeln. Es sei denn, man wollte die Ka'ba besuchen.

Mekka lag im Abseits, keine Frage. Die natürliche Handelsroute des Hidschaz verlief östlich der Stadt; ein Zwischenstop in Mekka auf der Reise zwischen dem Jemen und Syrien, der wichtigsten Transitstrecke des Fernhandels im vorislamischen Arabien, hätte einen beträchtlichen Umweg bedeutet. Ta'if, das nah an dieser Handelsroute lag und ebenfalls ein (Allat geweihtes) Heiligtum hatte, bot sich eher an. Doch die Stadt Mekka war ein besonders heiliger Ort, und zwar aufgrund des Heiligtums und der in ihm aufbewahrten Götterbilder.

Gegenüber den anderen heiligen, jeweils einer Gottheit geweihten Stätten, von denen die Wüstenlandschaft des Hidschaz durchzogen war, bestand die Einzigartigkeit der Ka'ba in ihrem Anspruch, ein Universalheiligtum zu sein. Hier hatten alle Gottheiten des vorislamischen Arabien ihren Wohnsitz, und deshalb verspürten – ungeachtet ihres Stammesglaubens – alle Völker der Arabischen Halbinsel nicht nur zur Ka'ba eine besondere spirituelle Nähe, sondern auch zu der Stadt, in der sich das Heiligtum befand, und zu dem Stamm, der es schützte. Aus den Unstimmigkeiten zwischen den arabischen und den nichtarabischen Quellen zieht Crone den Schluß, daß alles, was wir über die vorislamische Ka'ba wissen, ja alles, was uns vom Propheten Muhammad und vom Aufstieg des Islams im Arabien des 7. Jahrhunderts bekannt ist, Märchen der arabischen Geschichtenerzähler des 8. und 9. Jahrhunderts sind, mithin reine Fiktion ist, die kein Körnchen historischer Wahrheit enthält.

Die Wahrheit liegt vermutlich irgendwo zwischen Watts These von Mekka als «Fernhandelsplatz» und Crones These von einem «fiktionalen Muhammad». Die nichtarabischen Quellen widerlegen klar die These von Mekka als internationalem Handelszentrum. Eine überwältigende Zahl arabischer Quellen jedoch zeigt, daß lange vor dem Aufstieg des Islams zumindest in gewissem Umfang in Mekka Handel getrieben wurde. Auch wenn das Ausmaß und die Reichweite dieser Handelsbeziehungen in den arabischen Quellen übertrieben dargestellt wurden – deren Verfasser wollten womöglich die kaufmännischen Erfahrungen ihrer Vorfahren in ein glänzendes Licht stellen –, so gibt es doch deutliche Hinweise darauf, daß die Mekkaner einen «internen Tauschhandel» kannten, wie es F. E. Peters nennt, mit einer bescheidenen Handelszone entlang der syrischen und irakischen Grenze. Dieser Handel beschränkte sich auf die Jahrmärkte, die ganz bewußt auf die Monate der großen Mekka-Wallfahrt gelegt waren.

Entscheidend ist, daß dieser Handel, so begrenzt auch immer, in vollem Umfang mit der Ka'ba zusammenhing. Es gab schlichtweg keinen anderen Grund, in Mekka halt zu machen. Die mekkanische Wüste war völlig unfruchtbar. Wie Richard Bulliet in seinem wunderbaren Buch *The Camel and the Wheel* schreibt, wurde «Mekka nur deshalb zu einem großen Handelsplatz, weil es den Handel unter seine Kontrolle zu bringen vermochte». In der Tat: Indem Qusayy und seine Nachkommen das religiöse und wirtschaftliche Leben der Stadt unauflöslich miteinander verknüpften, errichteten sie ein neuartiges religiös-wirtschaftliches Gefüge, das auf der Kontrolle der Ka'ba und der Wallfahrtsriten basierte – Riten, die fast der ganze Hidschaz praktizierte – und den Quraisch als einzigem Stamm die wirtschaftliche, religiöse und politische Oberhoheit sicherte.

Aus diesem Grund wollten die Abessinier im Jahr des Elefanten die Ka'ba zerstören. Nachdem sie in Sanaa, unweit der florierenden Handelshäfen des Jemen, eine eigene zentrale Wallfahrtsstätte errichtet hatten, beabsichtigten sie, das mekkanische Heiligtum zu vernichten – nicht weil die Ka'ba eine religiöse Bedrohung, sondern weil sie eine wirtschaftliche Konkurrenz darstellte. Wie die Oberhäupter von Ta'if, Mina, Ukaz und fast allen anderen benachbarten Regionen hätten die Abbessinier das religiös-wirtschaftliche System Mekkas am liebsten innerhalb des eigenen Machtbereichs und in eigener Regie weitergeführt. Wenn dieses System einen so lockeren Clanzusammenschluß wie den der Quraisch reich machen konnte, dann ganz gewiß auch sie.

Doch nicht alle Mekkaner profitierten von diesem System. Das entbehrungsreiche Beduinenleben verhinderte auf natürliche Weise die

Herausbildung sozialer und wirtschaftlicher Hierarchien, wie sie in seßhaften Gesellschaften wie in Mekka entstanden. Die einzige Überlebensmöglichkeit einer Gemeinschaft, die ständig auf Wanderschaft und in der die Akkumulation von materiellem Reichtum nur hinderlich war, lag in einem starken Stammeszusammenhalt durch die gerechte Aufteilung aller verfügbaren Ressourcen. Die Stammesethik gründete daher auf dem Grundsatz, daß jedes Mitglied für die Aufrechterhaltung des Stammesgleichgewichts gleichermaßen bedeutend war. Denn der Stamm war nur so stark wie seine schwächsten Glieder. Es ging nicht um soziale Gleichheit, um das Ideal der Gleichwertigkeit aller Stammesmitglieder. Die tribale Ethik zielte vielmehr auf die Wahrung des Anscheins der sozialen Gleichheit, damit jedes Mitglied ungeachtet seiner Stellung jene sozialen und wirtschaftlichen Rechte und Privilegien genießen konnte, die den Zusammenhalt des Stammes gewährleisteten.

Im vorislamischen Arabien oblag die Wahrung der Stammesethik dem *sayyid* oder *schaich*. Einstimmig gewählt als «Erster unter Gleichen», war der Schaich (der Titel bedeutet soviel wie «einer, der die Spuren hohen Alters trägt») das angesehenste Mitglied seiner Gemeinschaft und repräsentierte die Stärke und die moralischen Attribute des Stammes. Zwar herrschte Einigkeit darüber, daß manchen Familien die Führungsrolle bzw. eine Vorrangstellung zukam, doch das Amt des Schaich war keine erbliche Position. Die Araber hegten nur Verachtung für die Erbkönigreiche der Byzantiner und Sasaniden. Einzige Vorbedingung, um Schaich werden zu können, waren neben dem reifen Alter Tugenden wie Tapferkeit, Ehre, Gastfreundschaft, Kampfesstärke, Gerechtigkeitssinn und vor allem der beharrliche Einsatz für das Gemeinwohl – Eigenschaften, die den Kodex des arabischen Stammesverhaltens (*muruwwa*) ausmachten.

Da sich die Araber hüteten, alle Führungsaufgaben in eine Hand zu legen, besaß der Schaich kaum wirkliche Exekutivgewalt. Alle wichtigen Entscheidungen wurden durch kollektive Beratung mit anderen Stammesmitgliedern getroffen, die ebenfalls bedeutsame Aufgaben innehatten: dem *qa'id* oder obersten Kriegsherrn; dem *kahin* oder Kultbeauftragten; und dem *hakam*, der für die Schlichtung von Streitigkeiten zuständig war. Bisweilen übernahm der Schaich zwar die eine oder andere dieser Aufgaben, seine primäre Verantwortung jedoch lag in der Wahrung der Ordnung innerhalb des Verbandes und zwischen den Stämmen, indem er die Sicherheit der Stammesmitglieder gewährleistete, insbesondere derjenigen, die sich nicht selbst schützen konnten: Arme und Schwache, Kinder und Alte, Witwen und Waisen. Die Loyalität gegenüber dem Schaich fand ihren symbolischen Ausdruck in einem Treueid (*baiʿa*), der der Person, nicht dem Amt geleistet wurde. Wenn der Schaich seine Schutzpflichten nicht erfüllte, konnte der Eid zurückgenommen und ein neues Oberhaupt gewählt werden.

In einer Gesellschaft, die keine absolute, von einer übernatürlichen Macht diktierte ethische Gesetzgebung kannte, wie es beispielsweise die Zehn Gebote sind, konnte der Schaich nur zu einem einzigen Rechtsmittel greifen, um Verstöße gegen die Stammesordnung zu ahnden: zum Gesetz der Vergeltung. Im Lateinischen *lex talionis* genannt, gilt dieses Gesetz im Westen als recht primitives Prinzip des «Auge um Auge». Doch das Gesetz der Vergeltung war alles andere als ein barbarischer Rechtsgrundsatz. Es hatte das Ziel, der Barbarei Einhalt zu gebieten. Wenn jemand seinem Nachbarn ein Auge ausschlug, wurde dem Übeltäter ebenfalls nur ein Auge ausgeschlagen; bei Diebstahl eines Kamels mußte der Wert genau eines Kamels erstattet werden; wurde ein Sohn getötet, wurde der Sohn des Mörders hingerichtet. Um die Zumessung der Strafe zu erleichtern, wurde für alle Waren und Güter, für jedes Mitglied der Gemeinschaft, ja für jeden einzelnen Körperteil ein bestimmter Geldbetrag, das sogenannte «Blutgeld», festgelegt. Zu Muhammads Zeiten war das Leben eines freien Mannes hundert, das Leben einer freien Frau fünfzig Kamele wert.

Es oblag dem Schaich, in seiner Gemeinschaft für Frieden und Ordnung zu sorgen, indem er für alle Straftaten, die innerhalb des Stammes begangen wurden, die gerechte Strafe festlegte. Verbrechen gegen Menschen außerhalb des eigenen Stammes blieben nicht nur straflos, sondern galten überhaupt nicht als Straftaten. Diebstahl, Mord oder Körperverletzung wurden nicht an sich als moralisch verwerflich betrachtet, sondern nur dann bestraft, wenn sie die Stabilität des Stammes gefährdeten.

Bisweilen wurde die Einhaltung der Reziprozität jedoch erschwert. Wenn beispielsweise ein gestohlenes Kamel trächtig war, mußte dann der Dieb dem Bestohlenen ein oder zwei Kamele zurückerstatten? Da es in Stammesgesellschaften keine offizielle Strafverfolgungsbehörde und keine gerichtliche Instanz gab, trugen in Fällen, in denen eine Schlichtung nötig war, die beiden Parteien ihre Argumente einem *hakam* vor, einem vertrauensvollen neutralen Dritten, der den Streit schlichtete. Der *ha-*

kam erwirkte von beiden Parteien die Verpflichtung, seinen Schiedsspruch anzunehmen (der ja formal nicht erzwingbar war), und fällte ein verbindliches Urteil: «Ein trächtiges Kamel ist zwei Kamele wert.» Die Schiedssprüche, die auf diese Weise im Laufe der Zeit gefällt wurden, bildeten die Grundlage einer normativen Rechtstradition oder Sunna, die zum Rechtskodex des Stammes wurde. Mit anderen Worten: Um den Wert eines trächtigen Kamels zu beziffern, war kein zweiter Schiedsspruch nötig.

Da jedoch jeder Stamm seinen eigenen *hakam* und seine eigene Sunna hatte, galten die Gesetze und Traditionen des einen Stammes nicht unbedingt für den anderen. Häufig war es der Fall, daß der einzelne außerhalb seines Stammes, der sozialen Identität beraubt, keinerlei Schutz und keinerlei Rechte genoß. Wie es den vorislamischen Arabern gelang, im Zusammenleben der Stämme eine Ordnung aufrechtzuerhalten, wenn es eigentlich nicht als unmoralisch galt, das Mitglied eines anderen Stammes zu bestehlen, zu verletzen oder zu töten, blieb eine hochkomplizierte Angelegenheit. Die Stämme standen durch ein vielfältiges Netzwerk von Bündnissen und Abstammungen miteinander in Beziehung. Die einfache Antwort lautet: Wenn jemand aus dem einen Stamm dem Mitglied eines anderen Stamms Schaden zufügte, konnte der geschädigte Stamm Wiedergutmachung verlangen, vorausgesetzt, er war mächtig genug. Der Schaich hatte also dafür zu sorgen, daß benachbarte Stämme wußten, jeder Akt der Aggression gegen seinen Stamm würde gerächt werden. Wenn ihm dies nicht gelang, hatte er sein Amt verfehlt.

In Mekka hatte die Konzentration des Reichtums in den Händen einiger weniger dominierender Familien nicht nur das soziale und wirtschaftliche Gefüge der Stadt verändert, sondern die Stammesethik zerstört. Die plötzliche Flut persönlichen Reichtums hatte das Stammesideal der sozialen Gleichheit hinweggespült. Es gab kein Verantwortungsgefühl mehr für die Armen und Schwachen; die Stärke des Stamms hing nun nicht mehr von der Stärke seiner schwächsten Glieder ab. Das Anliegen der Schaichs der Quraisch war jetzt in erster Linie, den Handel aufrechtzuerhalten, nicht mehr die Fürsorge für die Besitzlosen. Wie konnten die Talionsbestimmungen noch funktionieren, wenn eine Partei so reich und mächtig war, daß Vergeltung praktisch unmöglich war? Wie konnten die Beziehungen zu den anderen Stämmen aufrechterhalten werden, wenn der Clan der Quraisch durch seine immer weiter ausgreifende Macht über jeden Tadel erhaben war? Erschwerend kam hinzu, daß sich die Autorität der Quraisch als Hüter der Schlüssel des Heiligtums nicht nur auf den politischen und wirtschaftlichen, sondern auch auf den religiösen Bereich erstreckte. Vergessen wir nicht, daß selbst die Hanifen, in der Überlieferung als vehemente Kritiker der unersättlichen Gier der Mekkaner dargestellt, trotz allem eine unerschütterliche Loyalität gegenüber den Quraisch wahrten, die sie als «die rechtmäßigen Sachwalter der abrahamitischen Heiligkeit Mekkas und der Ka'ba» ansahen.

Mit dem Verfall der Stammesethik vollzog sich eine allmähliche Hierarchisierung der mekkanischen Gesellschaft. An der Spitze standen die Oberhäupter der herrschenden quraischitischen Sippen. Wer genügend Kapital aufbrachte, um ein kleines Geschäft zu eröffnen, konnte aus dem religiös-wirtschaftlichen System der Stadt Vorteil ziehen. Doch für die meisten Mekkaner war dies schlichtweg unmöglich. Insbesondere diejenigen, die nicht den Schutz einer Sippe genossen wie Witwen und Waisen und über keinen ererbten Besitz verfügten, konnten sich nur Geld von den Reichen leihen – zu exorbitanten Zinsen, was zu erdrückender Armut und schließlich in die Sklaverei führte.

Muhammad, selbst ein Waisenkind, wußte nur zu gut, was es hieß, außerhalb des religiös-wirtschaftlichen Systems von Mekka zu leben. Zu seinem Glück war sein Onkel und neuer Vormund Abu Talib gleichzeitig der Schaich der Banu Haschim, eines kleinen, zwar nicht besonders reichen, aber angesehenen Clans innerhalb des mächtigen Stammes der Quraisch. Es war Abu Talib, der verhinderte, daß Muhammad, wie so viele Waisen in Mekka, sich verschuldete und in die Sklaverei kam. Er gab ihm ein Zuhause und die Möglichkeit, sich durch Mitarbeit in seinem Karawanenhandel den Lebensunterhalt zu verdienen.

Zweifellos war Muhammad ein tüchtiger Geschäftsmann. In den Quellen wird ausführlich von seinen Erfolgen als Kaufmann erzählt, von seinem Talent, Profite zu erwirtschaften. Trotz seiner niedrigen Stellung in der mekkanischen Gesellschaft war er in der ganzen Stadt als rechtschaffener, frommer Mann bekannt. Sein Beiname war al-Amin, «der Vertrauenswürdige», und mehrfach wurde er als *hakam* bei kleineren Streitfällen herangezogen.

Muhammad war offenbar auch eine stattliche Erscheinung. Er wird als breitschultrig beschrieben, mit Vollbart und gebogener Nase, was ihm ein majestätisches Aussehen verlieh. In zahlreichen Berichten ist die Rede von seinen großen schwarzen Augen und dem langen vollen Haar, das er hinter den Ohren zu Zöpfen geflochten trug. Doch trotz seiner Redlichkeit und Tüchtigkeit war der fünfundzwanzigjährige Muhammad damals, an der Wende zum 7. Jahrhundert, immer noch unverheiratet, ohne Kapital, ohne eigenes Geschäft und beruflich und privat von der Großzügigkeit seines Onkels abhängig. Seine Zukunftsaussichten waren so hoffnungslos, daß Umm Hani, die Tochter seines Onkels, seinen Heiratsantrag schlichtweg ablehnte und sich für einen besser gestellten Freier entschied.

Die Dinge änderten sich für Muhammad, als er die Aufmerksamkeit einer außergewöhnlichen vierzigjährigen Witwe gewann. Chadidscha ist eine rätselhafte Erscheinung. Sie lebte als reiche und geachtete Geschäftsfrau in einer Gesellschaft, die Frauen als das Eigentum des Mannes betrachtete und ihnen das Recht zu erben verwehrte. Doch Chadidscha zählte zu den angesehensten Mitgliedern der mekkanischen Gesellschaft. Sie besaß eine profitable Handelskarawane, und obwohl sie schon älter war und eigene Kinder hatte, machten ihr viele Männer den Hof, meist mit dem Ziel, an ihr Geld heranzukommen.

Ibn Hischam zufolge lernte Chadidscha Muhammad kennen, als sie ihn als Karawanenführer anheuerte. Sie hatte von seiner «Ehrlichkeit, seiner Zuverlässigkeit und seinem edlen Charakter» gehört und beschlossen, ihm eine Handelsexpedition nach Syrien anzuvertrauen. Und Muhammad enttäuschte sie nicht. Er kehrte mit fast dem doppelten Gewinn, den Chadidscha erwartet hatte, von dieser Reise zurück, und sie belohnte ihn damit, daß sie ihm ihre Hand anbot. Muhammad nahm dankbar an.

Seine Heirat mit Chadidscha ebnete Muhammad den Weg in die besseren Kreise der mekkanischen Gesellschaft. Durch sie gewann er Zugang zum religiös-wirtschaftlichen System der Stadt. Die Überlieferungen stimmen darin überein, daß er als Kaufmann im Geschäft seiner Frau außerordentlich erfolgreich war und zu Reichtum und gesellschaftlichem Ansehen gelangte. Zwar gehörte er nicht zur herrschenden Elite, aber doch zur «Mittelschicht», um diesen anachronistischen Begriff zu verwenden. Er besaß sogar einen Sklaven.

Doch trotz dieser Erfolge empfand Muhammad einen tiefen Zwiespalt angesichts seiner Rolle in der mekkanischen Gesellschaft. Bekannt für Großzügigkeit und Unbestechlichkeit in der Führung seiner geschäftlichen Angelegenheiten, zog er sich, ein angesehener, relativ wohlhabender Kaufmann, immer wieder zur «Selbstrechtfertigung» (*tahannuth*, heidnische Andachtsübungen, von denen schon im vorigen Kapitel die Rede war) in die Einsamkeit der Berge und Schluchten im Tal von Mekka zurück, um zu fasten und zu beten. Auch spendete er regelmäßig Geld und Speisen für die Armen, wie es das kultische Ritual der Ka'ba verlangte. Gleichzeitig war er sich der Fragwürdigkeit des in Mekka herrschenden religiös-wirtschaftlichen Systems durchaus bewußt, das die wehrlosen Bevölkerungsmassen ausbeutete, um der Elite Reichtum und Macht zu sichern. Fünfzehn Jahre lang verfolgte ihn dieses Dilemma, eine Lebensweise zu führen, die seinen innersten Überzeugungen widersprach. In seinem vierzigsten Lebensjahr war er ein von Zweifeln gequälter Mann.

Dann, eines Nachts im Jahr 610 n. Chr., als er, zurückgezogen auf dem Berg Hira, in religiöse Betrachtungen versunken war, hatte Muhammad eine Begegnung, die die Welt veränderte.

Er saß in einer Höhle und betete. Plötzlich wurde er von einem unsichtbaren Wesen überwältigt. Er versuchte, sich der Umklammerung zu entziehen, konnte sich aber nicht bewegen. Dunkelheit umfing ihn. Der Druck auf seine Brust nahm zu, bis ihm der Atem stockte. Er hatte das Gefühl, sterben zu müssen. Als er seinen letzten Atemzug tat, überflutete ihn ein Licht, und er hörte eine furchterregende Stimme «wie die hereinbrechende Morgendämmerung».

«Trag vor!» befahl die Stimme.

«Was soll ich vortragen?» keuchte Muhammad.

Das unsichtbare Wesen umklammerte ihn noch fester und wiederholte seinen Befehl. In dem Moment, da er glaubte, es nicht länger ertragen zu können, ließ der Druck in seiner Brust nach, und in der Stille, die jetzt die Höhle erfüllte, *spürte* Muhammad, wie die folgenden Worte in sein Herz geprägt wurden:

> Trag vor im Namen deines Herrn, der geschaffen hat,
> den Menschen aus einem Embryo erschaffen hat.
> Trag vor!
> Dein höchst edelmütiger Herr ist es ja,

> der den Gebrauch des Schreibrohrs gelehrt hat,
> den Menschen gelehrt hat, was er nicht wußte
> (96, 1–5).

Das war Muhammads brennender Dornbusch: der Augenblick, in dem er aufhörte, ein mekkanischer Geschäftsmann zu sein, der sich um die Mißstände der Gesellschaft sorgt, und das wurde, was in abrahamitischer Tradition ein *Prophet* genannt wird. Doch wie seine großen prophetischen Vorläufer Abraham, Mose, David und Jesus war auch Muhammad mehr als das.

Die Muslime glauben an die fortlaufende Selbstoffenbarung Gottes – von Adam über alle Propheten, die es in den verschiedenen Religionen je gegeben hat. Diese Propheten heißen auf arabisch *nabi*, und sie sind berufen, der Menschheit Gottes Botschaft zu verkünden. Manchmal erhält ein *nabi* jedoch den besonderen Auftrag, heilige Texte zu übermitteln: Mose wurde die Tora geoffenbart, David verfaßte die Psalmen, und von Jesu Worten sind die Evangelien inspiriert. Ein solcher Mensch ist mehr als nur ein Prophet, er ist Gottes Gesandter, ein *rasul*. Und so sollte auch Muhammad im Laufe der folgenden dreiundzwanzig Jahre den gesamten Text des Korans (wörtlich «die Rezitation») vortragen und als *Rasul Allah*, «Gesandter Gottes», in Erscheinung treten.

Welcher Art das erste Offenbarungserlebnis Muhammads war, ist schwer zu sagen. Die Quellen geben vage, zum Teil widersprüchliche Auskunft. Ibn Hischam zufolge schlief Muhammad, als ihm die Offenbarung wie in einem Traum zuteil wurde; al-Tabari zufolge stand der Prophet aufrecht, als die Offenbarung auf ihn niederkam; er zitterte am ganzen Körper und versuchte, auf allen vieren kriechend zu fliehen. Der Befehl (*iqra*), den Muhammad in der Höhle vernahm, ist in al-Tabaris Biographie am besten als «Trag vor!» zu verstehen, in Ibn Hischams Prophetenbiographie dagegen lautet er ganz klar: «Lies!» Einer Überlieferung Ibn Hischams zufolge war die erste Rezitation auf ein Tuch aus Brokat geschrieben und lag vor Muhammad ausgebreitet, damit er lesen sollte.

Die muslimische Tradition neigt eher zu al-Tabaris Definition des *iqra* («Trag vor!»), um zu betonen, daß der Prophet weder lesen noch schreiben konnte, was nach Ansicht mancher durch den Beinamen Muhammads im Koran, *an-nabi al-ummi* (traditionell mit «der ungebildete Prophet» wiedergegeben) bestätigt wird. Doch auch wenn Muhammads

Analphabetentum das Wunder des Korans noch größer erscheinen läßt, gibt es keine historische Rechtfertigung dafür. Wie Kenneth Cragg und andere nachgewiesen haben, sollte *an-nabi al-ummi* richtiger als «der Prophet für die Ungebildeten» (d. h. die Schriftlosen) verstanden werden – eine Übersetzung, die sowohl mit der Syntax als auch mit Muhammads Ansicht übereinstimmt, der Koran sei eine Offenbarung für ein Volk ohne heiliges Buch: «Und wir haben ihnen [den Arabern] keine Schriften gegeben, in denen sie hätten forschen können, und wir haben vor dir keinen Warner zu ihnen gesandt» (34, 44).

Es ist höchst unwahrscheinlich, daß ein erfolgreicher Kaufmann wie Muhammad nicht in der Lage war, die eigenen Geschäftspapiere zu lesen. Gewiß, er war weder ein Schreiber noch ein Gelehrter und verfügte auch nicht über die Sprachgewalt eines Dichters. Aber ein einfaches Arabisch konnte er wohl schon lesen und schreiben – Namen, Daten, Waren, Dienstleistungen –, und da viele seiner Geschäftspartner Juden waren, besaß er vermutlich auch Grundkenntnisse des Aramäischen.

Die Quellen machen unterschiedliche Angaben darüber, wie alt Muhammad war, als er die erste Offenbarung empfing. Einige Chronisten behaupten, er sei vierzig, andere, er sei dreiundvierzig Jahre alt gewesen. Zwar gibt es keine Möglichkeit, letzte Klarheit darüber zu gewinnen, doch Lawrence Conrad zufolge waren die alten Araber überzeugt, daß «ein Mann erst mit vierzig den Höhepunkt seiner körperlichen und geistigen Leistungsfähigkeit erreicht». Und auch im Koran wird die Mannbarkeit mit dem vierzigsten Lebensjahr gleichgesetzt (46, 15). Mit anderen Worten, die ersten Biographen stellten Mutmaßungen an, als sie Muhammads Alter bei seiner Berufung auf dem Berg Hira bestimmten, wie sie wahrscheinlich auch sein Geburtsjahr nur schätzten.

Ähnlich ungewiß ist der genaue Zeitpunkt dieser ersten Offenbarung. In den Überlieferungen wird wahlweise der vierzehnte, siebzehnte, achtzehnte und vierundzwanzigste Tag des Monats Ramadan genannt. In der Urgemeinde umstritten war auch, wann genau die erste Rezitation stattfand. Manche Chronisten behaupten, Gottes erster Befehl an Muhammad habe weder «Trag vor!» noch «Lies!», sondern «Steh auf und warne!» gelautet.

Vielleicht liegt der Grund für die Vagheit und Widersprüchlichkeit der Traditionen auch darin, daß es gar kein einzelnes Offenbarungsereignis gab, mit dem Muhammads prophetische Berufung begann, sondern nur eine Reihe kleinerer, weniger spektakulärer übernatürlicher Erlebnisse, die in einer letzten, intensiven Begegnung mit dem Göttlichen gipfelten. Aischa, die vertrauteste Gefährtin des Propheten, die Frau, die er am meisten liebte, behauptete, die ersten Zeichen für Muhammads prophetische Berufung lägen lange vor seinem Erlebnis auf dem Berg Hira – Traumvisionen, die Muhammad so verstörten, daß er zunehmend die Einsamkeit suchte. «Er war am liebsten allein», erinnerte sich Aischa.

Muhammads verstörende Visionen waren offensichtlich begleitet von der Wahrnehmung von Stimmen. Ibn Hischam erzählt, als sich der Prophet in die «Schluchten Mekkas» zurückgezogen habe, hätten die Steine und Bäume am Weg zu ihm gesprochen: «Friede sei mit dir, o Apostel Allahs.» Da «wandte sich Muhammad nach rechts und links und sah sich um, entdeckte aber nur Bäume und Steine». Diese akustischen und visuellen Halluzinationen dauerten bis zu dem Augenblick an, als er auf dem Berg Hira von Gott berufen wurde.

Niemand anderer als der Prophet selbst kann das Offenbarungserlebnis beschreiben, aber es ist weder unvernünftig noch ketzerisch, wenn man die Bewußtwerdung einer prophetischen Sendung als einen allmählichen Prozeß betrachtet. Brauchte Jesus das Zeichen des sich öffnenden Himmels und der herabsteigenden Taube zur Beglaubigung seiner messianischen Sendung, oder wußte er schon länger, daß er von Gott auserwählt war? Kam die Erleuchtung wie ein Lichtblitz auf Siddhartha herab, als er unter dem Bodhibaum saß (wie diese Szene immer wieder beschrieben wurde), oder war die Erleuchtung ein abgestufter Erkenntnisprozeß, in dessen Verlauf sich ihm die Scheinhaftigkeit der Realität offenbarte? Vielleicht überkam die Offenbarung Muhammad tatsächlich wie eine «hereinbrechende Morgendämmerung», wie die Überlieferung behauptet. Vielleicht gewann er aber auch erst allmählich, durch unbeschreibliche übernatürliche Erlebnisse, ein prophetisches Bewußtsein. Wir können es nicht wissen. Sicher jedoch scheint, daß Muhammad, wie alle anderen Propheten vor ihm, vor Gottes Ruf zunächst zurückschreckte. Er war so verzweifelt über sein Erlebnis, daß er daran dachte, sich zu töten.

Seinem Verständnis nach erhielten nur *kuhhan*, die er als Scharlatane ablehnte («Ich konnte sie nicht einmal ansehen», sagte er einmal), Botschaften vom Himmel. Wenn sein Erlebnis auf dem Berg Hira bedeutete, daß er selbst ein solcher *kahin* werden sollte und man ihn jetzt in Mekka als einen von einem Dschinn inspirierten Seher betrachten würde, wollte er nicht mehr leben.

«Niemals sollen die Quraisch das von mir sagen!» rief Muhammad. «Ich werde auf den Gipfel des Berges steigen und mich zu Tode stürzen, um Frieden zu finden.»

Muhammad hatte durchaus recht mit seinen Bedenken. Auffallend in allen Übersetzungen ist die große poetische Kraft dieser ersten Offenbarungsverse. Die erste und die unmittelbar darauf folgenden Rezitationen bestehen aus rhythmisierten Reimpaaren, die den ekstatischen Äußerungen der *kuhhan* ähnelten. Durchaus nichts Ungewöhnliches, schließlich waren es die Araber gewohnt, daß die Götter in Versen zu ihnen sprachen, was ihre Sprache in das Reich des Übernatürlichen hob. Sehr viel später, als Muhammads Botschaft auf den Widerstand der mekkanischen Elite stieß, verwiesen seine Gegner tatsächlich auf die Ähnlichkeiten zwischen den Orakelsprüchen der *kuhhan* und Muhammads Rezitationen und fragten spöttisch: «Sollen wir einem besessenen Dichter zuliebe unsere Götter aufgeben?» (37, 36)

Die Tatsache, daß sich der Koran in Dutzenden Versen gegen den Vorwurf wendet, Muhammad sei ein *kahin*, zeigt nur, wie wichtig dieses Thema für die junge muslimische Gemeinde war. Als sich Muhammads Bewegung immer weiter ausbreitete, wurden die Offenbarungen zunehmend in Prosa übermittelt, ohne die orakelhafte Diktion der ersten Verse. Doch von Anfang an wußte Muhammad sehr genau, was man über ihn sagen würde, und die Vorstellung, als *kahin* betrachtet zu werden, brachte ihn an den Rand der Verzweiflung und des Selbstmords.

Schließlich nahm Gott ihm seine Angst und versicherte ihm, daß er nicht den Verstand verloren habe. Letztlich ist es jedoch wohl dem tröstenden Einfluß Chadidschas zu verdanken, daß Muhammad seinem Leben kein Ende setzte. Die Weltgeschichte wäre anders verlaufen.

«Durch sie erleichterte Gott die Last Seines Propheten», schreibt Ibn Hischam über diese bemerkenswerte Frau. «Gott der Allmächtige erbarme sich ihrer!»

Von seinem Erlebnis in der Höhle erschüttert und am ganzen Körper zitternd, machte sich Muhammad auf den Heimweg, warf sich seiner Frau in die Arme und rief: «Schütze mich, schütze mich!»

Da hüllte ihn Chadidscha in einen Umhang und hielt ihn fest in ihren Armen, bis die Zuckungen nachließen. Als sich Muhammad beruhigt hatte, erzählte er ihr weinend, was er erlebt hatte. «Chadidscha», sagte er, «ich glaube, ich bin verrückt geworden.»

«Das kann nicht sein», erwiderte sie und strich ihm übers Haar. «Gott würde niemals so an dir handeln. Er kennt deine Redlichkeit, deine Aufrichtigkeit, deine hohe Moral und deine Freundlichkeit.»

Doch da Muhammad untröstlich war, erhob sich Chadidscha, legte ihre Kleider an und begab sich zu dem einzigen Menschen, der verstehen würde, was mit ihrem Mann geschehen war: zu ihrem Vetter Waraqa, einem jener ersten Hanifen, die sich zum Christentum bekehrt hatten. Waraqa kannte die heiligen Bücher gut genug, um Muhammads Erlebnis richtig einordnen zu können.

«Er ist der Prophet dieses Volkes», rief er aus, nachdem er Chadidscha angehört hatte. «Sag ihm, er soll standhaft bleiben.»

Doch Muhammad war immer noch verunsichert. Vor allem wußte er nicht, was er als ein von Gott Berufener tun sollte. Und was das Schlimmste war: Gerade jetzt, da er Beistand brauchte, blieb Gott stumm. Auf das erste Offenbarungserlebnis auf dem Berg Hira folgte eine lange Zeit des Schweigens, so daß nach einer gewissen Zeit selbst Chadidscha, die an der Echtheit von Muhammads Erlebnis nie gezweifelt hatte, die Bedeutung dieses Erlebnisses in Frage zu stellen begann. «Dein Gott muß dich verabscheuen», sagte sie zu Muhammad.

Doch in seiner tiefsten Verzweiflung sandte ihm der Himmel einen zweiten Vers – auf dieselbe schmerzlich gewaltsame Weise wie zuvor. Und diesmal versicherte ihm Gott, daß er sein Gesandter sei:

> Du bist dank der Gnade deines Herrn nicht besessen.
> Und du hast Lohn zu erwarten, der (dir dann) nicht als Wohltat vorgehalten wird,
> und du bist eine gewichtige Persönlichkeit.
> Du wirst sehen, und sie werden sehen
> (68, 2–5).

Jetzt hatte Muhammad keine andere Wahl mehr, als «aufzustehen und zu warnen».

Die ersten Verse, die Muhammad den Mekkanern mitteilte, lassen sich inhaltlich in zwei Hauptthemen einteilen: solche mit einer religiösen und solche mit einer sozialen Stoßrichtung. In bezwingend schönen Versen pries Muhammad die Macht und Herrlichkeit des Gottes, der habe «die Erde überall aufspalten und Korn auf ihr wachsen lassen, Weinstökke und Gezweig, Ölbäume und Palmen, dicht bewachsene Gärten» (80, 26–30). Dies war nicht der mächtige, ferne Hochgott, den die meisten Mekkaner kannten. Dies war ein *guter* Gott, der seine Schöpfung innig liebte. Dieser Gott war *al-Rahman*, «barmherzig» (55, 1), und *al-Akram*, «höchst edelmütig» (96, 3). Es war dies ein der Dankbarkeit und Verehrung würdiger Gott. «Wieviel von der Gunst eures Herrn wollt ihr zurückweisen?» fragte Muhammad seine Landsleute.

Was diesen Versen über die Macht und Güte Gottes fehlt, ist die gebieterische Aufforderung zum Glauben an einen einzigen Gott und eine entschiedene Kritik am Polytheismus. Zu Beginn lag es Muhammad offenbar mehr am Herzen zu verkünden, was für ein Gott Allah war, und nicht die Frage, wieviele Götter es gab. Der Grund dafür liegt vermutlich darin, daß, wie bereits erwähnt, Muhammad sich an eine Gemeinschaft wandte, die bereits monotheistische oder zumindest henotheistische Tendenzen aufwies. Er mußte den Quraisch nicht erst sagen, daß es nur einen einzigen Gott gab. Sie kannten diese Botschaft bereits von den Juden, den Christen und den Hanifen, ja sie lehnten sie nicht einmal ab. Muhammad hatte ein sehr viel dringenderes Anliegen.

Dieses Anliegen – das zweite Hauptthema der frühesten Verkündigung Muhammads – war der Verfall der mekkanischen Stammesethik. In scharfen Worten prangerte er die Mißhandlung und Ausbeutung der Schwachen und Schutzlosen an. Er verlangte ein Ende der betrügerischen Verträge und des Wuchers, der die Armen zu Sklaven gemacht hatte. Er sprach von den Rechten der Unterprivilegierten und Unterdrückten und erhob die unerhörte Forderung, es sei die Pflicht der Reichen und Mächtigen, sich ihrer anzunehmen. «Gegen die Waise sollst du deshalb nicht gewalttätig sein, und den Bettler sollst du nicht anfahren», heißt es im Koran (93, 9 f.).

Dies war kein freundlicher Ratschlag, sondern eine Warnung. Gott hatte die Gier und Boshaftigkeit der Quraisch gesehen und war nicht länger bereit, sie zu ertragen.

Wehe jedem Stichler und Nörgler,
der Geld und Gut zusammenbringt und es zählt
und meint, sein Besitz würde ihn unsterblich machen.
Nein! Er wird ... geworfen werden
in das Feuer Gottes
(104, 1–6).

Mehr als alles andere sah sich Muhammad als einen Warner, der denjenigen in seiner Gemeinschaft eine Botschaft brachte, die die Waisen ausbeuteten; die andere nicht dazu anhielten, den Notleidenden zu essen zu geben; die zu den Göttern beteten, während sie ihre moralischen Pflichten vernachlässigten, und die Hilfe verweigerten, auf die jeder einen Anspruch hat (107, 1–7). Seine Botschaft war einfach: Der Tag des Jüngsten Gerichts würde kommen, an dem «der Himmel zerbricht ... und die Erde ausgebreitet wird» (84, 1–3) und diejenigen, die den «Sklaven [nicht] zur Freiheit» verhalfen oder «an einem Tag, an dem alles Hunger hat ... einem notleidenden Armen [nicht] zu essen» gaben, vom Feuer verschlungen werden (90, 13–20).

Eine radikale Botschaft, die man in Mekka noch nie gehört hatte. Muhammad etablierte noch keine neue Religion; er rief auf zu tiefgreifenden sozialen Reformen. Er predigte noch keinen Monotheismus; er verlangte soziale Gerechtigkeit. Und diese unerhört revolutionäre Botschaft wurde mehr oder weniger ignoriert.

In gewisser Weise trug Muhammad selbst Schuld daran. In allen Überlieferungen heißt es, er habe die Offenbarung zunächst nur seinen engsten Freunden und Angehörigen mitgeteilt. Die erste, die sich zu seiner Botschaft bekannte, war Chadidscha, die von dem Augenblick an, da sie ihn kennenlernte, bis zu ihrem Tod fest zu ihm stand, insbesondere in den schweren Zeiten seiner Verzweiflung. Unter den Muslimen ist umstritten, wer als zweiter nach Chadidscha an Muhammads Botschaft glaubte. Es war vermutlich Muhammads Vetter Ali, der als Abu Talibs Sohn zusammen mit Muhammad aufgewachsen war und ihm nach Chadidscha am nächsten stand.

Alis Aufgeschlossenheit für die Botschaft war für Muhammad eine große Erleichterung, denn Ali war nicht nur sein Vetter, sondern auch sein engster Verbündeter; mehrfach nannte ihn der Prophet einen «Bruder». Ali wurde zu einem allseits anerkannten tapferen Kämpfer für den Islam. Er heiratete Muhammads geliebte Tochter Fatima, die dem Propheten die legendären Enkel Hasan und Husain schenkte. Als Quell esoterischen Wissens und Begründer der islamischen Metaphysik gab Ali den Impuls zur Entstehung einer neuen islamischen Glaubensrichtung. Doch zu der Zeit, da er als erster unter den Banu Haschim dem Ruf des Propheten folgte, war er ein dreizehnjähriger Junge.

Nach Ali bekannte sich Muhammads Sklave Zaid zum Propheten, der ihm natürlich die Freiheit schenkte. Wenig später schloß sich Abu Bakr dem Propheten an, ein guter Freund und reicher quraischitischer Kaufmann. Als Mann von unverbrüchlicher Treue und glühender Frömmigkeit kaufte er gleich nach seiner Bekehrung die Sklaven der anderen Kaufleute frei. Durch Abu Bakr verbreitete sich die Botschaft in der ganzen Stadt, denn «er zeigte», wie Ibn Hischam berichtet, «seinen Glauben offen und rief die anderen zu Gott und seinem Propheten».

An dieser Stelle wollen wir uns einige bemerkenswerte Aspekte von Muhammads Bewegung in Mekka vergegenwärtigen. Seine Botschaft hatte inzwischen alle Schichten der Gesellschaft erreicht – die Schwachen und Schutzlosen, für deren Rechte er eintrat, ebenso wie die mekkanische Elite, gegen die er sich wandte. Doch das erstaunlichste Merkmal seiner Bewegung in diesen ersten Jahren ist die Tatsache, daß seine Anhänger hauptsächlich aus den, wie Montgomery Watt schreibt, «einflußreichsten Familien der einflußreichsten Clans» bestanden. Aus jungen Männern, die meisten unter Dreißig, die mit der mekkanischen Gesellschaft ebenso unzufrieden waren wie Muhammad. Es waren indes nicht nur Männer; viele der ersten Anhänger Muhammads waren Frauen, von denen manche ihr Leben aufs Spiel setzten, als sie sich von den Traditionen ihrer Väter lossagten, ihren Ehemann und ihre Brüder verließen, um sich dem Propheten anzuschließen.

Trotzdem blieb es aufgrund von Muhammads Zurückhaltung in diesen ersten Jahren bei einer kleinen Gruppe von dreißig bis vierzig Personen, die sich selbst als Muhammads *Gefährten* bezeichneten, denn um mehr handelte es sich zu diesem Zeitpunkt nicht. In weiten Kreisen Mekkas wurden Muhammads Botschaft und seine Gefährten bestenfalls ignoriert.

Al-Tabari und Ibn Hischam erzählen übereinstimmend, daß sich «seine Stammesgenossen [die Quraisch] zunächst nicht von ihm abwandten», als Muhammad öffentlich als Prophet auftrat. Warum sollten sie auch? Es war eine Sache, Reichtum durch die Unterjochung der Armen und Schutzlosen zu erlangen; es war eine andere Sache, derlei Praktiken zu verteidigen. Zudem stellte Muhammads Bewegung keine unmittelbare Bedrohung für sie dar, weder in religiöser noch in wirtschaftlicher Hinsicht. Solange Muhammad den ökonomischen Status quo nicht in Frage stellte, ließen die Quraisch ihn und seine Gefährten weiter im Stillen beten und bei geheimen Treffen ihrer Unzufriedenheit Luft machen.

Doch Muhammad ließ sich nicht so einfach ignorieren.

613, drei Jahre nach der ersten Offenbarung, vollzog sich in Muhammads Botschaft eine dramatische Veränderung. Sie läßt sich am besten in dem zweiteiligen Glaubensbekenntnis (*schahada*) fassen, das von nun an die Botschaft und die Grundprinzipien der Bewegung prägte:

Es gibt keinen Gott außer Gott, und Muhammad ist der Gesandte Gottes.

Von diesem Augenblick an wurde der Monotheismus, der bereits in den ersten Offenbarungen implizit enthalten war, zum theologischen Kerngehalt seiner Botschaft, die bis dahin vorrangig sozialen Inhalts war. «Gib bekannt, was dir befohlen wird», fordert Gott, «und wende dich von den Polytheisten ab» (15, 94; Übersetzung nach Reza Aslan).

Die gängige Auffassung, es sei dieser neue, kompromißlose Monotheismus gewesen, mit dem Muhammad und seine kleine Schar von Anhängern den Zorn der Quraisch auf sich gezogen hätten («Macht er aus den Göttern einen Gott?» sollen die Quraisch gefragt haben. «Das ist in der Tat erstaunlich»), verkennt die tiefgreifenden sozialen und wirtschaftlichen Implikationen dieses schlichten Glaubensbekenntnisses.

Man darf nicht vergessen, daß die Quraisch in religiösen Angelegenheiten durchaus versiert waren; schließlich sicherte die Religion ihnen den Lebensunterhalt. Polytheismus, Henotheismus, Monotheismus, Christentum, Judentum, Zoroastrismus, Hanifismus, das Heidentum in allen seinen Modifikationen waren ihnen vertraut. Deshalb ist es schwer vorstellbar, daß sie über Muhammads monotheistische Forderungen entsetzt waren. Nicht nur predigten die Hanifen diesen Monotheismus schon seit Jahren; die Quellen berichten von mehreren in der Region bekannten «Propheten», die den Monotheismus verkündigten. Zwei von ihnen, Suwaid und Luqman, wurden von den ersten Muslimen sogar als

Muhammads Vorläufer verehrt. Luqman ist im Koran ein eigenes Kapitel (31) gewidmet, in dem es heißt, Gott habe ihm große Weisheit geschenkt. Theologisch gesehen war also Muhammads Verkündigung, es gebe «keinen Gott außer Gott», in Mekka weder anstoßerregend noch sonderlich originell.

Doch es sind zwei entscheidende Faktoren, in denen sich Muhammad von allen seinen Zeitgenossen unterschied und mit denen er bei den Quraisch weit mehr Anstoß erregte als mit seinen monotheistischen Überzeugungen. Erstens sprach er im Unterschied zu Luqman und den Hanifen nicht in seinem eigenen Namen. Und zweitens waren seine Verkündigungen nicht von den Dschinn inspiriert wie bei den *kuhhan*, im Gegenteil. Muhammads Besonderheit war sein Anspruch, der «Gesandte Gottes» zu sein. Er setzte sich sogar mehrfach mit den jüdischen und christlichen Propheten und Boten Gottes der Vergangenheit gleich, insbesondere mit Abraham, den alle Mekkaner, ob heidnisch oder nicht, als göttlich inspirierten Propheten anerkannten. Kurzum, der Unterschied zwischen Muhammad und den Hanifen lag darin, daß Muhammad nicht einfach nur «die Religion Abrahams» predigte. Muhammad war der *neue* Abraham (6, 83–86; 21, 51–93). Und es war dieses Selbstbild, das den Quraisch so zu schaffen machte. Denn indem er sich zum «Gesandten Gottes» machte, setzte er sich in eklatanter Weise über den traditionellen arabischen Prozeß der Zuschreibung von Macht hinweg. Muhammads Anspruch war nicht der eines «Ersten unter Gleichen». Muhammad hatte nicht seinesgleichen.

Sosehr die hanifitischen Prediger den Polytheismus und die Gier ihrer mekkanischen Landsleute attackierten, hielten sie doch an ihrer Verehrung der Ka'ba und an der Wertschätzung derjenigen in der Gemeinschaft fest, die Hüter der Schlüssel waren. Das wäre auch eine Erklärung dafür, daß die Hanifen in Mekka mehr oder weniger toleriert wurden und sich nie in großer Zahl Muhammads Bewegung anschlossen. Doch als Geschäfts- und Kaufmann hatte Muhammad etwas begriffen, was den Hanifen versagt blieb: daß nämlich die einzige Möglichkeit, in Mekka eine radikale soziale und wirtschaftliche Reform in Gang zu setzen, die Zerschlagung jenes religiös-wirtschaftlichen Systems war, auf dem die Stadt aufgebaut war; und daß nur ein Weg zu diesem Ziel führte: der Angriff auf die Ka'ba, den Ursprung und Quell des Reichtums und Ansehens der Quraisch.

«Es gibt keinen Gott außer Gott» war für Muhammad sehr viel mehr als ein Glaubensbekenntnis. Es war ein bewußter und entschiedener Angriff auf die Ka'ba und das geheiligte Recht der Quraisch, das religiöse Geschehen zu kontrollieren. Und da das religiöse und das wirtschaftliche Leben in Mekka eng miteinander verquickt waren, bedeutete ein Angriff auf die Ka'ba auch einen Angriff auf das wirtschaftliche Leben der Stadt.

Die *schahada* enthielt also eine entscheidende theologische Neuerung, die jedoch nicht im Monotheismus lag. Mit diesem schlichten Glaubensbekenntnis erklärte Muhammad, daß der Gott des Himmels und der Erde keine Vermittler brauchte, sondern von jedermann direkt angerufen werden konnte. Und damit waren die Götterbilder im Heiligtum, ja das Heiligtum selbst als Wohnsitz der Götter überflüssig. Und wenn die Ka'ba überflüssig war, gab es keinen Grund mehr, warum Mekka weiterhin als religiöses und wirtschaftliches Zentrum des Hidschaz gelten sollte.

Diese Botschaft konnten die Quraisch nicht ignorieren, insbesondere in einem Augenblick, da die Wallfahrtszeit unmittelbar bevorstand. Sie versuchten alles, um Muhammad und seine Gefährten zum Schweigen zu bringen. Sie wandten sich an Abu Talib, doch der Schaich der Haschim, der sich selbst nie zu Muhammads Botschaft bekannte, weigerte sich, seinem Neffen den Schutz zu entziehen. Sie machten Muhammad verächtlich und schikanierten diejenigen seiner Gefährten, die nicht das Glück hatten, von einem Schaich geschützt zu werden. Sie boten Muhammad sogar ihre Unterstützung dabei an, Macht, Einfluß und Geld zu gewinnen, um frei und ungehindert seine Botschaft weiterzutragen, wenn er nur aufhörte, ihre Väter zu beschimpfen, die alten Sitten und Gebräuche lächerlich zu machen und vor allem die anderen Götter des Heiligtums zu verunglimpfen. Aber Muhammad lehnte alle Angebote ab, und je näher die Wallfahrtszeit rückte und je mehr Pilger mit ihren Gebeten und Waren nach Mekka strömten, desto größer wurde die Angst der Quraisch.

Sie wußten, daß Muhammad direkt vor der Ka'ba den Pilgern predigen wollte, die von überallher auf die Halbinsel gekommen waren. Es war zwar nicht das erste Mal, daß ein Prediger die Quraisch und ihre Praktiken scharf kritisierte, doch es war das erste Mal, daß diese Kritik von einem erfolgreichen und bekannten quraischitischen Geschäftsmann vorgetragen wurde, von «einem der Ihren». Dies war eine Bedrohung, die nicht hingenommen werden durfte. Und so verfielen die Quraisch darauf, Muhammads Plan zu vereiteln, indem sie sich «an die Wege setzten, die die Männer zum Markt nahmen», und die Passanten vor «einem Zauberer» warnten, der «eine Botschaft bringt, die einen Mann von seinem Vater, seinem Bruder, seiner Frau und seiner Familie entzweit».

Die Quraisch glaubten nicht wirklich, daß Muhammad ein Zauberer war; sie gaben offen zu, daß er keine Zauberknoten bespucke. Aber sie waren zutiefst davon überzeugt, daß er die mekkanischen Familien spaltete. Man darf nicht vergessen, daß im vorislamischen Arabien die Identität eines Menschen einzig und allein von seiner Stammeszugehörigkeit abhing. Mit dieser Identität verbunden war die Teilnahme an allen Stammesaktivitäten, insbesondere jenen, die sich auf die kultischen Rituale bezogen. Doch das Bekenntnis zum Propheten Muhammad bedeutete nicht nur die Abkehr vom alten Glauben, sondern auch von den Stammesaktivitäten und damit vom eigenen Stamm.

Dies war eine ernste Sorge für die Quraisch, deren Hauptvorwurf gegen Muhammad (zumindest öffentlich) nicht seine sozialen und wirtschaftlichen Reformen betraf und auch nicht seinen radikalen Monotheismus. Wie Richard Bell bemerkte, findet sich nirgendwo im Koran eine Verteidigung des Polytheismus als wahrer Religion durch die Quraisch. Und wie die Warnungen an die Pilger zeigen, waren die Quraisch sehr viel mehr durch Muhammads Schmähung der Rituale und Werte ihrer Väter beunruhigt – Traditionen, auf denen, wie gesagt, die soziale, religiöse und wirtschaftliche Ordnung der Stadt ruhte.

Doch ihre Warnung, dem vor der Ka'ba predigenden «Zauberer» keine Beachtung zu schenken, steigerte nur die Neugier, so daß am Ende der Wallfahrtszeit und der Wüstenmärkte, als die Pilger die Heimreise antraten, Muhammad, der die unangreifbar scheinenden Quraisch in Angst und Schrecken versetzt hatte, in ganz Arabien bekannt wurde.

Nachdem es den Quraisch nicht gelungen war, Muhammad während der Märkte zur Wallfahrtszeit zum Schweigen zu bringen, beschlossen sie, Muhammad mit seinen eigenen Waffen zu schlagen. Sie verhängten einen Wirtschaftsboykott über Muhammad, seine Gefährten und, nach alter Stammessitte, über seinen gesamten Clan. Kein Mekkaner durfte einen Angehörigen der Banu Haschim heiraten, Waren von ihm kaufen oder an ihn verkaufen (auch keine Nahrungsmittel und kein Wasser), ob sie nun Anhänger Muhammads waren oder nicht. Es ging den Quraisch nicht darum, Muhammads Gefährten in Mekka zu vernichten; sie wollten nur zeigen, welche Konsequenzen es hatte, sich von dem Stamm loszusagen. Wenn sich Muhammad und seine Gefährten von den sozialen und religiösen Aktivitäten Mekkas zurückzogen, mußten sie auch bereit sein, sich aus dem wirtschaftlichen Leben der Stadt zurückzuziehen. Wenn Religion und Handel in Mekka derart unauflöslich miteinander verbunden waren, konnte niemand auf so unverfrorene Weise die Religion schmähen und erwarten, sich weiterhin an den Handelsaktivitäten beteiligen zu können.

Der Boykott hatte, wie erhofft, verheerende Folgen für Muhammad und seine Gefährten, von denen die meisten, wie Muhammad selbst, ihren Lebensunterhalt aus dem Handel bestritten. Der Boykott war so vernichtend, daß sogar prominente Mitglieder der Quraisch protestierten, die zwar Muhammad ablehnten, aber nicht länger «zufrieden essen, trinken und sich kleiden konnten, während die Banu Haschim zugrunde gingen.» Nach ein paar Monaten wurde der Boykott aufgehoben, und die Banu Haschim durften sich wieder am Handel in der Stadt beteiligen. Doch gerade da es schien, als könne Muhammad in Mekka wieder Fuß fassen, starben kurz nacheinander sein Onkel und Beschützer Abu Talib und seine Frau und Vertraute Chadidscha.

Der Tod seines Onkels hatte für Muhammad weitreichende Folgen, fehlte ihm doch jetzt der Beschützer, der Schaden von ihm abwenden konnte. Der neue Schaich der Banu Haschim, Abu Lahab, war Muhammad gegenüber feindselig gesinnt und entzog ihm offiziell seinen Schutz. Die Folgen waren unmittelbar. Jetzt wurde Muhammad auf den Straßen Mekkas geschmäht. Er konnte nicht mehr in der Öffentlichkeit predigen oder beten. Wenn er es dennoch tat, streute man ihm Staub auf den Kopf oder bewarf ihn mit der Gebärmutter eines Schafes.

Noch bitterer war für Muhammad der Tod seiner Frau, seiner Stütze und Trösterin, die ihn aus der Armut herausgeführt und ihm buchstäblich das Leben gerettet hatte. In einer polygamen Gesellschaft, in der Männer und Frauen eine unbegrenzte Zahl von Ehepartnern haben konnten, war die monogame Beziehung Muhammads zu einer fünfzehn Jahre älteren Frau bemerkenswert, um das Mindeste zu sagen. Maxime Rodinsons Behauptung, es sei unwahrscheinlich, daß Muhammad für die so viel ältere Chadidscha körperliche Nähe empfunden haben könnte, ist haltlos und kränkend zugleich. Der Verlust von Abu Talibs Schutz war sicherlich demoralisierend für Muhammad und brachte Leib und Leben des Propheten in Gefahr. Doch wenn er nach einem seiner schmerzlichen Offenbarungserlebnisse oder nach weiteren Schmähungen seiner Landsleute nach Hause zurückkehrte, beschmutzt und mit blutverschmiertem Gewand, und Chadidscha nicht vorfand, die ihn in ihren Umhang hüllte und in ihren Armen wiegte, bis der Schrecken nachließ, muß der Kummer für den Propheten unvergleichlich gewesen sein.

Nach dem Verlust seiner leiblichen und seelischen Beschützer konnte Muhammad nicht länger in Mekka bleiben. Schon zuvor hatte er eine kleine Gruppe seiner Anhänger, die in der mekkanischen Gesellschaft schutzlos waren, nach Abessinien geschickt, um bei dem christlichen Kaiser des Landes, dem «Negus», Zuflucht zu erbitten und ein Bündnis mit ihm zu schließen; er war ja einer der wirtschaftlichen Hauptrivalen der Quraisch. Doch jetzt brauchte Muhammad selbst einen Ort, an dem er vor dem Zorn der Quraisch sicher war.

Er versuchte es in Ta'if, Mekkas Schwesterstadt, aber deren Oberhäupter wollten es sich mit den Quraisch nicht verderben, indem sie deren Feind bei sich aufnahmen. Er besuchte die lokalen Märkte im Umkreis von Mekka, wo man ihn als Kaufmann wie auch als Unruhestifter gut kannte, aber vergebens. Schließlich erhielt er ein Angebot von dem kleinen Clan der Chazradsch, die in einer landwirtschaftlichen Oase rund vierhundert Kilometer nördlich von Mekka lebten, in einem losen Zusammenschluß von Dörfern, die den gemeinsamen Namen Yathrib trugen. Obwohl Yathrib eine weit entfernte und vollkommen fremde Stadt war, blieb Muhammad keine andere Wahl, als die Einladung anzunehmen und seine Gefährten darauf vorzubereiten, das Undenkbare zu tun: ihren Stamm und ihre Familie zu verlassen und schutzlos in eine unsichere Zukunft aufzubrechen.

Die Aussiedelung nach Yathrib vollzog sich langsam und heimlich und in kleinen Gruppen. Als die Quraisch erkannten, was vor sich ging, waren nur noch Muhammad, Abu Bakr und Ali in Mekka. Aus Furcht, Muhammad könnte eine Streitmacht sammeln, wenn er die Stadt verließe, heckten die Schaichs einen Plan aus. Jeder Clan sollte aus seinen Reihen einen Mann auswählen, «einen angesehenen, edlen und starken jungen Mann». Alle zusammen sollten sich dann, mit scharfen Schwertern bewaffnet, in Muhammads Haus schleichen und ihn im Schlaf mit einem einzigen Hieb töten. Auf diese Weise würde sich die Blutschuld auf alle

Clans verteilen. Doch als die Männer in das Schlafgemach eindrangen, fanden sie Ali anstelle des Propheten in dessen Bett liegen. Muhammad und Abu Bakr, von dem Mordanschlag in Kenntnis gesetzt, hatten durch ein Fenster das Haus verlassen und waren geflohen.

Außer sich vor Wut, boten die Quraisch demjenigen eine Belohnung von hundert Kamelstuten, der Muhammad tot oder lebendig nach Mekka zurückbrachte. Die außergewöhnlich hohe Belohnung lockte Dutzende Beduinen an, die die Umgebung von Mekka Tag und Nacht durchstreiften.

Muhammad und Abu Bakr hatten in einer Höhle unweit von Mekka Zuflucht gefunden. Drei Tage verbargen sie sich dort und warteten, bis ihre beduinischen Verfolger zu ihren Stämmen zurückgekehrt waren. In der dritten Nacht verließen sie ihre Höhle. Nachdem sie sich vergewissert hatten, daß niemand ihnen folgte, bestiegen sie zwei Reitkamele, für die ein Mitverschwörer gesorgt hatte. Dann brachen sie in die Wüste auf, nach Yathrib.

Es ist erstaunlich, manche würden sagen, es ist ein Wunder, daß jener Mann, der gezwungen war, sich im Schutze der Nacht aus seinem Haus zu stehlen, um zu den rund siebzig Anhängern zu stoßen, die in einem fremden Land Hunderte Kilometer entfernt in Sorge auf ihn warteten, nur wenige Jahre später in seine Geburtsstadt zurückkehrte – diesmal nicht heimlich und im Schutze der Nacht, sondern am hellichten Tag, begleitet von zehntausend friedlichen Männern; und daß dieselben Leute, die einst veranlaßt hatten, ihn im Schlaf zu töten, ihm jetzt die heilige Stadt und die Schlüssel zur Ka‘ba übergaben, bedingungs- und kampflos, wie ein zur Weihe bestimmtes Opfer.

3. Die Stadt des Propheten

Die ersten Muslime

Abends steht die Wüstensonne als weißglühende Scheibe tief am Himmel. Sie taucht unter den Horizont, und ihr Licht wird von den Dünen geschluckt, die in der Ferne als dunkle, drängende Masse emporwachsen. Am Rande Yathribs bildet eine Reihe hoch aufragender Palmen die Grenze zwischen der Oase und der vorrückenden Wüste. Hier stehen die Gefährten und warten. Die Hand zum Schutz gegen die Sonne vor den Augen, halten sie in der unendlichen Weite Ausschau nach Muhammad. Seit vielen Tagen und Nächten warten sie sehnsüchtig. Was können sie sonst tun? Viele von ihnen sind nicht in Yathrib zu Hause; all ihr Besitz ist in Mekka zurückgeblieben. Ihre Reise war kein glanzvoller Exodus auf schwer beladenen Kamelen. Die *Hidschra*, wie die Aussiedelung von Mekka nach Medina heißt, war eine geheime Operation: Töchter stahlen sich nachts aus dem Haus ihrer Eltern, junge Männer sammelten so viele Vorräte, wie sie tragen konnten, um die wochenlange, anstrengende Wanderung durch die öde Wildnis zu überstehen. Und die wenigen geretteten Habseligkeiten sind gemeinsamer Besitz.

Die Gefährten, nunmehr Auswanderer (*muhadschirun*, «die die Hidschra vollzogen haben»), sind in der Mehrzahl Händler und Kaufleute. Doch Yathrib ist keine Handelsstadt. Yathrib ist überhaupt keine Stadt, sondern ein loser Zusammenschluß von Siedlungen mit Bewohnern, die Landwirtschaft und Obstanbau betreiben. Kein Vergleich mit der geschäftigen, prosperierenden Stadt, die die Auswanderer hinter sich gelassen haben. Und selbst wenn sie Bauern werden wollten, das beste Ackerland in Yathrib ist längst vergeben.

Wie sollen sie hier überleben, angewiesen auf die Barmherzigkeit und das Wohlwollen der *ansar* oder «Helfer», jenes Häuflein unter den Bewohnern Yathribs, das sich zu Muhammads Botschaft bekennt und sich seiner Bewegung angeschlossen hat? Und was soll aus ihnen werden ohne den Schutz der Quraisch? Würde der mächtigste Stamm Arabiens es so einfach hinnehmen, daß sie Mekka den Rücken gekehrt haben? War es die richtige Entscheidung, ihr Zuhause, ihre Familie, ja ihre Identität aufzugeben und einem Propheten zu folgen, der zwar außergewöhnlich ist, dessen Bewährungsprobe aber noch vor ihm liegt und der sie jetzt allein läßt?

Kurz bevor die Sonne untergeht, tauchen am rotdurchglühten Horizont die Silhouetten zweier Männer auf, die in Richtung Yathrib reiten. Rasch verbreitet sich unter den Auswanderern die Nachricht: «Der Gesandte ist da! Der Gesandte ist gekommen!» Die Männer springen auf und laufen Muhammad und Abu Bakr entgegen. Die Frauen fassen sich an den Händen und tanzen im Kreis um die beiden Ankömmlinge; ihr Freudengeheul, das die Ankunft des Propheten verkündet, wird von Haus zu Haus getragen.

Durstig und erschöpft von der Reise lehnt sich Muhammad in seinem Sattel zurück und läßt die Zügel seines Kamels locker. Eine Menschenmenge umringt ihn, man reicht ihm Nahrung und Wasser. Einige *ansar* greifen nach den Zügeln des Kamels und wollen es zu ihrer Siedlung lenken. Sie rufen: «Komm, o Gesandter Gottes, in eine Siedlung, die viele Verteidiger hat, die wohlversorgt und uneinnehmbar ist.»

Doch Muhammad, der sich mit keinem einzelnen Clan Yathribs verbünden möchte, lehnt ihr Angebot ab. «Gebt dem Kamel den Weg frei», befiehlt er.

Die Menge weicht zurück, und Muhammads Kamel schreitet noch ein Stück weiter. Es umrundet einen ehemaligen Begräbnisplatz, der jetzt zum Trocknen von Datteln genutzt wird, bleibt stehen, geht in die Knie und senkt den Kopf, um den Propheten absteigen zu lassen. Muhammad erkundigt sich nach dem Besitzer des Grundstücks und nach dem Preis für das Stück Land.

«Wir wollen kein Geld dafür», sagt der Besitzer. «Gott wird uns belohnen.»

Dankbar für diese Großzügigkeit befiehlt Muhammad, den Boden einzuebnen, die Gräber zu entfernen und die Palmen zu fällen, um aus dem Holz ein schlichtes Haus zu bauen. Ihm schwebt ein mit Palmblättern überdachter Hof vor, ringsherum Unterkünfte aus Holz und Lehm. Aber es ist mehr als nur ein Wohnhaus. Auf dem Grund des ehemaligen Datteltrockenplatzes und Friedhofs entsteht die erste *masdschid* (Moschee) einer Gemeinschaft, die so revolutionär sein wird, daß viele Jahre später, als muslimische Gelehrte eine neue islamische Zeitrechnung begründen, die Zählung nicht mit der Geburt des Propheten oder der Offenbarung beginnt, sondern mit eben dem Jahr, in dem Muhammad und seine Auswanderer in diese dörflichen Siedlungen kamen, um eine neue Gesellschaft aufzubauen. Das Jahr 622 n. Chr. wird zum Jahr 1 n. H. (nach der Hidschra); und die Oase, die jahrhundertelang Yathrib hieß, wird als *Medinat-an-Nabi*, «Stadt des Propheten», oder kurz Medina, in die Geschichte eingehen.

Muhammads Aufenthalt in dieser Stadt, die seinen Namen erhielt und Religion und Politik des Islams seit tausendvierhundert Jahren prägt, ist als Mythos fest etabliert. Denn in Medina entstand die muslimische Gemeinschaft, hier wurde aus Muhammads sozialreformerischer arabischer Bewegung eine universale religiöse Weltanschauung.

«Muhammad in Medina» wurde zum Paradigma für die muslimischen Reiche, die sich nach dem Tod des Propheten im Nahen Osten ausbreiteten, und zu einem Vorbild, dem im Mittelalter alle arabischen Königreiche nacheiferten. Das medinensische Ideal inspirierte die islamischen Erneuerungsbewegungen des 18. und 19. Jahrhunderts, die zu den unverfälschten Werten von Muhammads Urgemeinschaft zurückstrebten, um muslimisches Territorium der Kontrolle der Kolonialmächte zu entreißen (auch wenn die Vorstellungen über diese ursprünglichen Werte radikal unterschiedlich waren). Und mit dem Ende des Kolonialismus im 20. Jahrhundert war es die Erinnerung an Medina, aus der der islamische Staat seine Impulse bezog.

Heute ist Medina das Urbild der islamischen Demokratie und Inspirationsquelle des militanten Islams. Für islamische Modernisten wie den ägyptischen Schriftsteller und politischen Philosophen Ali Abd al-Raziq (gestorben 1966) war Muhammads Gemeinde in Medina der Beweis für die Trennung von Religion und weltlicher Macht im Islam, während sich muslimische Extremisten in Afghanistan und Iran für ihr Modell einer muslimischen Theokratie ebenfalls auf diese Gemeinschaft beriefen. In ihrem Kampf für Gleichberechtigung holten sich muslimische Feministinnen Anregungen von den Rechtsreformen, die Muhammad in Medina einführte, während muslimische Traditionalisten in eben diesen Reformen die Rechtfertigung für die Unterdrückung der Frau in der islamischen Gesellschaft sahen. Den einen dient Muhammads Wirken in Medina als Vorbild für die Beziehungen zwischen Muslimen und Juden; für die anderen belegt es nur den unüberwindlichen Konflikt, der zwischen den beiden Söhnen Abrahams schon immer existiert habe. Doch ob Modernist oder Traditionalist, Reformist oder Fundamentalist, Feministin oder Chauvinist – Medina ist für alle Muslime das Modell islamischer Vollkommenheit. Mit anderen Worten: Medina ist das Idealbild.

Wie bei allen bedeutenden Mythen läßt sich auch hier die faktische von der sakralen Geschichte kaum trennen. Hinzu kommt, daß Muhammads Zeit in Medina erst Jahrhunderte nach dem Tod des Propheten von muslimischen Historikern dokumentiert wurde, die die universelle Gültigkeit und den unmittelbaren Erfolg von Muhammads göttlicher Sendung betonen wollten. Muhammads Biographen lebten in einer Zeit, da das muslimische Gemeinwesen schon zu einem mächtigen Reich expandiert war. Infolgedessen spiegeln ihre Berichte oft eher die politische und religiöse Gedankenwelt der Stadt Damaskus im 9. Jahrhundert oder Bagdads im 11. Jahrhundert wider als die Wirklichkeit Medinas im 7. Jahrhundert.

Wenn wir also verstehen wollen, was in Medina tatsächlich geschah und warum sich die Geschichte so abspielte, müssen wir die Quellen sorgfältig nach einer entlegenen Wüstenoase durchforsten, die die Gemeinschaft in ihren Anfängen aufnahm und erst viel später zur heiligen Stadt, zur Hauptstadt der muslimischen Gemeinschaft wurde: Denn lange vor der «Stadt des Propheten» war hier nur Yathrib.

Yathrib war im 7. Jahrhundert eine blühende landwirtschaftliche Oase mit Palmenhainen und ausgedehnten Feldern, die von rund zwanzig jüdischen Clans unterschiedlicher Größe beherrscht wurde. Im Unterschied zu den Juden, die sich an anderen Orten im Hidschaz angesiedelt hatten und meist aus Palästina eingewandert waren, waren die Juden von Yathrib größtenteils zum Judentum konvertierte Araber. Bis auf ihre religiöse Zugehörigkeit zum Judentum unterschieden sie sich jedoch kaum von ihren heidnischen Nachbarn. Wie alle Araber betrachteten sich die Juden Yathribs in erster Linie als Angehörige ihres jeweiligen Clans, der als souveräne Einheit agierte, und erst in zweiter Linie als Mitglieder einer jüdischen Gesamtgemeinschaft. Und obwohl einige jüdische Clans miteinander verbündet waren, bildeten sie keinen einheitlichen jüdischen Stamm.

Als die ersten Siedler in der Region hatten die Juden einen Großteil des fruchtbaren Ackerlands in ihrem Besitz, die sogenannte «Oberstadt», und verstanden sich schon bald auf den Anbau der am meisten geschätzten Frucht Arabiens: der Dattel. Die Juden waren auch geschickte Goldschmiede, Stoffhändler, Waffenschmiede und Weinbauern; jüdischer Wein galt als der beste der gesamten Halbinsel. Doch Yathribs Reichtum waren seine Datteln, die im gesamten Hidschaz begehrt waren. Fünf der größten jüdischen Clans in der Oase – die Banu Thalaba, die Banu Hadl, die Banu Quraiza, die Banu Nadir und die Banu Qainuqa (die auch den einzigen Markt der Stadt kontrollierten) – beherrschten die Wirtschaft Yathribs.

Als einige Beduinenstämme ihre nomadische Lebensweise aufgaben und sich ebenfalls in Yathrib ansiedelten, war das fruchtbarste Land bereits nicht mehr verfügbar. Es blieben ihnen nur die schwer kultivierbaren Parzellen in der «Unterstadt» genannten Region. Der Kampf um die begrenzten Ressourcen führte nicht nur zu Konflikten zwischen den «heidnischen» und den jüdischen Clans, sondern auch zum allmählichen Verfall der jüdischen Autorität und des jüdischen Einflusses in Yathrib. Dank strategischer Heiratsverbindungen und wirtschaftlicher Allianzen lebten die beiden Gruppen dennoch relativ friedlich zusammen. Die Juden beschäftigten die Araber regelmäßig für den Transport ihrer Datteln zu den nahegelegenen Märkten (vor allem nach Mekka), und die Araber hegten für die Gelehrsamkeit, das handwerkliche Geschick und das kulturelle Erbe ihrer jüdischen Nachbarn eine hohe Wertschätzung. Mit den Worten des arabischen Geschichtsschreibers al-Waqidi waren sie «ein Volk edler Abstammung und großer Besitzungen, wir dagegen nur ein arabischer Stamm, der weder Palmen noch Weingärten, sondern nur Schafe und Kamele besaß».

Der eigentliche Konflikt in der Oase schwelte jedoch nicht zwischen Juden und Arabern, sondern unter den Arabern selbst, insbesondere zwischen den beiden größten arabischen Stämmen Yathribs: den Aus und den bereits erwähnten Chazradsch. Die Ursprünge dieses Zwists liegen weitgehend im Dunkel, sicher ist jedoch, daß das Gesetz der Vergeltung, das solche tribalen Konflikte verhindern sollte, diesen alten Streit nicht zu schlichten vermochte. Als Muhammad in Yathrib ankam, war das, was als Streit um die begrenzten Ressourcen begonnen hatte, zu einer blutigen Fehde eskaliert, in die auch die jüdischen Clans verwickelt waren: Die Banu Nadir und die Banu Quraiza unterstützten die Aus, die Banu Qainuqa die Chazradsch. Der Konflikt spaltete die Oase in zwei verfeindete Lager.

Was die Aus und die Chazradsch dringend brauchten, war ein *hakam*, der Autorität und Vertrauenswürdigkeit besaß – einen unparteiischen Dritten, der mit niemandem in Yathrib verbündet war und über die Macht – besser noch, die göttliche Befehlsgewalt – verfügte, den Streit zwischen den beiden Stämmen zu schlichten. So war es eine glückliche Fügung, daß der ideale Mann für diese Aufgabe selbst dringend einen Ort suchte, an dem er leben konnte.

Sicher ist, daß Muhammad im Streit zwischen den Aus und den Chazradsch in Yathrib als *hakam* fungierte. In den Überlieferungen jedoch wird ein Bild Muhammads gezeichnet, das ihn bei seiner Ankunft in der Oase als mächtigen Propheten einer neuen, fest etablierten Religion und als unangefochtenen Führer der gesamten Stadt Yathrib zeigt. Diese Sicht basiert nicht zuletzt auf einem berühmten Dokument, der Gemeindeordnung für Medina, die Muhammad nach seiner Ansiedelung in der Oase entwarf. Dieses Dokument, oft als die weltweit erste schriftlich niedergelegte Verfassung gefeiert, enthielt einen formellen Nichtangriffspakt zwischen Muhammad, den Auswanderern, den *ansar* und den jüdischen und heidnischen Clans von Yathrib.

Diese Verfassung wird durchaus kontrovers bewertet, scheint sie doch Muhammad die uneingeschränkte religiöse und politische Befehlsgewalt über die gesamte Bevölkerung der Oase, einschließlich der Juden, zuzusprechen. Sie erweckt den Anschein, als habe Muhammad die alleinige Befugnis als *hakam* von Streitigkeiten in Yathrib besessen, nicht nur als Schlichter von Konflikten zwischen den Aus und den Chazradsch. Und sie erklärt ihn zum alleinigen Kriegsherrn (*qa'id*) Yathribs und zum Gesandten Gottes. Muhammad war diesem Dokument zufolge der «Schaich» seines «Clans» von Auswanderern; zugleich hatte er eine privilegierte Stellung unter den anderen Stammes- und Clanschaichs von Yathrib inne.

Die genaue Entstehungszeit der Verfassung von Medina ist schwierig zu bestimmen. Die Quellen, darunter al-Tabari und Ibn Hischam, datieren sie in das Jahr 622 n. Chr., also in die Zeit unmittelbar nach der Ankunft des Propheten in der Oase. Das ist jedoch in hohem Maße unwahrscheinlich, wenn man Muhammads schwache Position während der ersten Jahre seines Aufenthalts in Yathrib bedenkt. Schließlich war er aus Mekka geflohen und wurde im gesamten Hidschaz wie ein Verbrecher gejagt. Wie Michael Lecker nachwies, trat erst nach der Schlacht von Badr im Jahr 624 (von der im folgenden Kapitel die Rede sein wird) und vielleicht sogar erst 627 die Mehrheit der Aus zum Islam über. Bis dahin wußten mit Ausnahme der *ansar* (zu dem Zeitpunkt nur ein kleines Grüppchen aus dem Chazradsch-Clan) nur wenige, wer Muhammad war, und die anderen waren weit davon entfernt, sich ihm zu unterwerfen. Nur ein verschwindend kleiner Teil der Bevölkerung Yathribs hatte sich seiner Bewegung angeschlossen. Die jüdische Bevölkerung allein ging in die Tausende, und Muhammad traf mit weniger als hundert Männern, Frauen und Kindern in der Oase ein.

In die Verfassung von Medina fanden vermutlich Bestimmungen mehrerer vorausgehender Nichtangriffspakte zwischen Muhammad, den arabischen Clans und deren jüdischen Klientelstämmen Eingang; und sie enthält wohl auch Elemente von Muhammads Tätigkeit als Schlichter zwischen den Aus und den Chazradsch. Sie kann jedoch unmöglich vor 624 n. Chr. entstanden sein. Denn erst nach der Schlacht von Badr konnte Muhammad von den Machtbefugnissen träumen, die ihm in dieser Verfassung zugeschrieben wurden; ja erst nach dieser Schlacht wurde aus Yathrib allmählich Medina.

Muhammads Funktion in diesen ersten Jahren seines Aufenthalts in Yathrib war also wahrscheinlich die eines – wenngleich mächtigen und göttlich inspirierten – *hakam*, dessen Schiedsgerichtsbarkeit auf die Aus und Chazradsch und dessen Autorität als Schaich auf seinen eigenen «Clan» von Auswanderern beschränkt blieb: ein Clan unter vielen mit einem Schaich unter vielen. Muhammads Anspruch, der Gesandte Gottes zu sein, war für seine Funktion als *hakam* und Schaich vollkommen irrelevant. Die heidnischen Araber ebenso wie die Juden Yathribs betrachteten sein prophetisches Sendungsbewußtsein vielmehr als Beleg für seine übernatürliche Weisheit, war doch der ideale *hakam* fast immer zugleich ein *kahin*, dessen göttliche Inspiration in so schwierigen Fällen wie den Zwistigkeiten zwischen den Aus und den Chazradsch unerläßlich war.

Während also die Mehrzahl der Bewohner Yathribs in Muhammad kaum mehr sah als einen *hakam* und Schaich, war er in den Augen seiner Gefolgsleute der Prophet und Gesetzgeber, der im Namen des einen Gottes seine Stimme erhob. Als solcher war er nach Yathrib gekommen, um ein neues religiöses Gemeinwesen aufzubauen, auch wenn noch unklar war, wie dieses Gemeinwesen organisiert und wer als ihr Mitglied betrachtet werden sollte.

Es mag verführerisch sein, die Mitglieder dieser neuen Gemeinschaft *Muslime* («die sich [Gott] ergeben») zu nennen. Doch es gibt keinen Grund zu der Annahme, daß der Begriff schon damals zur Bezeichnung einer ganz bestimmten religiösen Bewegung verwendet wurde. Dies geschah erst viele Jahre später, vermutlich sogar erst nach Muhammads Tod. Richtiger bezeichnet man Muhammads Anhänger mit dem Begriff, den auch der Koran verwendet: *umma*, dessen Bedeutung und Herkunft jedoch unsicher ist. Das Wort könnte aus dem Arabischen, Hebräischen oder Aramäischen stammen und «Gemeinschaft», «Nation» oder «Volk» bedeuten. Einige Wissenschaftler vermuten eine Herkunft aus dem Arabischen «Mutter» (*umm*) – eine ästhetisch reizvolle, etymologisch jedoch alles andere als stichhaltige These. Hinzu kommt, daß der Begriff *umma* im Koran nach 625 n. Chr. unerklärlicherweise nicht mehr verwendet wurde, und, wie Montgomery Watt bemerkt, durch *qaum* – arabisch für «Stamm» – ersetzt ist.

Doch vielleicht hat dieser begriffliche Wandel einen Grund. Trotz ihrer Neuartigkeit war Muhammads Gemeinschaft nach wie vor eine arabische Institution, die auf arabischen Vorstellungen einer Stammesgesellschaft basierte. Im Arabien des 7. Jahrhunderts gab es – außer der Monarchie – schlichtweg kein anderes Modell der sozialen Organisation. Tatsächlich bestehen so viele Parallelen zwischen der jungen muslimischen Gemeinde und den traditionellen Stammesgesellschaften, daß der Schluß naheliegt, die Umma sei, zumindest nach Muhammads Vorstellung, tatsächlich ein Stamm gewesen, wenn auch ein radikal innovativer Stamm.

Die Beschreibung von Muhammads Funktion als Schaich seines «Clans» von Auswanderern in der Verfassung von Medina belegt, daß die weltliche Autorität des Propheten trotz seines herausgehobenen Status den traditionellen Vorstellungen einer vorislamischen Stammesgesellschaft entsprach. Mehr noch, wie die Zugehörigkeit zu einem Stamm zur

Teilnahme an den Ritualen und Aktivitäten des Stammeskults verpflichtete, so verpflichtete auch die Zugehörigkeit zu Muhammads Gemeinschaft zur Teilnahme an deren «Stammeskult», nämlich der entstehenden Religion des Islams. Öffentliche Rituale wie das gemeinsame Gebet, die Almosenspende und das gemeinsame Fasten – die ersten drei von Gott geoffenbarten rituellen Verpflichtungen –, verbunden mit Speise- und Reinheitsvorschriften, hatten in der Umma eine ähnliche Funktion wie die Rituale des Stammeskults in heidnischen Gesellschaften. Sie stifteten eine gemeinsame soziale und religiöse Identität, durch die man sich von anderen Gruppen abgrenzte.

Was die Umma zu einem einzigartigen Experiment der sozialen Organisation machte, war der Umstand, daß Muhammad in Yathrib, der sozialen und religiösen Hegemonie der Quraisch entzogen, endlich die Gelegenheit bekam, die Reformen umzusetzen, die er in Mekka so erfolglos gepredigt hatte. Durch eine Reihe radikaler religiöser, sozialer und wirtschaftlicher Reformen gelang es ihm, eine Gesellschaft aufzubauen, die es in Arabien bis dahin nicht gegeben hatte.

Während die tribalen Machtbefugnisse auf mehrere Männer verteilt waren, von denen keiner echte Exekutivgewalt besaß, vereinigte Muhammad sämtliche vorislamischen Führungspositionen auf sich. Er war nicht nur der Schaich seiner Gemeinschaft, sondern auch deren *hakam*, deren *qa'id* und als Vermittler des Göttlichen zudem deren *kahin*. Seine Autorität als Prophet und Gesetzgeber war uneingeschränkt.

Die Zugehörigkeit zu einem Stamm war durch die Geburt bestimmt, doch Muhammads Gemeinschaft konnte sich jeder anschließen, der das Bekenntnis ablegte: «Es gibt keinen Gott außer Gott, und Muhammad ist Gottes Gesandter.» Die *schahada* wandelte sich damit in Yathrib von einem theologischen Bekenntnis mit explizit sozialen und politischen Implikationen zu einer neuen Form des Treueschwurs (*bai'a*) der Stammesgenossen gegenüber ihrem Schaich. Und da für Muhammad weder die ethnische Zugehörigkeit noch die kulturelle, rassische oder familiäre Herkunft eine Rolle spielte, verfügte die Umma, anders als ein traditioneller Stamm, über ein nahezu unbegrenztes Wachstumspotential.

Muhammads Gemeinschaft in Yathrib ist jedoch nur insofern eine Umma, als man diesen Begriff (mit dem Orientalisten Bertram Thomas) als «Superstamm» oder (mit dem Historiker Marshall Hodgson) – korrekter – als «Neostamm» faßt: eine neue Form der sozialen Organisation, basierend auf dem traditionellen arabischen Stammesverständnis.

Wie alle Stammesschaichs hatte Muhammad als Oberhaupt der Umma vorrangig die Pflicht, die Mitglieder seiner Gemeinschaft zu schützen; und diese Verpflichtung erfüllte er durch das wichtigste Instrument, das ihm zur Verfügung stand, das Gesetz der Vergeltung. Während Vergeltung gemeinhin als legitime Reaktion auf erlittenes Unrecht verstanden wurde, rief Muhammad seine Anhänger zum Verzeihen auf: «Eine schlechte Tat wird mit einer gleich schlechten vergolten. Wenn aber einer verzeiht und zu einem Vergleich bereit ist, steht es Gott anheim, ihn zu belohnen» (42, 40). Ähnlich wie der Koran sanktioniert auch die Verfassung von Medina die Vergeltung als das wichtigste Mittel der Abschreckung, allerdings mit dem unerhörten Zusatz, daß die ganze Gemeinschaft «geschlossen gegen [den Täter]» steht und verpflichtet ist, «sich gegen ihn zu wenden». Dies war eine völlige Umkehr der Stammestradition und ein klarer Hinweis darauf, daß Muhammad hier bereits die Basis für eine auf moralischen statt auf utilitaristischen Prinzipien aufgebaute Gesellschaft legte. Aber das war nur der Anfang.

Gemäß seinem Gleichheitsideal legte Muhammad das Blutgeld für die verschiedenen Gruppen seiner Gemeinschaft fest, so daß das Leben des einzelnen, was den Geldwert betraf, nicht länger unterschiedlich bemessen werden konnte. Das war eine weitere Neuerung gegenüber dem altarabischen Rechtssystem, wo zwar eine Augenverletzung mit einer gleichwertigen Augenverletzung des Übeltäters geahndet wurde, das Auge eines Schaichs jedoch mehr wert war als das eines Waisen. Muhammad brach mit dieser Regelung und revolutionierte damit die bestehende soziale Ordnung. Die Überlieferung kennt eine amüsante Geschichte über einen vornehmen Stammesangehörigen namens Dschabalah ibn al-Aiham, der von einem einfachen Mann aus dem unbedeutenden Stamm der Musaina ins Gesicht geschlagen wurde. Al-Aiham erwartete, daß der Täter eine schwere Strafe erhalten würde, die seinem niedrigen gesellschaftlichen Rang angemessen war, und vernahm daher voller Entsetzen, daß seine Vergeltung lediglich darin bestand, den Mann selbst zu ohrfeigen. Über diese «Ungerechtigkeit» war er so empört, daß er dem Islam abschwor und Christ wurde.

Muhammads egalitaristische Bestrebungen blieben jedoch keineswegs bei der Reform des Gesetzes der Vergeltung stehen. Er verbot in Yathrib kategorisch den Geldverleih zu Wucherzinsen, den er bereits am religiös-wirtschaftlichen System in Mekka gegeißelt hatte. Um seiner neuen Wirtschaftsordnung den entscheidenden Anstoß zu geben, gründete er einen eigenen Markt, eine Geldwirtschaft, bei der – im Unterschied zu den Gepflogenheiten der Banu Quraisch in Mekka – weder Steuern noch Darlehenszinsen erhoben wurden. Dieser zollfreie Markt wurde zwar später zu einem Streitpunkt zwischen Muhammad und den Banu Qainuqa, aber Muhammad ging es mit seinen Maßnahmen nicht darum, die Qainuqa gegen sich aufzubringen. Er wollte nur die Kluft zwischen den märchenhaft Reichen und den Bettelarmen verringern.

Unter Berufung auf seine unangefochtene religiöse Autorität setzte Muhammad eine Pflichtabgabe (*zakat*) fest, die jedes Mitglied der Umma entsprechend seinen finanziellen Möglichkeiten entrichten mußte. Dieses Geld wurde an die bedürftigen Mitglieder der Gemeinschaft als Almosen verteilt. *Zakat* bedeutet soviel wie «Läuterung» und war kein Akt der Mildtätigkeit, sondern eine religiöse Pflicht. Mildtätigkeit und Fürsorge für die Armen waren die ersten Frömmigkeitsideale, die Muhammad in Mekka predigte. Frömmigkeit, heißt es im Koran, «besteht nicht darin, daß ihr euch (beim Gebet) mit dem Gesicht nach Osten oder Westen wendet. Sie besteht vielmehr darin, daß man … sein Geld … den Verwandten, den Waisen, den Armen, dem, der unterwegs ist, den Bettlern und für [den Loskauf von] Sklaven hergibt, das Gebet verrichtet und die Almosensteuer bezahlt» (2, 177).

Muhammads Kampf für wirtschaftliche Umverteilung und soziale Gleichheit wird wohl nirgends deutlicher als in den Rechten und Privilegien, die er den Frauen seiner Gemeinschaft zugestand. Ausgehend von der ganz und gar unbiblischen Überzeugung, daß Mann und Frau gemeinsam und gleichzeitig aus einer einzigen Zelle geschaffen wurden (4, 1; 7, 189), betont der Koran mit Nachdruck die Gleichheit der beiden Geschlechter vor Gott:

> Den Männern, die Ihm ergeben sind, und den Frauen, die Ihm ergeben sind,
> Den Männern, die glauben, und den Frauen, die glauben,
> Den Männern, die gehorchen, und den Frauen, die gehorchen,
> Den Männern, die wahrhaftig sind, und den Frauen, die wahrhaftig sind,

Den Männern, die standhaft sind, und den Frauen, die standhaft sind,
Den Männern, die demütig sind, und den Frauen, die demütig sind,
Den Männern, die Almosen geben, und den Frauen, die Almosen geben,
Den Männern, die fasten, und den Frauen, die fasten,
Den Männern, die ihre Scham bedecken, und den Frauen, die ihre Scham bedecken,
Den Männern, die bescheiden sind, und den Frauen, die bescheiden sind,
Den Männern, die Gottes gedenken, und den Frauen, die Gottes gedenken,
Hält Gott Vergebung und gewaltigen Lohn bereit
(33, 35; Übersetzung nach Reza Aslan).

Gleichzeitig erkennt der Koran die unterschiedlichen Aufgaben von Männern und Frauen in der Gesellschaft an; im Arabien des 7. Jahrhunderts etwas anderes zu fordern, wäre völlig absurd gewesen. Demnach stehen «die Männer über den Frauen, weil Gott sie ausgezeichnet hat und wegen der Ausgaben, die sie von ihrem Vermögen gemacht haben» (4, 34).

Mit wenigen bemerkenswerten Ausnahmen (wie Chadidscha) konnten die Frauen im vorislamischen Arabien weder über eigenen Besitz verfügen noch Vermögen von ihrem Ehemann erben. Ja, die Frau wurde als das Eigentum ihres Mannes betrachtet und samt ihrer Mitgift nach dem Tod ihres Mannes von dessen männlichem Erben übernommen. Wenn dieser kein Interesse an der Witwe hatte, konnte er sie an einen Verwandten – Bruder oder Neffen – weitergeben, der sie heiraten und sich damit das Vermögen ihres verstorbenen Mannes aneignen konnte. War sie zu alt, um wieder zu heiraten, oder interessierte sich niemand für sie, kamen sie und ihre Mitgift an den Clan zurück. Dasselbe galt für alle weiblichen Waisen sowie für männliche Waisen, die wie Muhammad beim Tod ihrer Eltern noch zu klein waren, um den väterlichen Besitz zu erben.

Doch Muhammad, durch Chadidscha zu materieller Sicherheit und Wohlstand gelangt, wollte den Frauen zumindest ein gewisses Maß an gesellschaftlicher Gleichheit und Unabhängigkeit verschaffen. Er änderte das altarabische Ehe- und Erbrecht und beseitigte damit die Schranken, die den Frauen die Möglichkeit verwehrten, zu erben und eigenes Vermögen zu besitzen. Welche Maßnahmen Muhammad im einzelnen ergriff, kann hier nicht erörtert werden. Wir müssen uns mit der Bemerkung begnügen, daß in der Umma Frauen erstmals das Recht erhielten, den Besitz ihres Mannes zu erben und ihre Mitgift als persönlichen Besitz zu betrachten. Dem Ehemann war es verboten, die Mitgift seiner Frau anzutasten, und er war verpflichtet, mit dem eigenen Hab und Gut für seine Familie zu sorgen. Wenn der Mann starb, erbte die Frau einen Teil seines Vermögens; wenn er sich von ihr scheiden ließ, erhielt die Frau ihre gesamte Mitgift zurück.

Wie nicht anders zu erwarten, behagten Muhammads Reformen den männlichen Mitgliedern seiner Gemeinschaft ganz und gar nicht. Wenn Frauen nicht mehr als Eigentum betrachtet werden konnten, beschwerten sich die Männer, so schmälerte das nicht nur auf drastische Weise ihr Vermögen, sie mußten ihr geringeres Erbe jetzt auch mit ihren Schwestern und Töchtern teilen – Mitgliedern der Gemeinschaft, die, so der Einwand, nicht dieselbe Last zu tragen hatten wie die Männer. Al-Tabari erzählt, einige dieser Männer hätten Muhammad ihre Beschwerde vorgetragen und gefragt: «Wie kann man einer Frau und einem Kind, die nicht arbeiten und nichts verdienen, das Erbrecht erteilen? Sollen sie von nun an erben wie der Mann, der gearbeitet hat, um dieses Geld zu verdienen?»

Muhammads Antwort war wenig mitfühlend und bestürzend in ihrer Härte: «Wer aber gegen Gott und seinen Gesandten widerspenstig ist und seine Gebote übertritt, den läßt er in ein Feuer eingehen, damit er (ewig) darin weile. Eine erniedrigende Strafe hat er zu erwarten» (4, 14).

Waren Muhammads männliche Anhänger über die neuen Erbrechtsgesetze nur verärgert, so waren sie gewiß wütend, als er in einem einzigen revolutionären Handstreich die Zahl der Ehefrauen begrenzte und auch den Frauen das Recht zugestand, sich scheiden zu lassen.

In gewisser Weise waren die altarabischen Traditionen in Fragen der Ehe und Scheidung außerordentlich lax. In den beduinischen Gesellschaften praktizierten Männer und Frauen die Polygamie und konnten sich scheiden lassen – die Männer, indem sie erklärten: «Ich lasse mich von dir scheiden!», und die Frauen, die auch während ihrer Ehe bei der väterlichen Familie wohnten, indem sie ihr Zelt so drehten, daß der Eingang ihrem Ehemann, wenn er sie «besuchen» wollte, nicht mehr zugänglich war. Da die Vaterschaft in beduinischen Gesellschaften keine Rolle spielte (die Abstammung war matrilinear), war es auch unwichtig, wieviele Ehemänner eine Frau hatte oder wer der Vater ihrer Kinder war. In seßhaften Gesellschaften wie in Mekka dagegen, wo Reichtum akkumuliert wurde, spielten Erbschaftsregelungen und damit die Bestimmung der Vaterschaft durchaus eine Rolle. An die Stelle der Matrilinearität trat die Patrilinearität. Und im Zuge dieser Entwicklung wurden in den seßhaften Gesellschaften die Frauen ihres Rechts auf Scheidung und Polyandrie (der Möglichkeit, mehrere Männer zu haben) zunehmend beraubt.

Zwar waren Muhammads Ansichten über die Ehe mehr von jüdischen als von vorislamisch-arabischen Traditionen beeinflußt, aber der Prophet war dennoch ein Kind der mekkanischen Gesellschaft. Während er einerseits das Recht der Männer auf Scheidung einschränkte – die Scheidungserklärung wurde erst nach einer dreimonatigen Versöhnungszeit wirksam – und der Frau das Recht zugestand, sich von ihrem Mann scheiden zu lassen, wenn sie von ihm «Gewalttätigkeiten oder grobe Behandlung» zu befürchten hatte (4, 128; Übersetzung nach Reza Aslan), festigte er andererseits das Prinzip der Patrilinearität dadurch, daß er den Frauen die Beziehung mit mehreren Männern verbot. Eine muslimische Frau konnte von nun an nur einen einzigen Ehemann haben. Ob ein muslimischer Mann mehr als eine Ehefrau haben darf (Polygynie), ist bis heute umstritten.

Muhammad akzeptierte also einerseits die Polygynie (in Maßen) als notwendig für den Fortbestand der Umma – insbesondere nach dem Krieg mit den Quraisch, als Hunderte von Witwen und Waisen versorgt und beschützt werden mußten. «Heiratet, was euch an Frauen gut ansteht, zwei, drei oder vier», heißt es im Koran, *«wenn ihr aber fürchtet, (so viele) nicht gerecht zu behandeln, dann (nur) eine»* (4, 3; Hervorhebung hinzugefügt). Andererseits gibt der Koran dem Modell der Monogamie unmißverständlich den Vorzug: «Ihr werdet die Frauen nicht gerecht behandeln können, *ihr mögt noch so sehr darauf aus sein»* (4, 129; Hervorhebung hinzugefügt). Dieser scheinbare Widerspruch offenbart ein Dilemma der jungen islamischen Gemeinde. Jedes Mitglied sollte die Monogamie anstreben; ohne Polygynie jedoch wäre diese Gemeinschaft, die Muhammad in Yathrib aufbauen wollte, zum Scheitern verurteilt gewesen.

Für die große Mehrheit der Muslime weltweit besteht kaum ein Zweifel, daß die beiden oben zitierten Verse, wenn man sie im Zusammenhang und in ihrem historischen Kontext betrachtet, als Ablehnung der Polygamie in allen ihren Erscheinungsformen interpretiert werden muß. Dennoch gibt es bis heute Muslime, insbesondere in den Stammesgesellschaften Saudi-Arabiens und Afghanistans, die ihre polygynen Ehen zwar nicht mit dem Koran, aber doch mit dem Verweis auf das Beispiel Muhammad zu rechtfertigen suchen, für den weder die Einschränkung der Polygynie noch die Empfehlung der Monogamie Geltung besaß.

Nachdem Muhammad mehr als fünfundzwanzig Jahre lang mit Chadidscha ein monogames Leben geführt hatte, heiratete er in Yathrib innerhalb von zehn Jahren neun Frauen. Mit wenigen Ausnahmen handelte es sich bei diesen Ehen jedoch nicht um sexuelle, sondern um politische Verbindungen. Das soll nicht heißen, daß Muhammad keine sexuellen Neigungen hatte, im Gegenteil. Die Quellen beschreiben ihn als einen Mann mit einer starken und gesunden Libido. Doch als Schaich der Umma oblag es ihm, innerhalb und außerhalb seiner Gemeinschaft Verbindungen zu knüpfen, und das einzige Mittel, das ihm dafür zur Verfügung stand, war die Heirat. Durch die Ehe mit Aischa und Hafsa war er mit den wichtigsten und einflußreichsten Führern der frühen muslimischen Gemeinschaft, Abu Bakr und Umar, verbunden. Seine Ehe mit Umm Salama ein Jahr später schmiedete ein wichtiges Band mit einem der mächtigsten mekkanischen Clans, den Machzum. Er heiratete Sauda, der Überlieferung zufolge eine reizlose Witwe, die das heiratsfähige Alter längst überschritten hatte, und demonstrierte damit der Umma seine Fürsorge für Frauen ohne materielle Absicherung. Seine Ehe mit der Jüdin Raihana verband ihn mit den Banu Quraiza, während er durch seine Ehe mit Mariya, einer koptischen Christin, ein wichtiges politisches Bündnis mit dem Herrscher von Ägypten stiftete.

Dennoch waren tausendvierhundert Jahre lang, von den Kreuzzugspäpsten des Mittelalters über die Philosophen der europäischen Aufklärung bis hin zu den protestantischen Erweckungspredigern in den Vereinigten Staaten, Muhammads Ehefrauen der Ausgangspunkt zahlreicher höhnischer Angriffe auf den Propheten und die Religion des Islams. Daher bemühen sich zeitgenössische – muslimische wie nichtmuslimische – Gelehrte, Muhammads Ehen zu rechtfertigen, insbesondere seine Verbindung mit Aischa, die als Neunjährige mit dem Propheten verheiratet wurde. So löblich es ist, die Kritik antiislamischer Prediger und «Experten» als selbstgerecht und ignorant zu entlarven – Muhammad benötigt in diesem Punkt keine Verteidigung.

Wie die großen jüdischen Patriarchen Abraham und Jakob, wie die

Propheten Mose und Hosea, wie die israelitischen Könige Saul, David und Salomo und wie fast alle christlich-byzantinischen und zoroastrisch-sasanidischen Monarchen hatten die arabischen Schaichs – Muhammad eingeschlossen – mehrere Ehefrauen und mehrere Konkubinen oder beides. Im Arabien des 7. Jahrhunderts hingen Macht und Autorität eines Schaichs in nicht geringem Maße von der Größe seines Harems ab. Und so schockierend Muhammads Verbindung mit einem neunjährigen Mädchen für unser heutiges Empfinden sein mag, so handelte es sich hier doch lediglich um ein *Eheversprechen*, eine Art Verlöbnis. Aischa vollzog die Ehe mit Muhammad erst, als sie die Pubertät erreicht hatte, in einem Alter also, in dem in Arabien ausnahmslos jedes Mädchen als reif für die Ehe angesehen wurde. Das eigentlich Schockierende an Muhammads Ehen sind nicht die zehn Jahre seiner Polygamie in Yathrib, sondern die fünfundzwanzig Jahre seiner monogamen Beziehung in Mekka. Für die damalige Zeit war dies etwas Unerhörtes. Wenn es an Muhammads Ehen überhaupt etwas Interessantes oder Außergewöhnliches gibt, dann nicht, wie viele Frauen er gehabt hat, sondern welche Regeln er ihnen auferlegte, vor allem bezüglich der Verschleierung.

Lange Zeit als Hauptkennzeichen des Islams betrachtet, findet sich für die Verschleierung der Frau im Koran kein Beleg. Die Tradition der Verschleierung und Absonderung der Frauen (beides bezeichnet der Begriff *hidschab*) existierte in Arabien lange vor Muhammad und geht vorrangig auf arabische Kontakte mit Syrien und Iran zurück, wo der *hidschab* ein Indiz für den vornehmen gesellschaftlichen Rang einer Frau war. Denn nur eine Frau, die nicht auf den Feldern arbeiten mußte, konnte es sich leisten, abgesondert und verschleiert zu leben.

In der Umma wurde die Sitte der Verschleierung der Frau erst um 627 n. Chr. eingeführt, mit dem Herabkommen des sogenannten «Hidschab-Verses» auf die islamische Gemeinde. Dieser Vers bezieht sich jedoch ausschließlich auf Muhammads Ehefrauen: «Ihr Gläubigen! Betretet nicht die Häuser des Propheten, ohne daß man euch … Erlaubnis erteilt … Tretet vielmehr [erst] ein, wenn ihr gerufen werdet. Und geht wieder eurer Wege, wenn ihr gegessen habt … Und wenn ihr die Gattinnen des Propheten um etwas bittet, das ihr benötigt, dann tut dies hinter einem Vorhang! Auf diese Weise bleibt euer und ihr Herz eher rein» (33, 53).

Diese Vorschrift erscheint plausibel, wenn man bedenkt, daß Muhammads Haus gleichzeitig die Moschee der Gemeinde war, Mittelpunkt des religiösen und sozialen Lebens der Umma. Hier gingen Leute ein und aus. Wenn Delegationen anderer Stämme Muhammad aufsuchten, stellten sie ihre Zelte oft tagelang in dem offenen Innenhof auf, nur wenige Meter von den Schlafgemächern der Ehefrauen Muhammads entfernt. Und Neuankömmlinge wohnten nach ihrer Ankunft in Yathrib so lange in der Moschee, bis sie eine Unterkunft gefunden hatten.

In der Zeit, da Muhammad kaum mehr war als ein Stammesschaich, blieb dieses Kommen und Gehen erträglich. Doch nach 627, als er der mächtige Führer einer expandierenden Gemeinschaft wurde, mußten Regelungen getroffen werden, um den Ehefrauen des Propheten ein Mindestmaß an Privatsphäre zu sichern. Und so übernahm man die Sitte der iranischen und syrischen Oberschicht, hochgestellte Damen durch Verhüllung und räumliche Absonderung vor neugierigen Blicken zu schützen.

Daß der Schleier eine Sonderregelung ausschließlich für Muhammads Frauen war, wird auch durch die Tatsache belegt, daß der Begriff «den Schleier anlegen» (*darabat al-hidschab*) gleichbedeutend war mit «Muhammads Frau werden». Aus diesem Grund folgte zu Lebzeiten des Propheten keine andere Frau aus der Umma der Vorschrift des *hidschab*. Selbstverständlich waren Anstand und Sittsamkeit Forderungen, die für alle Gläubigen galten, und besonders Frauen wurden angewiesen, «ihr Gewand herunterzuziehen. So ist es am ehesten gewährleistet, daß sie als Gläubige erkannt und daraufhin nicht belästigt werden» (33, 59; Übersetzung nach Reza Aslan). Insbesondere sollten Frauen in Anwesenheit fremder Männer «darauf achten, daß ihre Scham bedeckt ist … und ihren Schal (*khamr*) über die Brust ziehen» (24, 31; Übersetzung nach Reza Aslan). Doch wie Leila Ahmed bemerkt, wird der Begriff *hidschab* im gesamten Koran ausschließlich für Muhammads Frauen verwendet.

Es läßt sich nicht mit Sicherheit sagen, wann der Schleier von der gesamten Umma als Brauch übernommen wurde, vermutlich jedoch erst lange nach dem Tod des Propheten. Wahrscheinlich begannen muslimische Frauen den Schleier zu tragen, um den Ehefrauen des Propheten nachzueifern, die als «Mütter der Umma» verehrt wurden. Doch erst nach Muhammads Tod, als männliche Schrift- und Rechtsgelehrte ihre religiöse und politische Autorität dazu benutzten, die gesellschaftliche

Dominanz wiederzugewinnen, die sie im Zuge der egalitären Reformen des Propheten eingebüßt hatten, wurde der Schleier zum Zwang und zu einer allgemein verbreiteten Sitte.

Die Zeit unmittelbar nach Muhammads Tod war, wie wir noch sehen werden, eine turbulente Epoche für die muslimische Gemeinschaft. Die Umma nahm erstaunlich schnell zu an Reichtum und Macht. Nur fünfzig Jahre nach seinem Tod drängte die kleine Gemeinschaft, die der Prophet in Yathrib gegründet hatte, über die Arabische Halbinsel hinaus und eroberte das sasanidische Großreich des Iran. Weitere fünfzig Jahre später expandierte sie in den Nordwesten Indiens und nach Nordafrika, und bald war das christlich-byzantinische Reich nur noch eine unbedeutende Regionalmacht. Noch einmal fünfzig Jahre später war der Islam über Spanien und Südfrankreich bis nach Europa vorgedrungen.

Das Erstarken zur Weltmacht stellte Muhammads kleine Gemeinschaft arabischer Anhänger vor rechtliche und religiöse Probleme, die im Koran nicht explizit behandelt wurden. Als Muhammad noch unter ihnen weilte, konnten sie ihm diese Fragen einfach vorlegen. Doch nach seinem Tod wurde es zunehmend schwieriger, Gottes Willen zu Fragen zu ermitteln, die das Wissen und die Erfahrungen einer Gruppe arabischer Stammesbrüder aus dem Hidschaz überforderten.

Zunächst suchte die Umma naturgemäß bei den frühen Gefährten Muhammads Rat und Beistand. Als Angehörige der ersten Generation von Muslimen, die den Propheten begleitet und mit ihm gesprochen hatten, kannten sie Muhammads Leben und Lehre aus erster Hand und verfügten über die Autorität, in rechtlichen und religiösen Angelegenheiten Entscheidungen zu treffen. Sie waren die Bewahrer der *Hadithe*, der Aussprüche und Taten des Propheten.

Da die Hadithe Fragen behandelten, zu denen der Koran keine Stellung bezog, wurden sie zu einem unverzichtbaren Instrument bei der Formulierung des islamischen Rechts. In der frühesten Phase jedoch bot sich das Bild eines so heillosen Wirrwarrs, daß die Echtheit der Hadithe kaum überprüfbar war. Schlimmer noch, nach dem Tod der ersten Generation der Prophetengefährten mußte sich die Gemeinde zunehmend auf die Berichte verlassen, die von der ersten an die zweite Generation von

Muslimen (die *tabiun*) weitergegeben worden waren. Als auch diese zweite Generation starb, war die Gemeinde noch einen weiteren Schritt von den authentischen Worten und Taten des Propheten entfernt.

Mit jeder neuen Generation von Muslimen wurde also die «Überlieferungskette» *(isnad)*, die eine lückenlose Dokumentation bis zurück zu den Worten des Propheten garantierte, länger und komplizierter. Knapp zweihundert Jahre nach Muhammads Tod kursierten in den muslimischen Territorien bereits rund siebenhunderttausend Hadithe, von denen die meisten gefälscht waren, um eigene Glaubensüberzeugungen und Praktiken durch die vermeintliche Rückkoppelung an den Propheten zu legitimieren. Nach wenigen Generationen konnte man so gut wie alles zum Hadith erklären, wenn man nur Gewährsleute bis zurück zum Propheten nennen konnte. Der ungarische Islamwissenschaftler Ignaz Goldziher dokumentierte zahlreiche Hadithe, die von ihren Urhebern als authentische Prophetenworte ausgegeben wurden, in Wirklichkeit aber Sätze aus dem Alten und Neuen Testament, rabbinische Sprüche und solche aus den apokryphen Evangelien, ja sogar Lehren der griechischen Philosophen oder Sprüche persischer und indischer Weisheit waren; und «auch das Vaterunser fehlte nicht in wohlbeglaubigter Hadith-Form». Im 9. Jahrhundert, als das islamische Recht formuliert wurde, kursierten in der Gemeinschaft so viele unechte Hadithe, daß muslimische Rechtsgelehrte sie ziemlich willkürlich in zwei Kategorien einteilten: solche, von denen sich der Lügner materielle Vorteile versprach; und solche, die aus ideologischem Interesse verbreitet wurden.

Im 9. und 10. Jahrhundert wurden Anstrengungen unternommen, den Wust von Hadithen zu durchforsten und die Spreu vom Weizen zu trennen. Doch noch jahrhundertelang berief sich jeder, der über genügend Macht und Reichtum verfügte, um die öffentliche Meinung zu beeinflussen – etwa um seine eigenen Ansichten über die Stellung der Frau in der Gesellschaft durchzusetzen –, auf ein Hadith, das er angeblich von jemandem gehört hatte, der es wiederum von jemandem gehört hatte, der es von einem Gefährten des Propheten aus dessen eigenem Mund vernommen haben wollte.

Daher kann man ohne Übertreibung sagen, daß bald nach Muhammads Tod die Männer, die es sich zur Aufgabe gemacht hatten, Gottes Willen im Koran und Muhammads Willen in den Hadithen auszulegen – zufällig waren sie die mächtigsten und reichsten Mitglieder der Umma –, weniger um die Richtigkeit ihrer Äußerungen und die Objektivität ihrer Interpretation besorgt waren als vielmehr um die Rückgewinnung ihrer wirtschaftlichen und sozialen Dominanz, die ihnen durch die Reformen des Propheten genommen worden war. Wie Fatima Mernissi bemerkt, darf man nicht vergessen, daß hinter jedem Hadith «oft noch die Macht- und Interessenkämpfe einer muslimischen Gemeinschaft [standen], deren soziale wie auch geographische Mobilität dank ihrer Eroberungen beträchtlich war».

Wenn also der Koran die Gläubigen ermahnt, das «Geld, das Gott euch zum Unterhalt bestimmt hat», nicht «den Schwachsinnigen (*sufaha*)» (4, 5) zu geben, erklärten die frühen Korankommentatoren – allesamt männlich –, die *sufaha*, das seien «die Frauen und die Kinder … *und beide müssen vom Erbrecht ausgeschlossen werden*» (Hervorhebung hinzugefügt).

Wenn Abu Bakra (nicht zu verwechseln mit Abu Bakr), ein reicher und vornehmer Kaufmann aus Basra, fünfundzwanzig Jahre nach Muhammads Tod behauptete, er habe den Propheten sagen hören: «Wer seine Geschäfte einer Frau anvertraut, wird nie zu Wohlstand gelangen», so war seine Autorität als Gefährte des Propheten absolut unumstritten.

Wenn Ibn Madscha in seiner Hadith-Sammlung berichtet, der Prophet habe auf eine Frage nach den Rechten einer Ehefrau gegenüber ihrem Mann erwidert, ihr einziges Recht sei es, etwas zu essen zu bekommen, «nachdem du selbst gegessen hast», und Kleidung zu erhalten, «nachdem du selbst dich gekleidet hast», so blieb auch diese Ansicht unwidersprochen, obwohl sie den Forderungen des Korans diametral entgegensteht.

Wenn Abu Said al-Chudri schwor, er habe gehört, wie der Prophet zu einer Gruppe von Frauen gesagt habe: «Ich kenne niemanden, der weniger Verstand und Religion besitzt als ihr», wurde auch diese seine Erinnerung nicht in Frage gestellt, ungeachtet der Tatsache, daß Muhammads Biographen berichten, der Prophet habe mehrfach Frauen um einen Rat gebeten, auch in militärischen Fragen, und ihre Ratschläge befolgt.

Und wenn der gefeierte Korankommentator Fachr al-Din al-Razi (1149–1209) den Vers «Und zu seinen [Gottes] Zeichen gehört es, daß er euch aus euch selber Gattinnen geschaffen hat, damit ihr bei ihnen wohnet» (30, 21) als «Beleg» dafür nennt, «daß die Frauen wie Tiere und Pflanzen und andere nutzbringende Dinge geschaffen wurden [und nicht dafür,] Gott anzubeten und göttliche Anweisungen auszuführen ... weil die Frau schwach, dumm und in gewisser Weise ein Kind ist», war (und ist bis heute) sein Kommentar in der muslimischen Welt weithin anerkannt.

Noch einmal sei betont: Eintausendvierhundert Jahre lang war die Wissenschaft der Koranexegese die Domäne muslimischer Männer. Und weil jeder dieser Interpreten notgedrungen seine eigenen Anschauungen und vorgefaßten Meinungen in den Koran hineinlas, darf es nicht überraschen, daß manche Verse oft ausgesprochen frauenfeindlich gedeutet wurden. Betrachten wir, wie der folgende Vers (4, 34) über die Pflichten der Männer gegenüber den Frauen in zwei unterschiedlichen, aber weitverbreiteten Koranübersetzungen im Englischen wiedergegeben ist. Die erste Übersetzung von Ahmed Ali entstammt der Princeton-Ausgabe, die zweite von Majid Fakhry erschien bei der New York University Press:

> Die Männer sind die Unterstützer der Frauen *[qawwamuna 'ala an-nisa]* wegen dem, was Gott den einen vor den anderen gegeben hat, und weil sie einen Teil ihres Vermögens ausgeben (um für sie zu sorgen) ... Und wenn ihr deren Widerspenstigkeit vermutet, sprecht mit ihnen, um sie zu gewinnen; dann meidet ihr Bett (ohne sie zu belästigen) und schlaft mit ihnen (wenn sie willens sind).

> Die Männer haben die Aufsicht über die Frauen, weil Allah die einen vor den anderen ausgezeichnet hat und weil sie einen Teil ihres Vermögens ausgeben ... Und wenn ihr fürchtet, daß diese [Frauen] sich auflehnen, so ermahnt sie, meidet ihr Bett und schlagt sie *[adribuhunna]*.

Aufgrund der Offenheit der arabischen Sprache sind beide Übersetzungen grammatikalisch, syntaktisch und formal inhaltlich korrekt. Der Ausdruck *qawwamuna 'ala an-nisa* kann verstanden werden als: die Frauen «überwachen», «beschützen», «unterstützen», «sorgen für», «sich kümmern um» und «Aufsicht führen». *Adribuhunna*, das Fakhry mit «schlagt sie» wiedergibt, kann auch bedeuten: «wendet euch von ihnen ab», «fahrt fort mit ihnen» und erstaunlicherweise auch «habt Verkehr mit ihnen in gemeinsamem Einverständnis». Wenn Religion Interpretation bedeutet, so hängt die Deutung, der man sich anschließt, davon ab, was man aus dem Text herauslesen möchte. Betrachtet man den Koran als Stärkung der Rolle der Frau, wird man Alis Übersetzung folgen; sieht man den Koran dagegen als Rechtfertigung der Gewalt gegen Frauen, wird man Fakhrys Übersetzung den Vorzug geben.

In der Geschichte des Islams gab es immer wieder Frauen, die um ihre Autorität als Bewahrerinnen der Hadithe und als Interpretinnen des Korans kämpften. Karima bint Ahmad (gestorben 1069) und Fatima bint Ali (gestorben 1087) zum Beispiel gelten als bedeutende Vermittlerinnen der prophetischen Überlieferung. Zainab bint al-Sha'ri (gestorben 1220) und Daqiqa bint Murschid (gestorben 1345), beide Korangelehrte, waren von herausragender Bedeutung für die junge Islamwissenschaft. Und es läßt sich kaum leugnen, daß nahezu ein Sechstel aller «verbürgten» Hadithe auf Muhammads Ehefrau Aischa zurückgeführt werden kann.

Doch diese Frauen, so berühmt sie auch sind, kamen nicht an gegen die unangefochtene Autorität von Prophetengefährten wie Umar, dem jungen, draufgängerischen Angehörigen der quraischitischen Elite, auf dessen Übertritt zum Islam Muhammad ganz besonders stolz war. Der Prophet bewunderte nicht nur Umars kriegerische Tapferkeit, sondern auch seine moralische Rechtschaffenheit und seinen Eifer in der Gottesverehrung. In vielerlei Hinsicht war Umar ein einfacher, ehrbarer und frommer Mann. Er hatte aber einen ungestümen Charakter und war jähzornig und gewalttätig, vor allem gegen Frauen. Seine frauenverachtende Einstellung war so berüchtigt, daß Aischas Schwester seinen Heiratsantrag schroff ablehnte.

Umars frauenfeindliche Tendenzen kamen in dem Moment zum Vorschein, als er die Führung der muslimischen Gemeinschaft übernahm. Erfolglos versuchte er, den Wirkungskreis der Frauen auf das Haus zu beschränken und sie von der Teilnahme am Gottesdienst in der Moschee auszuschließen. Er führte getrennte Gebete ein und ordnete – in unmittelbarem Verstoß gegen das Beispiel des Propheten – die religiöse Unterweisung der Frauen durch männliche Lehrer an. Er verbot sogar Muhammads Witwen, die Wallfahrtsrituale zu vollziehen, und erließ schwere Strafen insbesondere für Frauen; an erster Stelle die Steinigung bei Ehebruch – eine Todesstrafe, die im Koran absolut keine Grundlage hat und die Umar damit rechtfertigte, daß sie ursprünglich Teil der Offenbarung gewesen und aus Versehen nicht in den autorisierten Text aufgenommen worden sei. Freilich erklärte Umar nicht, warum ausgerechnet dieser Vers aus der göttlichen Offenbarung herausgefallen sein sollte, aber das brauchte er gar nicht. Er sprach ja im Namen und mit der Autorität des Propheten.

Der Koran ist, wie alle heiligen Schriften, von den kulturellen Normen der Gesellschaft geprägt, in der er entstanden ist – in diesem Fall einer Gesellschaft, die die Frauen nicht als gleichrangig betrachtete. Daher gibt es im Koran – ähnlich wie in den heiligen Schriften der Juden und Christen – zahlreiche Verse, die die untergeordnete Stellung der Frau in einer männlich dominierten Gesellschaft widerspiegeln. Doch genau an diesem Punkt setzt die muslimische Frauenbewegung an, die sich im vorigen Jahrhundert konstituiert hat. Diese Frauen fordern, die religiöse Botschaft des Korans, eine revolutionäre Botschaft des sozialen Egalitarismus, müsse von den kulturellen Vorurteilen befreit werden, die im 7. Jahrhundert in Arabien herrschten. Und erstmals in der Geschichte wird ihnen heute die Aufmerksamkeit einer weltweiten Öffentlichkeit zuteil, um ihre Ansichten in die von Männern dominierte Wissenschaft der Koranexegese einzubringen.

Koranwissenschaftlerinnen in der muslimischen Welt betrachten heute das heilige Buch des Islams aus einer Perspektive, die in der Islamwissenschaft bisher schmerzlich gefehlt hat. Ausgehend von der Auffassung, nicht die islamische Morallehre, sondern die gesellschaftlichen Verhältnisse im Arabien des 7. Jahrhunderts und die extreme Frauenfeindlichkeit vieler männlicher Koranexegeten seien verantwortlich für die untergeordnete Stellung der Frau in der muslimischen Gesellschaft, deuten diese Wissenschaftlerinnen den Koran völlig losgelöst von den traditionellen Geschlechtergrenzen. Muslimische Feministinnen bemühen sich heute weltweit um eine geschlechtsneutrale Exegese des Korans und eine ausgewogenere Praxis der islamischen Rechtsprechung. Die erste englische Koranübersetzung von einer Frau, Laleh Bakhtiar, wurde vor kurzem in den Vereinigten Staaten und in Europa mit kritischer Zustimmung veröffentlicht. Und Imaminnen und Predigerinnen von Toronto bis Schanghai leiten heute muslimische Gemeinden. Gleichzeitig steigt die Zahl weiblicher Staatsoberhäupter und Führerinnen politischer Parteien in mehrheitlich muslimischen Ländern stetig an. Zu ihnen zählen Mame Madior Boye im Senegal, Tansu Çiller in der Türkei, Kaqusha Jashari im Kosovo, Megawati Sukarnoputri in Indonesien, Nurul Izzah Anwar in Malaysia, Benazir Bhutto in Pakistan (die 2007 durch ein Selbstmordattentat getötet wurde) sowie Khaleda Zia und Schaich Hasina in Bangladesch. In den letzten Jahren übernahmen in der islamischen Welt mehr Frauen das Amt des Staats- oder Ministerpräsidenten als in Europa und Nordamerika zusammen.

Gewiß, es gibt viele mehrheitlich muslimische Staaten, in denen die Frauen immer noch nicht dieselben Rechte haben wie die Männer; das gilt für viele Entwicklungsländer weltweit, nicht nur für muslimische. Und zweifellos ist die Situation von Frauen in Ländern wie Iran, Afghanistan, Sudan und Somalia erschreckend und muß dringend verbessert werden. Aber aus den Erfahrungen der Frauen in diesen Ländern verallgemeinernde Schlußfolgerungen über die Behandlung der Frau im Islam zu ziehen, wäre eine grobe Vereinfachung. Doch leider geschieht genau dies überall in der westlichen Welt, wo das Bild der muslimischen Frau als vom Islam unterdrückt und herabgewürdigt nach wie vor dominiert. Und das Symbol dafür ist der Schleier. Manchmal scheint es, als sei nach Ansicht vieler Menschen in Europa und Nordamerika das gesamte Leben einer muslimischen Frau durch ein Stück Stoff definiert, mit dem sie ihre Haare bedeckt – oder nicht bedeckt.

Das ist freilich kein neues Phänomen. Trotz der Tatsache, daß in vielen Kulturen über Jahrtausende hinweg die Verschleierung sowohl von Frauen als auch von Männern üblich war, gilt im Westen der Schleier schon seit langem als Inbegriff der «Andersheit» des Islams. Besonders die Europäer waren vom Schleier geradezu besessen, seitdem die erotischen Reisebeschreibungen orientalistischer Autoren wie Gustave Flaubert und Sir Richard Burton die muslimische Frau als eine Art orientalische *femme fatale* zum Fetisch machten. Dieses Bild wurde in den Schriften europäischer Kolonialherren wie Lord Cromer, dem britischen Generalkonsul in Ägypten, neu belebt. Für ihn war der Schleier Ausdruck der «Erniedrigung der Frau» und der Beweis, daß «der Islam als Gesellschaftsform komplett gescheitert ist». Dabei spielte es keine Rolle, daß Cromer in England die Men's League for Opposing Women's Suffrage ins Leben gerufen hatte, die sich aktiv gegen das Frauenwahlrecht engagierte. Cromer interessierte sich nicht für die Misere der muslimischen Frauen. Der Schleier war für ihn ein Beleg für die «Rückständigkeit des Islams» und eine Rechtfertigung der «Zivilisierungsmission» Europas im Nahen Osten.

In der modernen Welt wurde der Schleier zum Symbol nicht nur der Herabwürdigung der muslimischen Frau zum Objekt, sondern auch für die große Kluft, die nach Ansicht vieler den Islam im Bereich der Werte, Sitten und Gebräuche vom Westen trennt. Hier liegt der Grund für das Verbot bestimmter Formen des *hidschab* in Frankreich und anderen europäischen Ländern. Befürworter solcher Verbote argumentieren, der Schleier sei ein Affront gegen die Prinzipien der Aufklärung, auf denen Europa gründe, und widerspreche der Idee der Frauenemanzipation. Wie der französische Präsident Nicolas Sarkozy bei der Unterzeichnung des Gesetzes zum Verbot der Vollverschleierung sagte, könne Frankreich es nicht hinnehmen, daß «Frauen als Gefangene hinter Gittern leben, vom gesellschaftlichen Leben abgeschnitten und all ihrer Identität beraubt». Natürlich ist der Kern dieser Argumentation die zutiefst frauenfeindliche Überzeugung, daß sich keine muslimische Frau freiwillig dafür entscheiden würde, den *hidschab* zu tragen, sondern von ihrem Ehemann, ihrem Vater oder den gesellschaftlichen Restriktionen ihrer Religion zum *hidschab* gezwungen werde – daß also muslimische Frauen nicht imstande seien, selbst zu entscheiden, wie sie sich kleiden, so daß der Staat die Entscheidung für sie treffen müsse.

Damit möchte ich nicht – wie viele liberale muslimische Reformer – behaupten, der Schleier sei in Wirklichkeit ein Symbol für die Selbstermächtigung muslimischer Frauen, wie es der iranische politische Philosoph Ali Shariati (1933–1977) in seiner berühmten Schrift *Fatima ist Fatima* getan hat. Für Shariati und andere ist der Schleier kein Symbol für die Unterdrückung der Frau, sondern ein Zeichen für den weiblichen Widerstand gegen das westliche Frauenbild. Doch so aufgeklärt dieser Ansatz auch sein mag, der tragische Fehler ist, daß Shariati über etwas schrieb, mit dem er selbst keine Erfahrungen hatte.

Tatsache ist, daß das traditionelle Bild der verschleierten muslimischen Frau als behütetes und gefügiges sexuelles Eigentum ihres Mannes ebenso irreführend und einfältig ist wie das postmodernistische Bild des Schleiers als Inbegriff weiblicher Freiheit und weiblichen Widerstands gegen die westliche Kulturhegemonie. Vielleicht ist der Schleier weder das eine noch das andere, doch das müssen die muslimischen Frauen selbst entscheiden. Die Frauen allein entscheiden, wie sie sich kleiden. Weder ein Mann noch der Staat haben das Recht zu definieren, was die richtige «Weiblichkeit» im Islam ist. Wer die muslimische Frau nicht als Individuum, sondern als Symbol entweder für die islamische Keuschheit oder für einen säkularen Liberalismus betrachtet, macht sich derselben Sünde schuldig: der Herabwürdigung der Frau zum Objekt.

Dies ist im wesentlichen die Position der sogenannten muslimischen

Frauenbewegung, die davon ausgeht, daß in vielen mehrheitlich muslimischen Ländern nicht der Islam, sondern die männlich dominierte Gesellschaft für die Unterdrückung der Frauen verantwortlich ist. Muslimische Feministinnen weltweit fordern daher die Rückkehr zu der Gesellschaft, die Muhammad für seine Anhänger ursprünglich ins Auge gefaßt hatte. Trotz unterschiedlicher Kulturen, Nationalitäten und Glaubensrichtungen sind diese Frauen davon überzeugt, daß Muhammad in Medina den Islam vor allem als eine egalitäre Religion verstanden und den Frauen beispiellose Rechte und Privilegien zugestanden hat. Das feministische Medina ist eine Gesellschaft, in der Muhammad Frauen wie Umm Waraqa zu geistlichen Führerinnen der Umma bestimmte; in der bisweilen der Prophet selbst von seinen Frauen öffentlich zurechtgewiesen wurde; eine Gesellschaft, in der die Frauen Seite an Seite mit den Männer beteten und kämpften; in der Frauen wie Aischa und Umm Salama nicht nur religiöse, sondern auch politische und – in mindestens einem Fall – auch militärische Führungsaufgaben übernahmen; eine Gesellschaft, in der der Gebetsruf, der von Muhammads Hausdach erscholl, Männer und Frauen einlud, nebeneinander zu knien, um als eine einzige, *ungeteilte* Gemeinschaft den Segen zu empfangen.

Dieses revolutionäre Experiment des sozialen Egalitarismus war so erfolgreich, daß die Umma zwischen 622 und 624 n. Chr. immer größer wurde. Es kamen neue *ansar* hinzu und neue Auswanderer, um sich dem Propheten in seiner Stadt anzuschließen, die immer noch Yathrib hieß. Erst als Muhammad seine Aufmerksamkeit von den egalitären Reformen abwandte und den Blick wieder auf die heilige Stadt Mekka und den mächtigsten Stamm Arabiens richtete, konnte man Yathrib mit Fug und Recht Medina nennen.

4. Kampf nach dem Willen Gottes

Der Dschihad

In Yathrib träumt der Gesandte Gottes. Er steht auf einer großen Wiese, auf der gemächlich Rinder grasen. In der Hand hält er ein Schwert, das in der Sonne funkelt. Die Klinge weist eine Kerbe auf. Ein Krieg steht bevor. Doch auf der Wiese mit den im warmen Sonnenlicht grasenden Rindern herrscht friedliche Ruhe. Ein gutes Omen. Als er an sich herunterblickt, bemerkt er, daß er einen Panzer trägt, der ihn unverletzlich macht. Er braucht sich keine Sorgen zu machen. Mit dem Schwert in der Hand faßt er den weiten Horizont ins Auge und sieht dem Kampf vertrauensvoll entgegen.

Als Muhammad erwacht, weiß er sofort, was dieser Traum bedeutet: die Quraisch kommen. Was er nicht wissen kann: Sie nähern sich Yathrib mit dreitausend schwerbewaffneten Kriegern und zweihundert Reitern, um den Propheten und seine Bewegung zu vernichten. Eine Schar Frauen, mit Juwelen geschmückt und in den schönsten Gewändern, folgt den Soldaten.

An ihrer Spitze Hind, die mächtige und unergründliche Gattin Abu Sufyans, des Schaichs der Quraisch. Ein Jahr zuvor, 624 n. Chr., bei der ersten Schlacht der Quraisch gegen Muhammad und seine Anhänger in Badr, waren Hinds Bruder und ihr Vater von Muhammads Onkel Hamza getötet worden. Den Saum ihres wehenden weißen Obergewandes in den geballten Fäusten, spornt Hind die Kampfeslust der Männer an und erinnert die Quraisch daran, warum sie den Kampf um die Herrschaft über den Hidschaz vor Muhammads Haustür tragen.

«Stillt meinen Rachedurst», ruft sie den Kriegern zu, «und stillt auch den euren!»

Unterdessen machen in Yathrib Gerüchte über den bevorstehenden

Angriff die Runde. Die jüdischen Clans, die in dieser Auseinandersetzung zwischen Muhammad und Mekka nicht Partei ergreifen wollen, verbarrikadieren sich in ihren befestigten Siedlungen. Unterdessen tragen die Auswanderer in fieberhafter Eile alles zusammen, was sie an Waffen und Proviant beschaffen können, und bereiten sich auf eine Belagerung vor. Im Morgengrauen versammelt sich die ganze Gemeinde zum Gebet in der Moschee, wo Muhammad ruhig und gelassen die Gerüchte bestätigt.

Es sei richtig, sagt er, daß die Quraisch nach Yathrib unterwegs sind. Doch statt ihnen entgegenzugehen, möchte Muhammad lieber warten, bis die Feinde zu ihm kommen. Er ist überzeugt, daß der Panzer, den er im Traum getragen hat, Yathribs Uneinnehmbarkeit bedeutet. Wenn die Quraisch so töricht wären, in die Stadt einzudringen, sagt er, würden die Männer ihnen kämpfend entgegentreten und die Frauen und Kinder von den Palmenwipfeln Steine auf die Angreifer herabschleudern.

Muhammads Anhänger sind skeptisch. Sie haben die siegreiche Schlacht von Badr noch in lebendiger Erinnerung. Obwohl an Zahl den Quraisch deutlich unterlegen, waren sie ihnen entgegengezogen und hatten der schwerbewaffneten mekkanischen Armee große Verluste zugefügt und sie zum schmachvollen Rückzug gezwungen. Und auch diesmal, so ihre Überzeugung, würden sie die Gegner besiegen.

«O Gesandter Gottes», sagen sie, «führe uns hinaus gegen den Feind. Er wird sonst glauben, wir seien zu feige und zu schwach, um gegen ihn zu kämpfen.»

Muhammad, der seinen Traum als göttliche Botschaft verstanden hat, zögert. Und je mehr ihn seine Männer drängen, dem Feind entgegenzuziehen, desto unsicherer wird er. Selbst seine engsten Vertrauten sind unentschieden. Entnervt von dem Hin und Her und wohlwissend, daß er eine Entscheidung treffen muß, steht Muhammad auf und befiehlt, man möge ihm seine Rüstung bringen. Sie würden sich den Quraisch in der offenen Wüste stellen.

Mit nur ein paar hundert Mann und einer Handvoll Frauen, unter ihnen Aischa und Umm Salama, die ihn fast in jede Schlacht begleiten, bricht Muhammad in die Ebene von Uhud auf, wenige Kilometer nordwestlich von Yathrib, wo die Quraisch ihr Lager aufgeschlagen haben und ihren Angriff vorbereiten. Der Prophet rückt bis zu einer Schlucht vor und schlägt sein Lager auf der dem Hang zugewandten Seite eines trockenen Flußbetts auf, von wo aus er die Zelte der Quraisch ins Auge fassen kann. Er erkennt, daß ihm die Gegenseite an Soldaten und Waffen haushoch überlegen ist. Sein Mut verläßt ihn, als er sieht, daß ihre Pferde und Kamele zu Hunderten auf einer Weide grasen. Er und seine Männer dagegen verfügen nur über zwei Pferde, und sie haben kein einziges Kamel.

Er befiehlt seinen Leuten, das Lager aufzuschlagen und bis Tagesanbruch zu warten. Als die Morgenröte aufzieht, besteigt er ein Pferd und inspiziert seine Streitmacht ein letztes Mal. Inmitten der Männer entdeckt er Kinder, mit Schwertern bewaffnet, manche stellen sich auf Zehenspitzen, um größer zu erscheinen. Wütend zieht er sie aus der Schlachtordnung heraus und schickt sie heim zu ihren Familien; einigen wird es dennoch gelingen, unentdeckt zu bleiben und mit in die Schlacht zu ziehen. Dann postiert er seine Bogenschützen auf einem seitlich gelegenen Hügel und erteilt ihnen die Weisung: «Haltet eure Stellung, damit sie uns nicht aus eurer Richtung angreifen können.» Zu seinem Heer sagt er: «Keiner soll kämpfen, wenn ich es ihm nicht befehle!» Und dann, als ahne er, daß er die Zeichen seines Traums mißachtet hat, legt er eine zweite Rüstung an und gibt den Befehl zum Angriff.

Kurz darauf beginnen die Quraisch zu fliehen. Muhammads Bogenschützen lassen einen Pfeilhagel auf den Feind niedergehen, decken die hintere Flanke von Muhammads kleinem Heer und zwingen die Mekkaner zum Rückzug. Doch dann halten sich die Bogenschützen nicht an Muhammads Befehl. Sie verlassen ihre Stellung und stürmen den Berg hinunter, um das feindliche Lager zu plündern. Jetzt sammeln sich die Quraisch erneut und fallen von der ungeschützten Flanke über den Propheten und seine Männer her. Es kommt zu einem blutigen Gemetzel.

Die gewaltige mekkanische Armee fügt Muhammads Streitmacht schwere Verluste zu. Bald ist das Schlachtfeld mit Leichen übersät. Als die Quraisch näherkommen, schließen Muhammads Männer den Kreis um ihren Propheten enger, um ihn vor den feindlichen Pfeilen zu schützen. Einer nach dem anderen fallen seine Krieger, von Pfeilen durchbohrt, bis nur noch ein Mann übrigbleibt. Dann fällt auch er.

Nunmehr ganz auf sich gestellt, kniet Muhammad neben seinen toten Kämpfern nieder und beschießt die Quraisch weiter, bis der Bogen in seiner Hand zerbricht. Wehrlos und schwerverwundet, mit gebrochenem Kiefer und ausgeschlagenen Zähnen, die Lippen verletzt, das Gesicht blutüberströmt, rafft er seine ganze Kraft zusammen und wirft sich auf den Feind, als einer seiner Männer, der stämmige Krieger Abu Dudschana, auf das Schlachtfeld stürmt, ihn packt und zum Eingang der Schlucht zieht. Dorthin haben sich die überlebenden Krieger des Propheten zurückgezogen, um ihre Wunden zu versorgen.

Das plötzliche Verschwinden Muhammads vom Schlachtfeld nährt Gerüchte, er sei getötet worden, und paradoxerweise verschafft eben dieses Gerücht Muhammads Männern die Verschnaufpause, die sie brauchen. Denn auf die Nachricht von Muhammads Tod ziehen sich die Quraisch zurück. Die Schlacht ist beendet. Als die Reste von Muhammads Heer verwundet und gedemütigt nach Yathrib zurückkehren, steigt Abu Sufyan triumphierend auf einen Hügel, reckt seinen Krummdolch in die Luft und ruft: «Hubal sei gepriesen! Er sei gepriesen!»

Als sich Stille auf Uhud herabsenkt, ziehen Hind und die anderen Frauen der Quraisch über das Schlachtfeld und verstümmeln die Leichen der Gefallenen, wie es im vorislamischen Arabien Sitte ist. Sie schneiden ihnen Nase und Ohren ab und machen daraus Armbänder und Fußreifen. Hind durchsucht die Schlucht nach der Leiche von Muhammads Onkel Hamza, der ihren Vater und Bruder in Badr getötet hatte. Sie schlitzt seinen Körper auf, reißt ihm mit bloßen Händen die Leber aus dem Leib und beißt ein Stück davon ab, um ihre Rache gegen den Gesandten Gottes zu befriedigen.

Der Islam wird, auch von Wissenschaftlern, bis heute immer wieder als eine «kriegerische Religion mit fanatischen Kämpfern» dargestellt, «die ihren Glauben und ihr Gesetz mit Waffengewalt verbreiten», so der Historiker Bernard Lewis. Das Bild muslimischer Horden, die mit wildem Geschrei und wie ein Schwarm Heuschrecken in die Schlacht ziehen, hält sich im Westen hartnäckig. Der Islam, schreibt der Soziologe Max Weber, sei nie wirklich eine «Erlösungsreligion» gewesen, er sei vielmehr eine «Kriegerreligion». Eine Religion, die bei ihrer Ausbreitung eine blutige Spur der Verwüstung hinterlassen habe, so Samuel Huntington.

Dieses tiefverwurzelte Stereotyp des Islams als einer Kriegerreligion hat seinen Ursprung in der päpstlichen Propaganda der Kreuzzugszeit. Die Muslime galten als die Heerscharen des Antichrist, die auf frevlerische Weise das Heilige Land (und, schlimmer noch, die Seidenstraße nach China) unter ihrer Kontrolle hatten. Im Mittelalter, als muslimische Philosophen, Wissenschaftler und Mathematiker das Wissen der Vergangenheit bewahrten und damit maßgeblich zur Weiterentwicklung der Philosophie und Naturwissenschaften beitrugen, schmähte das kriegerische und tief zerrissene Heilige Römische Reich die bedrohlich näherrückenden Türken, indem es den Islam als «Religion des Schwerts» bezeichnete – als wäre territoriale Expansion in anderer Weise möglich gewesen als durch Krieg. Als die europäischen Kolonialisten des 18. und 19. Jahrhunderts die natürlichen Ressourcen des Nahen Ostens und Nordafrikas systematisch ausplünderten und dabei nichtsahnend eine wütende politische und religiöse Gegenreaktion heraufbeschworen, die unter dem Begriff «islamischer Fundamentalismus» geläufig ist, wurde das Bild des grausamen muslimischen Kriegers, «der, in ein langes Gewand gekleidet und seinen Krummdolch schwingend, bereit ist, jeden Ungläubigen abzuschlachten, der ihm über den Weg läuft», zu einem bis heute weitverbreiteten Klischee.

An die Stelle der traditionellen Vorstellung muslimischer Horden ist heute das Bild des islamischen Terroristen getreten, der mit einem umgeschnallten Sprengstoffgürtel bereit ist, für Allah den Märtyrertod zu sterben und möglichst viele unschuldige Menschen mit sich in den Tod zu reißen. Unverändert geblieben ist dagegen die Vorstellung vom Islam als einer Religion, deren Anhänger sich seit Muhammads Zeiten in einem heiligen Krieg oder *dschihad* befinden.

Doch wie so vieles andere im islamischen Gedankengut entfaltete sich auch die Lehre vom *dschihad* erst lange nach Muhammads Tod, als muslimische Eroberer die Kultur, die Sitten und Gebräuche des Nahen Ostens übernahmen. Man muß sich vor Augen halten, daß der Islam in der Herrschaftsepoche imperialer Mächte und globaler Eroberung entstand: Byzantiner und Sasaniden, beides theokratische Reiche, führten im Zuge ihrer territorialen Expansion blutige Religionskriege. Die muslimischen Heere, die sich von der Arabischen Halbinsel aus immer weiter ausbreiteten, stürzten sich in das allgemeine Schlachtengetümmel. Sie waren weder dessen Urheber noch dessen treibende Kraft, auch wenn sie bald die beherrschende Macht wurden. Entgegen der landläufigen Auffassung im Westen zwangen die muslimischen Eroberer die unterworfenen Völker nicht zur Konversion, ja sie ermunterten sie nicht einmal, den Islam anzunehmen. Allerdings waren die materiellen und sozialen Vorteile, die es im 8. und 9. Jahrhundert mit sich brachte, ein arabischer Muslim zu sein, so groß, daß der Islam bald zur Religion einer Elite wurde, in die Nichtaraber nur im Zuge eines komplizierten Prozesses aufgenommen wurden. Der erste Schritt war, Vasall eines Arabers zu werden und sich unter dessen Schutz zu stellen.

Religion und Staat waren damals untrennbar miteinander verbunden. Von wenigen bemerkenswerten Ausnahmen abgesehen, betrachtete damals kein Jude, Christ, Zoroastrier oder Muslim seine Religion als eine persönliche, individuelle Glaubenserfahrung, im Gegenteil. Religion bedeutete ethnische Zugehörigkeit, Kultur und soziale Identität; sie bestimmte Politik, Wirtschaft und Ethik. Vor allem aber war Religion gleichbedeutend mit der Zugehörigkeit zu einem Gemeinwesen. Im Heiligen Römischen Reich war das Christentum die offiziell sanktionierte, für alle verpflichtende Staatsreligion, im Sasanidenreich war es der Zoroastrismus. Auf dem indischen Subkontinent wetteiferten die Fürstentümer der Vaisnava (der Anhänger Vishnus und dessen Inkarnationen) mit denen der Saiva (der Anhänger Shivas) um die territoriale Oberhoheit, während in China buddhistische und taoistische Herrscher um die politische Vormachtstellung kämpften. In allen diesen Regionen, besonders aber im Nahen Osten, wo die Religion das Staatswesen sanktionierte, war territoriale Expansion gleichbedeutend mit dem Übertritt zur Religion der Eroberer. Und damit war *jede* Religion eine «Religion des Schwerts».

Als die muslimischen Eroberer begannen, Sinn und Bedeutung des Kriegs im Islam zu beschreiben, nahmen sie sich die imperial sanktionierten Ideale der religiösen Kriegsführung zum Vorbild, wie sie von den Sasaniden und Byzantinern formuliert und praktiziert wurden. Tatsächlich entstand der Begriff «heiliger Krieg» nicht im Islam, sondern bei den christlichen Kreuzfahrern, die den Kampf um Territorien und Handelsrouten theologisch zu legitimieren suchten. «Heiliger Krieg» war kein Begriff, den die muslimischen Eroberer verwendeten, und es ist eine ganz und gar unzutreffende Beschreibung des Begriffs *dschihad.* Es gibt im Arabischen eine ganze Reihe von Wörtern, die mit «Krieg» übersetzt werden können; *dschihad* zählt definitiv nicht dazu.

Dschihad heißt soviel wie «Anstrengung», «Streben» oder «Einsatz». In seiner primären, religiösen Konnotation (manchmal auch «der größere Dschihad» genannt) bezeichnet der Begriff den Kampf der Seele, die sündhaften Hindernisse zu überwinden, die den Menschen von Gott fernhalten. Deshalb wird *dschihad* im Koran auch fast immer mit dem Zusatz «nach dem Willen Gottes» gebraucht. Doch da im Islam das innere Streben nach Heiligkeit und Unterwerfung unter den Willen Gottes mit dem äußeren Streben nach dem Wohl des Menschen untrennbar verbunden ist, wurde *dschihad* oft mit seiner sekundären Konnotation (dem «kleineren Dschihad») gleichgesetzt und als Einsatz gegen Unterdrükkung und Tyrannei in kriegerischer oder sonstiger Form verstanden. Und wenn diese Definition des *dschihad* von militanten Extremisten bisweilen instrumentalisiert wurde, um soziale und politische Ziele religiös zu untermauern, so widerspricht dies eindeutig dem Verständnis Muhammads.

Krieg ist dem Koran zufolge entweder gerecht oder ungerecht; er ist *niemals* «heilig». Folglich beschreibt man *dschihad* am besten als eine primitive «Theorie des gerechten Kriegs»: geboren aus der Not und inmitten blutiger Kriegswirren, die im Jahr 624 n. Chr. zwischen Muhammads kleiner, aber ständig wachsender Gemeinschaft und der Übermacht der Quraisch ausbrachen.

Die Quraisch schienen von dem Zulauf, den Muhammads Bewegung in Yathrib genoß, zunächst völlig unbeeindruckt. Sie waren mit Sicherheit auf dem laufenden und wußten, was dort geschah, denn sie wahrten ihre beherrschende Stellung in Arabien dadurch, daß sie überall auf der Halbinsel Späher hatten. Es entging ihnen nichts, was ihre Hegemonie gefährdete oder ihre Gewinne zu schmälern drohte. Selbst wenn sie von der wachsenden Zahl seiner Anhänger beunruhigt waren, es interessierte sie nicht ernsthaft, solange sich Muhammad und seine Gemeinde auf Yathrib beschränkten. Die Mekkaner schenkten Muhammad weiter keine Beachtung. Muhammads Augenmerk jedoch war auf Mekka gerichtet.

Was sich in Yathrib am meisten veränderte, war nicht das traditionelle Stammessystem, sondern der Prophet selbst. Mit dem Wandel der Offenbarung von allgemeinen Verlautbarungen über die Güte und Macht Gottes zu konkreten straf- und privatrechtlichen Bestimmungen für Aufbau und Erhalt einer gerechten und egalitären Gesellschaft entwikkelte sich auch Muhammads prophetisches Bewußtsein. Seine Botschaft richtete sich jetzt nicht mehr nur an die «Mutter der Städte [Mekka] und die Bewohner von deren Umgebung» (6, 92; Übersetzung nach Reza Aslan). Der atemberaubende Erfolg der Umma in Yathrib ließ in Muhammad die Überzeugung reifen, daß Gott ihn nicht nur zum Warner der «nächsten Sippenangehörigen» (26, 214) bestimmt hatte, sondern zur «Barmherzigkeit» für die «Geschöpfe der ganzen Welt» (21, 107; Übersetzung nach Reza Aslan), zum Gesandten «für die ganze Menschheit» (12, 104; 81, 27; Übersetzung nach Reza Aslan).

Freilich, wie populär, wie erfolgreich oder wie groß seine Gemeinschaft auch war, gegen den Widerstand des religiösen, wirtschaftlichen und politischen Zentrums des Hidschaz würde sie niemals über Yathrib hinaus expandieren. Muhammad mußte sich den Quraisch entgegenstellen und versuchen, sie auf seine Seite zu ziehen. Doch zuerst einmal mußte er ihre Aufmerksamkeit auf sich lenken.

In Mekka hatte er gelernt, daß er die Quraisch nur dann ins Mark treffen konnte, wenn er ihre finanzielle Vormacht gefährdete. Daher faßte Muhammad den kühnen Entschluß, Yathrib zur heiligen Stadt (*haram*) zu erklären. Diese Erklärung, formal niedergelegt in der Verfassung von Medina, bedeutete, daß Yathrib eine religiöse Wallfahrtsstätte und damit ein Handelszentrum werden konnte (was im alten Arabien eng miteinander verknüpft war). Doch es war nicht nur eine wirtschaftliche Entscheidung. Wenn Muhammad Yathrib zur heiligen Stadt erklärte, stellte er Mekkas religiöse und wirtschaftliche Hegemonie über die Halbinsel ganz bewußt in Frage. Und um sicherzugehen, daß die Botschaft bei den Quraisch auch wirklich ankam, schickte er seine Anhänger in die Wüste, um nach althergebrachter arabischer Sitte Handelskarawanen zu überfallen und auszuplündern.

Im vorislamischen Arabien war die Ausplünderung von Karawanen ein legitimes Mittel kleinerer Clans, am Reichtum der größeren Clans zu partizipieren. Diese Raubzüge wurden nicht als Diebstahl betrachtet, und solange die Angreifer Gewalt und Blutvergießen vermieden, gab es keinen Grund, Vergeltung zu üben. Die Plünderer überfielen die Karawanen meist von hinten und nahmen, was sie zu fassen bekamen. Diese Angriffe waren zwar eine Plage für die Karawanenführer, wurden aber beim Transport großer Warenmengen durch die weite und schutzlose Wüste als unvermeidliches Übel hingenommen.

Muhammads Überfälle, so harmlos und sporadisch sie zunächst waren, sicherten der Umma nicht nur den dringend benötigten Lebensunterhalt, sondern störten auch die Handelsströme nach Mekka. Karawanenführer, die in die heilige Stadt kamen, beklagten sich bald bei den Quraisch darüber, daß sie sich unterwegs nach Mekka nicht mehr sicher fühlten. Manche Karawanen steuerten jetzt sogar Yathrib statt Mekka an, um den Schutz zu genießen, den Muhammad und seine Männer ihnen zusicherten. In Mekka ging der Handel zurück, die Profite sanken, und Muhammad bekam endlich die Aufmerksamkeit, die er wollte.

Im Jahr 624, ein ganzes Jahr vor der verheerenden Niederlage bei Uhud, erhielt Muhammad Kunde von einem gewaltigen Karawanenzug, der von Palästina auf dem Weg zurück nach Mekka war. Die Karawane transportierte Güter und Handelswaren der Quraisch und versprach reiche Beute. Diese Gelegenheit durfte man sich nicht entgehen lassen. Mit dreihundert Freiwilligen, zumeist Auswanderern, brach Muhammad zum Raubzug auf. Doch vor der Stadt Badr stellten sich ihnen tausend quraischitische Krieger in den Weg. Die Quraisch hatten von Muhammads Vorhaben Wind bekommen und wollten ihm und seinen Leuten eine Lektion erteilen, die sie nicht so schnell vergessen würden.

Tagelang standen sich die beiden Heere in einem breiten Tal gegenüber und kundschafteten sich gegenseitig aus: die Quraisch in weißen Gewändern, mit reich geschmückten Pferden und großen kräftigen Kamelen; die Umma in Lumpen gekleidet und für einen Raubzug, keineswegs für eine Schlacht gerüstet. In Wirklichkeit waren beide Seiten nicht auf einen Kampf aus. Offensichtlich nahmen die Quraisch an, daß ihre zahlenmäßige Übermacht die Gegner zwingen würde, zu kapitulieren oder zumindest ihr Vorhaben zu überdenken. Und Muhammad, der gewußt haben muß, daß ein Kampf gegen die Quraisch unter diesen Umständen nicht nur seinen Tod, sondern das Ende der Umma bedeutete, wartete mit bangem Herzen auf Anweisungen von Gott.

«O Gott», betete er, «wenn diese meine Schar heute untergeht, wird dich niemand mehr anbeten.»

Und es gab noch einen Grund für Muhammads Zögern in Badr. Er wußte schon lange, daß er seine Botschaft, zumal außerhalb Arabiens, ohne die Kapitulation der Quraisch niemals würde verbreiten können und daß eine solche Kapitulation nicht kampflos zu erreichen war. Doch er wußte auch, daß sich mit der Offenbarung nicht nur die wirtschaftlichen und sozialen Verhältnisse Altarabiens geändert hatten; gleichermaßen war eine neue Strategie der Kriegsführung vonnöten.

In Arabien war die Kriegsführung durchaus festen Regeln unterworfen. Die heidnischen Stämme kannten eine Vielzahl von Vorschriften, wann und wo ein Kampf stattfinden konnte. Doch diese Regeln hatten einzig und allein den Zweck, das Kampfgeschehen zu begrenzen und das Überleben des Stammes zu sichern. Rein moralische Grundsätze spielten bei den Stammesvorstellungen von Krieg und Frieden ebensowenig eine Rolle wie bei den Stammesregeln zur Aufrechterhaltung von Recht und Ordnung.

Die Lehre vom *dschihad*, wie sie im Koran langsam entwickelt wurde, zog insbesondere eine Grenze zwischen der vorislamischen und der islamischen Kriegsführung, die nunmehr eine auf der Arabischen Halbinsel bis dahin unbekannte «ideologisch-ethische Dimension» erhielt, wie Mustansir Mir es nennt. Kernpunkt der Lehre vom *dschihad* war die Unterscheidung zwischen Kämpfenden und Nichtkämpfenden. Frauen, Kinder, Mönche, Rabbis, die Alten oder andere Zivilisten zu töten war unter allen Umständen verboten. Dieses Verbot wurde im islamischen Recht später auch auf die Folterung von Kriegsgefangenen, die Verstümmelung von Toten, auf Vergewaltigung, Belästigung und jede Art sexueller Gewalt in Kriegszeiten ausgedehnt; gleichermaßen verboten war es, Diplomaten zu töten, mutwillig Eigentum zu zerstören und religiöse oder medizinische Einrichtungen zu beschädigen – Regeln, die, wie Hilmi Zawati bemerkte, in das moderne Kriegsvölkerrecht Eingang fanden.

Doch die vielleicht bedeutendste Neuerung in der Lehre vom *dschihad* war das strikte Verbot aller Kriege, sofern sie nicht der Verteidigung dienten. «Kämpft nach dem Willen Gottes gegen diejenigen, die gegen euch kämpfen!» heißt es im Koran. «Aber beginnt nicht mit den Kampfhandlungen! Gott liebt nicht den Angreifer» (2, 190; Übersetzung nach Reza Aslan). Und an einer anderen Stelle noch deutlicher: «Denjenigen, die kämpfen, ist die Erlaubnis erteilt worden, *weil ihnen Unrecht geschehen ist* … (Ihnen) die unberechtigterweise aus ihren Wohnungen vertrieben worden sind, nur weil sie sagen: Unser Herr ist Gott» (22, 39 f.; Hervorhebung hinzugefügt).

In anderen Koranversen werden Muhammad und seine Anhänger zwar aufgefordert: «Tötet die Polytheisten, wo ihr sie findet» (9, 5; Übersetzung nach Reza Aslan), «führe Krieg gegen die Ungläubigen und die Heuchler und sei hart gegen sie» (9, 73) und «kämpft gegen diejenigen, die nicht an Gott und den jüngsten Tag glauben» (9, 29). Doch diese Aufforderungen waren speziell gegen die Quraisch und ihre in Yathrib versteckten Parteigänger gerichtet – im Koran als «Polytheisten» und «Heuchler» bezeichnet –, mit denen die Umma in einer blutigen Auseinandersetzung stand.

Diese Verse wurden von Muslimen wie Nichtmuslimen zum Beweis dafür angeführt, daß der Islam zum Kampf gegen die Ungläubigen aufruft, um sie zu bekehren. Doch weder im Koran noch bei Muhammad finden sich dafür Anhaltspunkte. Diese Sicht entstand zur Zeit der Kreuzzüge und wurde, teils als Reaktion auf diese, von islamischen Rechtsgelehrten vorgetragen, die die «klassische *dschihad*-Lehre» entwickelten: eine Lehre, die die Welt in zwei Sphären teilt: in das Haus des Islams (*dar al-islam*) und das Haus des Krieges (*dar al-harb*), wobei alle Länder und Völker dazu bestimmt seien, in das Haus des Islams einzutreten.

Am Ende der Kreuzzüge, als sich Roms Aufmerksamkeit von der muslimischen Bedrohung abwandte und auf die christlichen Reformbewegungen in Europa richtete, wurde die klassische *dschihad*-Lehre von einer neuen Generation muslimischer Denker in Frage gestellt, am entschiedensten von Ibn Taimiyya (1263–1328), der in seiner Bedeutung für die muslimische Theologie am ehesten mit dem christlichen Kirchenlehrer Augustinus verglichen werden kann. Ibn Taimiyya zufolge widerspricht die Ermordung Ungläubiger, die sich nicht zum Islam bekennen wollen – ein Gedanke, der ja die Grundlage der klassischen *dschihad*-Lehre bildet –, nicht nur dem Beispiel Muhammads, sondern auch einem Grundprinzip des Korans, das lautet: «In der Religion gibt es keinen Zwang» (2, 256). In diesem Punkt ist der Koran in der Tat unnachgiebig. «(Es ist) die Wahrheit, die von eurem Herrn (kommt)», heißt es dort, «wer nun will, möge glauben, und wer will, möge nicht glauben» (18, 29). Der Koran fragt auch rhetorisch: «Willst nun du die Menschen zwingen, daß sie glauben?» (10, 99). Offenbar nicht; daher befiehlt der Koran, den Ungläubigen zu sagen: «Ihr habt eure Religion, und ich die meine» (109, 6).

Ibn Taimiyyas Ablehnung der klassischen *dschihad*-Lehre inspirierte zahlreiche muslimische politische und religiöse Denker des 18. und 19. Jahrhunderts. In Indien verlieh Sayyid Ahmad Khan (1817–1898) unter Berufung auf Ibn Taimiyya seiner Forderung Nachdruck, daß der Kampf um die Unabhängigkeit von der britischen Besatzungsmacht nicht als *dschihad* verstanden werden könne, weil die Briten die religiöse Freiheit der indischen Muslime nicht angetastet hätten – eine im Koran genannte Vorbedingung für einen *dschihad* (wie man sich vorstellen kann, eine unpopuläre Einstellung im Indien der Kolonialzeit). Chiragh Ali (1844–1895) – ein Schützling Ahmad Khans und einer der ersten muslimischen Gelehrten, die den Koran in seinem zeitbezogenen Kontext betrachteten – argumentierte, die muslimische Gemeinschaft könne Muhammads historische Umma nicht als Vorbild dafür nehmen, wie und wann ein Krieg geführt werden solle, da sich die islamische Urgemeinschaft in einer Zeit permanenter Kriegswirren entwickelt habe. Anfang des 20. Jahrhunderts berief sich der ägyptische Reformtheologe Mahmud Shaltut (1897–1963) auf Chiragh Alis kritische Koranrezeption, um zu zeigen, daß der Islam nicht nur solche Kriege verbietet, die keinen defensiven Charakter haben, sondern auch solche, die nicht von einem sachkundigen muslimischen Rechtsgelehrten oder *mudschtahid* offiziell sanktioniert sind.

Doch im Laufe des 20. Jahrhunderts und insbesondere, als im Zuge der Kolonialzeit im Nahen Osten ein neuer islamischer Radikalismus entstand, lebte die klassische *dschihad*-Lehre auf Kanzeln und in den Lehrsälen prominenter muslimischer Intellektueller wieder auf. Im Iran propagierte der Ayatollah Chomeini (1902–1989) eine militante Deutung des *dschihad*, um der antiimperialistischen Revolution von 1979 Auftrieb zu geben und später den verheerenden, acht Jahre dauernden Krieg gegen den Irak zu schüren. Chomeinis Sicht des *dschihad* als kriegerisches Mittel trug zur Entstehung der militanten islamischen Hisbullah bei, die mit ihrer Erfindung der Selbstmordattentäter eine erschreckende neue Ära des internationalen Terrorismus begründete.

In Saudi-Arabien nutzte Abdullah Yusuf Azzam (1941–1989), Professor für islamische Philosophie an der König-Abdulaziz-Universität, seinen Einfluß auf die unzufriedene Jugend des Landes und propagierte eine kompromißlos kriegerische Interpretation des *dschihad*, der nach seiner Ansicht Pflicht eines jeden Muslims sei. «*Dschihad* und das Gewehr, sonst nichts; keine Verhandlungen, keine Konferenzen und keine Dialoge», lautete sein Motto. Azzams Ansichten legten den Grundstein für die militante palästinensische Hamas-Gruppe, die in ihrem Widerstand gegen die israelische Besatzung die Taktiken der Hisbullah übernahm. Azzams Botschaft hinterließ insbesondere bei dem Studenten Usama bin Ladin einen tiefen Eindruck: Er setzte die Ideologie seines Lehrers in die Praxis um und rief zu einem weltweiten muslimischen *dschihad* gegen den Westen auf. Daraus erwuchs eine Welle des Terrors, der Tausende unschuldige Menschenleben gefordert hat.

Die blutige Terrororganisation al-Qa'ida, die Usama bin Ladin schließlich gründete, ist nur eine Ausprägung der sehr viel größeren Bewegung eines militanten islamischen Puritanismus, die man Dschihadismus (*dschahadiyya*) nennt. Was den Dschihadismus so einzigartig macht – und der ganzen Bewegung ihren Namen gibt –, ist seine radikale Umdeutung des *dschihad*. Was jahrhundertelang als eine kollektive Aufgabe definiert wurde, die einzig und allein der Verteidigung des Lebens, der Religion und des Eigentums dient, wurde vom Dschihadismus zu einer radikal individualistischen Verpflichtung umgedeutet, losgelöst von jeder institutionellen Macht. In den Händen von al-Qai'da und ähnlichen dschihadistischen Organisationen weltweit ist der *dschihad* zu einer Angriffswaffe geworden, die gegen alle mutmaßlichen «Feinde» des Islams gerichtet werden kann, gegen Muslime ebenso wie gegen Nichtmuslime. Laut einem Bericht des Combating Terrorism Center in West Point waren zwischen 2004 und 2006 85 Prozent der Opfer von Anschlägen al-Qa'idas Muslime (dieser Anteil stieg zwischen 2006 und 2008 auf 98 Prozent). Frauen, Kinder, ältere Menschen, Kranke und Lahme, sie alle sind dem Dschihadismus zufolge legitime Angriffsziele, ungeachtet des klaren Verbots im Koran, Nichtkämpfende zu verschonen. Deshalb wurden – entgegen der allgemeinen Wahrnehmung im Westen – nicht nur die Anschläge dschihadistischer Gruppen wie al-Qa'ida, sondern auch die Anschläge anderer militanter Gruppen wie der palästinensischen Hamas oder der libanesischen Hisbollah von der großen Mehrheit der Muslime weltweit kategorisch verurteilt.

Tatsache ist, daß fast ein Fünftel der Weltbevölkerung Muslime sind. Und auch wenn einige von ihnen bin Ladins Unmut gegen die Staaten des Westens teilen, teilen doch sehr wenige seine Deutung des *dschihad*. Denn obwohl diese Lehre immer wieder zur Rechtfertigung persönlicher Vorurteile und politischer Ideologien herangezogen wurde, ist sie in der muslimischen Welt weder einhellig anerkannt noch einheitlich definiert. Der Kampf gegen Ungerechtigkeit und Unterdrückung ist zwar für alle Muslime verpflichtend. Wenn keiner aufsteht gegen Despoten und Tyrannen, so der Koran, werden unsere «Klöster, Kirchen, Synagogen und Moscheen – Stätten, an denen der Name Gottes geehrt wird – zerstört werden» (22, 40; Übersetzung nach Reza Aslan). Dennoch handelt es sich dem Koran zufolge um eine rein *defensive* Maßnahme gegen Unrecht und Unterdrückung, einen Kampf mithin, der bestimmten ethischen Verhaltensregeln folgen muß. Wenn, wie der politische Philosoph Michael Walzer ausführt, das entscheidende Kriterium für einen «gerechten Krieg» die Einhaltung bestimmter Regeln zur Wahrung des *jus in bello* (der Gerechtigkeit *im* Krieg) und des *jus ad bellum* (des Rechts *zum* Krieg) ist, läßt sich Muhammads Lehre vom *dschihad* am besten als eine altarabische Theorie vom «gerechten Krieg» beschreiben.

Die Schlacht von Badr bot Muhammad erstmals die Gelegenheit, seine *dschihad*-Theorie praktisch umzusetzen. Die Tage vergingen. Die beiden Heere rückten immer näher aufeinander zu, doch Muhammad weigerte sich zu kämpfen, ohne angegriffen worden zu sein. Die Schlacht wurde, wie in Arabien üblich, mit Einzelgefechten eingeleitet, bei denen jeweils drei Kämpfer aufeinandertrafen. Die Gefallenen wurden vom Schlachtfeld getragen, es folgten weitere Zweikämpfe. Selbst dann noch wartete Muhammad kniend auf eine göttliche Weisung. Es war Abu Bakr, der von der Zögerlichkeit des Propheten genug hatte und ihn drängte aufzustehen und am Kampf teilzunehmen, der längst begonnen hatte.

«O Prophet Gottes», sagte Abu Bakr, «deine dauernden Bitten werden deinem Herrn lästig fallen; Gott erfüllt, was er dir versprochen hat.»

Da stand Muhammad auf, rief seiner kleinen Schar zu, auf Gott zu vertrauen und dem Feind entschlossen entgegenzutreten.

Es kam zum Zusammenstoß, der Francesco Gabrieli zufolge «militärisch nicht mehr war als ein Scharmützel». Als jedoch nach dem Ende des Kampfes die Toten vom Schlachtfeld getragen waren, konnte kein Zweifel bestehen, wer die Oberhand gewonnen hatte. Muhammad hatte nur ein Dutzend Männer verloren, die Quraisch dagegen waren in Panik geflohen. Die Nachricht vom Sieg des Propheten über den größten und mächtigsten Stamm Arabiens erreichte Yathrib, lange bevor die Sieger zurückgekehrt waren. Die Umma war im Freudentaumel. Die Schlacht von Badr zeigte, daß Gott seinen Gesandten beschützte. Engel sollen auf das Schlachtfeld herabgestiegen sein, um Muhammads Feinde niederzumetzeln. Von nun an war Muhammad nicht mehr nur ein Schaich und ein *hakam*. Er und seine Anhänger hatten die politische Macht im Hidschaz errungen. Und Yathrib war jetzt nicht mehr nur eine landwirtschaftliche Oase, sondern das Zentrum dieser Macht. Die Stadt des Propheten. Medina.

Die Schlacht von Badr spaltete den Hidschaz in zwei Lager: die Befürworter Muhammads und die Anhänger der Quraisch. Vertreter von Clans aus dem gesamten Hidschaz strömten nach Medina, um sich mit Muhammad zu verbünden, während aus Medina ein Strom von loyalen Anhängern der Quraisch nach Mekka zog. Bemerkenswert schien, daß viele von ihnen Hanifen waren, die sich Muhammad trotz seiner Rückbesinnung auf die «Religion Abrahams» deshalb nicht anschlossen, weil ihr Hanifismus die Bindung an die Ka'ba und deren Hüter, die Quraisch, brauchte.

Doch weder die «Rückwanderung» aus Medina nach Mekka noch die Abtrünnigkeit der Hanifen beunruhigte Muhammad ernsthaft. Ihn bekümmerte etwas sehr viel Schwerwiegenderes: Es gab einen Verräter in Medina. Man hatte die Quraisch von seinem Plan informiert, die Karawane zu überfallen. Muhammads Verdacht fiel sofort auf die Banu Qainuqa, einen der größten und reichsten jüdischen Clans der Oase. Fünfzehn Tage lang belagerte er ihre befestigte Siedlung, bis der Clan sich schließlich ergab.

Muhammads Verdacht war vermutlich begründet. Für die meisten jüdischen Clans von Medina waren die Quraisch wichtige Handelspartner, und daher wollten sie nicht in einen Dauerkrieg zwischen den beiden Städten hineingezogen werden. Muhammads Präsenz in der Oase hatte die wirtschaftliche Situation ohnehin verschärft. Das politische Bündnis zwischen den arabischen Stämmen und einem zunehmend mächtigeren Muhammad hatte die Dominanz und die Autorität der jüdischen Clans von Medina empfindlich geschwächt. Der zollfreie Markt des Propheten machte den Banu Qainuqa in besonderer Weise zu schaffen, raubte er ihnen doch ihre wirtschaftliche Monopolstellung und verminderte ihren Wohlstand. Ein Krieg mit Mekka hätte die Situation der jüdischen Clans von Medina zusätzlich verschlimmert und ihre Handelsbeziehungen zu den Quraisch abgeschnitten, den Hauptabnehmern von Datteln, Wein und Waffen. Und trotz Muhammads Sieg bei Badr gab es noch immer keinen Grund zu der Annahme, der Prophet würde die Quraisch jemals bezwingen können. Die Mekkaner, so glaubte man, würden ihre Kräfte neu sammeln und den Propheten vernichtend schlagen. Für die jüdischen Clans war es daher überlebenswichtig, den Quraisch ihre Loyalität unmißverständlich zu bekunden.

Nach der Schlacht von Badr bemühte sich Muhammad nach Kräften, die Fronten zu klären, und dies war der Grund, warum er die Verpflichtung zu gegenseitigem Schutz in der Verfassung von Medina festschrieb. Dieses Dokument, das Moshe Gil wohl zu Recht als «einen Akt der Kriegsvorbereitung» wertet, macht deutlich, daß die Verteidigung Medinas –

oder zumindest die finanzielle Beteiligung an den Kosten – in der gemeinsamen Verantwortung aller Bewohner lag. Und obwohl den jüdischen Clans von Medina in der Verfassung die absolute Religionsfreiheit garantiert war – «den Juden ihre Religion und den Muslimen die ihre!» –, wurden sie doch zum Beistand verpflichtet «gegen jeden, der die Leute dieser Urkunde mit Krieg bedroht». Kurzum, die Verfassung von Medina war das Instrument, mit dem Muhammad klärte, wer auf seiner Seite stand und wer nicht. Als er daher den Verdacht hegte, die Qainuqa hätten ihren Treueid gebrochen und sich gegen ihn gestellt, handelte er umgehend.

In der arabischen Tradition war die Strafe für Verrat genau festgelegt: Die Männer wurden getötet, die Frauen und Kinder in die Sklaverei verkauft, und ihr Besitz wurde als Beute verteilt. Und genau diese Strafe würde, so erwartete man in Medina, jetzt den Banu Qainuqa zuteil werden. Doch zur allgemeinen Überraschung handelte Muhammad gegen das traditionelle Gesetz und beschloß, den Clan aus Medina zu verbannen, ohne ihnen all ihre Habe abzunehmen. Die großmütige Entscheidung war ihm in gewisser Hinsicht von seinen medinensischen Verbündeten aufgezwungen worden, die ihre Hände nicht mit dem Blut ihrer Klientelstämme besudeln wollten. Eine Entscheidung wiederum, die er ein Jahr später, nach der katastrophalen Niederlage seiner übermäßig selbstbewußten Armee bei Uhud, erneut treffen mußte.

Die Schlacht von Uhud schwächte den Kampfgeist der Umma und schien die Erwartungen der jüdischen Clans von Medina zu bestätigen, es sei nur noch eine Frage der Zeit, bis die Quraisch Muhammad besiegen würden. Die Banu Nadir und die Banu Quraiza, die beiden wichtigsten jüdischen Clans der Oase, freuten sich besonders über den Ausgang der Schlacht. Die Banu Nadir, deren Schaich sich vor der Schlacht insgeheim mit Abu Sufyan getroffen hatte, versuchten Muhammads Schwäche auszunutzen und ihn zu ermorden. Doch noch ehe er sich von seinen Kriegsverletzungen erholt hatte, deckte Muhammad die Verschwörung auf und belagerte mit seiner dezimierten Armee die befestigte Siedlung der Nadir. Als der Clan die anderen Juden um Beistand bat, stellte der Schaich der Banu Quraiza, Ka'b ibn Asad, klar, daß von ihm und seinem Clan keine Hilfe zu erwarten war. Die Nadir hatten keine andere Wahl, als sich dem Propheten zu ergeben, allerdings unter der Bedingung eines friedlichen Abzugs aus Medina, wie ihn Muhammad auch den Banu Qainuqa gewährt hatte. Unter äußerster Empörung seiner Anhänger, von denen viele in der Schlacht schwerverwundet worden waren, stimmte Muhammad dieser Bedingung zu. Bei ihrem Aufbruch von Medina nach Chaibar nahmen die Banu Nadir ihre reichen Besitztümer mit.

Nach der Schlacht von Uhud dauerten die Scharmützel zwischen Mekka und Medina noch zwei Jahre an. Blutige Zeiten mit geheimen Verhandlungen, hinterhältigen Morden und brutalen Gewaltakten auf beiden Seiten. 627 n. Chr. endlich schlossen die Quraisch, der fortwährenden Auseinandersetzungen müde, ein Bündnis mit beduinischen Kämpfern und zogen ein letztes Mal gegen Medina. Doch diesmal wartete Muhammad, bis die Quraisch vor den Toren der Stadt waren. Er brachte eine neuartige militärische Taktik zur Anwendung, die in späteren Jahrhunderten oftmals nachgeahmt wurde. Er ließ einen Graben ausheben, mit Hilfe dessen er die Oase für unabsehbar lange Zeit gegen Angriffe verteidigen konnte. Nach fast einem Monat vergeblicher Versuche, dieses genial einfache Verteidigungssystem zu überwinden, zogen die Quraisch und die mit ihnen verbündeten Beduinen ab und kehrten erschöpft und ohne Nahrung und Wasser nach Hause zurück.

Das war zwar kein Sieg für Muhammad, doch er konnte mit dem Ergebnis zufrieden sein, verglichen jedenfalls mit dem Ausgang der Schlacht von Uhud. Es hatte kaum Kämpfe und auf beiden Seiten nur wenige Tote gegeben. Doch der Grabenkrieg, als der er in die Geschichte einging, ist berühmt für die auf ihn folgenden Ereignisse.

Während der einmonatigen Belagerung, als die Kämpfer Medinas die mekkanischen Angreifer in Schach zu halten suchten, unterstützten die Banu Quraiza, nunmehr der größte jüdische Clan in der Oase, offen die Quraisch und ihre Truppen gegen Muhammad und versorgten sie mit Waffen und Lebensmitteln. Warum es zu diesem Verrat gekommen war, läßt sich nicht mit Sicherheit sagen. Die Unverfrorenheit, mit der sie mit der beduinischen Koalition verhandelten, während um sie herum der Kampf tobte, zeigt, daß sie vermutlich überzeugt waren, Muhammads Ende sei besiegelt. In diesem Fall wollte man lieber auf der richtigen Seite stehen. Und sie glaubten wohl auch, das Schlimmste, was ihnen im unwahrscheinlichen Fall eines Siegs des Propheten passieren könnte, wäre die Verbannung aus Medina, ähnlich dem Schicksal der Qainuqa und der Nadir, die sich inzwischen in der großen jüdischen Gemeinde von Chaibar angesiedelt hatten. Doch Muhammads Großzügigkeit war ausgereizt, er wollte ein Exempel statuieren.

Mehr als einen Monat lang belagerte er das Dorf der Quraiza, während er sich im engsten Kreis beriet. Am Ende kehrte er zur arabischen Tradition zurück: Er übertrug die Entscheidung über das Schicksal der Juden einem *hakam*, Saʿd ibn Muʿadh, dem Schaich des Stammes der Aus.

Auf den ersten Blick schien es, als wäre Saʿd alles andere als neutral. Schließlich waren die Banu Quraiza Klientelstämme der Aus und standen damit unter Saʿds direktem Schutz. Deshalb akzeptierten die Quraiza ihn auch so bereitwillig als *hakam*. Doch als Saʿd aus seinem Zelt trat, wo er sich von einer Verwundung aus den Belagerungskämpfen erholte, hatte er eine Entscheidung getroffen, die zeigt, daß die alte soziale Ordnung nicht mehr galt.

«Ich verurteile sie zu folgender Strafe», verkündete er. «Die Männer sollen getötet, ihre Kinder [und Frauen] als Sklaven verkauft und ihr Besitz unter den Muslimen aufgeteilt werden.»

Verständlicherweise wurde diese düstere Episode von der Forschung mit besonderer Aufmerksamkeit bedacht. Im 19. Jahrhundert beschrieb Heinrich Graetz die Vernichtung der Banu Quraiza als barbarischen Völkermord, der die dem Islam inhärente antijüdische Einstellung unter Beweis stelle. S. W. Baron stellte in *Social and Religious History of the Jews* aus der Luft gegriffene Vergleiche zwischen den Banu Quraiza und den Aufständischen von Masada an, jenen sagenumwobenen Juden, die im Jahr 72 n. Chr. lieber Selbstmord begingen, als sich den Römern zu unterwerfen. Zu Beginn des 20. Jahrhunderts wurde diese Episode der islamischen Geschichte von Orientalisten als Beleg für die Grausamkeit und Rückständigkeit der islamischen Religion betrachtet. In seinem Hauptwerk *Muhammad e le prime conquiste Arabiche* schrieb Francesco Gabrieli, Muhammads Ausrottung der Quraiza bestätige «unsere Gewißheit als Christen und zivilisierte Menschen, daß dieser Gott zumindest unter diesem Aspekt betrachtet nicht unser Gott ist».

Diesen Vorwürfen traten muslimische Gelehrte entgegen, die nachzuweisen suchten, daß die Ausrottung der Banu Quraiza nie stattgefunden hat, zumindest nicht in der überlieferten Art und Weise. Barakat Ahmad und W. N. Arafat zufolge steht die Geschichte der Quraiza in Widerspruch zu den Werten des Korans und ist im Islam ohne Beispiel; mehr noch: Die Schilderung basiere auf äußerst zweifelhaften und widersprüchlichen Berichten jüdischer Chronisten, die die Quraiza zu heroischen Glaubensmärtyrern stilisieren wollten.

In den letzten Jahren betonen Islamwissenschaftler, daß Muhammads Handeln nicht mit unseren modernen ethischen Maßstäben gemessen werden dürfe, und versuchen, die Massenexekution der Quraiza in einen historischen Kontext zu stellen. In ihrer großartigen Biographie des Propheten schreibt Karen Armstrong, so sehr dieses Massaker uns heute schockiere, so wenig sei es nach der Stammesethik der damaligen Zeit als unrechtmäßig oder unmoralisch empfunden worden. Ähnlich argumentiert Norman Stillman in *The Jews of Arab Lands*, das Schicksal der Banu Quraiza sei «gemessen an den harschen Regeln der Kriegsführung jener Zeit keineswegs ungewöhnlich». Die Tatsache, daß kein jüdischer Clan in Medina aufbegehrte bzw. den Quraiza zu Hilfe kam, beweise, daß die Juden selbst dieses Ereignis als «eine politische, arabischen Traditionen folgende Maßnahme gegen einen Stamm» betrachteten.

Doch auch Armstrong und Stillman wiederholen die gängige These, die Strafaktion gegen die Quraiza sei die tragische Folge eines tief verwurzelten, bis heute im Nahen Osten schwelenden ideologischen Konflikts zwischen den Muslimen und Juden Medinas gewesen – tragisch selbst in Anbetracht der durchaus nachvollziehbaren historischen und kulturellen Gründe. Der schwedische Orientalist Tor Andrae bringt diese Ansicht auf den Punkt, wenn er schreibt, für Muhammad «mußte es … feststehen, daß die Juden die geschworenen Feinde Allahs und seiner Offenbarung waren, gegen die keine Schonung in Frage kommen konnte».

Doch Andraes Sicht, die von vielen geteilt wird, zeugt bestenfalls von einer Unkenntnis der muslimischen Geschichte und Religion, schlimmstenfalls von Selbstgerechtigkeit und Ignoranz. Tatsache ist, daß die Strafaktion gegen die Banu Quraiza, so schrecklich sie war, weder einen Völkermord darstellte noch Folge einer grundsätzlich antijüdischen Gesinnung Muhammads war. Und ganz gewiß nicht die Folge eines tief eingewurzelten natürlichen Konflikts zwischen Islam und Judentum. Nichts ist weiter entfernt von der Wahrheit.

Denn erstens wurden die Banu Quraiza nicht deshalb exekutiert, weil sie Juden waren. Wie Michael Lecker zeigen konnte, wurden viele Mitglieder der Banu Kilab – *arabische* Vasallen der Quraiza, die sich mit diesen als Hilfstruppe außerhalb Medinas verbündet hatten – gleichfalls wegen Verrats exekutiert. Schätzungen der Gesamtzahl der getöteten Männer schwanken je nach Quelle zwischen 400 und 700, doch selbst nach den höchsten Schätzungen macht dies nur einen Bruchteil der jüdischen Gesamtbevölkerung Medinas und seiner Umgebung aus. Auch wenn man die Clans der Qainuqa und der Nadir nicht mitrechnet, blieben Tausende von Juden weiterhin in der Oase und lebten nach der Exekution der Quraiza in gutem Einvernehmen mit ihren muslimischen Nachbarn. Erst als Umar Ende des 7. Jahrhunderts n. Chr. die Führung der Gemeinschaft übernahm, wurden die noch verbliebenen jüdischen Clans von Medina – auf gewaltlose Weise – vertrieben, und zwar im Rahmen eines umfassenden Islamisierungsprozesses auf der Arabischen Halbinsel. Den Tod von nicht mehr als einem Prozent der jüdischen Bevölkerung Medinas als «Völkermord» zu bezeichnen ist nicht nur eine groteske Übertreibung, sondern ein Affront gegen jene Millionen von Juden, die tatsächlich die Greuel des Völkermords erleiden mußten.

Zweitens – und darin sind sich die meisten Forscher einig – wurde die Exekution der Banu Quraiza keineswegs zum Präzedenzfall für den späteren Umgang mit den Juden auf islamischem Territorium, im Gegenteil. Unter muslimischer Herrschaft lebten die Juden als prosperierende Gemeinschaften – insbesondere nachdem der Islam auch auf byzantinischem Gebiet Fuß fassen konnte, dessen orthodoxe Herrscher Juden und nichtorthodoxe Christen ihrer religiösen Überzeugungen wegen systematisch verfolgt und oft unter Androhung der Todesstrafe gezwungen hatten, das Christentum anzunehmen. Das islamische Recht jedoch, das Juden und Christen als *dhimmi* (Schutzbefohlene) betrachtet, verlangt nicht die Konversion zum Islam. Heiden und Polytheisten dagegen hatten die Wahl zwischen Konversion und Tod.

Die Verfolgung der *dhimmi* war nach islamischem Recht nicht nur verboten, sondern sogar ein Verstoß gegen Muhammads Anweisung an seine expandierenden Heere, die Juden in der Ausübung ihrer Religion nicht zu behindern und die christlichen Institutionen zu bewahren. Als Umar die Zerstörung einer Moschee in Damaskus befahl, die mit Mitteln aus der Zwangsenteignung eines jüdischen Hauses errichtet worden war, folgte er lediglich der Mahnung des Propheten: «Wer einem Juden oder Christen Unrecht tut, dem werde ich am Tag des Jüngsten Gerichts als Ankläger entgegentreten.»

Nach Entrichtung einer «Schutzsteuer» (*dschizya*) genossen nach islamischem Recht Juden und Christen religiöse Autonomie, und auch die sozialen und wirtschaftlichen Einrichtungen der muslimischen Gemeinschaft standen ihnen offen. Nirgendwo wurde diese Toleranz deutlicher als im mittelalterlichen Spanien, wo Juden, Christen und Muslime friedlich zusammenlebten und insbesondere die Juden in Staat und Gesellschaft in höchste Ämter aufsteigen konnten. Einer der mächtigsten Männer im gesamten muslimischen Spanien war ein Jude namens Hasdai ibn Shaprut, der unter dem Kalifen Abd al-Rahman III. jahrzehntelang das Amt des Wesirs ausübte. Kein Wunder also, daß jüdische Quellen aus jener Zeit den Islam als «einen Akt der Gnade Gottes» bezeichnen.

Freilich gab es auch im muslimischen Spanien Zeiten der Intoleranz und der religiösen Verfolgung. Das islamische Gesetz verbot es Juden und Christen, ihren Glauben in der Öffentlichkeit zu propagieren. Doch wie Maria Menocal richtig bemerkte, waren von diesem Verbot weit eher die Christen betroffen als die Juden, die keinen Missionierungseifer kannten und ihre religiösen Rituale nicht öffentlich zelebrierten. Das mag erklären, warum es in islamischen Gebieten immer weniger Christen gab, während die jüdischen Gemeinschaften wuchsen und gediehen. Selbst zur Zeit der schlimmsten Unterdrückung in der islamischen Geschichte ging es den Juden unter muslimischer Herrschaft verhältnismäßig gut; sie genossen mehr Rechte als unter christlicher Herrschaft. Wenige Monate nach dem Sieg der christlichen Truppen unter König Ferdinand über das muslimische Spanien 1492 wurden die meisten spanischen Juden aus dem Land vertrieben, und diejenigen, die blieben, wurden von der Inquisition verfolgt.

Drittens schließlich offenbart die Exekution der Banu Quraiza nicht, wie oft behauptet, einen tiefen religiösen Konflikt zwischen Muhammad und den Juden. Diese These, die in islamischen und jüdischen Studien immer wieder auftaucht, gründet auf der Überzeugung, Muhammad, der seine Botschaft als Weiterführung der jüdisch-christlichen prophetischen Tradition verstand, sei mit der Hoffnung nach Medina gekommen, die Juden würden seine prophetische Identität bestätigen. Um ihnen dies zu erleichtern, habe er zahlreiche jüdische Rituale und Praktiken übernommen. Doch zu seinem Verdruß hätten die Juden ihn abgelehnt, ja den Koran als göttliche Offenbarung sogar bekämpft. Aus Angst, die Ablehnung durch die Juden käme einer Diskreditierung seines prophetischen Anspruchs gleich, habe Muhammad keine andere Wahl gehabt, als ihnen mit Gewalt entgegenzutreten, seine Umma strikt vom Judentum abzugrenzen und, mit den Worten von F. E. Peters, «den Islam als Alternative zum Judentum umzugestalten».

Diese These ist aus zwei Gründen problematisch: Erstens wird Muhammad jede religiös-kulturelle und politische Beurteilungskraft abgesprochen. Doch der Prophet war alles andere als ein unbedarfter Beduine, der die Naturgewalten anbetete und sich vor Steintafeln verneigte. Er hatte fast fünfzig Jahre lang in der religiösen Hauptstadt der Arabischen Halbinsel gelebt und war ein Kaufmann gewesen mit wirtschaftlichen und kulturellen Kontakten zu jüdischen und christlichen Stämmen. Geradezu lächerlich naiv wäre die Annahme gewesen, seine prophetische Sendung sei «den Juden ebenso einleuchtend wie ihm selbst», um Montgomery Watt zu zitieren. Selbst wenn er nur rudimentäre Kenntnisse des Judentums besaß, muß er gewußt haben, daß sie ihn nicht einfach als einen ihrer Propheten akzeptieren. Er wußte mit Sicherheit, daß die Juden Jesus nicht als Prophet anerkannten. Warum also hätte er annehmen sollen, daß sie ihn als solchen anerkennen?

Doch das größere Problem dieser These liegt nicht in der Geringschätzung Muhammads, sondern in der hohen Wertschätzung der Juden Medinas. Wie gesagt, gab es zwischen den jüdischen Clans von Medina, die selbst arabische Konvertiten waren, und ihren heidnischen Mitbewohnern weder kulturell noch religiös nennenswerte Unterschiede. Die Juden von Medina waren nicht sonderlich gebildet. Arabischen Quellen zufolge sprachen die jüdischen Clans von Medina eine eigene Sprache, *ratan* genannt, das al-Tabari als Persisch bezeichnet, in Wirklichkeit aber wohl eher eine Mischung aus Arabisch und Aramäisch war. Es gibt keinen Anhaltspunkt dafür, daß sie Hebräisch sprachen oder verstanden. Ihre Kenntnis der hebräischen Schriften war vermutlich auf ein paar wenige Gesetzesrollen, ein paar Gebetbücher und eine Handvoll bruchstückhafter arabischer Tora-Übersetzungen beschränkt, was S. W. Baron eine «wirre mündliche Tradition» nennt.

Ihre Kenntnisse des jüdischen Glaubens waren so dürftig, daß einige Forscher sogar bezweifeln, ob sie tatsächlich Juden waren. D. S. Margoliouth betrachtet die Juden Medinas als eine lose miteinander verbundene Gruppe von Monotheisten – ähnlich den Hanifen –, die man richtiger «Rahmanisten» nennen müßte (*Rahman* ist einer der Namen Allahs). Margoliouths Argumentation ist nicht unumstritten, doch es gibt andere Gründe, die die Identifikation der jüdischen Clans von Medina mit dem Judentum in Frage stellen. Wie H. G. Reissener bemerkt, herrschte im 6. Jahrhundert n. Chr. unter den jüdischen Diasporagemeinden Einigkeit darüber, daß ein Nichtisraelit nur dann als Jude betrachtet werden konnte, wenn er «das mosaische Gesetz befolgte und sich an die Prinzipien des Talmud hielt». Damit wären die Juden Medinas von vornherein ausgeschlossen gewesen, denn sie waren keine Israeliten und hielten sich weder strikt an das mosaische Gesetz, noch besaßen sie Kenntnis des Talmud. Darüber hinaus fehlen in Medina archäologische Zeugnisse, die auf ein signifikantes jüdisches Leben hinweisen. Jonathan Reed zufolge müßten bestimmte archäologische Funde – beispielsweise die Reste von Steingefäßen, die Ruinen von Ritualbädern (*mikwot*) und Hinweise auf Ossarien – vorhanden sein, um von einer etablierten religiösen jüdischen Identität sprechen zu können. Soweit wir wissen, wurden in Medina keine derartigen Funde gemacht.

Es gibt freilich Wissenschaftler, die dennoch an der Zugehörigkeit der jüdischen Clans von Medina zum Judentum festhalten. Gordon Newby zum Beispiel ist überzeugt, daß die Juden Medinas in festgefügten Gemeinschaften mit eigenen Schulen und Büchern lebten, auch wenn archäologische Belege dafür fehlen. Trotzdem gibt sogar Newby zu, daß die Juden Medinas in kultureller, ethnischer und religiöser Hinsicht anders waren als viele andere jüdische Gemeinschaften der Arabischen Halbinsel, ja daß sie sich von den heidnischen Gemeinschaften Medinas, mit denen sie enge Kontakte pflegten und, entgegen dem mosaischen Gesetz, sogar Ehebündnisse schlossen, kaum unterschieden.

Kurz gesagt, die jüdischen Clans von Medina waren alles andere als eine strenggläubige Gemeinschaft; folgt man Margoliouth und anderen, so waren sie nicht einmal Juden. Es erscheint daher höchst zweifelhaft, ob sie sich auf kniffelige Disputationen über das Verhältnis des Korans zu den hebräischen heiligen Schriften mit Muhammad einließen, die sie weder besaßen noch lesen konnten.

Tatsache ist, daß weder Muhammads Worte noch seine Taten den Juden Medinas anstößig erschienen. Wie Newby in *A History of the Jews of Arabia* schreibt, bewegten sich Islam und Judentum im Arabien des 7. Jahrhunderts in «ein und derselben Sphäre des religiösen Diskurses». Sie kannten dieselben religiösen Charaktere, Geschichten und Anekdoten, erörterten dieselben Grundfragen aus ähnlicher Perspektive und besaßen fast identische moralische und ethische Werte. Uneinigkeit zwischen den beiden religiösen Gruppen herrschte, so Newby, höchstens «in der Interpretation bestimmter gemeinsamer Themen, nicht aufgrund ihrer einander ausschließenden Weltsicht». Nach S. D. Goitein besaß «Muhammads Verkündigung für die jüdische Religion nichts Anstößiges».

Selbst Muhammads Anspruch, der Prophet und Apostel Gottes nach dem Vorbild der großen jüdischen Patriarchen zu sein, war für die Juden Medinas nicht notwendigerweise inakzeptabel. Seine Worte und Taten entsprachen dem weithin anerkannten Grundmuster des arabisch-jüdischen Mystizismus; außerdem war Muhammad nicht einmal der einzige in Medina, der mit prophetischem Anspruch auftrat. Medina war die Heimat des jüdischen Mystikers und *kohen* Ibn Sayyad, der sich, wie Muhammad, einen Propheten nannte, göttlich inspirierte Botschaften rezitierte und sich als «Apostel Gottes» bezeichnete. Erstaunlicherweise akzeptierten die meisten jüdischen Clans von Medina nicht nur Ibn Sayyads prophetischen Anspruch; in den Quellen wird sogar erzählt, dieser selbst habe Muhammad als Mitapostel und Mitprophet anerkannt.

Es wäre allzu einfach, wollte man jeden zeitgenössischen Konflikt zwischen Muhammad und den Juden schlichtweg leugnen. Aber dieser Konflikt hatte mehr mit politischen Allianzen und wirtschaftlichen Bündnissen zu tun als mit theologischen Debatten. Es ging um Stammesallianzen und zollfreie Märkte, nicht um religiösen Eifer. Zwar zeichnen Muhammads Biographen gern das Bild eines Mannes, der theologische Streitgespräche mit aggressiven «Rabbis» führt, die «dem Apostel mit Neid, Haß und Feindseligkeit begegnen, weil Gott Seinen Apostel unter den Arabern erwählt hat». Doch die Ähnlichkeiten bei der Schilderung dieser Debatten mit den Geschichten über die Streitgespräche Jesu mit den Pharisäern zeigen, daß es sich um literarische Topoi, nicht um historische Fakten handelt. Schon vor Jahrhunderten hat die Islamwissenschaft darauf hingewiesen, daß die frühen Muslime ganz bewußt Parallelen zwischen Jesu und Muhammad zogen, um deren prophetische Sendung und Botschaft miteinander zu verbinden.

Vergessen wir nicht, daß die Prophetenbiographien in einer Zeit verfaßt wurden, da die jüdische Minderheit im muslimischen Gemeinwesen theologisch die einzige Konkurrenz zum Islam bildete. Daher überrascht es nicht, daß muslimische Geschichtsschreiber und Theologen ihre Argumente gegen die rabbinischen Autoritäten ihrer Zeit untermauerten, indem sie Muhammad ihre eigenen Worte in den Mund legten. Wenn Muhammads Lebensbeschreibungen überhaupt über irgendetwas Aufschluß geben, dann über die antijüdische Haltung dieser Biographen, nicht über den Propheten. Um Muhammads tatsächliche Einstellung gegenüber den Juden und Christen seiner Zeit zu verstehen, darf man nicht die Worte betrachten, die ihm die Chronisten Jahrhunderte später in den Mund legten, sondern die Worte, die Gott ihm zu Lebzeiten offenbarte.

Der Koran als eine heilige Offenbarungsschrift erinnert die Muslime an vielen Stellen daran, daß sie keine neue Botschaft hören, «vielmehr eine Bestätigung dessen, was (an Offenbarung) vor ihm da war» (12, 111). Tatsächlich vertritt der Koran die unerhörte Auffassung, daß alle geoffenbarten Schriften aus einem einzigen geheimen Buch im Himmel stammen, dem *umm al-kitab*, der «Mutter des Buches», der «Urschrift» (13, 39). Nach Muhammads Verständnis erzählen die Tora, die Evangelien und der Koran eine einzige, zusammenhängende Geschichte von der Beziehung des Menschen zu Gott, innerhalb derer das Sendungsbewußtsein jeweils auf den nächsten Propheten weitergegeben wird: von Adam bis zu Muhammad. Aus diesem Grund ermahnt der Koran die Muslime, zu den Juden und Christen zu sagen:

> Wir glauben an Gott und (an das) was (als Offenbarung) auf uns, und was auf Abraham, Ismael, Isaak, Jakob und die Stämme (Israels) herabgesandt worden ist, und … ohne daß wir bei einem von ihnen (den anderen gegenüber) einen Unterschied machen. Ihm sind wir ergeben (3, 84).

Freilich glauben die Muslime, daß der Koran die letzte und endgültige Offenbarung der Schriften und daß Muhammad «das Siegel der Propheten» ist. Doch der Koran erklärt an keiner Stelle die vorausgegangenen heiligen Schriften für null und nichtig, er erhebt lediglich den Anspruch, sie abzuschließen. Und wenn bereits der Gedanke, eine heilige Schrift verleihe der nachfolgenden Authentizität, in der Geschichte der Religionen zumindest bemerkenswert ist, steckt hinter der Idee der Urschrift noch ein tieferes Prinzip.

Wie der Koran immer wieder betont und die Verfassung von Medina ausdrücklich bestätigt, verstand Muhammad diese Urschrift nicht nur in der Weise, daß Juden, Christen und Muslime eine einzige gemeinsame heilige Schrift besitzen, sondern auch, daß sie eine einzige göttliche

Umma bilden. Für Muhammad waren Juden und Christen Schriftbesitzer, «Leute des Buches» (*ahl al-kitab*), spirituelle Verwandte, die im Gegensatz zu den Heiden und Polytheisten Arabiens denselben Gott anbeteten, dieselben heiligen Schriften lasen und dieselben moralischen Werte wie die muslimische Gemeinschaft hatten. Zwar bildete jede dieser Gruppen eine eigene Glaubensgemeinschaft (eine eigene Umma), doch gemeinsam bildeten sie eine große Umma. Eine außergewöhnliche Vorstellung, die Mohammed Bamyeh als «monotheistischen Pluralismus» bezeichnet. So verspricht der Koran: «Diejenigen, die glauben, und diejenigen, die dem Judentum angehören, und die Sabier und die Christen – (*alle*) *die, die an Gott und den jüngsten Tag glauben und tun, was recht ist*, brauchen keine Angst zu haben, und sie werden nicht traurig sein» (5, 69; Hervorhebung hinzugefügt).

Diese Idee einer großen monotheistischen Umma war auch der Grund dafür, daß Muhammad seine Gemeinschaft in großer Nähe zu den Juden sah. Es ging ihm nicht darum, den jüdischen Clans nachzueifern oder es ihnen leichter zu machen, ihn als Propheten zu akzeptieren. Vielmehr suchte er die Übereinstimmung seiner Gemeinschaft mit den Juden in Medina, weil er sie ebenso wie die Christen als Teil seiner großen Umma ansah. Als er nach Medina kam, bestimmte er daher Jerusalem, wo der längst zerstörte Tempel stand und wohin sich die Diasporajuden beim Beten wandten, zur Gebetsrichtung (*qibla*) auch für alle Muslime. Er setzte für seine Gemeinschaft eine jährliche Fastenzeit fest, die am zehnten Tag (*Aschura*) des ersten Monats des jüdischen Kalenders begann, besser bekannt unter dem Namen Jom Kippur. Und zum Versammlungstag der muslimischen Gemeinde bestimmte er den Freitagmittag, im Einklang mit den jüdischen Vorbereitungen auf den Sabbat. Er übernahm zahlreiche jüdische Speisevorschriften und Reinheitsgebote und ermunterte seine Anhänger, Juden zu heiraten, wie er es selbst tat (5, 5–7).

Zwar verlegte Muhammad ein paar Jahre später die Gebetsrichtung von Jerusalem nach Mekka und bestimmte den Monat Ramadan (in dem die erste Offenbarung des Korans stattfand) anstelle von Jom Kippur zum Fastenmonat. Das darf jedoch nicht als «Bruch mit den Juden» verstanden werden, sondern ist ein Zeichen für die allmähliche Reifung des Islams zu einer eigenständigen Religion. Trotz dieser Änderungen forderte Muhammad seine Anhänger auf, weiterhin auch an Jom Kippur zu fasten, und Jerusalem blieb für ihn eine heilige Stadt; Jerusalem ist nach Mekka und

Medina die heiligste Stadt der gesamten muslimischen Welt. Der Prophet hielt an den meisten Speise-, Reinheits- und Ehevorschriften fest, die er von den Juden übernommen hatte. Und bis zu seinem Tod führte er mit den jüdischen Gemeinschaften Arabiens einen friedlichen Diskurs, keine theologische Debatte. Denn, wie es im Koran heißt: «Und streitet mit den Leuten der Schrift nie anders als auf eine möglichst gute Art – mit Ausnahme derer von ihnen, die Frevler sind» (29, 46). Muhammads Beispiel muß bei seinen Nachfolgern einen tiefen Eindruck hinterlassen haben. Wie Nabia Abbott zeigte, lasen Muslime in den ersten beiden Jahrhunderten des Islams neben dem Koran regelmäßig auch die Tora.

Muhammad war sich bewußt, daß es zwischen Islam, Judentum und Christentum gravierende theologische Unterschiede gab. Doch er betrachtete diese Unterschiede als Teil eines göttlichen Plans: Gott hätte auch eine einzige Umma schaffen können, er wollte aber, daß «jede Gemeinschaft einen Gesandten» (10, 47) hat. Daher sandte Gott den Juden die Tora herab, «die Rechtleitung und Licht enthält», den Christen sandte er Jesus, «daß er die Tora bestätige», und den Arabern sandte er schließlich den Koran, «damit er die vorherigen Offenbarungen bestätige» (Übersetzung nach Reza Aslan). Die weltanschaulichen Unterschiede zwischen den drei Schriftbesitzern erklärt der Koran als Willen Gottes, für jeden «ein eigenes Brauchtum und einen (eigenen) Weg» zu bestimmen (5, 42–48).

Allerdings gab es einige theologische Differenzen, die Muhammad als nicht tolerierbare, aus Unwissenheit und Irrtum hervorgegangene häretische Neuerungen begriff. An erster Stelle die Dreifaltigkeit Gottes. «Er ist Gott, ein Einziger», heißt es unmißverständlich im Koran. «Gott ist ewig. Er hat weder gezeugt, noch ist er gezeugt worden» (112, 1–3; Übersetzung nach Reza Aslan).

Doch dieser Vers enthält, wie viele andere im Koran, keineswegs eine pauschale Verurteilung des Christentums, sondern eine Kritik an der Trinitätslehre des byzantinischen Kaiserreichs – im Hidschaz bei weitem nicht die einzige und bei weitem nicht die dominierende christliche Position. Von Beginn seines Sendungsauftrags an verehrte Muhammad Jesus als den größten der Propheten Gottes. Viele Erzählpassagen aus den Evangelien werden im Koran aufgegriffen, wenn auch gleichsam in Kurzfassung: unter anderem Jesu Geburt durch eine Jungfrau (3, 47), seine Wunder (3, 49), sein Auftreten als Messias (3, 45) und die Erwartung seines Gerichts am Ende der Zeit (4, 159).

Was der Koran jedoch ablehnt, ist der Glaube der orthodoxen Vertreter der Trinitätslehre, die Jesus mit Gott gleichsetzten. Diese Christen betrachtete Muhammad nicht einmal mehr als «Leute des Buches». «Ungläubig sind diejenigen, die sagen: ‹Gott ist einer von dreien›», heißt es im Koran. «Es gibt keinen Gott außer einem einzigen Gott» (5, 73). Muhammad war überzeugt, die orthodoxen Christen hätten die ursprüngliche Botschaft Jesu verfälscht, der nie behauptete, er sei Gott, und nie verlangte, daß man ihn anbete (5, 116–118), vielmehr seinen Jüngern befahl: «Dienet Gott, meinem und eurem Herrn!» (5, 72)

Gleichzeitig geißelte Muhammad jene Juden Arabiens, die die «Religion Abrahams verschmähen» (2, 130) und «denen die Thora aufgeladen worden ist, und die sie daraufhin nicht tragen konnten» (62, 5). Auch hier handelt es sich nicht um eine pauschale Verurteilung des Judentums. Die Achtung und Verehrung, die Muhammad für die großen jüdischen Patriarchen hegte, wird durch die Tatsache bezeugt, daß im Koran fast alle biblischen Propheten Erwähnung finden (allein Mose rund einhundertvierzigmal!). Muhammad wandte sich hier lediglich gegen die Juden auf der Arabischen Halbinsel – und nur auf der Arabischen Halbinsel –, die in Glauben und religiöser Praxis «ihren Bund mit Gott brachen» (5, 13; Übersetzung nach Reza Aslan). Und die jüdischen Clans von Medina standen stellvertretend für viele.

Muhammads Kritik richtete sich nicht gegen die Religion des Judentums und des Christentums, die für ihn mit dem Islam nahezu identisch waren: «Wir glauben an das, was (als Offenbarung) zu uns und was zu euch [Juden und Christen] herabgesandt worden ist. Unser und euer Gott ist einer. Ihm sind wir ergeben» (29, 46). Seine Kritik richtete sich gegen diejenigen Juden und Christen in Arabien, die seiner Ansicht nach den Bund mit Gott gebrochen und die Lehren der Tora und der Evangelien entstellt hatten. Sie seien keine Gläubigen, sondern Abtrünnige, vor denen die Muslime gewarnt werden: «Ihr Gläubigen! Nehmt euch nicht diejenigen [zu Freunden], die mit eurer Religion ihren Spott und ihr Spiel treiben ... Sag: Ihr Leute der Schrift! Habt ihr denn keinen andern Grund, uns zu grollen, als daß wir an Gott glauben und an das, was [als Offenbarung] zu uns und was früher herabgesandt worden ist, und daß die meisten von euch Frevler sind?» (5, 57–59)

Wenn Muhammad die Juden Arabiens an die Gnade erinnert, die Gott ihnen erwiesen hat, und mahnt: «Denket daran, daß [Gott] euch vor den

Menschen in aller Welt ausgezeichnet» hat (2, 47); wenn er gegen die Christen wettert, die ihrem Glauben abgeschworen und die Wahrheit ihrer heiligen Schriften entstellt haben; wenn er beklagt, Juden und Christen mißachteten «die Thora und das Evangelium und was von ihrem Herrn (als Offenbarung) zu ihnen herabgesandt worden ist» (5, 66), so steht er auch hier in den Fußstapfen der Propheten, die ihm vorausgegangen sind: Jesaja, der seine Mitgläubigen ein «sündiges Volk» nennt, «eine schuldbeladene Nation», eine «Brut von Verbrechern» und «verkommene Söhne» (Jes 1, 4); Johannes der Täufer, der gegen die «Schlangenbrut» wettert, die sich einbildet, als Söhne Abrahams könnten sie dem Gericht entrinnen (Lk 3, 7 f.); Jesus, der den Heuchlern die Verdammnis prophezeit, die «Gottes Wort um der Überlieferung willen außer Kraft gesetzt» haben (Mt 15, 6). Und ist es denn nicht genau diese Botschaft, die von einem Propheten erwartet wird?

Es scheint kein Zufall, daß die muslimischen Schrift- und Rechtsgelehrten späterer Jahrhunderte neben vielen von Muhammads Sozialreformen zur Stärkung der Stellung der Frau auch den Gedanken ablehnten, daß Juden und Christen Teil der Umma seien, und sie statt dessen als Ungläubige bezeichneten. Diese Gelehrten interpretierten die Offenbarung um und erklärten, der Koran sei an die Stelle der Tora und der Evangelien getreten und stelle nicht deren Vollendung dar. Sie riefen die Muslime auf, sich von den anderen Schriftbesitzern zu distanzieren. Dies war der Versuch, die aufstrebende Religion des Islams von anderen Religionen abzugrenzen und ihr theologische Unabhängigkeit zu verschaffen – in ähnlicher Weise wie die frühen Christen sich allmählich von den jüdischen Glaubenspraktiken und Ritualen distanzierten, aus denen ihre Religion hervorgegangen war, indem sie den Juden die Schuld an Jesu Tod gaben.

Doch diese muslimischen Gelehrten standen in direktem Widerspruch zu Muhammads Beispiel und den Lehren des Korans. Denn obwohl Muhammad die unversöhnlichen Unterschiede zwischen den Leuten des Buches erkannte, rief er nicht zur Glaubensspaltung auf. Ganz im Gegenteil. Den Juden, die sagen: «Die Christen entbehren (in ihren Glaubensanschauungen) der Grundlage», und den Christen, die sagen: «Die Juden entbehren (in ihren Glaubensanschauungen) der Grundlage» (2, 113), und beiden Gruppen, die sagen: «Niemand wird ins Paradies eingehen außer denen, die Juden oder Christen sind» (2, 111), bot Muhammad einen Kompromiß an. «Kommt her zu einem Wort des Ausgleichs zwischen uns und euch!» heißt es im Koran, «(einigen wir uns darauf), daß wir Gott allein dienen und ihm nichts beigesellen und daß wir uns nicht untereinander an Gottes Statt zu Herren nehmen» (3, 64).

Es ist tragisch, daß auch nach eintausendvierhundert Jahren dieser einfache Kompromiß nicht erreicht wurde, um die manchmal kleinlichen, doch oftmals bindenden religiösen Unterschiede zwischen den drei abrahamitischen Religionen zu überbrücken.

Nach der Strafaktion gegen die Banu Quraiza hatte Muhammad Medina fest unter Kontrolle. Jetzt richtete er seinen Blick erneut auf Mekka – nicht als Gesandter Gottes, sondern in einer Rolle, in der ihm die Quraisch als Hüter der Schlüssel den Zutritt nicht verwehren konnten: als Pilger.

628, ein Jahr nach dem Grabenkrieg, kündete Muhammad ganz unerwartet an, er werde eine Wallfahrt zur Ka'ba nach Mekka unternehmen. Ein absurder Plan in Anbetracht des blutigen Kriegs, den er mit den Mekkanern immer noch führte. Er konnte ja nicht davon ausgehen, daß die Quraisch, die in den vergangenen sechs Jahren versucht hatten, ihn zu ermorden, tatenlos zusehen würden, wie er und seine Anhänger das Heiligtum umrundeten. Doch Muhammads Entschluß stand fest. Begleitet von mehr als tausend seiner Anhänger, brach er auf in die Wüste zu der Stadt, in der er geboren war, und deklamierte unerschrocken den Ruf der Pilger: «Hier bin ich, o Allah! Hier bin ich!»

Die Rufe Muhammads und seiner Gefolgsleute, die unbewaffnet und im Pilgergewand dem Feind ihr Kommen ankündigten, müssen in Mekka wie ein Totenglöckchen geklungen haben. Wenn dieser Mann so kühn war zu glauben, daß er die Stadt betreten könne, ohne daß man ihm Widerstand entgegensetzte, so war das Ende nicht mehr weit. Die Quraisch, die Muhammad entgegeneilten, um ihn aufzuhalten, waren bestürzt. Ein paar Kilometer vor der Stadt, in Hudaibiyya, unternahmen sie einen letzten Versuch, ihre Kontrolle über Mekka zu wahren, und boten dem Propheten einen Waffenstillstand an, dessen Bedingungen für Muhammad so demütigend waren, daß sie den Muslimen nur als ein schlechter Scherz erscheinen konnten.

Dem Vertrag von Hudaibiyya zufolge sollte Muhammad nach Medina zurückkehren und auf Karawanenüberfälle im Umkreis von Mekka in Zukunft verzichten. Im folgenden Jahr zur selben Zeit würden die Mekkaner das Heiligtum für einige Tage räumen und Muhammad und seine Anhänger die Wallfahrt vollziehen lassen. Darüber hinaus sollte Muhammad den Vertrag nicht als Apostel Gottes, sondern lediglich als Stammesoberhaupt seiner Gemeinschaft unterzeichnen. Angesichts von Muhammads wachsendem Ansehen im Hidschaz waren diese Bedingungen geradezu lächerlich und zeigten, daß Mekkas Niederlage unmittelbar bevorstand. Vielleicht waren Muhammads Anhänger, die den Sieg zum Greifen nah glaubten, deshalb so empört, als der Prophet sich schließlich bereit erklärte, den Bedingungen zuzustimmen.

Umar konnte sich kaum beherrschen. Er sprang auf und lief zu Abu Bakr: «Abu Bakr», rief er und deutete auf Muhammad. «Ist er denn nicht der Gesandte Gottes?»

«Doch», erwiderte Abu Bakr.

«Und sind wir denn keine Muslime?»

«Doch.»

«Und sind diese nicht Polytheisten?»

«Doch.»

Da rief Umar empört: «Weshalb müssen wir dann dieser Schmähung unserer Religion zustimmen?»

Abu Bakr, der ähnlich dachte, gab die Antwort, in der allein er Trost fand: «Ich bezeuge, daß er der Gesandte Gottes ist.»

Warum Muhammad das Abkommen von Hudaibiyya letztlich unterzeichnete, ist schwer zu sagen. Vielleicht wollte er seine Streitmacht sammeln und auf eine günstigere Gelegenheit warten, um Mekka mit Gewalt zu erobern. Vielleicht hielt er sich auch an das Gebot des Korans und die Lehre vom *dschihad*, so lange zu kämpfen, «bis die Unterdrückung aufhört und das Gesetz Gottes herrscht. Wenn jedoch [der Feind] abläßt, dann sind alle Übergriffe untersagt» (2, 193; Übersetzung nach Reza Aslan). Muhammads Entscheidung, den Waffenstillstand anzunehmen und im darauffolgenden Jahr zur Ka'ba zurückzukehren, war, wie sich zeigen sollte, der Wendepunkt in der Auseinandersetzung zwischen Mekka und Medina. Denn als die Mekkaner schließlich Zeugen wurden, mit welchem Respekt und welcher Andacht ihr vermeintlicher Widersacher und seine «religiösen Eiferer» die Stadt betraten und die Ka'ba umrundeten, sahen sie keinen Grund mehr, weiterhin den Krieg gegen den Propheten zu unterstützen. 630 n. Chr., ein Jahr nach dieser Wallfahrt, nahm Muhammad ein Scharmützel zwischen den Quraisch und einigen seiner Gefolgsleute zum Anlaß, den Waffenstillstand zu brechen. Er marschierte erneut gegen Mekka, diesmal mit zehntausend Mann. Und er wurde von den Bewohnern mit offenen Armen empfangen.

Muhammad nahm die Kapitulation Mekkas an und verkündete eine Amnestie für die meisten seiner Feinde, auch für die, die im Krieg gekämpft hatten. Obwohl nach traditionellem Stammesrecht die Quraisch jetzt seine Sklaven waren, erklärte Muhammad sämtliche Bewohner der Stadt (einschließlich der Sklaven) für frei. Nur sechs Männer und vier Frauen wurden wegen diverser Vergehen zum Tod verurteilt, und niemand wurde gezwungen, zum Islam überzutreten, wenngleich alle Bewohner schwören mußten, nie wieder gegen den Propheten Krieg zu führen. Unter den Letzten, die diesen Eid ablegten, waren Abu Sufyan und seine Frau Hind, die auch nach ihrer offiziellen Bekehrung zum Islam stolz und trotzig blieb und aus ihrem Abscheu gegenüber Muhammad und dessen «provinziellem» Glauben keinen Hehl machte.

Dann begab sich Muhammad zur Ka'ba. Begleitet von seinem Vetter und Schwiegersohn Ali, hob er den schweren Vorhang vor dem innersten Bezirk und trat ein. Nacheinander trug er die Götterbilder auf den Platz, wo sich die Menge versammelt hatte, und schmetterte sie zu Boden. Die Bilder der Götter und Propheten, auch dasjenige Abrahams mit Lospfeilen in der Hand, wurden mit dem Wasser des Zamzam-Brunnens fortgespült. Nur auf das Bildnis Jesu und seiner Mutter Maria legte der Prophet ehrerbietig seine Hand und sagte: «Beseitigt alles, bis auf das, was unter meinen Händen ist.»

Zum Schluß trug Muhammad die Figur des syrischen Gottes Hubal heraus. Unter den Blicken Abu Sufyans zog er sein Schwert, schlug die Statuette in Stücke und setzte damit der Verehrung der heidnischen Götter in Mekka ein Ende. Die Trümmer von Hubals Statue benutzte Muhammad als Türschwelle zur neuen, geweihten Ka'ba. Das Heiligtum, von nun an «Haus Gottes» genannt, wurde zum Mittelpunkt eines neuen universalen Glaubens, des Islams.

5. Die Rechtgeleiteten

Die Nachfolger Muhammads

Unter den Gläubigen in den hinteren Reihen macht sich Unruhe breit, alle Blicke richten sich auf Muhammad, der zum Freitagsgebet aus Aischas Gemächern in den Hof der Moschee getreten ist. Schon seit einiger Zeit hat man ihn nicht mehr in der Öffentlichkeit gesehen. Seit Wochen bereits machen Gerüchte über seinen schlechten Gesundheitszustand die Runde. Seitdem sich Muhammad zurückgezogen hat, leitet Abu Bakr das Freitagsgebet, während andere Gefährten des Propheten Feldzüge unternehmen, die Staatsgeschäfte führen, die Almosenabgabe verteilen und die Neubekehrten in Moral und Praxis des muslimischen Glaubens unterweisen. Keiner hat gewagt auszusprechen, was doch alle dachten: Der Gesandte liegt im Sterben; vielleicht ist er schon tot.

Wir schreiben das Jahr 632 n. Chr. Seit Muhammads triumphalem Einzug in Mekka und seiner Säuberung der Kaʿba im Namen des einen Gottes sind zwei Jahre vergangen. Damals war er noch gesund und kräftig gewesen, ein Mann auf dem Gipfel seiner politischen und geistlichen Macht, der unumstritten mächtigste Führer Arabiens. Paradoxerweise hatte seine Bewegung, die die Stammesethik der nomadischen Vergangenheit Arabiens hatte wiederherstellen wollen, der alten tribalen Ordnung den Todesstoß versetzt. Bald wird es nur noch die muslimische Gemeinschaft geben, die Feinde der muslimischen Gemeinschaft (darunter das Byzantinische Reich und das Reich der Sasaniden), die Klientelstämme der muslimischen Gemeinschaft und die *dhimmi* (Christen, Juden und andere Nichtmuslime, die unter dem besonderen Schutz der muslimischen Gemeinschaft stehen). Doch trotz der Machtfülle, die Muhammad nach seinem Sieg über die Quraisch innehatte, lehnte er es ab, die mekkanische Aristokratie durch eine muslimische Monarchie zu ersetzen. Er wollte Hüter der Schlüssel, nicht aber König von Mekka sein. Nachdem er die dortige Verwaltung geordnet und militärische und diplomatische Delegationen zu den übrigen arabischen Stämmen entsandt hatte, um für die neue politische Ordnung im Hidschaz zu werben, tat Muhammad etwas völlig Unerwartetes: Er kehrte nach Medina zurück.

Muhammads Rückkehr bedeutete eine Würdigung der *ansar*, die ihn, den Schutzlosen, einst in ihrer Mitte aufgenommen hatten. Zugleich legte er damit vor der ganzen Gemeinschaft ein Bekenntnis ab. Mekka war zwar das politische Zentrum des Islams, Medina jedoch nahm in seinem Herzen den ersten Platz ein.

Bald sollten Abordnungen aus der ganzen Arabischen Halbinsel in Medina eintreffen und bekennen, daß es «keinen Gott gibt außer Gott» (auch wenn nach Ansicht vieler Historiker dieser Treueid weniger Gott galt als vielmehr Muhammad). In Medina wurden die Grundsätze des muslimischen Glaubens formuliert und die Fundamente eines muslimischen Gemeinwesens gelegt. Und in Medina sollte der Prophet seine letzten Atemzüge tun.

Jetzt aber, als die Gläubigen Muhammad am Eingang der Moschee erblicken und ein Lächeln über sein gebräuntes Gesicht huscht, zerstreuen sich die bangen Gerüchte über seine Hinfälligkeit. Er wirkt schlank und für seine Jahre erstaunlich präsent. Das lange, zu Zöpfen geflochtene Haar ist dünn und silbrig grau, der Rücken leicht gebeugt, die Schultern erschlafft. Aber sein Gesicht strahlt wie immer, und in seinen Augen leuchtet der Glanz Gottes.

Als Abu Bakr Muhammad zwischen den am Boden kauernden Gläubigen erblickt und sieht, wie er nach den Schultern von Freunden tastet, um Halt zu finden, will er den *minbar*, die Kanzel in der Moschee, verlassen, damit der Prophet den ihm gebührenden Platz als Oberhaupt der Gemeinde einnehmen kann. Doch Muhammad bedeutet seinem alten Weggefährten, zu bleiben und mit dem Gebet fortzufahren, während er sich in einer ruhigen Ecke niederläßt. Er zieht den Mantel fester um sich und beobachtet seine Gemeinde im gemeinsamen Gebet, wie er es so viele Jahre vorher gelehrt hatte: sich bewegend wie ein Körper und betend wie mit einer Stimme.

Er bleibt nicht lange. Noch bevor die Gemeinde auseinandergeht, steht Muhammad auf, verläßt leise die Moschee und kehrt zurück in Aischas Gemach, wo er auf dem Bett zusammenbricht. Der kurze Weg zur

Moschee hat ihn sehr geschwächt. Er ringt nach Luft. Er ruft nach seiner geliebten Frau.

Als Aischa kommt, ist Muhammad kaum noch bei Bewußtsein. Sie schickt alle hinaus und verschließt die Tür. Dann setzt sie sich neben ihren Mann, bettet seinen Kopf in ihren Schoß, streicht ihm langsam übers Haar und flüstert ihm tröstende Worte ins Ohr. Seine Lider zukken, bevor er langsam die Augen schließt.

Die Nachricht von Muhammads Tod verbreitet sich in Medina wie ein Lauffeuer. Keiner kann es fassen, daß der Gesandte Gottes gestorben ist. Umar weigert sich standhaft, es zu glauben. Völlig verwirrt erscheint er in der Moschee, wo sich die Gemeinde versammelt hat, und bedroht jeden, der es wagt zu behaupten, der Prophet sei gestorben.

Abu Bakr bleibt es überlassen, ihn zu beschwichtigen. Er hat den toten Propheten mit eigenen Augen gesehen und begibt sich zur Moschee, wo Umar verzweifelt wiederholt, der Prophet sei eigentlich am Leben; er sei nur scheinbar tot. Seine Seele habe den Körper nur vorübergehend verlassen, um zu seinem Herrn zu gehen wie Mose. Muhammad werde bald zurückkehren.

«Ruhig, Umar», sagt Abu Bakr und tritt auf ihn zu. «Sei still.»

Doch Umar läßt sich nicht zum Schweigen bringen. Mit fester Stimme warnt er, Muhammad würde jedem, der behaupte, der Prophet sei gestorben, Hände und Füße abschlagen, wenn er aus dem Himmel zurückkehre.

Schließlich kann es Abu Bakr nicht länger ertragen. Er hebt die Hand und ruft mit einer Stimme, die Umar übertönt: «O ihr Menschen! Wenn jemand Muhammad anbetet, Muhammad ist tot. Wenn jemand Gott anbetet, Gott lebt und wird nie sterben!»

Als Umar dies hört, sinkt er zu Boden und weint.

Die Bestürzung der Gemeinde über Muhammads Tod war nicht zuletzt deshalb so groß, weil er seine Anhänger auf diesen Augenblick nicht vorbereitet hatte. Er hatte keine Vorkehrungen für seine Nachfolge getroffen oder bestimmt, welche Qualitäten sein Nachfolger als Führer der Umma haben sollte. Vielleicht hatte er vergeblich auf eine Offenbarung gehofft. Vielleicht wollte er, daß die Umma selbst einen Nachfolger bestimmte. Oder vielleicht, so lautet ein Gerücht, hatte der Prophet tatsächlich einen Nachfolger benannt, der jetzt aufgrund interner Führungskämpfe den ihm zustehenden Platz als Oberhaupt der Gemeinde nicht einnehmen konnte.

Die muslimische Gemeinde wuchs und expandierte unvorstellbar schnell. Es drohte die ernste Gefahr, daß ihr Wachstum alle organisatorischen Kräfte überforderte. Jetzt, mit dem Tod des Propheten, hatte sich die Lage zusätzlich kompliziert. Einige Klientelstämme begannen bereits, gegen die muslimische Oberherrschaft aufzubegehren, und weigerten sich, die Armensteuer (*zakat*) an Medina zu bezahlen. Mit Muhammads Tod als dem Schaich der Gemeinschaft erlosch auch der Treueid, den sie ihm geschworen hatten – plötzlich waren sie von ihrer Treuepflicht gegenüber der Umma entbunden.

Was noch beunruhigender war: Muhammads Vision eines göttlich inspirierten Gemeinwesens erwies sich als so populär, daß sie rasch Nachahmer fand. Überall auf der Arabischen Halbinsel traten selbsternannte Propheten mit eigenen Staats- und Gesellschaftsentwürfen auf. Ein Mann namens al-Aswad, der von einem Gott Rahman (einer der Namen Allahs) Botschaften empfangen haben wollte, gründete im Jemen einen von Mekka und Medina unabhängigen Staat. Im östlichen Arabien kopierte Maslama (oder Musailama) Muhammads Vorbild so erfolgreich, daß sich in Yamama, das er zur heiligen Stadt erklärte, bereits Tausende um ihn scharten. Für Wissenschaftler wie Dale Eickelman ist das plötzliche Auftauchen dieser «falschen Propheten» ein Zeichen dafür, daß Muhammads Bewegung in Arabien ein soziales und religiöses Vakuum füllte. Für die Muslime jedoch stellten diese «falschen Propheten» eine ernste Bedrohung der religiösen Legitimität und politischen Stabilität der Umma dar.

Doch die größte Herausforderung für die muslimische Gemeinschaft nach Muhammads Tod bildeten weder rebellische Stämme noch falsche Propheten. Es war vielmehr die Frage, wie aus den Worten und Taten des Propheten, festgehalten meist nur in den Erinnerungen seiner Gefährten, ein stabiles religiöses System erwachsen konnte. Man neigt gewöhnlich zu der Ansicht, daß der Islam bereits zum Zeitpunkt von Muhammads Tod ein vollständiges, fertiges Ganzes war. Das mag auf die Offenbarung zutreffen, die mit dem letzten Atemzug des Propheten endete. Es wäre jedoch unrichtig zu glauben, daß der Islam bereits im Jahr 632 n. Chr. ein festgefügtes Gebäude aus Glaubenssätzen und religiösen Praktiken darstellte. Ganz im Gegenteil. Wie bei allen großen Religionen war «die Entfaltung der Gedankenwelt des Islams sowie die Festlegung der Formen seiner Betätigung, die Begründung seiner Einrichtungen [...] das Ergebnis der Arbeit folgender Geschlechter», wie Ignaz Goldziher schreibt.

Das bedeutet jedoch nicht, daß der Islam, wie wir ihn kennen, erst Jahrhunderte nach Muhammads Tod *außerhalb* Arabiens entstanden wäre. John Wansbrough und andere haben gezeigt, daß sich der Islam im sektiererischen jüdisch-christlichen Milieu Arabiens zwischen dem 7. und dem 9. Jahrhundert entwickelte. Andererseits erscheinen Wansbroughs Überbetonung der nichtarabischen (vorrangig hebräischen) Quellen in ihrer Relevanz für den frühen Islam und seine unnötige Ausklammerung des historischen Muhammad an vielen Stellen als «verkappte Polemik, um dem Islam und dem Propheten auch noch den letzten Rest Originalität zu nehmen», wie R. B. Sarjeant meint.

Doch jenseits aller Polemik kann es keinen Zweifel geben, daß sich der Islam zum Zeitpunkt von Muhammads Tod noch im Prozeß der Selbstfindung befand. Im Jahr 632 war der Koran nicht schriftlich fixiert. Man hatte die Texte nicht einmal zusammengetragen, geschweige denn kanonisiert. Die religiösen Ideale, die zum Fundament der islamischen Theologie wurden, existierten nur in rudimentärer Form. Die rituellen Handlungen, die Rechtsgrundsätze und das moralische Verhalten waren kaum geregelt. Das war bis zu diesem Zeitpunkt auch nicht notwendig gewesen. Zu allen Problemen, die intern oder extern entstanden, konnte der Prophet jederzeit befragt werden. Doch ohne Muhammad, durch dessen Mund Gott sprach, stand die Umma vor der schier unlösbaren Aufgabe herauszufinden, was der Prophet zu einer bestimmten Frage gesagt oder getan hätte.

Jetzt mußte der Prophet durch jemanden ersetzt werden, der die Stabilität und Integrität der Gemeinschaft trotz der zahlreichen Herausforderungen bewahren konnte. Bedauerlicherweise herrschte in der Frage der Nachfolge kein Konsens. Die *ansar* in Medina hatten bereits einen aus ihren Reihen zum Oberhaupt gewählt: Sa'd ibn Ubaida, den Schaich der Chazradsch, einen frommen Mann und Muslim der ersten Stunde. Die Bewohner Medinas waren überzeugt, aufgrund ihrer Unterstützung des Propheten eine herausragende Stellung innerhalb der Umma zu besitzen, doch die Mekkaner und insbesondere die ehemaligen Angehörigen der Quraisch-Aristokratie, die in Mekka immer noch das Sagen hatte, zeigten keine Bereitschaft, sich von einem Medinenser regieren zu lassen. Selbst den Kompromißvorschlag einiger *ansar*, einen Mekkaner und einen Medinenser gemeinsam zum Oberhaupt zu bestimmen, lehnten die Quraisch ab.

Bald wurde klar, daß die Einheit und ein gewisses Maß an historischer Kontinuität der Umma nur dann gewährleistet war, wenn ein Abkömmling des quraischitischen Clans, und zwar einer der frühen Prophetengefährten (*muhadschirun*), die 622 die Hidschra nach Medina unternommen hatten, zu Muhammads Nachfolger bestimmt werde. Muhammads Clan, die Banu Haschim, nunmehr *ahl al-bait* genannt, die «Leute des Hauses [des Propheten]», stimmten dem zu, obwohl sie überzeugt waren, der Prophet hätte einen aus seinem eigenen Clan als Nachfolger gewünscht. Tatsächlich waren nicht wenige Muslime überzeugt, Muhammad habe auf seiner letzten Wallfahrt nach Mekka seinen Vetter und Schwiegersohn Ali öffentlich als Nachfolger designiert. Auf seinem Rückweg nach Medina habe Muhammad in der Oase Ghadir al-Chumm haltgemacht und erklärt: «Allen, denen ich gebiete, soll auch Ali gebieten (*maula*).» Eine etwa gleich große Zahl von Muslimen bestritt die Szene und lehnte die privilegierte Stellung der Banu Haschim als *ahl al-bait* entschieden ab.

Um den Streitigkeiten ein Ende zu setzen, kamen Abu Bakr, Umar und ein führender Prophetengefährte namens Abu Ubaida mit einer Gruppe der *ansar* zu einer traditionellen *schura* zusammen, einer beratenden Versammlung der Stammesführer (genaugenommen «stürmten» diese drei eine *schura*, die die *ansar* einberufen hatten). Über dieses historische Treffen wurde viel geschrieben, doch bis heute ist unklar, wer teilnahm und was genau dort verhandelt wurde. Sicher ist nur, daß am Ende der Sitzung Abu Bakr auf Drängen Umars und Abu Ubaidas zum Führer der muslimischen Gemeinschaft bestimmt wurde und den passenden, wenn auch recht vagen Titel eines *Chalifat Rasul Allah*, eines «Nachfolgers des Gesandten Gottes» oder Kalifen, erhielt.

Keiner wußte genau, was dieser Titel bezeichnete. Im Koran werden Adam und David als Kalifen Gottes bezeichnet (2, 30; 38, 26), als Gottes «Sachwalter» oder «Vizeregenten» auf Erden. Doch das entsprach nicht der Funktion, in der man Abu Bakr sehen wollte. Entgegen der Ansicht von Patricia Crone und Martin Hinds deutet vieles darauf hin, daß das

Kalifat kein Amt mit großem religiösem Einfluß war. Der Kalif war zwar für die Aufrechterhaltung der Institutionen des muslimischen Glaubens verantwortlich, aber bei der Regelung der religiösen Praxis spielte er keine herausragende Rolle. Mit anderen Worten: Abu Bakr trat an die Stelle des Propheten in dessen Eigenschaft als Führer der Umma, aber ohne dessen prophetische Autorität. Muhammad war tot; und damit gab es auch keinen Gesandten Gottes mehr.

Die gewollte Uneindeutigkeit dieses Titels erwies sich als großer Vorteil für Abu Bakr und seine unmittelbaren Nachfolger, hatten sie damit doch die Möglichkeit, ihre Position selbst zu definieren – was sie auf sehr unterschiedliche Weise taten. Abu Bakr verstand das Kalifat als ein *weltliches* Amt – ähnlich dem traditionellen Stammesschaich, dem «Ersten unter Gleichen» –, das durch den Verantwortungsbereich des obersten Kriegsherrn *(qa'id)* und obersten Richters ergänzt wurde. So war es schon zu Muhammads Lebzeiten gewesen. Als rein säkulares Oberhaupt war Abu Bakr in seinen Machtbefugnissen jedoch durchaus beschränkt. Wie alle Schaichs mußte auch er seine Entscheidungen im Rahmen einer kollektiven Beratung treffen, und während seines gesamten Kalifats übte er den Kaufmannsberuf aus, der ihm ein so geringes Einkommen brachte, daß er gelegentlich die Nachbarskuh molk. Abu Bakrs Hauptverantwortung, wie er selbst sie verstand, lag in der Wahrung des Zusammenhalts und der Stabilität der Umma, so daß die Muslime unter seinem Schutz Gott in Frieden anbeten konnten. Da jedoch seine Befehlsgewalt auf den weltlich-politischen Bereich begrenzt war, hatte er keine Befugnis, diese gottesdienstlichen Pflichten genau festzulegen. Und damit war der Weg frei für die Entstehung einer neuen Klasse von Experten. Diesen *Ulama* oder «Gelehrten» oblag es, die Umma auf dem rechten Weg zu führen.

Wie wir sehen werden, schufen die Ulama einen Verhaltenskodex, der alle Lebensbereiche der Gläubigen regelte. Und obwohl man diese Geistlichen und scholastischen Theologen nicht als eine geschlossene, monolithische Gruppe betrachten darf, kann ihr Einfluß auf die Glaubensnormen und die religiöse Praxis gar nicht hoch genug eingeschätzt werden. Kalifen kamen und gingen, das Kalifat als weltlich-politische Institution verfiel, doch die Ulama und ihre religiösen Institutionen gewannen im Laufe der Zeit immer größere Macht.

Als Nachfolger Muhammads war Abu Bakr in mehrfacher Hinsicht die perfekte Wahl. Mit Beinamen *al-Siddiq*, der «Getreue», war er ein zutiefst frommer, allseits geachteter Mann, ein Muslim der ersten Stunde und Muhammads engster Vertrauter. Die Tatsache, daß er während der langen Krankheit des Propheten das Freitagsgebet leitete, war für viele der Beweis, daß Muhammad mit ihm als Nachfolger einverstanden gewesen wäre.

Als Kalif einte er die Gemeinschaft unter einem Banner und leitete eine Epoche der militärischen Triumphe und sozialen Eintracht ein, die in der muslimischen Welt das Goldene Zeitalter des Islams genannt wird. Es waren Abu Bakr und seine unmittelbaren Nachfolger – die ersten vier Kalifen, die sogenannten *raschidun* oder «Rechtgeleiteten» –, unter denen die Saat aufging, die Muhammad im Hidschaz ausgestreut hatte. Während sich die Umma nach Nordafrika, auf den indischen Subkontinent und in Teile Europas ausbreitete, bemühten sich die Rechtgeleiteten, die Grundprinzipien Muhammads – Kampf für Gerechtigkeit, Gleichheit aller Gläubigen, Fürsorge für die Armen und Benachteiligten – als verbindlich für die ganze Gemeinschaft zu wahren. Doch Zwistigkeiten und unaufhörliche Machtkämpfe spalteten die Gemeinschaft in rivalisierende Gruppen. Schließlich wurde das Kalifat zu jener Herrschaftsform, die die alten Araber geradezu verachtet hatten: zur absoluten Monarchie.

Wie in jeder sakralen Geschichte gilt auch für die Zeit der Rechtgeleiteten, daß die Prozesse vielschichtiger waren, als es die Überlieferungen nahelegen. Das sogenannte Goldene Zeitalter des Islams war in Wirklichkeit alles andere als eine Epoche der religiösen Eintracht und politischen Harmonie. Nach Muhammads Tod herrschte Uneinigkeit in zahllosen Fragen: Welches war die richtige Interpretation der Worte und Taten des Propheten? Wer war überhaupt berechtigt, solche Interpretationen vorzutragen? Wer war das geeignete Oberhaupt der Gemeinschaft? Und wie sollte die Gemeinschaft geführt werden? Unklarheit herrschte sogar darüber, wer als Mitglied der Umma betrachtet werden sollte, oder was man tun mußte, um das Seelenheil zu erlangen.

Und wie bei allen großen Religionen waren es eben diese Streitigkeiten und manchmal sogar blutigen Konflikte im Ringen um den Willen Gottes nach Abberufung seines Propheten, aus denen die wunderbare Vielfalt der muslimischen Glaubensinstitutionen hervorgehen sollte. Sowenig man die verschiedenen Strömungen nach Jesu Tod – das messianische Judentum des Petrus, die hellenistische Heilsreligion des Paulus, die Gnosis der Ägypter und die mystischen Bewegungen im Osten – strenggenommen unter dem Begriff eines einheitlichen Christentums subsumieren kann, so wenig korrekt ist es, die nach Muhammads Tod entstandenen Strömungen als «den Islam» zu bezeichnen. Der frühe Islam war zwar dogmatisch bei weitem nicht so zerrissen wie das frühe Christentum. Trotzdem gab es politische und (wie wir im folgenden Kapitel sehen werden) religiöse Spaltungen innerhalb der frühmuslimischen Gemeinschaft, die dem islamischen Glauben ihren Stempel aufdrückten.

Schon die Wahl Abu Bakrs zum Kalifen verlief wenig harmonisch. Der Überlieferung zufolge nahmen nur ein paar der wichtigsten Prophetengefährten an der *schura* teil. Der einzig ernstzunehmende Konkurrent um die Führung der muslimischen Gemeinschaft wurde von dem Treffen erst unterrichtet, als es schon vorbei war: Während Abu Bakr den Treueid (*baiʿa*) entgegennahm, wusch Ali den Leichnam des Propheten und bereitete ihn für das Begräbnis vor. Die Banu Haschim schäumten vor Wut und erklärten, ohne die Teilnahme Alis sei die *schura* nicht repräsentativ für die gesamte Umma. Auch die *ansar*, die Ali als Medinenser und damit als «einen der Ihren» ansahen, beklagten sich bitter über dessen Ausschluß. Beide Gruppen verweigerten dem neuen Kalifen die Gefolgschaft.

Viele in der muslimischen Führung, insbesondere Abu Bakr und Umar, rechtfertigten Alis Ausschluß damit, er sei noch zu jung, um die Umma zu leiten. Übernähme er das Amt, wäre dies dem Erbkönigtum (*mulk*) vergleichbar – ein Argument, das muslimische Gelehrte und Historiker bis heute wiederholen. Im ersten Band seiner *Islamic History* schreibt M. A. Shaban, Ali sei nie ein ernsthafter Anwärter auf das Amt des ersten Kalifen gewesen, weil die Araber nicht bereit waren, «jungen und unerfahrenen Männern große Verantwortung zu übertragen». Henri Lammens pflichtet dem bei und verweist darauf, daß den Arabern die Erblichkeit von Ämtern ein Greuel war und Ali deshalb rechtmäßig nicht der Nachfolger Muhammads werden konnte. Die meisten Islamforscher stimmen Montgomery Watt zu, dem zufolge Abu Bakr «die naheliegende und [einzig mögliche] Wahl» gewesen sei.

Doch diese Argumente überzeugen nicht. Ali war vielleicht jung (zum Zeitpunkt von Muhammads Tod war er immerhin dreißig Jahre alt), «unerfahren» war er ganz bestimmt nicht. Als erster männlicher Muslim und einer der größten Kämpfer des Islams war Ali wegen seiner spirituellen Reife und seiner militärischen Tapferkeit weithin anerkannt. In Medina fungierte er als Muhammads persönlicher Sekretär und war sein Fahnenträger bei vielen wichtigen Schlachten. Während Muhammads Abwesenheit leitete er regelmäßig die Umma und hatte, wie Moojan Momen bemerkt, als einziger ungehindert Zugang zum Haus des Propheten. Und gewiß hatte keiner in der Gemeinde vergessen, daß einzig und allein Ali dem Propheten bei der Säuberung der Ka'ba hatte helfen dürfen.

Der Beweis für Alis Qualifikation trotz seiner Jugend liegt in der Tatsache, daß nicht nur die Banu Haschim auf ihm als dem Nachfolger des Propheten bestanden. Der Vetter und Schwiegersohn des Propheten wurde auch von der Mehrheit der *ansar* aus den Clans der Aus und der Chazradsch sowie den Abd Schams und den Abd Manaf (zwei mächtigen und einflußreichen quraischitischen Clans) und zudem von zahlreichen maßgeblichen Gefährten Muhammads unterstützt.

Des weiteren wurde, wie Wilferd Madelung in seinem Standardwerk *The Succession to Muhammad* schreibt, die erbliche Nachfolge zwar von den beduinischen Arabern abgelehnt, bei den aristokratischen Quraisch jedoch galt sie durchaus nicht als etwas Ungewöhnliches. Die Quraisch wählten regelmäßig Angehörige ihrer eigenen Familien zu ihren Nachfolgern in angesehenen Positionen, weil nach allgemeiner Überzeugung vortreffliche Eigenschaften von einer Generation auf die nächste vererbt wurden. Und auch der Koran betont mehrfach die Bedeutung der Blutsverwandtschaft (2, 177 und 215) und weist Muhammads Familie – den *ahl al-bait* – eine herausragende Stellung innerhalb der Umma zu, wie sie auch die Familien früherer Propheten innegehabt hatten.

Diesen Aspekt sollte man nicht außer acht lassen. Auch wenn also die Ansichten über Alis Qualifikation auseinandergingen: Kein Muslim konnte ernsthaft bestreiten, daß die Nachfolger vieler biblischer Propheten und Patriarchen aus ihrem eigenen engsten Verwandtenkreis stammten. Auf Abraham folgten Isaak und Ismail; auf Isaak Jakob, auf Mose Aaron, auf David Salomo und so weiter. Mit dieser Tatsache konfrontiert, argumentierten die Gegner der Banu Haschim, als das Siegel der Propheten könne Muhammad gar keinen Erben haben. Wenn man jedoch bedenkt, wie deutlich der Koran die Übereinstimmungen zwischen Muhammad und den ihm vorausgehenden Propheten herausstellt, und wenn man zusätzlich die zahlreichen Traditionen berücksichtigt, die Parallelen zwischen Alis Beziehung zu Muhammad und Aarons Beziehung zu Mose herstellen, kann man Alis Anwartschaft auf die Prophetennachfolge nicht einfach mit dem Argument abtun, sie stehe im Widerspruch zur arabischen Ablehnung der erblichen Führerschaft.

Alis Anspruch auf Führung der Umma ist sehr viel berechtigter, als es die Überlieferung nahelegt. In Wirklichkeit war der Grund für seinen gezielten Ausschluß aus der *schura* weder sein geringes Alter noch die Abneigung der Araber gegen die erbliche Nachfolge. Ali wurde vielmehr deshalb ausgeschlossen, weil die größeren und reicheren quraischitischen Clans eine Störung des Kräftegleichgewichts in der Umma befürchteten, falls religiöse Befehlsgewalt und Kalifat in der Hand eines einzigen Clans, noch dazu eines so unbedeutenden wie den Haschim, lägen. Einige Mitglieder der Gemeinschaft, allen voran Abu Bakr und Umar, bewegte darüber hinaus wohl die Sorge, daß durch eine Erbnachfolge innerhalb der *ahl al-bait* die Grenzen zwischen der religiösen Autorität des Propheten und der weltlichen Autorität des Kalifen verwischt würden.

Wie auch immer, die Befürworter Alis ließen sich nicht zum Schweigen bringen. Die Aufgabe zu vermitteln fiel Umar zu. Nachdem er bereits Sa'd ibn Ubaida, den Führer der *ansar*, beschwichtigt hatte, begab sich Umar zum Haus der Fatima, Alis Ehefrau und Muhammads Tochter. Er drohte, es in Brand zu stecken, falls sie und die anderen Angehörigen der Banu Haschim nicht den Willen der *schura* akzeptierten. Glücklicherweise hielt ihn Abu Bakr im letzten Augenblick zurück. Die Botschaft aber war unmißverständlich: Die Umma war viel zu instabil und die politische Lage im Hidschaz zu prekär, um einen offenen Dissens zu dulden. Ali gab nach. Um der Einheit der Gemeinschaft willen unterwarf er sich mit seiner ganzen Familie und schwor Abu Bakr den Treueid, allerdings erst nach sechs Monaten.

In diesen Turbulenzen der Nachfolgeregelung sollte man ein Detail nicht aus dem Auge verlieren. Unter den Muslimen herrschte die einhellige Überzeugung, daß der Aufstieg Abu Bakrs zum Kalifen auf irgendeine Weise vom Volk bestätigt werden mußte, wenn auch nicht im Zuge eines demokratischen Prozesses. Abu Bakr war von der beratenden Versammlung einer ausgewählten Gruppe von Stammesältesten, nicht von der Umma, gewählt worden. Das Bemühen der Prophetengefährten um den Anschein von Einstimmigkeit ist Beweis genug, daß Abu Bakrs Ernennung ohne den Konsens der ganzen Gemeinschaft wertlos war. Nach dem Antritt seines Kalifats also trat Abu Bakr vor die Umma und verkündete demütig: «Seht, mir wurde die Führung übertragen. Ich bin nicht der Beste unter euch. Ich brauche euren Rat und euren Beistand. Wenn ich recht tue, so helft mir; tue ich Unrecht, so bringt mich auf den rechten Weg … Folgt mir, solange ich Gott und seinem Gesandten folge; und wenn ich den Vorschriften Gottes und des Propheten zuwiderhandle, seid auch ihr mir keinen Gehorsam schuldig.»

Aus heutiger Sicht mag die Regelung der Nachfolge chaotisch erscheinen, ungeordnet und erpresserisch; manipulativ, um das mindeste zu sagen. Aber es war dennoch ein Prozeß der Entscheidungsfindung. Vom Nil bis zum Oxus und darüber hinaus war ein solches Experiment der Volkssouveränität nie zuvor ins Auge gefaßt, geschweige denn durchgeführt worden.

Abu Bakrs Regierungszeit war mit zweieinhalb Jahren kurz, aber ausgesprochen erfolgreich. Zu seinen wichtigsten Leistungen als Kalif zählen seine Feldzüge gegen die «falschen Propheten» und gegen die Stämme, die keinen Zehnt mehr bezahlten, weil für sie, ganz im Geist des althergebrachten Stammesdenkens, mit Muhammads Tod ihr Treuegelöbnis erloschen war. Abu Bakr erkannte, daß der Abfall dieser Stämme die politische Stabilität der Umma empfindlich schwächen und das kleine muslimische Gemeinwesen in Medina wirtschaftlich ruinieren würde. Daher ließ er die Aufstände erbarmungslos niederschlagen. Die *ridda*-Kriege, wie diese Militäroperationen später genannt wurden, vermittelten den arabischen Stämmen die eindrucksvolle Botschaft, daß sie nicht einem sterblichen Schaich, sondern der unsterblichen Gemeinschaft Gottes die

Gefolgschaft geschworen hatten. Eine Zurücknahme dieses Eids wäre folglich Verrat an der Umma und eine Sünde gegen Gott.

Die *ridda*-Kriege waren Ausdruck von Abu Bakrs Wunsch, den Zusammenhalt der Araber unter dem unvergänglichen Banner des Islams und der zentralen Befehlsgewalt Medinas zu wahren. Er wollte verhindern, daß sich Muhammads Gemeinschaft wieder zu dem alten Stammessystem zurückentwickelte. Es waren keine Religionskriege; die Feldzüge dienten rein politischen Interessen Medinas. Doch bedauerlicherweise hatten die *ridda*-Kriege zur Folge, daß Verrat (Leugnung der zentralen Autorität des Kalifen) von nun an mit Apostasie (Abfall vom Glauben) gleichgesetzt wurde.

Wie territoriale Expansion und religiöser Bekehrungseifer wurden Apostasie und Verrat im Arabien des 7. Jahrhunderts zu nahezu identischen Begriffen. Diese inhaltliche Verknüpfung blieb im Islam erhalten, so daß es bis heute Muslime gibt, die völlig unbegründet und im Widerspruch zum Koran der Ansicht sind, Apostasie und Verrat verdienten dieselbe Strafe, nämlich den Tod. Es ist diese Überzeugung, die den Ulama in einigen muslimischen Ländern die Macht verliehen hat, Glaubensabtrünnige, die mit der jeweils herrschenden Deutung des Islams nicht übereinstimmen, mit dem Tod zu bestrafen.

Als Kalif traf Abu Bakr noch eine weitere denkwürdige Entscheidung. Unter Berufung auf eine angebliche Äußerung Muhammads («wir [die Propheten] vererben nichts; was wir hinterlassen, gehört den Armen») enterbte er Ali und Fatima und entzog ihnen das Recht auf Muhammads Besitz. Die Familie des Propheten war damit für ihren Lebensunterhalt auf die Almosen der Gemeinschaft angewiesen. In Anbetracht der Tatsache, daß es keine weiteren Zeugen für diese Äußerung Muhammads gab, ein erstaunlicher Schritt. Noch problematischer wird die Sache dadurch, daß Abu Bakr Muhammads Ehefrauen großzügig versorgte, indem er ihnen das Haus des Propheten überließ. Seiner eigenen Tochter Aischa übertrug er sogar einen Teil von Muhammads Eigentum in Medina.

Diese Maßnahmen Abu Bakrs werden vielfach als ein Versuch gedeutet, die Banu Haschim zu schwächen und den *ahl al-bait* ihren privilegierten Status als Familie des Propheten zu entziehen. Denkbar ist aber auch, daß er mit der Fürsorge für Muhammads Frauen und der Wahrung ihrer Reinheit der Gemeinschaft signalisieren wollte, die wirklichen *ahl al-bait* seien Aischa und die anderen «Mütter der Gläubigen».

Überrascht von Abu Bakrs Beschluß, nahm Ali sein Schicksal dennoch widerspruchslos hin. Fatima dagegen war untröstlich. Binnen weniger Monate hatte sie ihren Vater, ihr Erbe und ihre ganze Lebensgrundlage verloren. Sie sprach nie wieder ein Wort mit Abu Bakr, und als sie wenig später starb, trug Ali sie in der Stille der Nacht zu Grabe, ohne dem Kalifen Bescheid zu geben.

Einige Islamwissenschaftler waren lange der Ansicht, hinter Abu Bakrs Entscheidung, Ali zu enterben und den *ahl al-bait* die Macht zu entziehen, stecke ein anderes Motiv. Und tatsächlich scheint Abu Bakr während seines kurzen Kalifats alles getan zu haben, um Alis Anspruch auf eine Führungsposition innerhalb der Umma zu untergraben. Dahinter stand die Überzeugung, religiöse und weltliche Gewalt dürften nicht von einem einzigen Clan ausgeübt, sie müßten vielmehr strikt getrennt werden. Gleichwohl lassen sich persönliche Animositäten zwischen Abu Bakr und Ali nicht leugnen. Bereits zu Lebzeiten Muhammads hatte es Spannungen zwischen ihnen gegeben. Ein Beispiel ist die berüchtigte «Halsbandaffäre».

Auf dem Rückweg von einem Raubzug gegen die Banu al-Mustaliq blieb Aischa, die Muhammad stets begleitete, ob er nun in die Schlacht zog oder einen Vertrag aushandelte, in einem der Lager zurück. Sie hatte sich entfernt, um sich zu erleichtern, und dabei ein Halsband verloren, das Muhammad ihr geschenkt hatte. Während sie sich auf die Suche machte, brach die Karawane auf, und in der Annahme, Aischa befände sich in ihrer verhüllten Sänfte, hob man diese auf ihr Kamel; ihre Abwesenheit wurde erst am folgenden Morgen bemerkt. Noch während die Männer verzweifelt nach Muhammads geliebter Frau suchten, tauchte plötzlich ein Kamel auf – beladen mit Aischa und Safwan ibn al-Mu'attal, einem gutaussehenden jungen Araber, den Aischa schon seit ihrer Kindheit kannte.

Safwan war in der Wüste auf Aischa gestoßen und hatte sie trotz ihres Schleiers (der *hidschab*-Vers war kurz zuvor geoffenbart worden) sofort erkannt. «Warum bist du zurückgeblieben?» fragte er.

Aischa antwortete nicht, um ihren *hidschab* zu wahren.

Safwan verstand ihr Dilemma, wollte sie aber nicht in der Wüste zurücklassen. Er lenkte sein Kamel zu ihr und streckte ihr die Hand entgegen. «Steig auf», sagte er. «Gott habe Erbarmen mit dir.» Aischa zögerte einen Augenblick, dann stieg sie auf. Safwan beeilte sich, die

Karawane einzuholen, doch sie erreichten das Lager erst am folgenden Morgen.

Der Anblick von Muhammads verschleierter Frau auf dem Kamel hinter Safwan ließ die Gerüchteküche brodeln. Als Muhammad von der Geschichte hörte, reagierte er unsicher. Zwar konnte er nicht glauben, daß zwischen Aischa und Safwan etwas gewesen war, aber es wurde böswillig geklatscht. Seine Feinde hatten schon genüßlich unanständige Verse in Umlauf gebracht. Der Prophet verhielt sich zunehmend kühl und abweisend gegenüber seiner Frau. Als er sie aufforderte zu gestehen, damit die Sache beigelegt werden könne und Gott ihr vergebe, wurde Aischa wütend. «Bei Gott», rief sie, «ich werde nichts von dem zugeben, was du verlangst.» Gekränkt und ohne eine Entschuldigung stürmte sie aus Muhammads Haus und ging zurück zu ihrer Mutter.

Doch Muhammad vermißte seine Lieblingsfrau. Eines Tages fragte er voller Verzweiflung: «Warum kränkt man mich und meine Familie und sagt unwahre Dinge über sie?»

Obwohl die meisten seiner Ratgeber von Aischas Schuld überzeugt waren, überboten sie sich jetzt im Lob über Aischas Keuschheit. «Wir können nur Gutes [über deine Frauen] sagen», erklärten sie. Einzig Ali bestand darauf, Muhammad müsse sich scheiden lassen, um seinen Ruf nicht weiter zu beschädigen, egal, ob Aischa schuldig oder unschuldig sei. Darüber empörte sich Aischas Vater Abu Bakr.

Schließlich erhielt Muhammad eine Offenbarung, die Aischa vom Vorwurf des Ehebruchs freisprach. Überglücklich eilte er zu ihr und rief: «Freue dich, Aischa! Gott hat deine Unschuld geoffenbart!»

Aischa, der Überlieferung zufolge die einzige, die Muhammad widersprechen durfte, sagte: «Gott sei gepriesen, du aber getadelt!» Trotzdem, ihre Ehre war wiederhergestellt und die Sache vergessen. Doch weder Aischa noch Abu Bakr haben Ali je verziehen.

Die Kluft zwischen den beiden Männern vertiefte sich, als Abu Bakr Umar zu seinem Nachfolger bestimmte, ohne eine beratende Versammlung einzuberufen. Wie Wilferd Madelung zeigen konnte, gibt es für diesen Schritt Abu Bakrs nur eine plausible Erklärung. Eine *schura* hätte die Debatte über die Nachfolgeansprüche der Prophetenfamilie neu entfacht, und dann wäre womöglich Ali designiert worden, dessen Popularität in den vergangenen zwei Jahren zugenommen hatte. Er genoß bereits die Unterstützung einiger einflußreicher Clans und Gefährten Muhammads, und deshalb hätte es leicht passieren können, daß bis dahin neutrale Clans seine Kandidatur unterstützten. Gewiß, das ureigene Interesse der quraischitischen Aristokratie am Erhalt des Status quo machte Alis Wahl alles andere als sicher. Wären jedoch der überaus beliebte Ali und der strenge und frauenfeindliche Hitzkopf Umar gegeneinander angetreten, hätte Umar gewiß den kürzeren gezogen. Um dieses Risiko zu vermeiden, setzte sich Abu Bakr über die Stammestradition und die Gepflogenheit der muslimischen Gemeinschaft hinweg und designierte Umar, auch wenn dessen Ernennung zum Kalifen durch die Gemeinschaft erst noch bestätigt werden mußte.

Als Kalif agierte Umar so, wie es sich Muhammad vorgestellt hatte – als ein glänzender, entschlossener Führer. Großgewachsen, muskulös und glatzköpfig, bot er ein furchteinflößendes Erscheinungsbild und überragte alle an Größe, «als säße er auf einem Pferd.» Im Herzen ein Kämpfer, hielt er zwar am Kalifat als säkularem Amt fest, betonte jedoch seine Rolle als Kriegsherr, indem er zusätzlich den traditionellen Titel eines *amir al-mu'minin*, eines «Befehlshabers der Gläubigen», annahm. Sein militärisches Geschick führte im Jahr 634 zur Niederschlagung der byzantinischen Armee im südlichen Syrien und zur Einnahme von Damaskus ein Jahr darauf. Mit Hilfe der jüdischen Gemeinschaft Syriens, die er aus byzantinischer Unterdrückung befreite, vernichtete er die iranisch-sasanidische Streitmacht in Qadisiyya und eroberte anschließend das Großreich der Sasaniden. Ägypten und Libyen fielen ihm fast kampflos zu, ebenso Jerusalem, dessen Eroberung die Krönung seiner Feldzüge darstellte.

Und Umar war ein besserer Diplomat, als man geglaubt hatte. Er erkannte die Notwendigkeit, die nichtarabischen Konvertiten zu befrieden, deren Zahl noch zu seinen Lebzeiten die der Araber überstieg, behandelte die besiegten Feinde als gleichberechtigte Mitglieder der Umma und strebte nach Überwindung der ethnischen Differenzen. Nichtaraber mußten allerdings weiterhin Vasallen der Araber werden, bevor sie zum Islam übertreten konnten. Die Reichtümer, die im Zuge dieser militärischen Eroberungen nach Medina flossen, wurden unter allen Bewohnern, auch den Kindern, gleichmäßig verteilt. Umar tat alles, um die Macht der einstigen quraischitischen Aristokratie zu brechen, und konsolidierte seine zentrale Herrschaft durch die Ernennung von Statthaltern (Emiren) in den nahen und fernen muslimischen Provinzen.

Gleichzeitig wies er seine Emire an, die lokalen Sitten und Gepflogenheiten zu respektieren und keine radikalen Veränderungen einzuführen, wie es frühere Statthalter getan hatten. Seine Neuordnung des Steuer- und Abgabensystems brachte der Umma enormen Wohlstand. Er schuf ein stehendes Heer gut ausgebildeter Soldaten, stationiert in Garnisonen am Rande der Provinzen, um das Leben in den örtlichen Gemeinschaften nicht zu beeinträchtigen.

Umar bemühte sich auch, den Bruch mit Ali zu kitten, indem er den Banu Haschim entgegenkam. Zwar gab er Ali sein Erbe nicht zurück, händigte aber Muhammads Besitzungen in Medina den *ahl al-bait* als Stiftung aus, heiratete Alis Tochter und beteiligte Ali an der Staatsführung, indem er ihn bei wichtigen Entscheidungen zu Rate zog. Tatsächlich traf Umar kaum eine Entscheidung, ohne sich mit einflußreichen Prophetengefährten zu beraten, die er ständig um sich hatte – vielleicht weil er wußte, daß er seine Ernennung, obwohl von der Umma sanktioniert, nicht dem traditionellen Verfahren verdankte. Stets bedacht darauf, keine despotischen Entscheidungen zu treffen, soll er einmal gesagt haben: «Wenn ich [ein] König bin, ist es furchtbar.»

Obwohl er sich um eine Aussöhnung mit den Banu Haschim bemühte, hielt er dogmatisch an dem Grundsatz fest, daß die Propheten- und die Kalifatswürde nicht von einem einzigen Clan beansprucht werden dürfe. Ja, die Anerkennung dieses Grundsatzes – eingedenk Muhammads Äußerung, er habe keine Erben – wurde für Umar Teil des Treueschwurs. Wie Abu Bakr war auch Umar überzeugt, eine solche Konzentration der Macht in den Händen der Banu Haschim schade der muslimischen Gemeinschaft. Allerdings konnte er Alis wachsende Popularität auch nicht ganz ignorieren. Um nicht denselben Fehler zu machen wie Abu Bakr, der die Banu Haschim vor den Kopf gestoßen hatte, verzichtete Umar darauf, einen Nachfolger zu benennen, sondern berief eine traditionelle *schura* ein.

Auf dem Sterbebett (er wurde von einem persischen Sklaven, einem Wahnsinnigen namens Firuz, mit dem Messer niedergestochen) rief Umar die sechs wichtigsten Anwärter auf das Kalifat zu sich, darunter auch Ali, und gab ihnen drei Tage Zeit, aus ihren Reihen einen Kalifen zu bestimmen, der nach Umars Tod die Gemeinschaft führen sollte. Am Ende standen zwei Männer zur Auswahl: Ali, der Sproß der Banu Haschim, und der eher unscheinbare siebzigjährige Uthman ibn Affan.

Als reicher Angehöriger des Clans der Umayya, aus dem Muhammads erbittertste Gegenspieler Abu Sufyan und Hind stammten, war Uthman ein echter Quraisch. Schon früh zum Islam übergetreten, war er nie durch besondere Führungsqualitäten aufgefallen. Er war ein Kaufmann, kein Krieger. Muhammad blieb Uthman zwar in tiefer Zuneigung verbunden, vertraute ihm aber nie die Durchführung eines Raubzugs oder eines Feldzugs an, Aufgaben, die fast alle anderen Teilnehmer der *schura* mehr als einmal übernommen hatten. Doch genau diese Unerfahrenheit und der Mangel an politischem Ehrgeiz machten Uthman so attraktiv für dieses Amt. Er war die ideale Alternative zu Ali: ein besonnener, zuverlässiger alter Mann, von dem man ganz bestimmt keine waghalsigen Unternehmungen zu erwarten hatte.

Schließlich stellte Abd al-Rahman Ali und Uthman zwei Fragen. Obwohl Uthmans Schwager, war Abd al-Rahman zum *hakam* zwischen den beiden Männern bestimmt worden. Die erste Frage lautete, ob sie entsprechend den Grundsätzen des Korans und dem Beispiel Muhammads regieren würden. Beide bejahten. Dann folgte die unerwartete Frage, ob sie als Kalif den von ihren Vorgängern Abu Bakr und Umar eingeschlagenen Weg fortsetzen würden.

Damit stellte Abd al-Rahman nicht nur eine völlig neue Bedingung an das künftige Oberhaupt der Gemeinschaft, sondern wollte ganz offensichtlich einen der beiden Kandidaten disqualifizieren. Denn während Uthman erwiderte, er werde in allen seinen Entscheidungen als Kalif dem Beispiel seiner Vorgänger folgen, blickte Ali abschätzig in die Runde und sagte unumwunden: «Nein.» Er werde nur Gott und seinem eigenen Urteil folgen.

Damit stand die Entscheidung fest. Die Wahl Uthmans zum dritten Kalifen wurde 644 n. Chr. von der Umma prompt bestätigt.

Die Banu Haschim waren empört gewesen, als Ali zugunsten Abu Bakrs übergangen wurde. Doch Abu Bakr war ein hochangesehener Muslim mit tadellosen Referenzen. Sie waren wütend gewesen, als Abu Bakr Umar und nicht Ali zu seinem Nachfolger ernannte. Doch auch Umar war eine starke Führungspersönlichkeit, und so beschränkten sie sich darauf, ihren Protest kundzutun. Als jedoch Uthman zum Kalifen ernannt wurde, war das Maß voll.

Für viele in der Gemeinschaft stand fest, daß man mit der Ernennung

Uthmans zum neuen Kalifen der alten quraischitischen Aristokratie einen Gefallen tun wollte, die bestrebt war, ihren alten Status als soziale Elite Arabiens zurückzuerobern. Mit Uthman kam im Hidschaz abermals das Haus Umayya an die Macht, das schon vor der Eroberung der Region durch Muhammad im Namen des Islams die Führung innehatte. Den *ahl al-bait* entging nicht die Ironie, die darin lag, ausgerechnet dem Clan die Treue zu schwören, der einst Muhammads Erzfeind gewesen war. Und statt der Spaltung der Gemeinschaft entgegenzuwirken, verschärfte Uthman die Situation durch seine dreiste Vetternwirtschaft und seine Unfähigkeit als Führer der Gemeinschaft.

Uthman ersetzte fast alle bisherigen Statthalter auf muslimischem Territorium durch Mitglieder seiner eigenen Familie, um die Vorrangstellung seines Clans zu festigen. Er griff in die Staatskasse und verteilte immense Geldsummen an seine Verwandten. Und schließlich vollzog er einen Bruch mit der Tradition, indem er sich den bis dahin undenkbaren Titel eines *Chalifat Allah* («Vertreter Gottes») zulegte, den Abu Bakr ausdrücklich abgelehnt hatte. Für Uthmans zahlreiche Gegner war dies ein Beweis für seine Selbstherrlichkeit. Der Kalif betrachtete sich offensichtlich nicht als Bevollmächtigten des Gesandten, sondern als Stellvertreter Gottes auf Erden.

Uthman schuf sich mit seinen Maßnahmen nur Feinde. Außer den Banu Haschim und den *ansar* stellten sich jetzt auch mehrere mit den Umayya rivalisierende Clans (die Banu Zuhra, die Banu Machzum und die Abd Schams) sowie einige der einflußreichsten Prophetengefährten gegen ihn, darunter Aischa und Abd al-Rahman, Uthmans Schwager, der ihm als Schiedsrichter in der *schura* zum Kalifat verholfen hatte. Mit seinen zahlreichen rücksichtslosen Entscheidungen verärgerte er die ganze muslimische Gemeinschaft, die sich auch durch seine bedeutendste Leistung – die Sammlung und Kanonisierung des Korans – nicht besänftigen ließ.

Zu Lebzeiten Muhammads existierte keine einheitliche Koranausgabe im Sinne eines Buches, ja man hatte die Texte überhaupt nicht gesammelt. Die Offenbarungen, die Gott dem Propheten übermittelte, wurden vielmehr von einer neuen Klasse von Gelehrten, den *qurra* oder Koranlesern, die Muhammad persönlich unterwiesen hatte, gewissenhaft auswendig gelernt. Nur die wichtigsten Rezitationen, die juristische Fragen zum Inhalt hatten, wurden schriftlich festgehalten, vorrangig auf Knochen, Lederstücken und Palmstengeln.

Nach dem Tod des Propheten zogen die *qurra* als bevollmächtigte Koranlehrer in die muslimischen Landstriche. Doch mit dem raschen Wachstum der Umma und dem Tod der ersten Generation von Koranlesern zeigten sich bei der Rezitation leichte Abweichungen – zumeist unbedeutende Unterschiede, die auf lokale und kulturelle Besonderheiten der muslimischen Gemeinschaften im Irak, in Syrien oder Basra zurückzuführen waren und Sinn und Bedeutung der Botschaft nicht beeinflußten. Trotzdem zeigte sich die religiöse Elite in Medina beunruhigt, und es entstand der Plan, einen verbindlichen und einheitlichen Korantext zu erstellen, eine Aufgabe, um die sich Muhammad selbst nie gekümmert hatte.

Einigen Überlieferungen zufolge wurden die Texte des Korans in seiner heutigen Form unter dem Kalifat Abu Bakrs zusammengetragen. Diesen Standpunkt vertritt Theodor Nöldeke, wenngleich er einräumt, daß Abu Bakrs Redaktion keine wirkliche kanonische Verbindlichkeit besaß. Die meisten Wissenschaftler sind sich dagegen einig, daß Uthman in seiner Rolle als Vertreter Gottes um 650 n. Chr. einen festen, verbindlichen Korantext erstellen ließ. Die mittlerweile kursierenden Koransammlungen ließ er nach Medina bringen und verbrennen.

Das empörte führende Muslime im Irak, in Syrien und Ägypten, nicht weil sie der Ansicht waren, ihr Koran sei besser oder umfassender als Uthmans Sammlung – wie gesagt, waren die Abweichungen unerheblich –, sondern weil sie fanden, Uthman habe damit seine Befugnisse als weltlicher Herrscher überschritten. Auf die Kritik reagierte Uthman mit der Ächtung all jener als Ungläubige, die die Verbindlichkeit der offiziellen Koranausgabe in Frage stellten.

655 kam es in mehreren muslimischen Provinzen zur Rebellion gegen die unfähigen und oftmals korrupten Statthalter. In Medina wurde Uthman offen geschmäht. Als er einmal das Freitagsgebet in der Moschee leitete, wurde er mit Steinen beworfen. Ein Stein traf ihn an der Stirn, so daß er vom *minbar* stürzte und bewußtlos zu Boden sank. Mehrere namhafte Gefährten des Propheten aus Mekka schlossen sich zusammen und baten den Kalifen, die korrupten Statthalter abzusetzen, der Vetternwirtschaft abzuschwören und vor der ganzen Gemeinde die eigene Schuld einzuge-

stehen. Mitglieder des eigenen Clans, insbesondere sein einflußreicher, machthungriger Vetter Marwan, drängten Uthman, sich nicht zu demütigen und nur keine Schwäche zu zeigen.

Ein Jahr später fand Uthman ein gewaltsames Ende, als eine große Delegation aus Ägypten, Basra und Kufa nach Medina kam, um dem Kalifen ihre Beschwerden persönlich vorzutragen. Uthman lehnte es ab, die Aufrührer zu empfangen, und ließ ihnen durch Ali ausrichten, nach Hause zurückzukehren; er werde sich um ihre Beschwerden kümmern.

Was danach geschah, ist unklar; in den Quellen finden sich widersprüchliche Angaben. Auf dem Heimweg fing die ägyptische Delegation offenbar einen Boten mit einem Brief ab, in dem die sofortige Bestrafung der Rebellenführer verlangt wurde; der Brief trug das Siegel des Propheten. Außer sich vor Empörung, machte die Delegation kehrt und belagerte mit Unterstützung der Aufständischen aus Basra und Kufa Uthmans Haus in Medina.

Die meisten Historiker sind überzeugt, daß der Brief nicht von Uthman stammte. Er war vielleicht ein unfähiger politischer Führer, ein Selbstmörder war er nicht. Er muß gewußt haben, daß die Rebellenführer ihre Bestrafung nicht widerstandslos hinnehmen würden. Andere Wissenschaftler, darunter Leone Caetani, sehen in Ali den Urheber des Briefs und meinen, er habe Uthman stürzen und das Kalifat für sich beanspruchen wollen – eine reine Spekulation, für die es keinerlei Belege gibt. Es mag zwischen beiden Männern eine besondere Rivalität gegeben haben; und vielleicht machte sich Ali noch immer Hoffnungen auf das Kalifat. Tatsache jedoch ist, daß er während der gesamten Zeit von Uthmans Kalifat dessen loyaler Ratgeber war und alles tat, was in seiner Macht stand, um die Aufrührer zu beschwichtigen. Schließlich war es Ali, der sie überzeugte, in ihre Heimat zurückzukehren. Und noch während Uthmans Haus von den Rebellen mit gezückten Schwertern umstellt war, hielt er dem Kalifen die Treue. Alis ältester Sohn Hasan schließlich war einer der Wachen, die Uthman verteidigten, als die Aufrührer ins Haus eindrangen. Und sein zweitältester Sohn Husain brachte dem Kalifen unter Einsatz seines Lebens während der Belagerung Nahrung und Wasser.

Wahrscheinlich hat Madelung recht mit der Annahme, der wahre Schuldige sei Marwan. Auch viele aus Uthmans engstem Kreis vermuteten in ihm den Verfasser des Briefs. Marwan hatte Uthman geraten, die

Rebellen bei ihrer Ankunft hart zu bestrafen. Unter Marwans Einfluß hatte Uthman darauf verzichtet, seine Fehler einzugestehen, beispielsweise die Verteilung von Geldern aus der Staatskasse an seine Familie. Als die Prophetengefährten Uthman kritisierten, zog Marwan, der von dessen Vetternwirtschaft am meisten profitierte, sein Schwert und bedrohte die angesehenen Mitglieder der Umma in Gegenwart des Prophetennachfolgers.

Ungeachtet dessen, wer nun den Brief tatsächlich geschrieben hatte, waren die Aufständischen aus Ägypten, Basra und Kufa sowie fast alle Bewohner Medinas überzeugt, Uthman habe als Oberhaupt der Gemeinschaft versagt und müsse freiwillig von seinem Amt zurücktreten. Er habe seinen Treueid als Schaich der Umma gebrochen und damit dem Diktum Abu Bakrs zuwidergehandelt; einem Kalifen, der die Gesetze Gottes und des Propheten mißachte, sei die Umma nicht länger Gefolgschaft schuldig.

Eine Minderheit unter den Muslimen forderte Uthmans Abdankung nicht deshalb, weil er seine Treueverpflichtung vernachlässigt hatte. Ihr Argument lautete, nur ein Kalif ohne Fehl und Tadel sei würdig, die heilige Gemeinschaft Gottes zu führen. Diese kleine Fraktion mit ihrer kompromißlos radikalen Einstellung, die später unter der Bezeichnung Charidschiten bekannt wurde, spielte für das weitere Schicksal der muslimischen Gemeinde eine entscheidende Rolle.

Doch selbst als sich fast alle von ihm abgewandt hatten, weigerte sich Uthman, seine Machtstellung aufzugeben. Die Position als *Chalifat Allah* sei ihm von Gott, nicht von den Menschen verliehen worden, erklärte er, und Gott allein könne ihm den Mantel der Führerschaft wegnehmen. Als frommer Muslim lehnte es Uthman jedoch gleichermaßen ab, die Belagerung der Aufständischen gewaltsam zu beenden, hoffte er doch, das Kalifat behalten zu können, ohne das Blut seiner Glaubensbrüder zu vergießen. Er befahl daher seinen Anhängern, nicht zu kämpfen, sondern nach Hause zu gehen und zu warten, bis die Lage sich beruhigt hätte. Doch dafür war es längst zu spät.

Provoziert durch ein Gerangel, stürmten die Aufrührer ungehindert Uthmans Haus und fanden den Kalifen in aller Ruhe beim Studieren des Korans, dessen Texte er gesammelt und kodifiziert hatte. Die Aufständischen forderten ihn ein letztes Mal auf abzudanken. Als Uthman sich weigerte, stießen sie ihm ihre Schwerter in die Brust. Der Kalif fiel vornüber auf den aufgeschlagenen Koran, sein Blut tränkte die goldverzierten Seiten.

Mit der Ermordung des Kalifen durch muslimische Glaubensgenossen begann eine Ära der Wirrnisse. Die Aufrührer hatten Medina noch immer in der Hand; keiner wußte, was als nächstes geschehen würde. Nicht wenige Muslime im Hidschaz warteten nur auf die Gelegenheit, Uthmans Nachfolge anzutreten, darunter Talha ibn Ubaid Allah und Zubair ibn al-Awwam, zwei der prominentesten mekkanischen Prophetengefährten, die Muhammad aufgrund ihrer Frömmigkeit besonders herausgehoben hatte.

Und da war natürlich auch noch Ali.

Ali betete in der Moschee, als er von der Ermordung Uthmans erfuhr. Er ahnte das drohende Chaos und eilte zu seiner Familie, in Sorge vor allem um seinen Sohn Hasan, der zu Uthmans Schutz bestellt war. Am folgenden Tag, als sich eine trügerische Ruhe auf die Stadt herabsenkte, begegnete er in der Moschee einer großen Delegation von Muslimen, die ihn beschworen, den Treueid anzunehmen und Kalif zu werden. Fast fünfundzwanzig Jahre lang hatte Ali nach diesem Amt gestrebt, doch jetzt, da man es ihm antrug, lehnte er ab.

Unter den gegebenen Umständen kann Alis Reaktion kaum überraschen. Der Tod Uthmans hatte gezeigt, daß die Autorität des Kalifats noch immer vom Konsens der Umma abhängig war. In einer Situation, da die Rebellen die Stadt Medina in ihrer Gewalt hatten, es in Ägypten und im Irak zu Aufständen gekommen war, man in Mekka die Rückkehr zum Kalifat in der von Abu Bakr und Umar geprägten Form forderte und die Banu Umayya Uthmans Ermordung rächen wollten, wäre eine Bestätigung von Alis Kalifat durch die Gemeinde unmöglich gewesen. Und doch hielt ein recht großer Teil der Muslime nach all den Jahren Ali noch immer die Treue: Angehörige der *ansar*, der Banu Haschim, einige einflußreiche quraischitische Clans, mehrere maßgebliche Prophetengefährten und Gruppen nichtarabischer Muslime (vorwiegend aus Basra und Kufa), die alle unter dem gemeinsamen Namen *Schi'at Ali* («Partei Alis») zusammengefaßt wurden: die Schi'a. Trotz dieser Unterstützung ließ sich Ali erst dann den Mantel des Propheten umhängen, als seine politischen Rivalen in Mekka, unter ihnen Talha und Zubair, ihm Gefolgschaft schworen. Nachdem er darauf bestanden hatte, daß der Treueschwur in der Moschee vor der ganzen versammelten Gemeinde Medinas geleistet würde, nahm Ali ibn Abi Talib, Vetter und Schwiegersohn des Propheten, endlich seinen Platz als Oberhaupt der Umma ein. Bezeichnenderweise lehnte er den Titel des Kalifen ab, der seiner Ansicht nach von Uthman für immer befleckt worden war. Er übernahm hingegen Uthmans Beinamen *amir al-mu'minin*, »Befehlshaber der Gläubigen«.

Unterstützt von seinen Parteigängern, stellte Ali in Medina die Ordnung wieder her. Er verkündete eine Amnestie für alle, die in irgendeiner Weise an Uthmans Ermordung beteiligt waren. Er wollte Versöhnung, nicht Vergeltung und Rache. Die alten Stammessitten, so verlangte Ali, sollten überwunden werden. Er befriedete die aufständischen Provinzen, indem er fast alle Verwandten Uthmans ihrer Ämter als Statthalter enthob und an deren Stelle geeignete lokale Führer einsetzte. Doch Alis Maßnahmen, besonders die Amnestie für die Rebellen, empörten die Umayya und erleichterten es Aischa, in Mekka Verbündete gegen den neuen Kalifen zu finden. Sie machte jetzt Ali für den Tod Uthmans verantwortlich.

Aischa war nicht wirklich von Alis Schuld überzeugt. Es ging ihr nicht darum, Rache zu üben. Aischa haßte Uthman. Sie hatte bei der Erhebung gegen ihn eine nicht unerhebliche Rolle gespielt, ihr Bruder Muhammad war an der Ermordung des Kalifen sogar aktiv beteiligt. Sie folgte nur dem Grundsatz ihres Vaters Abu Bakr, daß religiöse und weltliche Macht strikt zu trennen seien, und wollte mit allen Mitteln verhindern, daß den *ahl al-bait* die Kalifatswürde zufiel. Lieber gab sie Ali die Schuld an der Ermordung Uthmans, um an dessen Stelle die Kür eines anderen Kandidaten voranzutreiben, der ihr geeigneter schien – möglichst eines ihrer engen Verbündeten Talha oder Zubair. Mit deren Unterstützung sammelte sie eine große Streitmacht von Mekkanern und führte sie, auf einem Kamel reitend, in die Schlacht gegen Alis Truppen in Medina.

Die sogenannte Kamelschlacht war der erste einer ganzen Reihe von islamischen Bürgerkriegen (*fitna*), die in den folgenden eineinhalb Jahrhunderten stattfanden. Dieser Krieg war die unvermeidliche Folge der Zwistigkeiten zwischen den Parteigängern Alis und Aischas, aber auch des Ringens der Gemeinschaft um die Definition der Rolle des Kalifen und der Umma. Oft wird diese Debatte als Auseinandersetzung zwischen den Befürwortern des Kalifats als rein säkularer Macht und denjenigen begriffen, die dieses Amt als Ausdruck weltlicher und religiöser Autorität sahen, wie sie der Prophet für sich selbst in Anspruch nehmen konnte. Doch diese eingeschränkte Sicht wird der Vielzahl von Standpunkten, die es zu dieser Frage in Arabien im 7. und 8. Jahrhundert gab, nicht gerecht.

Der erstaunliche Siegeszug des Islams in den bis dahin als uneinnehmbar geltenden Territorien des byzantinischen und sasanidischen Großreichs war für die meisten Muslime Beweis für den göttlichen Beistand. Jetzt sahen sich die Muslime durch ihre Begegnung mit fremden Völkern und Staatsformen aber auch gezwungen, ihre bisherigen Vorstellungen über den politischen Aufbau ihres Gemeinwesens zu überdenken. Und obwohl Einigkeit darüber herrschte, daß die Umma nur unter einem einzigen Oberhaupt ihren Zusammenhalt bewahren könne, fehlte nach wie vor der Konsens darüber, welche Qualifikation dieses Oberhaupt haben sollte und worin genau seine Führungsaufgabe bestand.

Auf der einen Seite gab es Muslime wie Aischa und ihre Verbündeten. Sie erkannten durchaus, daß die Gemeinschaft auf den Geboten Gottes gegründet sein müsse, hielten aber trotzdem am säkularen Charakter des Kalifats fest. Diese Partei hieß *Schi'at Uthman*, auch wenn Aischa sich keineswegs als Sachwalterin Uthmans verstand, der in ihren Augen dem von ihrem Vater und dessen Schützling Umar errichteten Kalifat schweren Schaden zugefügt hatte.

Auf der anderen Seite gab es die Banu Umayya, die nach Uthmans langer Regierungszeit der Ansicht waren, die Kalifatswürde sei nunmehr ein erbliches Amt ihres Clans. Aus diesem Grund beschloß nach Uthmans Tod dessen engster Verwandter Mu'awiya, der Emir von Damaskus und Sproß des Umayya-Clans, die Geschehnisse in Medina zu ignorieren und sich selbst zum Kalifen auszurufen. In gewisser Weise befürwortete die *Schi'at Mu'awiya*, wie seine Partei hieß, das traditionelle Ideal der Stammesführerschaft, obwohl Mu'awiya selbst wohl versuchte, nach dem Vorbild des byzantinischen und sasanidischen Großreichs zu regieren. Zwar forderte noch niemand die Errichtung eines muslimischen Königreichs, aber es wurde immer klarer, daß die Umma mittlerweile zu groß und zu reich war, um in der Form des von Muhammad in Medina etablierten «neotribalen» Systems weiterzubestehen.

Am anderen Ende des Spektrums stand die *Schi'at Ali*, die entschlossen war, an Muhammads ursprünglicher Vision der Umma festzuhalten, ungeachtet der sozialen oder politischen Konsequenzen. Einige Splittergruppen innerhalb dieser Partei glaubten zwar, der Kalif müsse auch Muhammads religiöse Befehlsgewalt ausüben, aber diese Sicht des Kalifats entsprach keineswegs der späteren schiitischen Position. Zum damaligen Zeitpunkt gab es zwischen der Schi'a und dem Rest der muslimischen Gemeinschaft, später Sunniten («Orthodoxe») genannt, keine gravierenden religiösen Differenzen. Die Partei Alis war lediglich eine politische Gruppierung, die den Anspruch der *ahl al-bait* auf die Leitung der Gemeinschaft in der Nachfolge Muhammads verteidigte.

Eine kleine Gruppe innerhalb der Schi'a vertrat jedoch die extremere Ansicht, die Herrschaft über die Umma als eine von Gott gegründete Institution komme nur dem frömmsten Mitglied der Gemeinschaft zu, ungeachtet seiner Abstammung. Diese Gruppe, später Charidschiten genannt, hatte Uthmans Ermordung damit gerechtfertigt, daß er die Gebote Gottes und das Vorbild des Propheten mißachtet habe und damit des Kalifats nicht mehr würdig gewesen sei. Die Charidschiten betonten die religiöse Autorität des Kalifats und gelten daher oft als die ersten muslimischen Theokraten. Aber es handelte sich nur um eine winzige Splittergruppe, deren radikal theokratische Position von fast allen anderen Parteien abgelehnt wurde, die um die Führung der muslimischen Gemeinschaft wetteiferten.

Was die Charidschiten für die islamische Geschichte dennoch so bedeutsam macht, ist die Tatsache, daß sie als erste versuchten, eine fest umrissene muslimische Identität zu definieren und festzulegen, wer als Muslim betrachtet werden konnte und wer nicht. Den Charidschiten zufolge sollte jeder, der den Vorschriften des Korans zuwiderhandelte oder das Beispiel des Propheten Muhammad mißachtete, als *kafir* oder Ungläubiger betrachtet und aus der Umma ausgeschlossen werden.

So klein diese Gruppe war, so signifikant war ihr Beitrag zum islamischen Denken. Erlösung, so ihre Überzeugung, könne es nur innerhalb der Umma, der charismatischen, überweltlichen Gemeinschaft Gottes, geben. Muslime waren entweder «Leute des Himmels» (als solche sahen die Charidschiten sich selbst) oder «Leute der Hölle» (alle anderen). In dieser Hinsicht können die Charidschiten als die ersten muslimischen Extremisten angesehen werden; und obwohl die Bewegung wenige Jahrhunderte später unterging, wurde ihre strenge Lehre von nachfolgenden

Generationen muslimischer Extremisten übernommen, die ihre politische Rebellion gegen muslimische wie nichtmuslimische Regierungen religiös zu untermauern suchten.

Schließlich darf man nicht vergessen, daß kein Muslim im Arabien des 7. Jahrhunderts, gleich welche Ansicht über Wesen und Aufgabe des Kalifats er vertrat, die moderne Unterscheidung zwischen säkularer und religiöser Sphäre anerkannt hätte. Die Unterschiede etwa zwischen der *Schi'at Uthman* und den Charidschiten betrafen nicht vorrangig die Frage, ob überhaupt, sondern in welchem Ausmaß die Religion bei der Staatsführung eine Rolle spielen sollte. Obwohl also die *Schi'at Ali*, die *Schi'at Uthman*, die *Schi'at Mu'awiya* und die Charidschiten in erster Linie *politische* Gruppierungen waren, erhielten sie bisweilen durch den Namenszusatz *din* (*din Ali*, *din Uthman* etc.) eine religiöse Konnotation.

Es läßt sich nur schwer ein klares Bild gewinnen, welchen Standpunkt in der Debatte um Wesen und Funktion des Kalifats Ali einnahm, weil ihm, wie wir gleich sehen werden, die Möglichkeit versagt blieb, dieses Amt voll auszuüben. Die Entscheidungen, die er als Nachfolger Uthmans traf, deuten jedoch darauf hin, daß er der charidschitischen Position nahestand, derzufolge die Umma eine göttlich inspirierte Gemeinschaft war, die weder den imperialen Vorstellungen der *Schi'at Mu'awiya* noch auch den neotribalen Ideen Abu Bakrs und Umars nahestand, wie sie die *Schi'at Uthman* vertrat. Ob Ali jedoch der Ansicht war, das Kalifat müsse Muhammads religiöse Befehlsgewalt ausüben, ist eine andere Frage.

Ali war gewiß kein Charidschit. Aber er spürte eine tiefe Verbundenheit mit dem Propheten. Sie waren zusammen aufgewachsen wie Brüder, und weder als Kind noch als Erwachsener wich er je von Muhammads Seite. Es wäre daher verständlich gewesen, wenn Ali überzeugt gewesen wäre, er verfüge aufgrund dieser Nähe zum Propheten über die Befähigung zur religiösen und politischen Leitung der von Gott gestifteten Gemeinschaft auf dem von Muhammad vorgezeichneten Weg. Das bedeutet nicht, daß Ali – wie später seine Nachfolger – geglaubt hätte, er sei von Gott dazu berufen, Muhammads prophetische Sendung weiterzuführen; und es bedeutet auch nicht, daß er das Kalifat unbedingt als religiöses Amt betrachtete.

Hält man sich vor Augen, wie geschickt die politischen Taktiken der Gegenspieler waren, muß man den Eindruck gewinnen, daß Alis Bemühen, das Kalifat im Sinne religiöser Frömmigkeit, wenn nicht sogar religiöser Autorität umzugestalten, von vornherein zum Scheitern verurteilt war. Doch Ali war entschlossen, die Umma unter dem Banner der *ahl al-bait* und im Einklang mit Muhammads egalitären Prinzipien zu einen. Nachdem er in der Kamelschlacht, in der Talha und Zubair getötet und Aischa von einem Pfeil schwerverwundet wurde, Aischas Armee im Handstreich besiegt hatte, verzichtete er darauf, die Aufrührer zu bestrafen, wie es Abu Bakr nach den *ridda*-Kriegen getan hatte. Vielmehr begnadigte er Aischa und ihre Getreuen und gestattete ihnen die ungehinderte Rückkehr nach Mekka.

Da nun der Widerstand Mekkas und Medinas gebrochen war, verlegte Ali das Kalifat nach Kufa und richtete sein Augenmerk auf Mu'awiya, der als Sohn Abu Sufyans und Vetter Uthmans an die alte tribale Verbundenheit seiner quraischitischen Stammesgenossen appellierte, um ein Heer gegen Ali zu rüsten und Uthmans Ermordung zu rächen. Im Jahr 657 n. Chr. trafen Ali und seine kufische Armee mit Mu'awiya und seiner syrischen Streitmacht in Siffin aufeinander. Nach einer langen und blutigen Schlacht war Alis Sieg schon zum Greifen nahe, als Mu'awiya seinen Soldaten befahl, Koranexemplare auf ihre Lanzen zu stecken. Damit signalisierte er seinen Wunsch zu kapitulieren und ein Schiedsgericht zu berufen.

Ein Großteil von Alis Armee, vor allem die Charidschiten unter ihnen, die ihm bis dahin loyal zur Seite gestanden hatten, drängten Ali, Mu'awiyas Wunsch zu ignorieren und weiterzukämpfen, damit den Aufständischen die gerechte Strafe zuteil werde. Ali ahnte zwar, daß Mu'awiya ihn hintergehen wollte, aber er hielt sich an Gottes Gebot, «wenn [der Feind] abläßt, sind alle weiteren Übergriffe untersagt» (2, 193; Übersetzung nach Reza Aslan). Er befahl seinen Soldaten, den Kampf zu unterbrechen, nahm Mu'awiyas Kapitulation an und ließ einen *hakam* kommen, um den Streit zwischen ihnen zu schlichten.

Eine fatale Entscheidung. Der Schiedsspruch nach der Schlacht von Siffin erklärte den Mord an Uthman für ungerecht; es sei angebracht, ihn zu rächen; damit wurde Mu'awiyas Rebellion zumindest vordergründig gebilligt. Viel verheerender jedoch war die Tatsache, daß die Charidschiten Alis Entscheidung, sich dem Schiedsspruch zu beugen, statt die Rache Gottes auf die Rebellen herabzubeschwören, als schwere Sünde ansahen, die mit dem Ausschluß aus der heiligen Gemeinschaft bestraft werden müsse. Mit dem Ruf «Kein Schiedsspruch außer Gottes Urteil» verließen die Charidschiten wutentbrannt das Schlachtfeld, noch ehe das Schiedsgericht begonnen hatte.

Ali blieb kaum Zeit, sich über die Konsequenzen des Schiedsspruchs klarzuwerden, da er gezwungen war, mit seinem Heer gegen die abtrünnigen Charidschiten zu ziehen. Kaum hatte er sie (in einer Schlacht, die mehr einem blutigen Massaker ähnelte) geschlagen, mußte er abermals gegen Mu'awiya ziehen, der den langwierigen Schiedsgerichtsprozeß dazu genutzt hatte, seine Truppen neu zu sammeln, Ägypten zu erobern und sich 660 n. Chr. in Jerusalem zum Kalifen ausrufen zu lassen. Alis Truppen waren zerstreut, seine einstigen Verbündeten ideologisch zerstritten, und so unternahm er ein Jahr später mit dem Rest seiner Streitmacht einen letzten Feldzug gegen Mu'awiya und die syrischen Rebellen.

Am Morgen vor der Schlacht ging Ali in die Moschee in Kufa, um zu beten. Dort trat ihm Abd al-Rahman ibn 'Amr ibn Muldscham mit dem Ruf entgegen: «Das Urteil steht Gott zu, nicht dir, Ali.»

Er zog ein vergiftetes Schwert und traf Ali damit am Kopf. Die Wunde war nicht besonders tief, aber das Gift tat seine Wirkung. Ali starb zwei Tage später – und mit ihm der Traum der Banu Haschim, die heilige Gemeinschaft Gottes unter dem Banner der Prophetenfamilie zu einen.

In einer Predigt wenige Jahre vor seinem Tod äußerte Ali, «einen rechtschaffenen Mann» erkenne man «an dem Guten, das man über ihn sagt, und an dem Lob, das Gott ihm durch andere bestimmt hat». Prophetische Worte, denn Ali geriet auch nach seinem Tod nicht in Vergessenheit. Für Millionen Schiiten weltweit ist und bleibt er das unerreichte Vorbild muslimischer Frömmigkeit: das Licht, das den geraden Weg zu Gott erhellt. Er war, wie Ali Shariati schrieb, «der Beste als Redner … der Beste im Gottesdienst … der Beste im Glauben».

Dieses heroische Bild hat sich in die Herzen all jener eingeprägt, die Ali als den einzig rechtmäßigen Nachfolger Muhammads und nicht nur als vierten Kalifen betrachten. Mehr noch: Ali, so der schiitische Anspruch, war der erste Imam, der Beweis Gottes auf Erden.

Das Kalifat, schrieb Sir Thomas Arnold, «entstand ohne eine Vision seiner Zukunft». Das Kalifatsamt entwickelte sich weniger aus der politisch-religiösen Weitsicht der rechtgeleiteten Kalifen. Seine Entwicklung war vielmehr den Umständen geschuldet, welche die Umma von einem kleinen Gemeinwesen im Hidschaz zu einem Weltreich hatten expandieren lassen, das sich vom Atlas-Gebirge im Westen Afrikas bis zu den östlichen Rändern des indischen Subkontinents erstreckte. Es ist also nicht verwunderlich, wenn die muslimische Gemeinschaft von den Unstimmigkeiten über die Aufgabe des Kalifats und das Wesen der Umma schier zerrissen wurde und damit die Hoffnung starb, jene Einheit und Harmonie zu wahren, die Muhammad angestrebt hatte. Ebensowenig kann überraschen, daß drei der vier ersten Oberhäupter der islamischen Gemeinde von Glaubensbrüdern getötet wurden – obwohl man nicht vergessen darf, daß es den Aufständischen, die Uthman ermordeten, und den Charidschiten, die Ali ermordeten, um die Durchsetzung ihrer jeweiligen Idealvorstellungen von Muhammads Gemeinschaft und eben nicht um den Schutz der Gemeinschaft vor äußerer Bedrohung ging (ähnlich wie ihren geistigen Erben, der Terrorgruppe al-Qa'ida).

Nach Alis Tod gelang es Mu'awiya, die absolute Herrschaft über das gesamte muslimische Territorium an sich zu reißen. Er verlegte die Hauptstadt von Kufa nach Damaskus, begründete die Umayyaden-Dynastie und vollendete die Umgestaltung des Kalifats in eine Königswürde und der Umma in ein Weltreich. Mu'awiyas arabische Dynastie war jedoch nur von kurzer Dauer (661–750 n. Chr.). Ihr Nachfolger, die Abbasiden-Dynastie, kam mit Hilfe nichtarabischer (vorwiegend persischer) Neubekehrter an die Macht, deren Zahl die der arabischen Elite bei weitem überstieg. Die Abbasiden behaupteten für sich die Abstammung von Muhammads Onkel al-Abbas und gewannen die Unterstützung der schiitischen Parteien, indem sie die Hauptstadt nach Bagdad verlegten und die Umayyaden unterschiedslos ermordeten. Doch letzten Endes wies die Schi'a den Legitimitätsanspruch der Abbasiden zurück und wurde daher von den neuen Kalifen grausam verfolgt.

Trotz ihrer säkularen Herrschaftstradition mischten sich die Abbasiden-Kalifen jedoch sehr viel stärker in die religiösen Angelegenheiten ein als ihre Vorgänger, die Umayyaden. Wie wir noch sehen werden, versuchte der siebte Abbasidenkalif al-Ma'mun (gestorben 833) sogar, den unter seiner Herrschaft stehenden Muslimen eine imperiale Glaubensdoktrin aufzuzwingen, und errichtete zu diesem Zweck eine kurzlebige und letztlich gescheiterte Inquisition gegen die Geistlichen, die seinen theologischen Überzeugungen widersprachen.

Die Abbasiden-Dynastie regierte zwar bis weit ins 11. Jahrhundert hinein, spätere Abbasiden-Kalifen hatten jedoch nur nominelle Ansprüche und übten keine wirkliche Macht über die Muslime aus. Sogar ihre Hauptstadt Bagdad stand unter der Kontrolle eines schiitischen, aristokratisch-iranischen Familienverbands, der Buyiden, die zwischen 932 und 1062 n. Chr. die eigentlichen Herrscher waren, auch wenn sie den Abbasiden-Kalifen auf dem Thron beließen. In Kairo etablierten sich unterdessen die Fatimiden (909–1171) – Schiiten, die ihre Abstammung auf Alis Ehefrau und Muhammads Tochter Fatima zurückführten. Als Rivalen Bagdads übten sie die politische Kontrolle in einem Gebiet aus, das sich von Tunesien bis nach Palästina erstreckte. Und in Spanien gründete Abd al-Rahman (ein Nachkomme der Umayyaden, der dem Massaker in Syrien entkommen war) einen Staat, der bis ins 15. Jahrhundert Bestand hatte und zum Paradebeispiel für das friedliche Zusammenleben von Juden, Christen und Muslimen werden sollte.

Die persischen Buyiden wurden schließlich von Turkstämmen abgelöst. Diese gründeten die Ghaznaviden-Dynastie (977–1186), deren Reich sich vom nordöstlichen Iran über Afghanistan bis nach Nordindien erstreckte, und die Seldschuken-Dynastie (1038–1194), die die Territorien westlich davon beherrschte. Die Türken, als Söldner in die Sultanate gekommen, konnten schließlich einen Großteil der muslimischen Gebiete unter dem Kalifat der Osmanen vereinigen. Die sunnitisch geprägte Dynastie der Osmanen regierte von Istanbul aus seit 1453. 1924 wurde sie von den Siegermächten des Ersten Weltkriegs abgesetzt.

Das Kalifat existiert heute nicht mehr. Seit dem Entstehen moderner Nationalstaaten im Nahen Osten haben die Muslime Mühe, ihre Identität als Bürger unabhängiger souveräner Staaten mit ihrer Identität als Mitglieder einer weltumspannenden Gemeinschaft in Einklang zu bringen. Bisweilen wird vehement die Forderung nach einer Wiederherstellung des Kalifats als Sinnbild der Einheit aller Muslime erhoben. Für diese Muslime sind Islam und Nationalismus «diametrale Gegensätze», wie Mawlana Mawdudi schrieb, der Gründer der sozialpolitischen pakistanischen Bewegung *Dschamaʿat-i Islami* («Islamische Gemeinschaft»). Für Mawdudi und viele andere war der einzig legitime islamische Staat ein Weltstaat, «in dem die Ketten der rassischen und nationalen Vorurteile gesprengt» sind.

Im 20. Jahrhundert wandelte sich der alte Streit über die Aufgabe des Kalifen und das Wesen der Umma zur Debatte darüber, wie die religiösen und sozialen Grundsätze des Islams im Sinne von Muhammad und den Rechtgeleiteten mit den modernen Idealen der konstitutionellen Staatsform und der demokratischen Bürgerrechte in Einklang zu bringen seien. Doch auch diese Debatte bleibt tief verwurzelt in den alten Fragen über die religiöse und politische Befehlsgewalt, mit denen bereits die Umma in den ersten Jahrhunderten des Islams gerungen hatte.

1934 plädierte der modernistische Reformer Ali Abd al-Raziq (1888–1966) in seinem Buch *Islam and the Bases of Government* für eine Trennung von Religion und Staat in Ägypten. Er traf eine scharfe Unterscheidung zwischen der Autorität des Propheten, die seiner Ansicht nach auf dessen religiöse Funktion als Gesandter Gottes beschränkt sei, und der rein säkularen Funktion des Kalifats, einer weltlich-politischen Institution, die jeder Muslim in Frage stellen, kritisieren, ja sogar bekämpfen könne. Al-Raziq zufolge war die Universalität des Islams einzig und allein auf religiöse und moralische Prinzipien gegründet, unabhängig von der politischen Ordnung einzelner Staaten.

Einige Jahre später widersprach der ägyptische Denker und Aktivist Sayyid Qutb (1906–1966) al-Raziq und behauptete, Muhammad habe in Medina neben der religiösen auch die politische Befehlsgewalt innegehabt. Der Prophet habe auf diese Weise eine islamische Einheit geschaffen, deren «theologische Überzeugungen in ihrem Wesen und Ziel [nicht] vom säkularen Leben zu trennen sind». Der einzig legitime islamische Staat sei demzufolge derjenige, der die materiellen *und* die moralischen Belange seiner Bürger regle.

Gestützt auf eine dezidiert schiitische Interpretation von Qutbs Forderungen, stellte sich in den siebziger Jahren der Ayatollah Ruhollah Chomeini an die Spitze einer sozialen Revolution, die im Iran gegen die despotische, von Amerika gestützte Monarchie bereits im Gange war. Er appellierte an die historischen Gefühle der schiitischen Mehrheit des Landes und an die unzufriedenen Massen, die endlich Demokratie wollten, und argumentierte, nur eine oberste religiöse Autorität könne «die gesellschaftlichen und politischen Belange des Volkes in der Weise [regeln], wie es der Prophet» getan hatte.

Alle drei politischen Wortführer versuchten auf die eine oder andere Weise ein Zusammengehörigkeitsgefühl innerhalb der tief gespaltenen weltweiten muslimischen Gemeinschaft wiederherzustellen. Doch ohne eine politische Zentralgewalt (wie den Kalifen) oder eine zentrale religiöse Autorität (wie den Papst) blieb die einzige Institution der modernen Welt, die die muslimische Gemeinschaft einigermaßen erfolgreich unter einem Banner zu einen vermochte, die religiöse Institution der Ulama.

In der islamischen Geschichte, in der eine muslimische Dynastie die andere ablöste, wurden muslimische Könige auf den Thron gehoben und gestürzt, islamische Parlamente gewählt und wieder aufgelöst. Allein die Ulama, die die Bindung an die alten Traditionen wahrten, konnten sich als selbsternannte Führer der muslimischen Gemeinschaft behaupten. Mit der Folge, daß der Islam, wie wir ihn heute kennen, in den vergangenen tausendvierhundert Jahren von einer extrem kleinen, strengen und oft zutiefst traditionalistischen Gruppe von Männern geprägt wurde, die sich als die unerschütterlichen Stützpfeiler betrachteten, auf denen die religiösen, sozialen und politischen Fundamente der Religion ruhen. Wie sie diese Autorität erlangten und wie sie damit umgingen, ist vielleicht das interessanteste Kapitel in der Geschichte des Islams.

6. Diese Religion ist eine Wissenschaft

Theologie und Recht im Islam

Die Inquisition beginnt mit einer einfachen Frage: Wurde der Koran von Gott geschaffen, oder ist er ungeschaffen und existiert von Ewigkeit her wie Gott?

Der junge Abbasiden-Kalif al-Mu'tasim (gestorben 842) auf seinem Thron aus glänzendem Gold und wertvollen Edelsteinen verzieht keine Miene, als die «gelehrten Männer Gottes», die Ulama, nacheinander in Ketten vor ihn geführt werden, um die Frage des Inquisitors zu beantworten. Sagen sie, der Koran sei *geschaffen* (die theologische Position der sogenannten «Rationalisten»), sind sie frei, zu gehen und mit ihrer Unterweisung fortzufahren. Halten sie jedoch daran fest, der Koran sei *ungeschaffen* (die Position der sogenannten «Traditionalisten»), wird man sie auspeitschen und ins Gefängnis werfen.

Die Befragung der Ulama dauert Stunden, und al-Mu'tasim sitzt schweigend da und lauscht theologischen Argumentationen, denen er kaum folgen kann. Er langweilt sich und ist sichtlich schlecht gelaunt. Die Kontroverse darüber, ob der Koran von Gott geschaffen wurde oder nicht, interessiert ihn nicht. Er ist ein militärischer Befehlshaber, kein Theologe. Es gilt, überall im Reich Aufstände niederzuschlagen und Schlachten zu gewinnen. Und trotzdem muß er hier sitzen, neben seinen Wesiren in ihren roten Gewändern, die Theologen sind, keine Soldaten. Sie befehligen keine Armee, sondern die Inquisition, die ihm durch seinen älteren Bruder, den siebten Abbasiden-Kalifen al-Ma'mun, aufgezwungen worden ist.

«Haltet alle zusammen und sprecht gut von mir, soweit ihr könnt», hatte al-Ma'mun auf dem Sterbebett gesagt. «Wenn ihr von dem Bösen wißt, das ich getan habe, so schweigt darüber, denn ich werde von euch genommen und nach dem [beurteilt] werden, was ihr sagt.»

Es gibt so viel zu sagen, denkt al-Mu'tasim, während ein weiterer Religionsgelehrter abgeführt wird, um von seinen Wachen gefoltert zu werden. Doch al-Mu'tasim, pflichtbewußt und stets loyal gegenüber seiner Familie, schweigt um der unsterblichen Seele seines verstorbenen Bruders willen.

Der Gelehrte, der jetzt vor ihm steht, ist ein dunkelhäutiger alter Mann mit einem groben weißen Turban und einem schmutzigen Lendenschurz. Sein langer Bart ist mit Henna gefärbt, das auf seinen Wangen und seiner Brust Flecken hinterlassen hat. Sein Gesicht ist mit Blutergüssen übersät, seine Augen sind schwarz umrandet. Er wurde bereits gefoltert, mehr als einmal. Auch er trägt Ketten. Und doch steht er aufrecht und blickt den Kalifen unerschrocken an. Er war schon öfter hier gewesen und hatte seine Ansichten über den Koran gegen den Kalifen al-Ma'mun verteidigt. Jetzt steht er zum ersten Mal vor al-Ma'muns Nachfolger.

Der Alte muß sich setzen, während sein Name dem Gericht bekanntgegeben wird. Als al-Mu'tasim hört, daß es sich um keinen Geringeren als Ahmad ibn Hanbal handelt (den ungeheuer populären scholastischen Theologen und Gründer der traditionalistischen hanbalitischen Rechtsschule), springt er von seinem Thron auf, weist mit dem Zeigefinger wütend auf seinen Großinquisitor Ibn Abi Du'ad (der ihm gleichfalls von seinem Bruder aufgezwungen worden war) und ruft: «Hast du nicht behauptet, Ibn Hanbal sei ein junger Mann? Und ist der hier nicht ein älterer Schaich?»

Der Inquisitor versucht, al-Mu'tasim zu beschwichtigen; er erklärt, der Angeklagte sei bereits mehrmals von al-Ma'mun befragt worden und habe aufgrund seines hohen Rangs Gelegenheit genug gehabt, seine Position zu überdenken. Er habe jedoch allen Bemühungen, ihn zum Einlenken zu bewegen, widerstanden und halte an seiner ketzerischen Haltung fest, der Koran, das Wort Gottes, sei von Gott nicht zu trennen.

Zu wütend, um zu widersprechen, setzt sich al-Mu'tasim wieder und läßt den Inquisitor mit der Befragung beginnen. «Ahmad ibn Hanbal», sagt Ibn Abi Du'ad, «betrachtest du den Koran als geschaffen oder als ungeschaffen?»

Der Kalif beugt sich vor und lauscht auf die Antwort. Doch wie so viele Male zuvor, geht Ibn Hanbal auf die Frage des Inquisitors gar nicht ein, sondern erwidert mit einem feinen Lächeln: «Ich bezeuge, daß es keinen Gott gibt außer Gott.»

Al-Mu'tasim läßt sich auf seinem Thronstuhl zurücksinken und verflucht insgeheim seinen Bruder, während Ibn Hanbal hinausgeführt, zwischen zwei Pfähle gebunden und ausgepeitscht wird.

Al-Ma'mun war Kalif geworden, nachdem er Bagdad, die Hauptstadt des abbasidischen Kalifats, belagert und seinen Halbbruder al-Amin hatte ermorden lassen. Doch da der Vater, der Abbasidenkalif Harun al-Raschid (gestorben 809), beide Söhne in die Nachfolge eingesetzt hatte, war al-Ma'mun gezwungen, die Usurpation des Thrones zu rechtfertigen. Gott, so erklärte al-Ma'mun, habe das Kalifat ihm übertragen, und Gott müsse Gehorsam erwiesen werden.

Das war freilich nicht neu. Gewalttätige Auseinandersetzungen um die Thronfolge waren typisch für alle muslimischen Dynastien, und die meisten Usurpatoren beriefen sich zur Legitimation ihrer Herrschaft auf Gott. Die Abbasiden rechtfertigten den von ihnen erzwungenen Umsturz und die blutige Verfolgung der Umayyaden mit dem Anspruch, sie handelten im Auftrag Gottes. Was al-Ma'mun jedoch von seinen Vorgängern unterschied, war die offenbar aufrichtige Überzeugung, Gott habe ihm das Kalifat übertragen, damit er die muslimische Gemeinschaft auf den Weg führe, den er als rechte Deutung des Islams verstand.

«Ich bin der rechtgeleitete Führer», verkündete er in einem Schreiben an sein Heer. Er legte seinen Soldaten die neue politische und religiöse Ordnung dar und forderte sie auf, sich seiner göttlich inspirierten Führung in bedingungslosem Gehorsam zu unterwerfen.

Eine verblüffende Behauptung. Denn seit Mu'awiya das Kalifat in eine Monarchie umgewandelt hatte, war der Streit um die religiöse Autorität des Kalifen mehr oder weniger beigelegt: Der Kalif leitete die weltlichen Angelegenheiten der Gemeinschaft, während die Ulama die Gläubigen auf dem rechten Weg zu Gott führten. Gewiß, es gab Kalifen, die religiösen Einfluß nahmen. Aber noch nie hatte ein Kalif es gewagt, sich wie ein «muslimischer Papst» aufzuspielen und von der Umma absolute religiöse Gefolgschaft zu verlangen. Doch genau das wollte al-Ma'mun, der sich stets in erster Linie als Religionsgelehrten und erst dann als politisches Oberhaupt sah.

Als Knabe hatte sich al-Ma'mun mit der Wissenschaft der Religion beschäftigt und sich als Experte für islamisches Recht und islamische Theologie, besonders in der Tradition der Rationalisten, hervorgetan. Als Kalif umgab er sich mit gleichgesinnten Ulama, mit denen er regelmäßig über die Attribute Gottes, den freien Willen und – was ihm am meisten am Herzen lag – das Wesen des Korans diskutierte, den al-Ma'mun als etwas Geschaffenes, von Gottes Wesen vollkommen Getrenntes ansah.

Bis dahin wurde al-Ma'muns Ansicht über den Koran nur von einer Minderheit der Ulama vertreten. Die meisten Geistlichen waren überzeugt von der Ewigkeit des göttlichen Wortes. Im letzten Jahr seiner Regierungszeit aber zwang al-Ma'mun alle Theologen, sich zu der Lehre von der Geschaffenheit des Korans zu bekennen, wenn sie kein Lehrverbot in Kauf nehmen wollten.

Es war, wie gesagt, keineswegs neu, daß der Kalif auf religiöse Themen Einfluß zu nehmen suchte. In diesem Fall jedoch schwang sich zum ersten Mal ein Kalif zum alleinigen Gebieter in religiösen Fragen auf. Es läßt sich nur spekulieren, was geschehen wäre, wenn al-Ma'mun mit seinem Versuch erfolgreich gewesen wäre, «die Legitimität [des Kalifatsamtes] neu zu definieren», wie Richard Bulliet schreibt. Der Islam wäre heute eine vollkommen andere Religion. Das Kalifat wäre eine Art Papsttum, die religiöse Autorität zentralistisch im Staat organisiert, und es gäbe eine orthodoxe muslimische Kirche.

Doch al-Ma'mun scheiterte. Nur wenige Jahre später, unter dem Kalifat von al-Mu'tasims Sohn al-Mutawakkil (gestorben 861), wurde die Inquisition aufgehoben und festgesetzt, daß der Kalif sich nie wieder derart explizit in religiöse Angelegenheiten einmischen dürfe. Al-Mutawakkil schwenkte um auf die Seite der Traditionalisten, begünstigte deren Ulama und verfolgte nun die Rationalisten, die bis zu seiner Thronbesteigung die Gunst des Hofes genossen hatten. Unter dem Kalifen al-Qadir (gestorben 1031) waren sich die traditionalistischen Ulama, insbesondere die einflußreichen Hanbaliten, in ihren theologischen Grundüberzeugungen mehrheitlich einig.

Von staatlicher Einflußnahme befreit, übte die Geistlichkeit nunmehr die religiöse Oberhoheit über die Umma aus. Sie nutzte ihre Macht, um ihre Rechtsauffassung und ihren theologischen Standpunkt in theologischen Schulen zu institutionalisieren, und formulierte ein verbindliches

Regelwerk des Verhaltens, die Scharia. Damit war der Islam nicht mehr nur eine Religion. Er war eine alle Bereiche umfassende Lebensweise, über die allein die Ulama das Bestimmungsrecht hatten. Wie der Rechtsgelehrte Malik ibn Anas, Gründer der malikitischen Rechtsschule, im 9. Jahrhundert spöttelte: «Diese Religion ist eine Wissenschaft. Habt also ein Auge auf jene, von denen ihr sie habt.»

Religionen werden dann zu Institutionen, wenn die Mythen und Rituale, die einst ihre sakrale Geschichte prägten, zu verbindlichen Modellen der *Orthodoxie* (der korrekten Deutung von Mythen) und der *Orthopraxie* (der korrekten Deutung von Ritualen) umgewandelt werden. Das Christentum ist das beste Beispiel für eine Religion der Orthodoxie. Was einen guten Christen ausmacht, ist vorrangig seine religiöse Überzeugung, ausgedrückt in seinem Glaubensbekenntnis. Das Judentum dagegen ist vorwiegend eine Religion der Orthopraxie. Was einen guten Juden ausmacht, ist vorrangig seine Glaubenspraxis, ausgedrückt im Gesetz. Dennoch ist weder für das Judentum die religiöse Überzeugung noch für das Christentum die Glaubenspraxis unwichtig. Das Judentum stellt lediglich die Orthopraxie stärker in den Vordergrund als das Christentum.

Wie das Judentum ist auch der Islam vorrangig eine Religion der Orthopraxie. Wilfred Cantwell Smith schlug daher als Übersetzung für *sunni* «orthoprax» (richtig handelnd) statt «orthodox» vor. Für die Ulama ist die islamische Praxis Ausdruck der islamischen Theologie. Daher sind Orthopraxie und Orthodoxie im Islam eng miteinander verbunden und Fragen der Theologie (*kalam*) von Fragen der Rechtsgelehrsamkeit (*fiqh*) kaum zu trennen.

Aus diesem Grund verwarfen die Ulama oft die spekulative Theologie als sinnloses Geschwätz (*kalam* bedeutet im Wortsinn «Rede», «Äußerung», und muslimische Theologen wurden oft abwertend als *ahl al-kalam*, «Leute der Rede», bezeichnet). Mit der Ausbreitung des Islams und insbesondere mit der sprachlichen und kulturellen Diversifizierung der Umma interessierte sich die islamische Geistlichkeit nicht so sehr für theologische Disputationen über die Attribute Gottes (auch wenn, wie wir noch sehen werden, gerade dieses Thema unter den Gelehrten heftig diskutiert wurde) als vielmehr für die Formalisierung des Rituals als

Ausdruck und Äußerung des Glaubens. Oberstes Anliegen war die Ausarbeitung strenger Kriterien dafür, wer ein Muslim war und wer nicht. Ergebnis ihrer Bemühungen waren die *fünf Säulen des Islams*.

Die fünf Säulen bezeichnen die rituellen Grundpflichten des muslimischen Gläubigen. Wie John Renard richtig bemerkte, bedeutet dies jedoch nicht «die Reduzierung von Geist und Leben einer komplexen globalen Gemeinschaft auf eine Handvoll religiöser Praktiken». Die fünf Säulen sind vielmehr vor allem eine *Metapher* für den Islam – die Summe nicht nur dessen, wozu ein Mitglied der Umma verpflichtet ist, sondern dessen, was es heißt, ein Muslim zu sein.

Entgegen landläufiger Wahrnehmung sind die Säulen keine repressiven Pflichten, ganz im Gegenteil. Es sind durch und durch pragmatische Rituale, die nur der Gläubige zu vollziehen braucht, der dazu in der Lage ist. Ebensowenig handelt es sich um rein mechanische Verrichtungen. Was beim Vollzug jedes muslimischen Rituals zählt, ist allein die Intention oder Gesinnung des Gläubigen, die vor Beginn der Kulthandlung explizit formuliert werden muß. Und schließlich sind die Säulen eine «Totalität von Handlungen», die Mohamed A. Abu Ridah zufolge nicht nur «verbaler und körperlicher, sondern vor allem geistiger und moralischer Art [sind], vollzogen nach ganz bestimmten intentionalen Grundsätzen und geprägt von äußerer und innerer Reinheit, Bewußtheit, Demut und innerer Unterwerfung, dazu bestimmt, die Seele des Gläubigen mit religiöser Hingabe und Spiritualität zu erfüllen».

Mit Ausnahme der wichtigsten Säule, dem Glaubensbekenntnis (*schahada*, von dem weiter unten die Rede sein wird), handelt es sich um gemeinschaftliche Verrichtungen. Tatsächlich haben die fünf Säulen für den Gläubigen vorrangig die Funktion eines Hilfsmittels, um durch bestimmte Handlungen die Zugehörigkeit zur muslimischen Gemeinschaft zum Ausdruck zu bringen. Das alte charidschitische Ideal der Umma als charismatische, göttlich inspirierte Gemeinschaft, durch die man zur Erlösung gelangt, ist heute selbstverständlicher (orthodoxer) Kerngedanke der muslimischen Mehrheit weltweit. Ohne eine zentrale religiöse Autorität und ohne eine Kirche oder standardisierte religiöse Hierarchie betrachten die Muslime die Gemeinschaft als Keimzelle ihres Glaubens.

Anders gesagt: Die Gemeinschaft ist die Kirche im Islam. Sie ist «Trägerin der Werte», um Montgomery Watts oft zitierte Formulierung zu benutzen. Die nationale, ethnische, rassische und geschlechtliche Identität des Gläubigen bleibt seiner Zugehörigkeit zur weltweiten Gemeinschaft der Muslime untergeordnet; Sinn und Bedeutung vermittelt ihm einzig die Umma, die nicht an Raum und Zeit gebunden ist. Wer also im Monat Ramadan fastet oder am Freitagsgebet teilnimmt, der fastet und betet auf dieselbe Weise und genau zur selben Zeit wie seinerzeit Muhammad.

Die erste Säule und erste dezidiert muslimische religiöse Handlung, die Muhammad in Mekka vollzog, ist *salat*, das Ritualgebet. Der Islam kennt zwei Arten von Gebet: *du'a*, die persönliche, nichtrituelle Zwiesprache mit Gott; und *salat*, das rituelle Pflichtgebet, das fünfmal am Tag verrichtet wird: bei Sonnenaufgang, mittags, nachmittags, bei Sonnenuntergang und abends. *Salat* («sich beugen, biegen oder strecken») besteht aus einer festen Abfolge von yogaartigen Bewegungen: aufrecht stehen, Rumpf beugen, sich erheben, sich setzen, Kopfdrehung nach Osten und Westen, sich niederwerfen – alles nach einem sich ständig wiederholenden Schema und begleitet von bestimmten Versen aus dem Koran.

Wie allen muslimischen Ritualen geht auch dem *salat* die Bekundung der Gebetsabsicht voraus und die Orientierung des Gläubigen nach Mekka, der Gebetsrichtung (*qibla*). *Salat* kann zwar auch individuell zur inneren Läuterung vollzogen werden, der gemeinsame Akt des Betens an einem beliebigen Versammlungsort ist jedoch vorzuziehen, da er die Umma als Gemeinschaft enger zusammenschließt. Das Mittagsgebet am Freitag (*salat al-dschum'a*) jedoch muß in der Moschee gemeinsam absolviert werden. Von der Pflicht zum fünfmaligen Gebet befreit sind Kranke, Reisende und alle, die aus einem berechtigten Grund verhindert sind; das Gebet kann zu einem späteren Zeitpunkt nachgeholt werden.

Die zweite Säule wurde ebenfalls in den ersten Jahren von Muhammads Bewegung in Mekka festgelegt. Es ist die Armensteuer oder *zakat*. Wie bereits erwähnt, ist die Abgabe der *zakat* eine religiöse Pflicht, keine freiwillige Spende an die Gemeinschaft, und wird an die Bedürftigen verteilt. *Zakat* heißt soviel wie «Läuterung» und ermahnt die Gläubigen zu sozialer und materieller Verantwortung gegenüber der Umma. Zur Zahlung dieser Abgabe ist selbstverständlich nur verpflichtet, wer es sich leisten kann; alle anderen sind Nutznießer der Armensteuer.

Als die Umma größer wurde, entwickelte sich die *zakat* von einer verpflichtenden Almosenabgabe zu einer Steuer an den Staat, die alle Muslime zahlen mußten (wie bereits erwähnt, zahlten Nichtmuslime – Christen und Juden – eine «Schutzsteuer», *dschizya*). In der Blütezeit des Kalifats wurde mit der *zakat* die Armee finanziert, was viele Muslime empörte. Mit dem Ende des Kalifats und dem Entstehen der modernen Nationalstaaten übernahmen die muslimischen Staaten zunehmend selbst die Aufgabe, die *zakat* einzusammeln und zu verteilen. Tatsächlich wurde die Zahlung der *zakat* – strikt getrennt von den normalen Steuern und Abgaben – in einer Reihe von muslimischen Ländern verpflichtend, unter anderem in Pakistan, in Libyen, im Jemen und in Saudi-Arabien. In Saudi-Arabien sind sowohl Privatpersonen als auch Unternehmen zur Zahlung verpflichtet. Die meisten Muslime zahlen die *zakat* jedoch der Tradition gemäß weiterhin individuell an ihre Moschee oder an religiöse Einrichtungen, die die Gelder an die bedürftigsten Mitglieder weitergeben.

Die dritte Säule des muslimischen Glaubens, das Fasten (arabisch *saum*) im Monat Ramadan, wurde erst nach der Auswanderung nach Medina fest etabliert. Bedenkt man, daß den Beduinen der Gedanke des Fastens vollkommen fremd war – es wäre grotesk gewesen, in einem Wüstenklima freiwillig auf Nahrung und Wasser zu verzichten –, so kann kein Zweifel bestehen, daß Muhammad dieses Ritual von den Juden Arabiens übernommen hat. Der Koran bestätigt dies, wenn es heißt: «Euch ist vorgeschrieben, zu fasten, *so wie es auch denjenigen, die vor euch lebten, vorgeschrieben worden ist*» (2, 183; Hervorhebung hinzugefügt). Und al-Tabari zufolge fiel die erste muslimische Fastenzeit auf Jom Kippur, als Muhammad seinen Anhängern auftrug, zum Gedenken an die Flucht der Juden aus Ägypten zusammen mit ihnen zu fasten. Erst später wurde die Fastenzeit auf den Monat Ramadan verlegt, in dem nach muslimischer Überlieferung Muhammad erstmals der Koran geoffenbart wurde.

In den achtundzwanzig Tagen des Ramadan sind von Sonnenaufgang bis Sonnenuntergang Essen, Trinken und Geschlechtsverkehr nicht erlaubt. Auch dieses Ritual hat vorrangig den Zweck, die Gemeinschaft enger zusammenzuschließen; schließlich wird dabei derjenigen aus der Gemeinschaft gedacht, die das ganze Jahr hindurch Not und Hunger leiden. Muslime, die nicht verpflichtet sind zu fasten – die Alten und Kranken, schwangere und stillende Frauen, Reisende und alle, die schwere körperliche Arbeit zu verrichten haben –, müssen die Hungrigen speisen

(2, 184). Das einmonatige Fasten, auch wenn es auf den ersten Blick als ein strenges, entbehrungsreiches Ritual erscheint, ist eine Zeit der geistigen Einkehr und der festlichen Zusammenkünfte. Freunde, Familienangehörige und Nachbarn treffen sich nach Sonnenuntergang zum Fastenbrechen, und der letzte Abend des Ramadan, *'id al-fitr*, ist der am festlichsten begangene Feiertag in der gesamten islamischen Welt.

Die vierte und wohl berühmteste Säule des Islams ist die einmal jährlich stattfindende Wallfahrt nach Mekka, der *haddsch*. Ein Muslim ist verpflichtet, soweit es ihm möglich ist, mindestens einmal in seinem Leben die geheiligten Riten der Ka'ba zu vollziehen. Diese Riten können zwar auch im Rahmen der sogenannten «kleinen Wallfahrt» (*umra*) zu jeder Jahreszeit absolviert werden, doch der eigentliche *haddsch* findet im letzten Monat des Mondjahres statt, wenn die heilige Stadt von Pilgern überflutet wird, «wie der Mutterschoß, der auf wunderbare Weise Platz schafft für das Kind», um den berühmten spanischen Gelehrten und Dichter Ibn Dschubair aus dem 12. Jahrhundert zu zitieren.

Wie seinerzeit die heidnischen Araber reisen auch die muslimischen Pilger nach Mekka, um die läuternde und segenspendende Kraft der Ka'ba zu erfahren. Im Unterschied zum heidnischen Heiligtum ist die Ka'ba jedoch nicht Wohnstatt der Götter, sondern Symbol für die dauerhafte Gegenwart des einen und einzigen Gottes. Die Ka'ba als Bauwerk ist architektonisch bedeutungslos. Ein Steinkubus (die einfachste Form eines Gebäudes), schwarz (also farblos) verhüllt und geschmückt mit Gottes Wort, ist sie kein Gotteshaus im herkömmlichen Sinn; sie ist nicht heilig und wurde mehrmals abgerissen und neu aufgebaut. Obwohl «Haus Gottes» genannt, beherbergt die Ka'ba nichts außer einigen Koranexemplaren und alten Reliquien. In ihrer extremen Schlichtheit ist die Ka'ba und die mit ihr verbundenen Riten eine gemeinschaftliche Meditation über die Einheit und Einzigkeit Gottes (dazu unten mehr).

Der *haddsch* beginnt mit dem Überschreiten der heiligen Schwelle der Großen Moschee, die die Ka'ba umgibt; diese Schwelle ist die Grenze zwischen dem Heiligen und dem Profanen. Bevor sich die Gläubigen dem Heiligtum nähern, müssen sie ihre Straßenkleider ablegen und eine rituelle Tracht anlegen – die Männer zwei ungenähte weiße Tücher, die Frauen ein schlichtes Kleid –, Symbol der Reinheit (*ihram*). Die Männer stutzen sich Haare und Bart und schneiden sich die Fingernägel; die Frauen schneiden sich ein paar Haarlocken ab.

Hat der Gläubige sich diesem Weihezustand unterworfen, bekundet er seine Absicht, die Riten zu vollziehen, und macht sich auf zum siebenmaligen Umrunden der Ka'ba (*tawaf*), der bis heute wichtigste Teil des Wallfahrtszeremoniells. Muslime auf der ganzen Welt, vom hintersten Winkel des subsaharischen Afrika bis zu den reichen Vorstädten Chicagos, stellen sich beim Beten in Richtung der Ka'ba auf. In Mekka jedoch ist die Ka'ba *axis mundi*, und jede Richtung kann die Gebetsrichtung sein. Es ist gewissermaßen die zentrifugale Kraft des Gebets im Angesicht des heiligen Schreins, der die Gläubigen das Heiligtum umkreisen läßt.

Nach siebenmaligem Umrunden der Ka'ba vollzieht der Pilger eine Reihe von Riten, die der Überlieferung nach Muhammad in seinem letzten Lebensjahr eingeführt hat: den siebenmaligen Lauf zwischen den beiden Hügeln Safa und Marwa zum Gedenken an Hagars Suche nach Wasser; die Wallfahrt zum Berg Arafat (wo Adam und Eva nach der Vertreibung aus dem Paradies Zuflucht fanden und Muhammad seine letzte Predigt hielt); die «Steinigung» der drei Säulen in Mina, die für den Teufel stehen; und schließlich die Opferung eines Schafes, einer Kuh oder eines Lamms zum Abschluß der Wallfahrt (das Fleisch wird an die Armen verteilt). Nachdem er alle diese Rituale absolviert hat, zieht der Pilger sein rituelles Gewand aus und kehrt als *haddschi* in die Welt des Profanen zurück; das Gewand dient später als sein Leichentuch.

Der *haddsch* ist das wichtigste Gemeinschaftserlebnis im Islam und das einzige bedeutendere muslimische Ritual, an dem Männer und Frauen gemeinsam teilnehmen dürfen. In dem besonderen Weihezustand, in dem alle Pilger gleich gekleidet sind, gibt es keine Rangunterschiede, keine Klassen- oder Geschlechtertrennung, keine ethnischen oder rassischen Schranken; es gibt nur die eine muslimische Identität. Diesen gemeinschaftlichen Geist meinte auch Malcolm X, als er über seine Wallfahrt nach Mekka schrieb: «Ich habe niemals zuvor erlebt, daß Menschen aller Hautfarben gemeinsam eine derart aufrichtige und wahre Brüderlichkeit praktizieren können.»

Diese vier Rituale – gemeinsames Gebet, die Armensteuer, das Fasten im Monat Ramadan und die Wallfahrt nach Mekka – geben dem muslimischen Glauben Sinn und Bedeutung und der muslimischen Gemeinschaft das Gefühl der Einheit. Und doch könnte man sagen, daß die

Hauptfunktion dieser vier Säulen darin besteht, der fünften und wichtigsten Säule des Islams (und der einzigen, die nicht Werke, sondern Glauben verlangt) Ausdruck zu verleihen: dem Glaubensbekenntnis (*schahada*), mit dem jeder Konvertit den Übertritt zum muslimischen Glauben vollzieht.

«Es gibt keinen Gott außer Gott, und Muhammad ist der Gesandte Gottes.»

Dieses vermeintlich schlichte Bekenntnis bildet nicht nur die Basis aller anderen Glaubensartikel im Islam, es ist in gewisser Weise die Summe der islamischen Theologie. Denn die *schahada* bedeutet die Anerkennung einer außerordentlich komplexen theologischen Lehre, des *tauhid.*

Die Lehre des *tauhid* ist für die islamische Theologie von so zentraler Bedeutung, daß die «Wissenschaft des *kalam*» (*'ilm al-kalam*) gleichbedeutend ist mit der «Wissenschaft des *tauhid*» (*'ilm al-tauhid*). Doch *tauhid*, »für einzig erklären», beinhaltet mehr als nur den Monotheismus. Es gibt nur einen Gott – aber das ist nur der Anfang. *Tauhid* bedeutet: Gott ist Einsheit. Gott ist Einheit: absolut unteilbar, gänzlich einzigartig und undefinierbar. Weder in seiner Essenz noch in seinen Attributen ähnelt Gott irgend etwas anderem.

«Nichts ist wie Er», schrieb der Mystiker und Denker Abu Hamid al-Ghazali (1058–1111) in seinem Hauptwerk *Die Erneuerung der Wissenschaften des Glaubens* (*Ihya ulum ad-din*), «und Er ist mit nichts zu vergleichen.» Wie der Koran unermüdlich wiederholt, ist Gott «erhaben» und «ehrwürdig». Wenn die Muslime rufen: *Allahu akbar!* («Gott ist größer!»), meinen sie nicht, daß Gott größer ist als dies oder jenes, sondern daß er einfach *größer* ist.

Der Mensch kann über Gott nur in der Sprache der Menschen sprechen, in menschlichen Bildern und Symbolen. Man kann Gott zwar mit den Attributen «Güte» und «Sein» im klassischen philosophischen Sinn belegen, aber doch stets unter dem Vorbehalt, daß diese Begriffe auf Gott angewandt letztlich nicht aussagekräftig sind, da Gott weder Substanz noch Akzidens ist. *Tauhid* besagt, daß Gott jenseits aller Beschreibung und jenseits allen menschlichen Wissens ist. «Die Vorstellung erreicht Ihn nicht», formulierte der ägyptische Theologe al-Tahawi (gestorben 933), und «das Verständnis kann Ihn nicht fassen.» Gott ist, mit anderen Worten, der gänzlich Andere: das *mysterium tremendum*, um Rudolf Ottos berühmte Formulierung zu gebrauchen.

Da dem *tauhid* zufolge Gott der Eine ist, werden islamische Mystiker, die Sufis, behaupten, außer Gott könne es nichts geben. Dem Sufi-Meister Ibn al-Arabi zufolge ist Gott das *einzige* Sein, das wirklich existiert: die *einzige* Realität. Für al-Ghazali ist Gott *al-Awwal*, «der Erste, vor dem nichts ist», und *al-Achir*, «der Letzte, nach dem nichts ist». Al-Ghazali will, wohlgemerkt, die Existenz Gottes weder ontologisch noch teleologisch beweisen; Gott ist weder Thomas von Aquins «erste Ursache» noch Aristoteles' «erster Beweger». Gott ist die *einzige* Ursache, Gott ist Bewegung an sich.

Wenn *tauhid* das Kernstück des Islams ist, so ist *schirk* dessen größte Sünde, für die es manchen Muslimen zufolge keine Vergebung gibt (vgl. Koran 2, 116). In der einfachsten Definition bedeutet *schirk:* Gott mit etwas assoziieren, ihm etwas «beigesellen». Doch wie *tauhid* ist auch *schirk* kein einfaches Konzept. Polytheismus ist *schirk*, ebenso aber der Versuch, Gottes Einheit in irgendeiner Weise zu schmälern. Für Muslime ist die Lehre von der Dreifaltigkeit *schirk*, denn Gott ist nichts als Einheit. Ebenso der Versuch, Gott in anthropomorphen Vorstellungen zu fassen, indem man ihm menschliche Attribute zuschreibt und damit Gott einschränkt. *Schirk* ist aber auch, wenn man sich den Weg zu Gott versperrt, sei es durch Gier, Alkohol, Stolz, falsche Frömmigkeit oder eine andere schwere Sünde, die den Gläubigen von Gott fern hält.

Letztlich bedeutet *tauhid* die Anerkennung der Schöpfung als «universale Einheit», um Ali Shariati zu zitieren, ohne die Unterscheidung von «Diesseits und Jenseits, Natürlichem und Übernatürlichem, Substanz und Sinn, Geist und Körper.» Mit anderen Worten: Die Beziehung zwischen Gott und der Schöpfung ist vergleichbar der zwischen «dem Licht und der Lampe, die dieses Licht ausstrahlt». Ein Gott, eine Schöpfung. Ein Gott. *Ein* Gott.

Als Ausgangspunkt aller dogmatischen Debatten im Islam stellt die Einheit und Einzigartigkeit Gottes die Theologen vor eine Reihe von Problemen. Wenn Gott absolut allmächtig ist, ist er dann auch für das Böse verantwortlich? Besitzt der Mensch den freien Willen, sich zwischen Recht und Unrecht zu entscheiden, oder sind wir alle vorherbestimmt zur Rettung oder zur Verdammnis? Und wie sollen die Attribute Gottes interpretiert werden – Gottes Weisheit, Gottes Macht und vor allem Gottes Rede, wie sie im Koran niedergelegt ist? Existiert das Wort Gottes von Ewigkeit her wie Gott, oder ist es geschaffen wie die Natur und der Kosmos? Und beeinträchtigt nicht letztlich jede Antwort, egal wie sie ausfällt, die Einheit Gottes?

Angesichts der engen Verknüpfung von Religion und Politik in der Frühzeit des Islams überrascht es nicht, daß diese dezidiert theologischen Fragen politische Implikationen hatten. Die Umayyaden-Kalifen zum Beispiel waren bestrebt, ihren absoluten Machtanspruch über die Umma mit dem Verweis auf Gottes Allmacht zu rechtfertigen. Wenn die Umayyaden von Gott zu dessen Stellvertretern erwählt waren, mußte alles, was sie taten, als letztlich gottgewollt betrachtet werden. Diesen Gedanken vertrat der bedeutende Theologe Hasan al-Basri (642–728), dem zufolge auch einem willkürlichen Kalifen Gehorsam geleistet werden müsse, weil er von Gott auf den Thron gesetzt sei.

Al-Basri war jedoch kein Anhänger der Prädetermination. Seine Ansicht über das Kalifat war lediglich Ausdruck seines politischen Quietismus und seiner Opposition gegenüber den Charidschiten, nicht seiner Theologie. Wie die qadaritische Schule der Theologie, mit der er oft in Verbindung gebracht wird, glaubte al-Basri, Gottes Vorauswissen von Ereignissen sei nicht gleichbedeutend mit Prädestination. Auch wenn Gott weiß, was der Mensch tun wird, heißt das nicht, daß er ihn *zwingt*, in einer bestimmten Weise zu handeln. Andere Theologen der Qadariyya gingen noch einen Schritt weiter und erklärten, Gott könne nicht im vorhinein wissen, was der Mensch tun werde. Dem widersprachen verständlicherweise die traditionalistisch geprägten Theologen, nach deren Ansicht die *tauhid*-Lehre den Glauben an Gottes Allmacht beinhaltete. Wenn der Schöpfer und seine Schöpfung eins sind, argumentierten sie, wie kann dann der Mensch dem Willen Gottes zuwiderhandeln?

Aber die Befürworter der Vorherbestimmung waren ihrerseits gespalten. Für die radikale Sekte der Dschahmiten war alles menschliche Handeln (einschließlich der Erlösung) durch Gott vorherbestimmt. Andere, wie die Anhänger des bereits erwähnten Rechtsgelehrten Ahmad ibn Hanbal (780–855), glaubten, daß Gott das menschliche Handeln bestimme, hielten aber dennoch an der Eigenverantwortung des Menschen in seiner positiven oder negativen Reaktion auf die von Gott vorherbestimmten Umstände fest.

Im 9. und 10. Jahrhundert gab es in dieser Debatte über Prädestination und Willensfreiheit zwei Grundpositionen: die «rationalistische», die am klarsten von der mu'tazilitischen Schule vertreten wurde, und die «traditionalistische», deren Hauptvertreter die asch'aritische Schule war. Die rationalistischen Ulama der Mu'taziliten vertraten den Standpunkt, Gott sei zwar grundsätzlich nicht definierbar, dennoch aber der menschlichen Vernunft zugänglich. Sie widersprachen der Ansicht, religiöse Wahrheit sei allein durch göttliche Offenbarung erfahrbar, und behaupteten, alle theologischen Argumente müßten den Prinzipien des rationalen Denkens folgen. Auch die Deutung des Korans und die Überlieferungen oder Sunna des Propheten sollten der menschlichen Vernunft unterworfen sein. Abd al-Dschabbar zufolge (gestorben 1024), dem einflußreichsten mu'tazilitischen Theologen seiner Zeit, konnte die «Wahrheit» von Gottes Wort nicht allein auf die göttliche Offenbarung gegründet werden, denn dies wäre ein Zirkelschluß.

Der spanische Philosoph und Arzt Ibn Ruschd (1126–1198), im Westen besser bekannt unter dem Namen Averroës, ging einen Schritt weiter und schlug eine Theorie der «zwei Wahrheiten» der Erkenntnis vor, in der Religion und Philosophie einander gegenübergestellt werden. Nach seiner Ansicht vereinfacht die Religion die Wahrheit für die Massen, indem sie auf leicht faßbare Zeichen und Symbole zurückgreift, ungeachtet der sich daraus ergebenden inhaltlichen Widersprüche und rationalen Ungereimtheiten. Die Philosophie dagegen sei selbst Wahrheit; ihre Aufgabe sei es, die Wirklichkeit mit Hilfe des menschlichen Verstandes auszudrücken.

Aufgrund ihrer Überzeugung von der «überwältigenden Macht der Vernunft über die Offenbarung», wie es Binyamin Abrahamov nennt, wurden die Mu'taziliten als die ersten spekulativen Theologen des Islams bezeichnet. Diesem Primat der menschlichen Vernunft widersetzten sich die traditionalistischen Ulama der Asch'ariten mit aller Vehemenz.

Die Asch'ariten behaupteten, der menschliche Verstand, so wichtig er sei, müsse dennoch dem Koran und der Sunna des Propheten untergeordnet werden. Wenn religiöse Erkenntnis allein durch rationale Spekulation zu erreichen sei, wie die Mu'taziliten behaupteten, bräuchte es keine Propheten und Offenbarungen. Die Folge wäre ein heilloses Durcheinander theologischer Ansichten, in dem es jedem freistünde, seinem eigenen statt Gottes Willen zu folgen. Für die Asch'ariten war die Vernunft unbeständig und veränderlich, die prophetischen Überlieferungen und die heiligen Schriften – insbesondere in der von den traditionalistischen Ulama festgelegten Form – dagegen beständig und unveränderlich.

In der Frage des freien Willens übernahmen und erweiterten die traditionalistischen Ulama die Ansicht, der Mensch besitze die absolute Freiheit, Gutes oder Böses zu tun, und sein Seelenheil hänge allein von ihm ab. Es wäre schließlich unvernünftig, wenn Gott so ungerecht wäre und Glauben und Unglauben unter den Menschen verteilen und dann die einen belohnen und die anderen bestrafen würde. Viele Traditionalisten lehnten dieses Argument mit der Begründung ab, es unterstelle Gott vernünftiges Handeln und vermenschliche ihn damit. Für die Asch'ariten war dies *schirk*. Als der allmächtige Schöpfer aller Dinge sei Gott der Ursprung «des Guten und Bösen, des Wenigen und Vielen, des Offenen und Verborgenen, des Süßen und Bitteren, des Geliebten und Verhaßten, des Schönen und Schlechten, des Anfangs und Endes», um die Grundüberzeugung der Hanbaliten zu zitieren, der einflußreichsten islamischen Denkschule.

Die rationalistischen und die traditionalistischen Theologen unterschieden sich auch in ihrer Deutung der Eigenschaften Gottes. Beide glaubten an die Einheit und Ewigkeit Gottes, und beide erkannten zähneknirschend die anthropomorphen Beschreibungen Gottes im Koran an. Doch während die meisten Rationalisten diese Beschreibungen als rein bildliche, dichterische Hilfskonstruktionen interpretierten, lehnten die meisten Traditionalisten die symbolische Deutung der Offenbarung ab und vertraten die Ansicht, die Erwähnung von Gottes Händen und Antlitz im Koran sei zwar nicht mit menschlichen Händen und mit dem menschlichen Gesicht gleichzusetzen, müßte aber dennoch im Wortsinn verstanden werden.

Gott hat ein Antlitz, behauptete Abu'l Hasan al-Asch'ari (873–935), der Gründer der asch'aritischen Schule, weil es so im Koran steht («das Antlitz deines Herrn bleibt bestehen»; 55, 27); der Mensch habe dies nicht in Frage zu stellen. Die Asch'ariten reagierten auf die Ungereimtheiten und inneren Widersprüche ihrer rigorosen Interpretation religiöser Glaubenssätze mit der Formel *bila kayfa*, frei übersetzt: «Fragt nicht, warum.»

Diese Formel erfüllte die Rationalisten mit Abscheu, vor allem Denker wie Ibn Sina (980–1037; im Westen als Avicenna bekannt), der die Eigenschaften Gottes – seine Weisheit, seine Rede etc. – lediglich als «Wegweiser» betrachtete, die das menschliche Verständnis des Göttlichen, nicht aber das Göttliche selbst ausdrückten. Nach Auffassung der Rationalisten existierten die Eigenschaften Gottes nicht von Ewigkeit her wie Gott, sondern waren Teil seiner Schöpfung. Gott ewige Eigenschaften zuzuschreiben wäre, so Wasil ibn Ata (gestorben 748), der Gründer der mu'tazilitischen Schule, dasselbe, wie an die Existenz von mehr als einem ewigen Sein zu glauben.

Die traditionalistischen Ulama konterten, auch wenn die Eigenschaften Gottes von Gott getrennte Entitäten seien, blieben sie dennoch Bestandteil von Gottes Wesen und seien folglich ewig. «Seine Eigenschaften sind von Ewigkeit her», formulierte Abu Hanifa, der traditionalistische Gründer der hanafitischen Rechtsschule (der größten Rechtsschule der heutigen muslimischen Welt). «Wer behauptet, sie seien geschaffen oder gezeugt … ist ein Ungläubiger.»

Wenn die Rationalisten und die Traditionalisten über die Beziehung zwischen den Eigenschaften Gottes und dem Wesen Gottes stritten, hatten sie vor allem eine besonders bedeutsame Eigenschaft im Sinn: Gottes Rede, den Koran.

Von der Bekehrung des späteren Kalifen Umar zum Islam ist eine schöne Anekdote überliefert. Voll von glühendem Stolz auf seine heidnischen Ahnen und sein Stammeserbe wandte sich Umar anfangs erbittert gegen Muhammad und seine Anhänger. Er beschloß sogar, Muhammad zu töten, um dessen umstürzlerischer Bewegung ein Ende zu setzen. Doch als er zum Haus des Propheten ging, riet ihm ein Freund, er solle zuerst nachsehen, was sich in seinem eigenen Haus abspiele. Seine Schwester habe die neue Religion angenommen und empfange zur Stunde einen der Gläubigen. Wütend zog Umar sein Schwert und lief zum Haus seiner Schwester, entschlossen, sie für diesen Verrat an ihrem Stamm und an ihrer Familie zu töten. Doch schon von draußen hörte er, wie die heiligen Worte des Korans rezitiert wurden. Die Kraft und Eleganz der Rezitation ließen ihn innehalten, und er senkte sein Schwert.

«Welch schöne und edle Worte!» rief er, und seine Augen füllten sich mit Tränen. Und wie Saulus aus Tarsus, der, vom Licht des Herrn geblendet, zu Boden stürzte und aufhörte, die Christen zu verfolgen, wurde auch Umar durch Gottes Eingreifen bekehrt: Nicht weil er Gott sah, sondern weil er ihn hörte.

Das Medium, in dem das «Wunder» für die Menschen erfahrbar wird, ist, so heißt es, stets ein anderes – je nach Zeit und Ort. Zur Zeit Moses wurde es vor allem durch Magie übermittelt. Mose mußte seine prophetische Sendung dadurch beglaubigen, daß er einen Stab in eine Schlange verwandelte und – noch spektakulärer – das Rote Meer teilte. Zur Zeit Jesu verlagerte sich diese Erfahrung des Wunders auf Krankenheilungen und die Austreibung böser Geister. Die Jünger glaubten zwar, daß Jesus der erwartete Messias sei, die übrigen Bewohner Judäas aber sahen in ihm lediglich einen umherziehenden Wunderheiler. Wo immer er auftrat, mußte er seine prophetische Berufung unter Beweis stellen – nicht indem er magische Taten vollbrachte, sondern indem er die Kranken und Lahmen heilte.

Zur Zeit Muhammads war das Medium der Erfahrung des Wunders nicht die Magie oder die Medizin, sondern die Sprache. In dieser Gesellschaft mit vorwiegend mündlicher Überlieferung, in der Muhammad lebte, besaßen Worte eine mystische Kraft. Der altgriechische Sänger, der von den Irrfahrten des Odysseus erzählte, und der indische Dichter, der die heiligen Verse des *Ramayana* rezitierte, waren mehr als nur Geschichtenerzähler; sie waren das Sprachrohr der Götter. Wenn der Schamane der amerikanischen Ureinwohner zu Beginn eines neuen Jahres die Schöpfungsmythen seines Stammes vorträgt, beschwören seine Worte nicht nur die Vergangenheit herauf, sondern bestimmen auch die Zukunft. Gemeinschaften ohne schriftliche Überlieferung neigen zu dem Glauben, die Welt werde durch ihre Mythen und Rituale immer wieder neu geschaffen. In solchen Gesellschaften sind die Dichter und Sänger oft zugleich Priester und Schamanen. Und die Dichtung als kunstvolle Verwandlung der Alltagssprache gilt als beseelt von jener göttlichen Kraft, die notwendig ist, um fundamentale Wahrheiten auszudrücken.

Insbesondere im vorislamischen Arabien nahmen die Dichter in der Gesellschaft eine herausragende Stellung ein. Wie Michael Sells in *Desert Tracings* ausführt, wurden zu Beginn der Wallfahrtszeit Fahnen aus wertvollem ägyptischem Tuch, auf dem in goldenen Buchstaben die Verse der besten Dichter eingestickt waren, vor der Kaʿba aufgehängt – nicht etwa, weil ihre Oden einen religiösen Inhalt hatten (nicht selten priesen sie die Schönheit und Erhabenheit des Kamels, das der Dichter besaß!), sondern weil ihnen eine Kraft innewohnte, die man mit dem Göttlichen in Verbindung brachte. Diese göttliche Macht des Wortes veranlaßte auch die *kuhhan*, ihre Orakelsprüche in Versen vorzutragen. Undenkbar, daß die Götter anders als in dichterischen Versen gesprochen hätten.

Freilich bleibt es dem Leser ohne Arabischkenntnisse versagt, die sprachliche Schönheit des Korans zu ermessen. Unbestritten ist jedoch, daß die arabische Sprache im Koran ihren kunstvollsten Ausdruck gefunden hat. Ja, man kann sogar sagen, daß der Koran durch die schriftliche Fixierung von Idiom und Dialekt des Hidschaz die arabische Sprache überhaupt erst geschaffen hat. Der Korantext ist mehr als nur die Grundlage der islamischen Religion, er bildet die Grundlage der arabischen Grammatik. Der Koran hat für das Arabische denselben Stellenwert wie Homer für das Griechische und Chaucer für das Englische: Er ist die Momentaufnahme einer sich entwickelnden Sprache, aufbewahrt wie in einer Zeitkapsel.

Der Koran, der ein «herausragendes Ereignis der arabischen Geschichte» darstellt, um Kenneth Cragg zu zitieren, wird von den meisten Muslimen als Muhammads einziges Wunder angesehen. Wie die Propheten vor ihm wurde auch Muhammad immer wieder gedrängt, seine göttliche Sendung durch Wunder zu beglaubigen. Doch er beharrte stets darauf, daß er nur ein Gesandter und seine Botschaft das einzige Wunder sei, das er zu bieten hätte. Im Unterschied zu den Wundern der anderen Propheten, die im Hier und Jetzt geschahen und damit vergänglich waren, würde der Koran, Muhammads einziges Wunder, «für alle Zeiten Bestand haben», um mit dem Mystiker Nadschm al-Din Razi Daya (1177–1256) zu sprechen.

Daya berief sich auf die islamische Grundüberzeugung, daß der Koran sprachlich und formal mit keiner anderen religiösen oder nichtreligiösen Schrift vergleichbar ist. Muhammad selbst forderte die heidnischen Dichter seiner Zeit immer wieder auf, sich mit der sprachlichen Brillanz des Korans zu messen: «Wenn ihr hinsichtlich dessen, was wir auf unseren Diener herabgesandt haben, im Zweifel seid, dann bringt doch eine Sure gleicher Art ... Wenn ihr (das) nicht tut – und ihr werdet es nicht tun –, dann macht euch darauf gefaßt, daß ihr in das Höllenfeuer kommt, dessen Brennstoff Menschen und Steine sind» (2, 23 f.; ebenso 16, 101).

Die Vorstellung des Korans als *umm al-kitab* («Mutter des Buches») impliziert zwar, daß er mit anderen heiligen Schriften in einem geistigen Zusammenhang steht. Doch im Unterschied zur Tora und zu den Evangelien, die aus einzelnen Büchern verschiedener Autoren im Laufe von Jahrhunderten entstanden und Zeugnisse der Begegnung mit dem Göttlichen in der Geschichte sind, gilt der Koran als direkte Offenbarung (*tanzil*), als das durch Muhammad überbrachte unmittelbare Wort Gottes; der Prophet war nur passives Medium. Der Koran ist, literarisch gesprochen, Gottes dramatischer Monolog. Er erzählt nicht von der Begegnung Gottes mit der Menschheit. Er *ist* Gottes Begegnung mit der Menschheit. Er offenbart nicht Gottes Willen, er offenbart Gottes Sein und Wesen. Wenn die Lehre des *tauhid* jede Beeinträchtigung der Einheit Gottes strikt untersagt, dann ist der Koran nicht die Rede Gottes, er *ist* Gott.

Genau so argumentierten die traditionalistischen Ulama. Wenn Gott ewig ist, dann sind auch die Eigenschaften Gottes ewig und können von Gottes Wesen nicht getrennt werden. Somit ist der Koran als Gottes Rede ewig und ungeschaffen. Für die rationalistischen Ulama war dies ein unsinniger Standpunkt, der eine Reihe unlösbarer theologischer Probleme nach sich zieht. (Spricht Gott arabisch? Ist jedes Koranexemplar eine Kopie Gottes?) Den Rationalisten zufolge war die Rede Gottes nur sein *Spiegelbild*, nicht Gott selbst.

Ulama wie Abu Hanifa versuchten, in der Auseinandersetzung zwischen Rationalisten und Traditionalisten zu vermitteln, indem sie sagten: «Unser Vortrag des Korans, unsere Art und Weise, ihn zu schreiben und zu rezitieren, ist geschaffen, der Koran [selbst] aber ist unerschaffen.» Ibn Kullab (gestorben 855) stimmte dem zu, meinte aber, die Traditionalisten hätten recht damit, das Wort Gottes als «ein Einziges in Gott» zu betrachten, allerdings nur insoweit, als dieses göttliche Wort nicht aus materiellen Buchstaben und Wörtern bestehe. Ibn Kullabs Ansicht wurde von Ibn Hazm (994–1064) weiter differenziert. Er vertrat die Ansicht von der Existenz eines «zuvor geoffenbarten» Korans (wie es der Gedanke einer Urschrift, *umm al-kitab*, impliziert); «was auf den Seiten des Buches» stehe, sei «eine Nachahmung des [materiellen] Korans». Erneut war es der einflußreiche Ahmad ibn Hanbal, der die traditionalistische Doktrin auf den Punkt brachte: Was ein Muslim zwischen den Buchdeckeln des Korans lese – die Buchstaben und Wörter –, sei selbst das Wort Gottes, das ewig und ungeschaffen sei.

Die Debatte zwischen den rationalistischen und den traditionalistischen Ulama – mit unterschiedlicher Einflußnahme der verschiedenen Schulen – setzte sich bis zum Ende des 13. Jahrhunderts fort, als, nicht zuletzt in Reaktion auf al-Ma'muns grausames Inquisitionsgericht, die traditionalistische Position im sunnitischen Islam die Oberhand gewann. Die meisten Rationalisten wurden als Ketzer gebrandmarkt, und ihre Theorien verloren in allen größeren Rechtsschulen und in der Theologie an Einfluß – außer in den schiitischen Schulen (siehe dazu das folgende Kapitel). Die Diskussion über das Wesen des Korans hält bis heute an; die traditionalistische Koranauslegung aber stellte die Weichen für die weitere Entwicklung der muslimischen Theologie und des muslimischen Rechts.

Der Glaube an das ewige und ungeschaffene Wort Gottes zum Beispiel ließ bei vielen Muslimen die Überzeugung reifen, der Koran dürfe nicht übersetzt werden. Jede Übersetzung aus der Originalsprache beraube den Koran seines Wesenszugs als unmittelbare Rede Gottes; das Ergebnis sei eine Interpretation des Korans, nicht der Koran selbst. Als sich der Islam über die Arabische Halbinsel hinaus ausbreitete, mußten die Neubekehrten, auch Perser, Europäer, Afrikaner oder Inder, die arabische Sprache lernen, um die heilige Schrift des Islams lesen zu können. Noch heute müssen Muslime aller Kulturen und Ethnien den Koran auf Arabisch lesen, ob sie nun die Sprache verstehen oder nicht. Die Botschaft des Korans ist entscheidend für die muslimische Lebensführung, doch es sind die Worte selbst, die Rede des einen und einzigen Gottes, die spirituelle Kraft besitzen und heilbringenden Segen (*baraka*) verströmen.

Baraka wird auf unterschiedliche Weise erfahrbar, am intensivsten jedoch auf dem Weg der einzigartigen Tradition der islamischen Kalligraphie. Der Primat des Wortes im Islam und die Ablehnung jeglicher Ikonolatrie und damit der bildlichen Darstellung in der Kunst führten zur Entwicklung der Kalligraphie als vornehmstem künstlerischem Ausdrucksmittel in der muslimischen Welt. Die islamische Kalligraphie ist jedoch weit mehr als nur eine Kunstform. Sie ist die visuelle Verkörperung des ewigen Korans, Symbol für Gottes lebendige Gegenwart auf Erden.

Sprüche aus dem Koran sind als Inschriften auf Moscheen, Grabmälern und Gebetsteppichen angebracht und verleihen ihnen dadurch eine besondere Weihe. Sie schmücken alltägliche Gebrauchsgegenstände wie Teller, Tassen, Schalen und Lampen, und wenn man von einem mit Gottes Rede verzierten Teller ißt oder eine Lampe mit einem eingravierten Koranvers anzündet, will man heilbringenden Segen erfahren. Ähnlich wie der vorislamischen Dichtung göttliche Autorität innewohnte, sind die Worte des Korans gleichsam ein Talisman, der göttliche Segenskraft übermittelt. Kein Wunder also, daß bei der Reinigung der Ka'ba und der Zueignung an Allah auch die heidnischen Verse vor dem Heiligtum heruntergerissen und durch Koranverse ersetzt wurden, die den Bau bis heute als goldenes Band umlaufen.

Baraka wird auch durch die Kunst oder vielmehr Wissenschaft der Koranrezitation erfahrbar. William Graham verwies darauf, daß schon die junge muslimische Gemeinschaft den Koran als eine mündliche Schrift verstand, die in der Gemeindeversammlung laut vorgetragen und nicht im stillen rezitiert werden sollte. «Koran» heißt soviel wie «Vortrag», «Rezitation», und deshalb beginnen auch so viele Abschnitte mit dem Befehl *qul*, «sag».

Aus dem Bemühen der Koranleser (*qurra*), das heilige Buch auswendig zu lernen und zu bewahren, entstand im Laufe der Zeit die Wissenschaft der kultischen Koranrezitation (*tadschwid*) mit festen Regeln: wann man beim Vortrag eine Pause machen darf und wann nicht, wann man sich niederwerfen und wann man sich erheben, wann man einatmen und wann man den Atem anhalten soll. Auch die Aussprache der Vokale und Konsonanten ist bis in alle Einzelheiten geregelt. Da der Islam aus Furcht, die Göttlichkeit des Textes zu verletzen, der Musik im Gottesdienst traditionell eher ablehnend gegenübersteht, ist auch eine Koranrezitation nicht musikalisch im eigentlichen Sinn. Spontane Melodiebögen sind jedoch erwünscht, und einige zeitgenössische Koranleser haben ein erstaunliches Maß an musikalischer Virtuosität entwickelt. Ihre Rezitationen ähneln Rockkonzerten, wenn Tausende ausgelassener Zuhörer den Vortrag mit lautstark geäußerter Zustimmung oder Ablehnung quittieren.

Aber «Konzerte» oder «Darbietungen» sind diese Rezitationen eben nicht. Schließlich handelt es sich um kultische Handlungen, bei denen der Vortragende den Gläubigen die Segenskraft von Gottes Wort übermittelt. Denn obwohl der Koran Gottes dramatischer Monolog ist, verwandelt er sich, laut gesprochen, auf wunderbare Weise in einen Dialog zwischen dem Schöpfer und seiner Schöpfung, ein Dialog, in dem Gott physisch präsent ist.

Die Ansicht der Traditionalisten, der Koran existiere von Ewigkeit her, hatte insbesondere für die Wissenschaft der Koranexegese weitreichende Folgen. Die Muslime taten sich von Anfang an ausgesprochen schwer, die Botschaft des Korans zu interpretieren. Als unmittelbare Rede Gottes war der Koran ohne jeglichen Kommentar oder Interpretationshilfe aufgezeichnet worden, ohne die Berücksichtigung chronologischer Aspekte und unter fast völligem Verzicht auf eine narrative Struktur. Zur Vereinfachung der Exegese klassifizierten die ersten Ulama die Offenbarung in die mekkanische und die medinensische Periode entsprechend den Versen, die in Mekka bzw. in Medina geoffenbart wurden. So entstand eine gewisse Chronologie, die die Textauslegung erleichterte.

Dem Neuling mag die Anordnung der Koransuren rätselhaft erscheinen. Die von Uthman zusammengestellte Ausgabe ist in 114 Kapitel oder *Suren* eingeteilt, die jeweils unterschiedlich viele Verse (*aya*) enthalten. Mit wenigen Ausnahmen beginnt jede Sure mit der Anrufung (*basmalla*): «Im Namen Gottes, des Erbarmers, des Barmherzigen.» Vielleicht um den Rang des Korans als direkte göttliche Offenbarung zu betonen, sind die Suren weder chronologisch noch thematisch, sondern entsprechend der Kapitellänge geordnet, vom längsten zum kürzesten. Eine Ausnahme macht das erste und wichtigste Kapitel, die Sure *al-fatiha*, die «Eröffnende».

Es gibt zwei Methoden der Koranexegese. Die erste, *tafsir*, konzentriert sich auf die wörtliche Bedeutung des Textes, die zweite, *ta'wil*, legt den Schwerpunkt auf dessen verborgene oder esoterische Bedeutung. *Tafsir* trägt den Fragen zum Kontext und zur Chronologie Rechnung und gibt damit den Muslimen ein leicht nachvollziehbares Grundgerüst für ein rechtschaffenes Leben. *Ta'wil* dagegen ergründet die verborgene, mystische Botschaft, die nur wenigen Auserwählten zugänglich ist. Beide Ansätze sind gleichermaßen anerkannt, doch das Spannungsverhältnis zwischen *tafsir* und *ta'wil* ist nur eine der unvermeidlichen Folgen, wenn man versucht, eine ewige und ungeschaffene, trotzdem aber in einem bestimmten historischen Kontext fest verwurzelte Schrift zu deuten.

Für die Rationalisten, die die Vorstellung eines ungeschaffenen Korans ablehnten, gab es nur eine vernünftige Methode der Textauslegung: diejenige, die der Zeitbezogenheit der Offenbarung Rechnung trug. Die Rationalisten betonten den Primat des menschlichen Verstandes bei der Erforschung von Sinn und Bedeutung des Korans und seines historischen Kontextes. Den Traditionalisten dagegen verbot es sich aufgrund der Ewigkeit und Ungeschaffenheit des Korans, von «historischem Kontext» oder einer «ursprünglichen Intention» zu sprechen. Der Koran sei von Ewigkeit her unveränderlich, und dasselbe gelte für seine Interpretation.

Dieses traditionalistische Koranverständnis übte auf die Textexegese großen Einfluß aus. Zum einen wurde den orthodoxen Ulama die alleinige Befugnis übertragen, einen weithin als fest und unveränderlich angesehenen Text zu deuten, der den Willen Gottes geoffenbart hat. Zum anderen wurde es abgelehnt, den ewigen und ungeschaffenen Koran als Produkt der Gesellschaft zu betrachten, in der Muhammad gelebt hatte. Die historischen Umstände der Offenbarung durften für deren Deutung keine Rolle spielen. Was für Muhammads Gemeinschaft im 7. Jahrhundert n. Chr. galt, galt auch für alle zukünftigen muslimischen Gemeinschaften, ungeachtet der veränderten äußeren Umstände. Diese Sicht des Korans wurde zunehmend problematisch, als die Offenbarung nicht mehr nur den Verhaltenskodex der muslimischen Gemeinde festlegte, sondern zur Hauptquelle der heiligen Rechtsordnung des Islams wurde, der Scharia.

Joseph Schacht nennt die Scharia «Herzstück und innersten Kern des Islams». Sie wurde von den Ulama als Grundlage zur Beurteilung jeglichen Handelns als gut oder böse, belohnens- oder bestrafenswert erarbeitet. Die Scharia kennt fünf Verhaltenskategorien:

1) verpflichtendes Handeln, das belohnt und bei Unterlassung bestraft wird,
2) verdienstvolles Handeln, das belohnt, bei Unterlassung jedoch nicht bestraft wird,
3) neutrales Handeln, das weder belohnt noch bestraft wird,
4) verpöntes Handeln, das jedoch nicht bestraft wird, und
5) Handeln, das verboten ist und bestraft wird.

Diese fünf Kategorien zeigen das fundamentale Bestreben des Islams, nicht nur Fehlverhalten zu verbieten, sondern tugendhaftes Verhalten zu fördern.

Als umfassende, für alle Muslime verbindliche Rechtsordnung läßt sich die Scharia in zwei Hauptbestandteile aufteilen: Regelungen der religiösen Pflichten einschließlich der richtigen Art der Gottesverehrung; und Regelungen rein juristischer Natur (obwohl sich die beiden Bereiche oft überschneiden). In jedem Fall regelt die Scharia nur das praktische, äußere Tun, nicht das innere, geistige Leben. Die Gläubigen, die sich den mystischen Traditionen des Islams zuwenden, betrachten die Scharia daher lediglich als Ausgangspunkt für das rechte Verhalten. Wahrer Glauben erfordere mehr als nur die Befolgung der Gesetze.

Die moralischen Vorschriften der Scharia werden von der islamischen Rechtsgelehrsamkeit (*fiqh*) konkret in rechtspraktische Normen gefaßt. Die erste und wichtigste Rechtsquelle ist der Koran. Das Problem besteht jedoch darin, daß der Koran selbst kein Gesetzesbuch ist. Zwar erörtern etwa achtzig Verse konkrete juristische Fragen (Fragen des Erbrechts und der Stellung der Frauen, aber auch einige strafrechtliche Themen), der Koran stellt jedoch keinen Gesetzeskanon zur Regelung des praktischen Verhaltens der Gemeinde auf, wie es etwa bei der jüdischen Tora der Fall ist. Für die zahllosen juristischen Fragen, zu denen der Koran schweigt, orientieren sich die Ulama an den Überlieferungen (Sunna) des Propheten.

Die Sunna besteht aus Tausenden und Abertausenden kleiner Geschichten oder Hadithe, die alle den Anspruch erheben, auf die Worte und Taten des Propheten und seiner frühesten Gefährten zurückzugehen. Wie in Kapitel 3 dargelegt, wurden diese Hadithe im Zuge der Weitergabe von Generation zu Generation zunehmend verworren und ihre Echtheit unsicher, und bald ließ sich nahezu jede juristische oder religiöse Lehrmeinung, wie radikal oder verschroben auch immer sie war, unter Berufung auf den Propheten begründen. Im 9. Jahrhundert nahm diese Gepflogenheit so überhand, daß Rechtsgelehrte unabhängig voneinander versuchten, die zuverlässigsten Hadithe in verbindlichen Sammlungen zusammenzufassen; am angesehensten sind die Hadithsammlungen von Muhammad al-Buchari (gestorben 870) und Muslim ibn al-Haddschadsch (gestorben 875).

Hauptkriterium für die Echtheit der Prophetenworte und -taten ist eine lückenlose Überlieferungskette (*isnad*). Hadithe, deren *isnad* auf eine frühe und zuverlässige Quelle zurückverfolgt werden können, gelten als «gesund» und damit als authentisch; andere, die als «schwach» angesehen werden, sind zu verwerfen. Vor dem 9. Jahrhundert jedoch, als diese Sammlungen entstanden, galt die einwandfreie und zusammenhängende Überlieferungskette keineswegs als Vorbedingung für die Weitergabe eines Hadith. Joseph Schachts Forschungen zur Entwicklung der Scharia haben gezeigt, daß zahlreichen weithin anerkannten Hadithen eine Überlieferungskette zugeschrieben wurde, um ihnen den Anschein größerer Authentizität zu verleihen. Schachts eigenwillige, aber durchaus richtige Maxime lautete daher: «Je lückenloser die *isnad*, desto später die Überlieferung.»

Doch es gibt einen weiteren Vorbehalt gegen die Sunna des Propheten als wichtigster Rechtsquelle. So streng Gelehrte wie al-Buchari und Ibn al-Haddschadsch bei der Prüfung der Hadithe auf ihre korrekte Überlieferung auch waren, fehlte ihrer Methode doch jegliche politische und theologische Objektivität. Als «gesunde» Tradition galt nicht, was eine lückenlose Überlieferungskette aufwies, sondern was die Glaubensüberzeugungen und die religiöse Praxis der Mehrheit der Umma spiegelte. Mit anderen Worten: Man sammelte die Hadithe und formulierte die Sunna vorrangig mit dem Ziel, eine islamische Orthodoxie und Orthopraxie zu schaffen, indem man jene Ansichten und Praktiken untermauerte, die von der Mehrheit der Ulama bereits akzeptiert waren, alle anderen dagegen verwarf. Zwar gibt es durchaus Hadithe, die einen authentischen historischen Kern besitzen und bis zum Propheten und dessen Gefährten zurückverfolgt werden können, doch die Sunna spiegelt weit mehr die Ansichten der Ulama des 9. Jahrhunderts als die der Umma des 7. Jahrhunderts. Schließlich war es, um Jonathan Berkey zu zitieren, «nicht Muhammad selbst, der die Sunna festlegte, sondern nur eine vage Erinnerung an ihn».

Auch abgesehen von ihrer mangelnden Zuverlässigkeit: die Sunna eignete sich schlecht als Ausgangspunkt für die Lösung jener zahllosen Rechtsfragen, die auftauchten, als die muslimische Gemeinschaft zu einem Weltreich expandierte. Es mußten Prinzipien der Rechtsfindung bei Problemen entwickelt werden, die im Koran und in der Sunna nicht explizit behandelt wurden. Zum wichtigsten Instrument wurde der Analogieschluß (*qiyas*), der es den Ulama erlaubte, bei der Lösung neuer, bis dahin unbekannter Rechtsfragen Parallelen zwischen ihrer und Muhammads Gemeinschaft zu ziehen. Freilich trugen Analogien nicht besonders weit, und zudem achteten die von den Traditionalisten dominierten Rechtsschulen streng darauf, daß der juristische Verstand gegenüber der Offenbarung nicht die Oberhand gewann. Zwar blieb der Analogieschluß ein wichtiges Rechtsfindungsprinzip bei der Entwicklung der Scharia, doch letztlich stützten sich die Ulama in weit größerem Maße auf die vierte Rechtsquelle, den «Konsens» (*idschma*).

Gemäß dem Prophetenausspruch: «Meine Gemeinde wird niemals in einem Irrtum übereinstimmen» behaupteten die Ulama, der Konsens der Rechtsgelehrten eines bestimmten Alters zu einem bestimmten Thema schaffe verbindliche Rechtsnormen, selbst wenn diese einer Vorschrift im Koran scheinbar widersprechen (wie im Falle der Steinigung von Ehebrecherinnen). Wie die Sunna hatte das Prinzip des *idschma* die Funktion, innerhalb der muslimischen Gemeinschaft Rechtgläubigkeit herzustellen. Doch mindestens ebenso wichtig war es, die Autorität der Ulama als alleinigen Hütern des rechten Verhaltens und des rechten Glaubens aller Muslime zu festigen. Tatsächlich waren die Rechtsschulen vorwiegend auf dem Konsens als Rechtsfindungsprinzip aufgebaut.

Mit der Institutionalisierung dieser Rechtsschulen in der muslimischen Welt wurden bedauerlicherweise auch deren Rechtsgutachten bindend, so daß der Konsens einer Generation von Juristen auch für die nachfolgenden Generationen Gültigkeit hatte. Mit der Folge, daß die Ulama bald keine innovativen Lösungen aktueller Rechtsfragen mehr suchten, sondern nur noch *taqlid* übten, also bereits geltende rechtliche Regelungen übernahmen, ohne nach ihrer Begründung zu fragen.

Eine weitere Rechtsquelle darf nicht unerwähnt bleiben. In der Entstehungszeit der Scharia war man sich einig, daß in den Fällen, in denen Koran und Sunna keine Anhaltspunkte gaben und auch Analogieschluß und Konsens keine Lösung brachten, ein Jurist aufgrund eigenständiger, unabhängiger Überlegungen einen Rechtsspruch (*fatwa*) fällen durfte, der dann von der Gesamtgemeinde angenommen oder abgelehnt werden konnte. Diese unter dem Namen *idschtihad* geläufige Art der Entscheidungsfindung war bis zum Ende des 10. Jahrhunderts eine bedeutende Quelle der Rechtsfindung. Dann erklärten die traditionalistischen Ulama, die damals fast alle größeren Rechtsschulen dominierten, die «Tore des *idschtihad*», der selbständigen Suche, für geschlossen. Das war der

Anfang vom Ende für all jene, die überzeugt waren, daß religiöse Wahrheit, sofern sie nicht der Offenbarung widersprach, mit dem menschlichen Verstand erfaßbar sei.

Zu Beginn des 11. Jahrhunderts hatte sich das, was als ad-hoc-Zusammenkünfte gleichgesinnter Religionsgelehrter begonnen hatte, zu Rechtsinstitutionen verfestigt und berief sich auf bindende göttliche Autorität. Die heutige sunnitische Welt kennt vier Hauptschulen. Die schafiitische Rechtsschule, die heute in Südostasien führend ist, folgt den Prinzipien des Muhammad al-Schafi'i (gestorben 820), für den die Sunna des Propheten und seiner Gefährten die wichtigste Rechtsquelle war. Die malikitische Rechtsschule, vor allem in Westafrika verbreitet, wurde von Malik ibn Anas (gestorben 795) gegründet. Er stützte sich fast ausschließlich auf die medinensischen Überlieferungen als Mittel der Rechtsfindung. Die hanafitische Rechtsschule Abu Hanifas (gestorben 767), vor allem in Zentralasien und auf dem indischen Subkontinent beheimatet, ist die weitaus größte und, was die Auslegungsmöglichkeiten betrifft, diversifizierteste Rechtstradition. Die hanbalitische Schule von Ahmad ibn Hanbal (gestorben 855), deren traditionalistische Ausrichtung am stärksten ist, findet sich überall im Nahen Osten, etablierte sich jedoch vor allem in ultrakonservativen Ländern wie Saudi-Arabien und Afghanistan. Hinzu kommt die von Dscha'far al-Sadiq (gestorben 765) gegründete schiitische Rechtsschule, von der im folgenden Kapitel ausführlicher die Rede sein wird.

Die Ulama, die den sunnitischen Rechtsschulen angehören, sehen sich als alleinige Autoritäten in Fragen des rechten islamischen Verhaltens und der Interpretation des rechten islamischen Glaubens. Mit der Institutionalisierung dieser Rechtsschulen trat an die Stelle der anfänglichen Ideenvielfalt und Meinungsfreiheit ein rigider Formalismus, verbunden mit dem strikten Festhalten an Präzedenzfällen und der nahezu vollständigen Unterdrückung selbständigen, unabhängigen Denkens. Schon im 11. Jahrhundert verurteilten muslimische Denker wie al-Ghazali (selbst ein Traditionalist) die Lehrmeinung, der zufolge «jeder, der nicht die scholastische Theologie der Ulama übernimmt und die Vorschriften des heiligen Gesetzes entsprechend ihren Herleitungen anerkennt, ein Ungläubiger ist». Wie wir noch sehen werden, hat al-Ghazalis Kritik an den Ulama auch nach neunhundert Jahren nichts von ihrer Aktualität verloren.

Heute, da Fragen der individuellen religiösen Verantwortung in den Bereich der Politik hineinspielen, beherrschen die Ulama mehr und mehr den öffentlichen Diskurs über richtiges Verhalten und richtigen Glauben. Noch größere Bedeutung gewannen sie, nachdem sie begonnen hatten, sich stärker in das politische Geschehen im Nahen Osten einzumischen. Im Iran und im Sudan, in Saudi-Arabien und in Nigeria üben die Ulama die unmittelbare politische und gesetzgeberische Kontrolle aus; in den meisten anderen muslimischen Ländern beeinflussen sie Gesellschaft und Politik durch ihre Direktiven, ihre Rechtsentscheidungen und vor allem durch ihre Aufsicht über die religiösen Lehranstalten, die Madrasas. Hier werden Generationen junger Muslime oft im Sinne einer wiederauflebenden traditionalistischen Orthodoxie indoktriniert, die den Koran buchstabengetreu interpretiert und die Scharia als göttlich und unfehlbar betrachtet. Ein pakistanischer Lehrer und Theologe erklärte kürzlich:

> Das islamische Gesetz entstand nicht auf demselben Weg wie das konventionelle Gesetz. Es war nicht dem Prozeß der Prüfung und Beurteilung unterworfen wie die von Menschen geschaffenen Gesetze. Am Anfang des islamischen Gesetzes standen nicht Regeln und Weisungen, deren Zahl im Laufe der Zeit zunahm, oder rudimentäre Ideen, die im Verlauf der kulturellen Entwicklung immer mehr ausdifferenziert wurden; dieses Gesetz entstand und wuchs auch nicht mit der islamischen Gemeinschaft.

Tatsächlich jedoch entwickelte sich die Scharia exakt in der hier beschriebenen Weise: als «rudimentäre Ideen, die im Verlauf der kulturellen Entwicklung immer mehr ausdifferenziert wurden». Neben den lokalen kulturellen Gegebenheiten wurde dieser Prozeß auch vom talmudischen und vom römischen Recht beeinflußt. Mit Ausnahme des Korans war jede Quelle der islamischen Rechtsfindung das Ergebnis menschlicher Verstandeskraft. Die frühen Rechtsschulen wußten das und erhoben daher nicht den Anspruch, mehr als gedankliche Trends innerhalb der muslimischen Gemeinschaft zum Ausdruck zu bringen. Die Quellen, aus denen diese Schulen schöpften, an erster Stelle der Konsens (*idschma*), standen einer Weiterentwicklung des Denkens nicht entgegen. Aus diesem Grund paßten sich die Ulama, ob sie nun Rationalisten oder Traditionalisten waren, mit ihren Lehrmeinungen ständig der aktuellen Situation an und interpretierten das Recht immer wieder neu entsprechend den aktuellen Gegebenheiten.

Trotzdem war keine der von diesen Schulen formulierten Rechtsnormen für den einzelnen Muslim bindend. Bis in die moderne Zeit wechselten die Gläubigen nach Belieben von einer Schule zur anderen. Einem Muslim war es nicht ausdrücklich verboten, in einer Frage der malikitischen und in einer anderen der hanafitischen Rechtsanschauung zu folgen. Es ist barer Unsinn, das, was so offensichtlich die Frucht menschlichen Bemühens ist und so offenkundig menschlichem Ermessen unterliegt, als unfehlbares, unveränderliches und bindendes heiliges Gesetz Gottes zu deklarieren.

Schon ein flüchtiger Blick auf die Entwicklung der Scharia zeigt, daß sich das Gesetz und die Offenbarung «mit der islamischen Gemeinschaft» entwickelten. Der Koran selbst bekundet unmißverständlich, daß seine Botschaft zwar ewig ist, aber als Antwort auf ganz bestimmte historische Umstände geoffenbart wurde. Mit dem Wachstum von Muhammads junger Gemeinde wandelte sich auch die Offenbarung, um sich neuen Gegebenheiten anzupassen. Bereits während der zweiundzwanzig Jahre von Muhammads prophetischer Sendung war der Koran in stetiger, manchmal dramatischer Veränderung begriffen, je nachdem wann und wo ein Vers geoffenbart wurde, ob in Mekka oder in Medina, ob am Anfang oder am Ende von Muhammads Wirken.

Bisweilen führten diese Veränderungen vordergründig zu beträchtlichen Widersprüchen im Text. Anfangs nahm der Koran gegenüber dem Weingenuß und dem Glücksspiel eine neutrale Haltung ein. In beiden, so heißt es, «liegt eine schwere Sünde. Und dabei sind sie für die Menschen (auch manchmal) von Nutzen. Die Sünde, die in ihnen liegt, ist aber größer als ihr Nutzen» (2, 219). Ein paar Jahre später wurde ein weiterer Vers geoffenbart, der zwar nach wie vor Alkohol und Glücksspiel nicht dezidiert verbot, den Gläubigen jedoch empfahl, auf das Glücksspiel zu verzichten und «nicht betrunken zum Gebet» zu kommen (4, 43). Kurz darauf aber spricht der Koran ein explizites Verbot von Alkohol und Glücksspiel aus, nennt sie «des Satans Werk» und in einem Atemzug mit Götzendienst als größte Sünde überhaupt (5, 90). Die früheren Verse, die Alkohol und Glücksspiel zwar mißbilligten, aber nicht verboten, sind durch einen anderen, späteren Vers aufgehoben, der beides unmißverständlich als Greuel brandmarkt.

Korangelehrte bezeichnen diese Aufhebung eines Verses durch einen anderen als *nasch* und sagen, dies beweise, daß Gott seinem Propheten wichtige soziale Veränderungen schrittweise mitteilte, damit sich die Umma ganz langsam an das neue Verhaltensethos gewöhnen konnte. Doch wenn *nasch* etwas beweist, dann dies: Die Offenbarung des unveränderlichen, ewigen Gottes ist veränderlich. Eine Rechtfertigung dafür gibt der Koran nicht. «Wenn wir einen Vers tilgen oder in Vergessenheit geraten lassen», heißt es dort, «bringen wir (dafür) einen besseren oder einen, der ihm gleich ist. Weißt du denn nicht, daß Gott die Herrschaft über Himmel und Erde hat?» (2, 106; siehe auch 16, 101)

Der Prophet selbst widerrief manchmal ältere Verse, die durch die Offenbarung neuer Verse ersetzt wurden. Er betrachtete den Koran eben nicht als eine statische Offenbarung. Vielleicht unternahm er deshalb keine Anstrengungen, die Texte zu einem systematisch geordneten Buch zusammenzufassen. Für Muhammad war der Koran eine lebendige Schrift, die sich im Rahmen der sozialen Lebenswirklichkeit der Umma stetig weiterentwickelte und ihren Veränderungen anpaßte. Schon bald nach Muhammads Ableben entstand eine eigenständige Wissenschaft des Korankommentars, die sich mit den «Umständen oder Anlässen des Herabstiegs» (*asbab an-nuzul*) beschäftigte und Ort und Zeit der Offenbarung der einzelnen Suren bestimmte. So konnten die Verse in eine chronologische Reihenfolge gebracht werden. Diese Chronologie zeigt ganz deutlich, daß Gott sich wie ein treusorgender Vater oder eine liebevolle Mutter um die Umma kümmerte, ihr von der ersten Offenbarung im Jahr 610 bis zur letzten im Jahr 632 Leitlinien übermittelte und gegebenenfalls frühere Weisungen revidierte.

Mit Muhammads Tod endeten die Offenbarungen. Doch die Umma blieb in ihrer Entwicklung nicht stehen, im Gegenteil. Die heutige Gemeinschaft der Muslime, fast eineinhalb Milliarden Menschen, hat mit der kleinen Glaubensgemeinde, die Muhammad im 7. Jahrhundert in Arabien hinterließ, kaum mehr etwas zu tun. Die Offenbarung ist beendet, doch der Koran lebt und muß als ein lebendiger Text betrachtet werden. Die Ansicht, der historische Kontext dürfe bei der Koranauslegung keine Rolle spielen und alles, was für Muhammads junge Gemeinde galt, müsse für die muslimischen Gemeinschaften sämtlicher Zeiten gelten, ist in jeder Hinsicht unhaltbar.

Dennoch ist es den Erben des Traditionalismus gelungen, die Befürworter der Reform mehr oder weniger zum Schweigen zu bringen, selbst die Kritiker aus ihren eigenen Reihen. Als in den neunziger Jahren Nasr

Hamid Abu Zaid, muslimischer Professor an der Universität Kairo, äußerte, der Koran sei zwar von Gott geoffenbart, dennoch aber ein kulturelles Produkt Arabiens im 7. Jahrhundert, wurde er von den konservativen Ulama der berühmten ägyptischen al-Azhar-Universität als Ketzer gebrandmarkt und zur Scheidung von seiner muslimischen Frau gedrängt (das Paar floh gemeinsam aus Ägypten). Als der renommierte sudanesische Rechtsreformer Mahmud Muhammad Taha (1909–1985) äußerte, die mekkanischen und medinensischen Koransuren differierten deshalb so stark, weil sie an historisch unterschiedliche Zuhörer gerichtet seien, wurde er hingerichtet.

Wie wir sehen werden, ist die Debatte über Wesen und Bedeutung des Korans und der Scharia keineswegs abgeschlossen. Moderne muslimische Denker wie Abdolkarim Soroush, Tariq Ramadan, Abdullahi An-Na'im, Amina Wadud, Khaled Abou El Fadl und viele andere drängen die muslimische Gemeinschaft zu Reformen, indem sie die Tore des *idschtihad* erneut öffnen und auf der Rückkehr zu einer rationalen Koranexegese beharren. Die Dominanz der Traditionalisten hat jedoch für die Entwicklung und den Fortschritt des Rechts und der Gesellschaft im modernen Islam nach wie vor verheerende Folgen.

Das Problem besteht darin, daß es praktisch unmöglich ist, die traditionalistische Sicht der Scharia als heiliges und von Gott geoffenbartes Gesetzeswerk, das keiner Deutung durch den Menschen bedarf und aus jeglichem historischen Kontext herausgelöst ist, mit den Erfordernissen eines modernen Verfassungsstaats in Einklang zu bringen, ganz zu schweigen von Mindeststandards der Demokratie und der Menschenrechte. Der größte Irrtum der traditionalistischen Position liegt nicht in der irrigen Vorstellung, die Scharia sei ein fester und ahistorischer Rechtskodex. Wie wir gesehen haben, steht außer Frage, daß die Scharia in einem bestimmten historischen Kontext entstanden ist, daß sie sich als Antwort auf bestimmte historische Gegebenheiten entwickelt hat und denselben sozialen, politischen und wirtschaftlichen Faktoren unterliegt, die die Gesetzbücher aller Kulturen in allen Teilen der Welt geprägt haben. Wer etwas anderes behauptet, hat entweder keine Ahnung von der islamischen Geschichte oder erliegt schlicht einer Wahnvorstellung. Der Hauptirrtum der Traditionalisten ist die unerträglich häretische Überzeugung, eine sich unablässig verändernde und sichtlich von

Menschen gemachte Rechtsüberlieferung, die auf den sehr widersprüchlichen Interpretationen eines halben Dutzends rivalisierender Rechtsschulen mit jeweils extrem unterschiedlichen textlichen und historischen Quellen beruht, müsse als heilig und göttlich betrachtet werden. Eine solche Überzeugung ist, mit einem Wort, *schirk*.

Die Scharia hat also absolut nichts Göttliches und kann in keiner Weise als unabänderlich und unfehlbar betrachtet werden. Das Argument, die Scharia leite ihre göttliche Natur von ihrer ersten und wichtigsten Quelle, dem Koran, ab, ist unhaltbar, wenn man sich klarmacht, daß der Koran, anders als die Tora, kein Gesetzbuch ist. Der Koran ist Gottes Selbstoffenbarung an die Menschheit. Gewiß, er enthält den moralischen Rahmen für die heilige und rechtschaffene Lebensführung eines Muslims. Aber er war nie als Gesetzbuch gedacht. Und deshalb mußten die Gelehrten auf außerkoranische Quellen wie *idschma* (Konsens), *qiyas* (Analogieschluß), *istislah* (Gemeinwohl) und *idschtihad* (unabhängige Rechtsfindung) zurückgreifen – die sich per definitionem alle auf das menschliche Urteil und den historischen Kontext stützen –, um die Scharia überhaupt zu erarbeiten. Zu sagen, die Scharia sei göttlich, weil der Koran göttlich sei, ist, als würde man sagen, Wasser sei dasselbe wie Wein, weil Wasser der erste und wichtigste Bestandteil des Weins ist.

Ein moderner islamischer Staat hat also nur drei Möglichkeiten, die Scharia in sein Rechtssystem zu integrieren. Er kann die Scharia auf der Grundlage eines traditionalistischen Verständnisses anwenden, ohne sie zu modernisieren und heutigen Rechts- und Gesellschaftsnormen anzupassen; dies geschieht bis heute in Saudi-Arabien und wurde in Afghanistan unter den Taliban praktiziert. Er kann die traditionalistische Sicht der Scharia akzeptieren und als legitime Quelle der Zivilgesetzgebung betrachten und sie dann, abgesehen von Bestimmungen des Familien-, Scheidungs- und Erbrechts, trotzdem weitgehend ignorieren, wie es Ägypten und Pakistan tun. Oder er kann versuchen, im Zuge umfassender Reformen, die dem historischen Kontext, aber auch den von Menschen bewirkten Veränderungen der Scharia Rechnung tragen, die traditionellen Werte der Scharia mit modernen Prinzipien des Konstitutionalismus und der Rechtsstaatlichkeit in Einklang zu bringen. Einmal abgesehen von dem demokratischen Experiment im Irak, das gerade erst begonnen hat, hat bisher nur ein einziger islamischer Staat diese Option ernsthaft erwogen.

Seit mehr als dreißig Jahren ringt die Islamische Republik Iran darum, die Volkssouveränität mit der göttlichen Souveränität in Einklang zu bringen und einen islamischen Staat zu errichten, der die Werte des Pluralismus, des Liberalismus und der Menschenrechte achtet und dennoch auf ein dezidiert islamisches System moralischer Normen gegründet ist: ein schwieriges, von Gewalt gekennzeichnetes und bisher wenig erfolgreiches Unterfangen, das von äußeren Kräften ebenso bedroht ist wie von Korruption und von der Unfähigkeit der religiösen und politischen Führung des Landes. Ob das iranische Experiment letztlich erfolgreich sein wird, bleibt abzuwarten. Dennoch, seitdem der Prophet Muhammad in Medina versuchte, eine neue Form der Gesellschaft zu errichten, hat es kein bedeutsameres politisches Experiment der Staatsbildung mehr gegeben.

Freilich ist der Iran ein Sonderfall. Das islamische Ideal des Iran ist eindeutig schiitisch geprägt, und von ihren Anfängen als politische Bewegung mit dem Ziel, der Prophetenfamilie das Kalifat zurückzugeben, bis zu ihrer Entwicklung als eigenständige Richtung des Islams mit eigenen Glaubensanschauungen und religiösen Praktiken ist die Schi'a stets eigene Wege gegangen.

7. In den Fussstapfen von Märtyrern

Vom Schiitentum zum Chomeinismus

Am zehnten Tag des islamischen Monats Muharram, im einundsechzigsten Jahr nach der Hidschra (am 10. Oktober 680 n. Chr.), tritt Husain ibn Ali, der Enkel des Propheten Muhammad und faktisches Oberhaupt der Schi'at Ali, frühmorgens aus seinem Zelt, um zum letzten Mal seinen Blick über die weite, trockene Ebene von Kerbela schweifen zu lassen, wo das gewaltige syrische Heer sein Lager umzingelt hat. Es sind die Soldaten des Umayyaden-Kalifen Yazid I., die schon vor Wochen aus Damaskus geschickt worden waren, um Husain und seinen Mitstreitern den Weg nach Kufa, zu den Aufständischen, abzuschneiden.

Seit zehn Tagen schon belagert die syrische Armee Husain in Kerbela. Zuerst versuchten sie, das Lager mit einem Sturmangriff der Reiterei zu überrennen. Doch Husain hatte in weiser Voraussicht seine Zelte am Fuß einer Hügelkette aufgestellt und ließ auf drei Seiten seines Lagers einen halbkreisförmigen Graben ausheben und mit Holz füllen, das er in Brand steckte. Er sammelte seine Männer in der Mitte dieses Feuerkreises und befahl ihnen, mit gezückten Lanzen in dichter Formation niederzuknien und so den Ansturm der feindlichen Reiter zu erwarten.

Mit dieser simplen Strategie gelang es Husains kleiner Streitmacht, die dreißigtausend Soldaten des Kalifen sechs Tage lang abzuwehren. Am siebten Tag änderte die syrische Armee ihre Taktik. Statt erneut anzugreifen, verlagerte sie ihre Linien in Richtung Euphratufer und schnitt Husain von der Trinkwasserzufuhr ab.

Jetzt schweigen die Waffen. Die Soldaten des Kalifen sitzen auf ihren gepanzerten Pferden und warten. Ihre Schwerter sind nicht gezückt, ihre Bögen geschultert.

Seit drei Tagen leiten die Kanäle kein Wasser mehr in Husains Lager.

Die wenigen Männer, die nicht im Kampf gefallen sind, verdursten jetzt langsam und qualvoll. Der Boden ist mit Leichen übersät, auch Husains achtzehnjähriger Sohn Ali Akbar und sein vierzehnjähriger Neffe Qasim, der Sohn seines älteren Bruders Hasan, sind nicht mehr am Leben. Von den zweiundsiebzig Gefolgsleuten, die mit Husain von Medina nach Kufa aufgebrochen sind, um ein Heer gegen Yazid aufzustellen, sind nur die Frauen und ein paar Kinder übrig. Husains einzig noch lebender Sohn Ali liegt todkrank im Zelt der Frauen. Alle anderen hat man an der Stelle begraben, wo sie im Kampf gefallen sind, man hat ihren Leichnam in ein Tuch gewickelt und mit dem Kopf Richtung Mekka bestattet. Sanft streicht der Wind über die flachen Gräber und trägt Verwesungsgeruch über die kahle Ebene.

Erschöpft und schwerverwundet, bricht Husain am Zelteingang zusammen. Ein Pfeil steckt tief in seinem Arm, ein Speer hat ihm die Wange durchbohrt. Sein Körper ist ausgedörrt, ihm ist schwindlig, denn er hat viel Blut verloren. Er wischt sich den Schweiß aus den Augen, senkt den Kopf und versucht, das Wehklagen der Frauen aus dem Zelt nebenan zu ignorieren. Soeben hat man seinen kleinen Sohn begraben, dem ein Pfeil die Kehle durchbohrte, als Husain ihn einen Hügel hinauftrug, um die syrischen Soldaten um Wasser zu bitten. Der Schmerz der Frauen trifft ihn schwerer als jeder Pfeil, bestärkt ihn aber auch in seinem Entschluß. Er muß vollenden, was er begonnen hat. Er muß seine letzte Kraft mobilisieren und gegen das Unrecht und die Tyrannei des Kalifen kämpfen, selbst wenn es ihn das Leben kostet.

Er steht mühsam auf, hebt die blutüberströmten Hände zum Himmel und betet: «Wir sind für Gott bestimmt, und zu Gott werden wir zurückkehren.»

Den Koran in der einen und das Schwert in der anderen Hand, besteigt Husain sein Streitroß, reißt die Zügel herum und lenkt es auf die Soldaten, die nur wenige hundert Meter von ihm entfernt eine Barrikade bilden. Mit einem Tritt in die Flanken des Pferdes stürzt er sich wild entschlossen auf den Feind, schwenkt sein Schwert und ruft: «Seht ihr, wie Fatimas Sohn kämpft? Seht ihr, wie Alis Sohn kämpft? Seht ihr, wie die Banu Haschim auch nach drei Tagen Hunger und Durst noch kämpfen?»

Einer nach dem anderen fallen die syrischen Reiter durch sein Schwert, bis General Schemr seine Soldaten anweist, sich zu sammeln und Husain zu umzingeln. Ein schneller Schlag mit einer Lanze reißt Husain vom Pferd. Am Boden liegend, schlägt er die Arme über den Kopf, als die Pferde über ihn hinwegtrampeln. Husains Schwester Zainab eilt aus dem Zelt, um ihm beizustehen. Aber Husain ruft ihr zu: «Geh zurück ins Zelt, Schwester, ich bin verloren.»

Endlich befiehlt Schemr der syrischen Reiterei den Rückzug. Als seine Soldaten die Überlebenden aus dem Lager treiben, steigt der General vom Pferd und stellt den Fuß auf Husains geschundenen Körper. «Bekenne deine Sünden», sagt Schemr. «Ich werde dir die Kehle durchschneiden.»

Husain dreht sich auf den Rücken, um seinem Peiniger ins Gesicht zu sehen. «Vergib, o barmherziger Gott, dem Volk meines Großvaters seine Sünden», ruft er aus, «und schenke mir in deiner Großmut den Schlüssel zum Schatz der Fürsprache ...»

Noch ehe der Enkel des Propheten sein Gebet beendet hat, hebt Schemr sein Schwert und läßt die Klinge niederfahren, die Husains Kopf vom Körper trennt. Den Kopf spießt er auf eine Lanze und bringt ihn nach Damaskus, wo er ihn auf einem goldenen Tablett dem Umayyaden-Kalifen als Geschenk darreichen wird.

Nach Alis Ermordung im Jahr 661 wählten die Überlebenden der Schi'at Ali in Kufa Alis ältesten Sohn Hasan zu dessen Nachfolger als Kalif. Doch Kufa war eine gespaltene und isolierte Stadt und Alis Anhängerschaft zerstreut und gering an Zahl. Mu'awiya hatte sich in Jerusalem zum Kalifen ausgerufen und beherrschte von seiner Hauptstadt Damaskus aus immer mehr muslimische Provinzen, so daß Hasan und seine Verbündeten gegen das gewaltige syrische Heer nichts auszurichten vermochten.

Doch trotz ihrer geringen Zahl besaß die Schi'at Ali noch immer Sympathien, insbesondere bei den Iranern des einstigen Sasanidenreichs, die in den *ahl al-bait* eine Alternative zur Herrschaft der arabischen Umayyaden sahen, sowie bei der Bevölkerung Mekkas und Medinas, wo die Erinnerung an den Propheten noch sehr lebendig war. Gleich, welcher politischen Richtung sie angehörten, viele erkannten in den Gesichtern der Prophetenenkel Muhammads Züge wieder. Mu'awiya willigte daher nur allzu gern ein, als Hasan ihm eine Art vorläufigen Waffenstillstand anbot.

Um einen weiteren Bürgerkrieg zwischen den Banu Haschim und den Banu Umayya zu vermeiden, sollte Mu'awiya die Führung behalten. Nach seinem Tod allerdings sollte die Nachfolge im Kalifat durch Konsens der muslimischen Gemeinschaft bestimmt, wenn nicht sogar explizit an Muhammads Familie zurückgegeben werden. Dieses Abkommen nutzte beiden. Hasan hatte Zeit, die Schi'at Ali neu zu formieren, ohne Angriffe der syrischen Armee befürchten zu müssen; und Mu'awiya wurde die politische Legitimität zuteil, nach der er so lange gestrebt hatte.

Nunmehr war Damaskus die Hauptstadt der muslimischen Gemeinschaft. Von hier aus brachte Mu'awiya eine Reihe von Reformen zur Festigung und Zentralisierung seiner Autorität als Kalif auf den Weg. Er nutzte die Stärke seines stehenden syrischen Heeres, um die in den Garnisonen des muslimischen Territoriums verstreuten Soldaten unter seiner Führung zu einen. Dann ordnete er die Zwangsumsiedlung derjenigen Nomadenstämme in entlegene Dörfer an, die sich nie als Teil der Umma betrachtet hatten, und erweiterte damit seinen Machtbereich. Die Verbindung zu den fernsten muslimischen Provinzen festigte er dadurch, daß er seine Verwandten, von denen viele durch Ali ihres Postens enthoben worden waren, als Statthalter einsetzte. Zugleich gelang es seiner straffen Führung, der Korruption und Unordnung entgegenzuwirken, die während der Regierungszeit seines Vetters Uthman geherrscht hatten. Mu'awiyas Statthalter wiederum sicherten sich ihre Position durch fleißiges Eintreiben von Steuern, die sie nach Damaskus schickten. Mit diesem Geld errichtete der Kalif eine glanzvolle Hauptstadt, wie sie sich kein arabischer Stamm je hätte träumen lassen.

Mu'awiya übernahm zwar Uthmans religiös geprägten Titel des *Chalifat Allah* und unterstützte die Einrichtungen der Religionsgelehrten und Koranrezitatoren mit großzügigen finanziellen Zuwendungen, aber er mischte sich – wie alle späteren Umayyaden-Kalifen – nicht in die theologischen und juristischen Kontroversen ein. Wie sein Urahn Qusayy jedoch wußte Mu'awiya, daß die Ka'ba der politischen Herrschaft religiöse Legitimität verleihen konnte. Deshalb erwarb er von den *ahl al-bait* das Privileg, das Heiligtum in Mekka zu schützen und den Pilgern Unterkunft und Wasser bereitzustellen.

Durch die Zentralisierung seiner Herrschaft in Damaskus und die Absicherung seines Kalifats mit Hilfe einer mobilen, äußerst disziplinierten Armee sowie einer gewaltigen Flotte, mit der er Eroberungszüge bis ins ferne Sizilien unternahm, brachte Mu'awiya die auseinanderstrebenden Regionen Arabiens unter seine Kontrolle und trieb die Expansion weiter voran. Doch obwohl er bestrebt war, als allmächtiger Stammesschaich und nicht als muslimischer König zu erscheinen, gibt es keinen Zweifel, daß sich Mu'awiya mit seinem zentralistischen und absolutistischen Führungsstil am Vorbild der byzantinischen und sasanidischen Herrscher orientierte. Nach der Umgestaltung des Kalifats in eine Monarchie tat Mu'awiya das, was jeder andere König auch getan hätte: Er bestimmte seinen Sohn Yazid zu seinem Nachfolger.

Die Quellen zeichnen ein recht ungnädiges Bild von Yazid, was nicht weiter verwundert, hatte er doch die Prophetenfamilie in Kerbela fast ausgelöscht. Mu'awiyas Sohn und Erbe wurde als zügelloser, ausschweifender Trunkenbold dargestellt, der lieber mit seinem Haustier, einem Äffchen, spielte, als die Staatsgeschäfte zu führen. Dieses Bild mag ungerecht sein, doch von dem Augenblick an, da er die Nachfolge seines Vaters antrat, war Yazids Ruf besiegelt. Schließlich markierte sein Amtsantritt das definitive Ende der geeinten Gemeinschaft Gottes und den Beginn des ersten muslimischen – und explizit arabischen – Reiches.

Gegen diese Entwicklung war es in Kufa zum Aufstand gekommen. Die Garnisonsstadt, in der es von freigelassenen Sklaven und nichtarabischen, zumeist iranischen muslimischen Soldaten nur so wimmelte, die Hauptstadt von Alis kurzem, turbulentem Kalifat, war das Zentrum antiumayyadischer Ressentiments. Kristallisationspunkt des Widerstands war die heterogene Koalition der Schi'at Ali, die nichts weiter verband als der Haß auf die Banu Umayya und die Überzeugung, einzig die Familie des Propheten könne die Urideale des Islams – Gerechtigkeit, Frömmigkeit und Gleichheit – wiederherstellen.

Wie bereits erwähnt, betrachtete die Schi'at Ali zunächst Hasan, Alis und Fatimas ältesten Sohn, als ihr neues Oberhaupt. Doch als Hasan 669 starb – seinen Anhängern zufolge wurde er vergiftet –, konzentrierten sich alle Hoffnungen auf Alis zweitältesten Sohn Husain. Anders als sein Bruder, dem politische Machenschaften zuwider waren, war Husain der geborene Führer, der von seinen Gefolgsleuten unbedingte Loyalität verlangte. Nach Hasans Tod wurde Husain von der Schi'at Ali gedrängt, Mu'awiyas Regime zu stürzen, koste es, was es wolle. Doch Husain lehnte es ab, den Vertrag zu verletzen, den sein Bruder mit dem Kalifen geschlossen hatte.

Elf Jahre lang lehrte und predigte er in Medina, wahrte das Vermächtnis seiner Familie und wartete auf den Tod des Kalifen. Elf Jahre lang ertrug er die Demütigung, daß sein Vater von den Kanzeln herab öffentlich geschmäht wurde, wie es Muʿawiya im ganzen Reich verfügt hatte. Im Jahr 680 endlich starb Muʿawiya, und bald erreichte Husain eine Nachricht der Kufaner mit der Aufforderung, in ihre Stadt zu kommen und den Aufstand gegen den Sohn des verhaßten Tyrannen anzuführen.

Obwohl er seit Jahren auf diesen Augenblick gewartet hatte, zögerte Husain jetzt, sein Schicksal in die Hände der Kufaner zu legen, deren Wankelmut und Zwietracht er nur zu gut kannte. Er wußte auch um die Aussichtslosigkeit, sich mit einem Heer irakischer Unzufriedener gegen die massive syrische Streitmacht des Kalifen zu stellen. Andererseits mußte er seiner Verpflichtung als Prophetenenkel nachkommen, gegen die Unterdrückung seiner Gemeinschaft durch einen unrechtmäßigen Herrscher zu kämpfen.

Ihm wurde die Entscheidung abgenommen, als Yazid, der die Bedrohung erkannte, Husain aufforderte, vor seinen Emir Walid in Medina zu treten und Damaskus den Treueid zu schwören. Als Husain vor Walid und dessen Berater Marwan erschien (demselben Marwan, der Uthman gedrängt hatte, nicht nachzugeben, und schließlich selbst das Umayyaden-Kalifat errang), erklärte er, als Vertreter der *ahl al-bait* könne er dem Kalifen besser dienen, wenn er ihm in aller Öffentlichkeit die Treue schwöre. Walid war bereit, ihn ziehen zu lassen, doch Marwan ließ sich nicht täuschen.

«Wenn du Husain jetzt gehen läßt, wirst du ihn nie wieder zu fassen kriegen», sagte er zu Walid. «Fordere ihn auf, hier und jetzt den Treueid zu schwören, und laß ihn töten, wenn er sich weigert.»

Noch ehe Walid Marwans Rat befolgen konnte, brach Husain mit seinen Familienangehörigen und einer Handvoll Mitstreiter in Richtung Kufa auf, wo er jedoch nie ankam.

Als Yazid erfuhr, daß Husain mit einem Heer gegen ihn zu ziehen beabsichtigte, schickte er Soldaten nach Kufa, um die Rädelsführer des Aufstands zu verhaften und hinzurichten. Die Bewohner der Stadt sollten wissen, daß jeder Versuch, Husain zu unterstützen, mit gnadenloser Härte bestraft würde. Die Drohung wirkte. Lange bevor Husain und seine Kampfgefährten in Kerbela, nur wenige Kilometer südlich von Kufa, abgefangen wurden, war der Aufstand zusammengebrochen. Wie von Husain befürchtet, hatten die Kufaner ihn seinem Schicksal überlassen. Trotzdem setzte er seinen Weg nach Kufa fort. Es war ein Weg in den sicheren Tod.

Das Massaker von Kerbela wirkte auf alle Muslime wie ein Schock. Um Husains Parteigänger abzuschrecken, führten Yazids Soldaten die Überlebenden als Gefangene durch Kufas Straßen, darunter auch Husains einzig überlebenden Sohn Ali, der so krank war, daß er auf ein Kamel gebunden werden mußte. Als man Husains abgeschlagenen Kopf zur Schau stellte, erhoben die Kufaner Wehklage, schlugen sich an die Brust und verfluchten sich für ihre Treulosigkeit. Selbst jene Gruppen, die sich dem Führungsanspruch der *ahl al-bait* entschieden widersetzt hatten, waren bestürzt über diese Machtdemonstration des Kalifen. Immerhin handelte es sich um die Familie des Propheten, die man hatte verdursten lassen und wie Tiere abgeschlachtet hatte.

Überall im Reich brachen daraufhin Aufstände aus. Die charidschitischen Gruppen brandmarkten Yazid als Ketzer und errichteten im Iran und auf der Arabischen Halbinsel ihr eigenes Regime. Im Namen von Muhammad ibn al-Hanafiyya (einem Sohn Alis mit einer anderen Frau als Fatima) wurde in Kufa ein kurzer, aber blutiger Aufstand angezettelt, um das Massaker von Kerbela zu rächen. Abd Allah ibn al-Zubair, der Sohn des Mannes, der mit Talha an der Seite Aischas in der Kamelschlacht gegen Ali gekämpft hatte, stellte in Mekka eine Armee auf und erklärte sich zum *amir al-mu'minin*, zum Befehlshaber der Gläubigen. Die *ansar* in Medina folgten prompt Ibn al-Zubairs Beispiel, erklärten ihre Unabhängigkeit von Damaskus und wählten ihr eigenes Oberhaupt.

Gegen diese Aufstände zog Yazid zu Felde. Auf seinen Befehl beschossen syrische Truppen die Städte Mekka und Medina mit Brandkugeln aus gewaltigen Katapulten. In Mekka griff das Feuer rasch auf die Ka'ba über, die bis auf den Grund zerstört wurde. Als der Brand gelöscht war, lagen die heiligen Städte in Schutt und Asche. Medina kapitulierte und schwor Yazid den Treueid. Doch erst unter dem Kalifat Abd al-Maliks gelang es den Umayyaden, Ibn al-Zubair und seine Truppen in Mekka endgültig zu besiegen und die absolute Herrschaft von Damaskus wiederherzustellen.

Unbemerkt von den Umayyaden-Kalifen vollzog sich indes eine subtilere, weitaus bedeutsamere Revolution: ein Aufstand nicht zur Erlangung der politischen Macht, sondern der Kontrolle über den Kern der muslimischen Religiosität. 684 n. Chr., vier Jahre nach der Katastrophe von Kerbela, versammelte sich eine kleine Schar Kufaner, die sich *tawwabun* («Büßer») nannten, am Ort des Massakers, die Gesichter geschwärzt, die Kleider zerrissen, um den Tod Husains und seiner Familie zu betrauern. Diese inoffizielle Versammlung, die keinem Zeremoniell folgte, war nicht nur ein Tribut an Husain, sondern ein Akt der Sühne dafür, daß sie ihn im Kampf gegen die Umayyaden schmählich im Stich gelassen hatten. Die Büßer wollten ihre Verfehlung öffentlich bekunden und sich mit diesem gemeinschaftlichen Akt der Trauer von ihrer Schuld reinwaschen.

Die Wehklage als Sühne für die Sünden war zwar in den meisten Religionen Mesopotamiens – im Zoroastrismus ebenso wie im Judentum, Christentum und Manichäismus – gängige Praxis, im Islam jedoch ein völlig neues Phänomen. Die kollektive Wehklage der Büßer in Kerbela ist nachweislich das erste Ritual einer neuartigen religiösen Tradition. Mit andere Worten: Mit der Erinnerung an Kerbela wandelte sich die Schi'at Ali allmählich von einer politischen Partei, deren Ziel die Wiedereinsetzung der Prophetenfamilie in die Führung der Gemeinschaft war, zu einer eigenständigen islamischen Glaubensrichtung: dem *Schiitentum*. Seine Grundlage war das Ideal des frommen Gläubigen, der in die Fußstapfen der Märtyrer von Kerbela tritt und bereit ist, im Kampf gegen Unrecht und Unterdrückung sein Leben zu opfern.

Die Büßer von Kerbela zeigen – einmalig in der Religionsgeschichte –, daß neben dem Mythos auch das Ritual Religiosität begründen kann. Darin besteht der Wesenskern des Schiitentums. Heinz Halm zufolge konstituierte sich die Schi'a als Gemeinde «im Vollzug des Rituals, nicht im Bekenntnis zum Dogma». Erst im Zuge der Formalisierung dieser Rituale, also Jahrhunderte später, wurden sie von schiitischen Theologen neu interpretiert, um die religiöse Bewegung theologisch zu untermauern.

Kerbela wurde zum Garten Eden des Schiitentums, dessen Ur- oder Erbsünde nicht der Ungehorsam gegen Gott, sondern der Verrat an Gottes moralischen Prinzipien ist. Wie die Urchristen mit der niederschmetternden Tatsache von Jesu Tod dadurch fertig zu werden suchten, daß sie die Kreuzigung als einen bewußten und heilsgeschichtlichen Akt der Selbstopferung interpretierten, so deutete auch die Schi'a Husains Märtyrertod als eine bewußte und heilsgeschichtliche Entscheidung. Lange vor Husains Geburt sei Adam, Noah, Abraham, Mose, Muhammad, Ali und Fatima die Tragödie von Kerbela auf wunderbare Weise geoffenbart worden. Husain habe gewußt, daß er den Kalifen nicht würde besiegen können: Dennoch sei er seinen Weg nach Kufa zu Ende gegangen, um sich für seine Grundsätze und für alle nach ihm kommenden Generationen zu opfern. Im Wissen, daß Muhammads Vision mit reiner Waffengewalt nicht Wirklichkeit werden konnte, faßte er «eine völlige Umwälzung im Bewußtsein der muslimischen Gemeinschaft» ins Auge, um Husain Jafri zu zitieren. Husains Selbstopfer war, wie Schah Abdul Aziz ausführt, der logische Abschluß der Geschichte von Abrahams fast vollzogener Opferung seines erstgeborenen Sohnes Ismail. Dieses Opfer wurde nicht aufgehoben, sondern nur aufgeschoben, bis Husain es in Kerbela freiwillig vollbrachte. Daher betrachtet die Schi'a Husains Märtyrertod als Abschluß der Religion, die Abraham begründet und Muhammad den Arabern übermittelt hatte.

Basierend auf dieser Deutung der Ereignisse in Kerbela, entwickelte das Schiitentum eine ausgeprägt islamische Theologie der Sühne durch das Opfer – ein Gedanke, der dem orthodoxen oder sunnitischen Islam vollkommen fremd ist. «Eine für Husain vergossene Träne wäscht hundert Sünden fort», heißt es im Schiitentum. Diese *'aza* («Trauer») genannte Vorstellung erreichte ihren vollkommensten Ausdruck in den Riten, die, um die Mitte des 8. Jahrhunderts formalisiert, bis zum heutigen Tag als zentrale Glaubensäußerung von den Schiiten praktiziert werden.

Jahr für Jahr gedenkt die Schi'a in den ersten zehn Tagen des Monats Muharram (dessen Höhepunkt die Feierlichkeiten am zehnten Tag, Aschura, sind) Husains Märtyrertod durch Klage- und Trauerumzüge. Sänger (*zakir*) tragen die Geschichten der Märtyrer vor, es finden Trauerprozessionen statt, bei denen sakrale Gegenstände aus dem Besitz der Prophetenfamilie durch die Stadt getragen werden. Doch die wohl berühmtesten Rituale der Muharram-Feierlichkeiten sind das schiitische Passionsspiel (*ta'ziye*), das die Ereignisse von Kerbela auf der Bühne dramatisch darstellt, und die Trauerkundgebung (*matam*), bei der sich die Teilnehmer in einem beschwörenden Sühneakt rhythmisch an die Brust schlagen oder mit Peitschen geißeln, während sie die Namen Hasans und Husains rufen, bis ihr Blut die Straßen rot färbt.

Auch wenn es auf den ersten Blick so scheint, hat die schiitische Selbstgeißelung mit den Praktiken mancher christlicher Mönchsorden wenig gemeinsam. Die schiitische Selbstgeißelung ist kein einsamer Akt frommer Selbstkasteiung. Und ebensowenig sind diese Rituale mit den Selbstverneinungsübungen einiger asketischer hinduistischer Sekten vergleichbar, die durch Schmerz zu einer neuen Stufe des Bewußtseins gelangen wollen. Wie Vernon Schubel, David Pinault, Syed-Mohsen Naquvi und fast alle anderen Beobachter der Muharram-Zeremonien bestätigen, geht es bei *matam* nicht um die Erfahrung von körperlichem Schmerz; es geht nicht um Züchtigung für begangene Sünden, sondern um einen Akt gemeinschaftlicher Bekundung. Nicht körperlicher Schmerz, sondern das freiwillige Vergießen von Blut und Tränen für Husain bringt Erlösung und Heil. Aus diesem Grund wurden in vielen größeren Städten, in denen die schiitischen Trauerprozessionen von religiösen und politischen Behörden mißbilligt werden, Kampagnen gestartet, um das Selbstgeißelungsritual durch ungefährliche und behördlich überwachte mobile Blutspendestationen zu ersetzen.

Für die Schiʿa sind die Muharram-Rituale eine moralische Pflicht, ebenso das öffentliche Bekenntnis: «Wenn wir in Kerbela dabeigewesen wären, wären wir [Husain] zur Seite gestanden, hätten unser Blut vergossen und wären mit ihm gestorben.» Diese Rituale dienen nicht zuletzt der Gewinnung von neuen Anhängern. Wie ein Teilnehmer gegenüber Pinault erklärte: «Mit *matam* gedenken wir nicht nur Husains, sondern bringen auch zum Ausdruck, daß wir Schiiten sind.»

Die meisten Sunniten verurteilen diese rituellen Handlungen als *bidʿa* oder «religiöse Neuerung», die von allen orthodoxen Schulen als unzulässig betrachtet wird. Doch die Sunniten nehmen weniger Anstoß an dem, was die Muharram-Büßer tun, als an ihrer Gesinnung – dem Glauben, daß denjenigen das Paradies erwartet, der «um Husain weint oder gemeinsam mit denen klagt, die um Husain weinen», wie es der Korangelehrte al-Kaschifi im 16. Jahrhundert ausdrückte. Für die Schiiten gibt es keine Erlösung ohne die Fürsprache Muhammads, seines Schwiegersohnes Ali, seiner Enkel Hasan und Husain und der anderen rechtmäßigen Nachfolger des Propheten, der Imame, die nicht nur Fürsprecher des Menschen am Jüngsten Tag, sondern auch Sachwalter (*wali*) der göttlichen Offenbarung sind.

Der Begriff *imam* hat mehrere Bedeutungen. Im sunnitischen Islam bezeichnet er den Vorbeter in der Moschee. Zwar verwenden bisweilen auch die Schiiten «Imam» zur Bezeichnung für ihre religiösen Führer, doch aus ihrer Sicht gibt es eine «vorherbestimmte» Anzahl von Imamen (die genaue Zahl legt die Zugehörigkeit zu den einzelnen schiitischen Sekten fest), denen als rechtmäßigen Prophetennachfolgern die Wahrung von Muhammads göttlicher Botschaft anvertraut ist. Im Unterschied zum Kalifen, der, wenigstens theoretisch, durch den Konsens der muslimischen Gemeinschaft zum politischen Oberhaupt bestimmt wird, verkörpert der Imam die spirituelle Autorität des Propheten Muhammad und wird von Gott berufen. Während der sunnitische Kalif nur als Muhammads Stellvertreter auf Erden Geltung beanspruchen kann, besitzt der schiitische Imam, obwohl er keine wirkliche politische Macht innehat, den lebendigen Geist des Propheten und als solcher die geistliche Führerschaft, die ihn über jeden weltlichen Herrscher stellt.

Dem bedeutenden schiitischen Theologen Allamah Tabataba'i zufolge hat der Imam die Aufgabe, den Menschen die göttliche Botschaft zu erklären, sie zu bewahren und zu erneuern. Da der Mensch aus eigener Kraft unfähig ist, Wissen über Gott zu erwerben, braucht jede Gesellschaft zu jeder Zeit den Imam. Neben der «vorherbestimmten» Anzahl von Imamen, die Muhammad als weltliche, irdische Autorität nachfolgten, muß es daher einen «von Ewigkeit her präsenten» oder «präexistenten» Imam geben, der als ewiger Hüter der Offenbarung der «Beweis Gottes auf Erden» ist. Der erste Imam war daher weder Muhammad noch Ali, sondern Adam. Und auch wenn die Funktion von Imam und Prophet bisweilen in einer Person vereint war, liegt der Unterschied zwischen beiden primär in ihrem jeweiligen Bewußtsein. Ein Prophet, so die Schi'a, hat durch den Ratschluß Gottes Bewußtsein von dessen ewiger Botschaft erlangt, die die Schöpfung wie ein numinoser, undurchdringlicher Äther umgibt. Der Imam dagegen erklärt diese Botschaft all denen, die weder das prophetische Bewußtsein besitzen, diese Botschaft zu erkennen, noch die Verstandeskraft, sie zu begreifen. Mit anderen Worten: Der Prophet *übermittelt* die Botschaft Gottes, der Imam *übersetzt* sie für die Menschen.

Der Schi'a zufolge läßt sich dieser Unterschied zwischen dem Propheten und dem Imam in der gesamten Geschichte der Prophezeihungen beobachten. Abraham erhielt die göttliche Verheißung, doch Isaak und Ismail erfüllten sie als Imame; Mose wurden die Gesetzestafeln mit den Zehn Geboten übermittelt, doch Aaron trug sie ins Gelobte Land; Jesus predigte die Erlösung, doch Petrus baute die Kirche. In ähnlicher Weise übermittelte Muhammad, das Siegel der Propheten, den Arabern Gottes Botschaft, doch Ali, sein rechtmäßiger Nachfolger, vollstreckte sie. Daher lautet das schiitische Glaubensbekenntnis:

«Es gibt keinen Gott außer Gott, Muhammad ist der Gesandte Gottes, und Ali ist der Sachwalter (*wali*) Gottes.»

Als Sachwalter von Gottes Willen ist der Imam, wie der Prophet, unfehlbar und frei von Sünde; «die Sünde würde die Gültigkeit der Berufung zerstören». Folglich entwickelte sich in der Schi'a die Auffassung, die Imame seien nicht aus Staub geschaffen wie die anderen Menschen, sondern aus ewigem Licht. Die Imame seien Hüter eines esoterischen Geheimwissens, das sie an den jeweils nächsten Imam auf mystische Weise weitergeben. Sie kennen geheime Bücher, etwa *Das Buch Fatima*, das die Offenbarungen Gabriels an Fatima nach dem Tod des Propheten enthält. Die Imame kennen auch den geheimen Namen Gottes, und sie besitzen als einzige die spirituellen Führungseigenschaften, um die innere Wahrheit des muslimischen Glaubens zu enthüllen.

Aufgrund ihrer spirituellen Führungsrolle besitzen die Imame die alleinige Befugnis zur Koranauslegung. Der Schi'a zufolge enthält der Koran zwei unterschiedliche Botschaften für zwei unterschiedliche Adressatengruppen. Die explizite Botschaft (*zahir*) liege offen zutage und sei allen Muslimen durch *tafsir* zugänglich, von dem schon im vorigen Kapitel die Rede war. Doch nur der Imam kann mit Hilfe von *ta'wil* die verborgene Botschaft des Korans (*batin*) entdecken. Zwar kennt auch der sunnitische Islam die Unterscheidung zwischen *tafsir* und *ta'wil*, aber nach schiitischer Lehre enthält der *gesamte* Koran, der ja aus Quellen jenseits des menschlichen Begreifens stammt, Symbole und Anspielungen, die nur der Imam erfassen kann. Mit den Worten des achten Imams Ali al-Rida kann nur derjenige, der die impliziten mit den expliziten Koranversen in Beziehung setzen kann, die Führungsrolle beanspruchen, um der Gemeinde «auf dem rechten Weg» voranzugehen.

Der schiitische Primat von *ta'wil* war für die frühe Schi'a von Vorteil. Sie war ja bestrebt, ihren besonderen Bezug zu Muhammad durch verborgene Koranpassagen zu untermauern und damit ihre Glaubensüberzeugungen und religiösen Praktiken zu festigen. Freilich ist dies gängige Praxis aller sektiererischen Strömungen, die sich zu ihrer Ursprungsreligion in Beziehung setzen wollen. So waren die Urchristen nichts anderes als Juden, die von der Ankunft des Messias überzeugt waren und die jüdischen Schriften nach Anspielungen auf Jesus durchforsteten, um ihre neue Bewegung an die jüdische Überlieferung zu koppeln und ihren Messias mit den zahlreichen und nicht selten widersprüchlichen Prophezeiungen der jüdischen Schriften in Beziehung zu setzen. Ähnlich suchte die Schi'a im Koran nach Versen, die, mit Hilfe von *ta'wil* interpretiert, implizit die ewige Wahrheit des Imamats belegten. Betrachten wir etwa folgenden Abschnitt aus dem Koran, den sogenannten «Lichtvers»:

> Gott ist das Licht von Himmel und Erde.
> Sein Licht ist einer Nische zu vergleichen, mit einer Lampe darin.
> Die Lampe ist in einem Glas, das blank ist, wie wenn es ein funkelnder Stern wäre.
> Sie brennt (mit Öl) von einem gesegneten Baum,
> einem Ölbaum, der weder östlich noch westlich ist,
> und dessen Öl fast schon hell gibt, ohne daß Feuer darangekommen ist, –
> Licht über Licht.
> Gott führt seinem Licht zu, wen er will.
> Und er prägt den Menschen die Gleichnisse.
> Gott weiß über alles Bescheid
> (24, 35).

Dem Imam Dscha'far al-Sadiq zufolge enthalten diese kunstvoll geschmiedeten Zeilen eine verborgene Botschaft Gottes an die Schi'a. Gottes Licht, so Dscha'far, ist Muhammad; das Glas ein Hinweis auf das prophetische Wissen, das er an den Imam Ali weitergegeben hat, der «weder ein Jude [des Ostens] noch ein Christ [des Westens]» ist. Und so wie das gesegnete Öl Licht spendet, ohne vom Feuer berührt zu werden, fließt aus dem Mund des Imams göttliches Wissen, «ohne daß Muhammad es ausgesprochen hat».

«Licht über Licht!» heißt es im Koran.

«Imam zu Imam!» erwidert Dscha'far.

Der erste «vorherbestimmte» Imam in der Nachfolge Muhammads war Ali, gefolgt von seinen Söhnen Hasan und Husain. Der vierte Imam war Ali (mit dem Beinamen Zain al-Abidin), der einzige Sohn Husains, der das Massaker von Kerbela überlebte und nach mehreren Jahren der Gefangenschaft in Damaskus nach Medina zurückkehren konnte. Auf Ali

Zain al-Abidin folgte im Jahr 712 n. Chr. dessen Sohn Muhammad al-Baqir (der zum Zeitpunkt des Massakers von Kerbela vier Jahre alt war), obwohl eine kleine Gruppe innerhalb der Schi'a al-Baqir als fünften Imam ablehnte und einen anderen von al-Abidins Söhnen, Zaid al-Schahid, zu dessen Nachfolger bestimmte. Diese Gruppe, die Zaiditen, spaltete sich von der Schi'a ab.

Die Mehrheit der Schi'a akzeptierte jedoch al-Baqir, der das Imamat an seinen Sohn Dscha'far al-Sadiq weitergab. Als sechster und einflußreichster Imam gab Dscha'far den Ritualen von Kerbela eine feste Form und begründete die Grundprinzipien der nach ihm benannten wichtigsten schiitischen Rechtsschule. Die sogenannte dscha'faritische Schule unterscheidet sich von den sunnitischen Rechtsschulen dadurch, daß sie erstens einen anderen Kanon von Hadithen anerkennt, der neben Geschichten Muhammads auch solche der Imame enthält, und zweitens das Prinzip des *idschtihad*, der selbständigen, auf der Vernunft basierenden Textauslegung, als eine der wichtigsten Rechtsfindungsquellen der schiitischen Jurisprudenz erachtet.

Lange herrschte in der Schi'a Uneinigkeit darüber, ob sich der *mudschtahid* (wörtlich «der *idschtihad* praktiziert») bei seinen Rechtsgutachten (*fatwa*) allein auf rationale Erwägungen verlassen darf. Die Achbaris lehnten das Prinzip des *idschtihad* rundweg ab und verlangten, die Ulama dürften sich bei ihren Rechtsentscheidungen einzig auf die Überlieferungen des Propheten und der Imame stützen. Doch schließlich setzten sich die Usulis mit ihrer Verfechtung des *idschtihad* durch. Bis heute halten die schiitischen Rechtsgelehrten daran fest, daß «das, was die Vernunft gebietet, auch die Religion gebietet», um den zeitgenössischen schiitischen Juristen Hossein Modarressi zu zitieren.

Unter den Schiiten gibt es heute so viele *mudschtahid*, daß nur die qualifiziertesten und angesehensten Gelehrten mit der größten Zahl von Schülern noch das Rechtsfindungsprinzip des *idschtihad* anwenden dürfen. An der Spitze dieser Hierarchie stehen die Ayatollahs («Zeichen Gottes»), deren Entscheidungen für ihre Anhänger bindend sind. Es gibt heute nur eine Handvoll maßgeblicher Ayatollahs (vorwiegend im Iran und im Irak), doch ihr religiöser und politischer Einfluß auf die Schi'a ist enorm. Diese Autorität ermöglichte es dem Ayatollah Chomeini, die gesellschaftlichen, politischen und wirtschaftlichen Kräfte im Iran im Zuge der iranischen Revolution 1979 nach seinem Willen zu formen.

Dscha'far starb im Jahr 757, angeblich durch Gift, was von jedem Imam behauptet wurde, den die sunnitischen Machthaber nicht offen ermordeten. Er bestimmte noch zu Lebzeiten seinen erstgeborenen Sohn Ismail zum siebten Imam. Doch Ismail starb vor seinem Vater, und an seine Stelle trat Dscha'fars zweiter Sohn Musa al-Kazim. Während die Mehrheit der Schi'a Musa als von Gott geleiteten, rechtmäßigen Führer der Gemeinschaft anerkannte, waren einige irritiert von dieser Wendung der Dinge. Wenn der Imam von Gott bestimmt sei, wie hatte dann Dscha'far, der unfehlbare Imam, den Falschen zu seinem Nachfolger bestimmen können? Diese Gruppe sah sich zu der Annahme gezwungen, Ismail sei gar nicht gestorben, sondern nur in die Verborgenheit entrückt, in eine spirituelle Abwesenheit, aus der er am Ende der Zeiten zurückkehren würde – nicht als Imam Ismail, sondern als der messianische Erneuerer, der im Islam Mahdi genannt wird.

Die Anhänger Ismails, die Ismailiten oder Siebener-Schi'a, waren jedoch nicht die ersten, die die Lehre von der Wiederkunft eines Mahdi formulierten. Das Wort bedeutet «der Rechtgeleitete» und wurde im Islam von Anfang an als Ehrentitel verwendet. Muhammad wurde als «Mahdi» bezeichnet, ebenso Ali und seine Söhne Hasan und Husain. Nach dem Massaker in Kerbela wurden Abd Allah ibn al-Zubair und Muhammad ibn al-Hanafiyya mit ihren erfolglosen Revolten gegen das Umayyaden-Kalifat jeweils zum Mahdi erklärt. Die Ismailiten waren jedoch die erste islamische Sekte, die die Wiederkunft des Mahdi zum zentralen Glaubensinhalt erklärte. Aber erst, als die Mehrheits-Schi'a – die sogenannten Zwölfer, für die auf Musa noch weitere Imame bis zu einem letzten und zwölften folgten – die Lehre vom Mahdi übernahm, entwickelte sich eine islamische Eschatologie. In deren Mittelpunkt steht der «Verborgene Imam», der sich in die Transzendenz zurückgezogen hat, um am Jüngsten Tag zurückzukehren und auf Erden die Gerechtigkeit wiederherzustellen.

Da im Koran nirgendwo von einem Mahdi die Rede ist, zog man die Hadithe heran, um über die Wiederkunft des «Verborgenen Imams» Klarheit zu gewinnen. Doch erwartungsgemäß wiesen die Überlieferungen je nach geographischem Ort und politischer Ausrichtung beträchtliche Unterschiede auf. In Syrien zum Beispiel, wo die Loyalität gegenüber den Umayyaden Religion und Politik bestimmte, war dem Hadith zufolge der Mahdi ein Mitglied der Quraisch, in Kufa dagegen, dem Zentrum schiitischer Bestrebungen, ein direkter Nachkomme Muhammads aus der Linie seines Schwiegersohns Ali; nach seiner Wiederkehr würde er als erstes das Massaker in Kerbela rächen. Manchen Traditionen zufolge kündigt sich die Wiederkehr des Mahdi durch Bürgerkriege und falsche Propheten, durch Erdbeben und die Aufhebung des islamischen Rechts an. Dem Geschichtsschreiber und Philosophen Ibn Chaldun aus dem 14. Jahrhundert zufolge geht der Mahdi entweder Jesus unmittelbar voraus, oder beide kehren gemeinsam auf die Erde zurück, um den Antichrist zu besiegen.

Je mehr die Lehre vom Mahdi das Schiitentum dominierte, desto entschiedener distanzierten sich sunnitische Theologen von weiteren Spekulationen zu diesem Thema. Sunnitische Rechtsgelehrte übten bald unverhohlen Kritik an der Mahdi-Theologie, befürchteten sie doch politische Unruhen. Die Angst des sunnitischen Establishments war durchaus berechtigt, schließlich hatten die Abbasiden die Umayyaden-Dynastie nicht zuletzt dadurch gestürzt, daß sie an die messianischen Erwartungen der Schiʿa appellierten. Der erste Abbasiden-Herrscher verlieh sich den Titel *al-Saffah* («der Großmütige») und erhielt den Beinamen «Mahdi der Haschimiten». Der zweite Abbasiden-Kalif nannte sich *al-Mansur* (eine messianische Bezeichnung für den Mahdi, die erstmals im Jemen auftauchte), der dritte ganz explizit *Mahdi*, der sich damit zum erwarteten Erneuerer stilisierte.

Nach Imam Musa kam Imam Rida, der achte Imam, dessen Amtszeit mit dem Kalifat des berühmten abbasidischen Herrschers Harun al-Raschid zusammenfiel. Imam Rida starb 817 n. Chr., ihm folgte sein Sohn Muhammad Taqi (der manchmal Imam Dschawad genannt wird). Doch inzwischen waren die Feindseligkeiten zwischen den Abbasiden-Kalifen (die selbst schiitisch waren) und den schiitischen Imamen so groß geworden – die Abbasiden fürchteten die Imame als potentielle politische Rivalen –, daß der zehnte und der elfte Imam (Imam Hadi und Imam Askari) fast ihr gesamtes Imamat in abbasidischen Gefängnissen verbrachten. Als der zwölfte und letzte Imam, Muhammad ibn Hasan, 868 n. Chr. in Samarra geboren wurde, beschloß die Schiʿa, ihn gar nicht erst öffentlich in Erscheinung treten zu lassen. Der zwölfte Imam, Imam Mahdi, zog sich in die Verborgenheit (*ghayba*) zurück, aus der die Zwölfer-Schiʿa seine Rückkehr am Ende der Zeiten und den Anbruch einer Ära des Friedens und der Gerechtigkeit auf Erden erwartet.

Da der Imam nun nicht mehr auf Erden weilte, begann für die Schi'a eine lange Zeit des politischen Quietismus und der «Verstellung», *taqiyya*. Die politischen Machthaber beanspruchten unweigerlich die göttliche Autorität des Mahdi, weshalb von den Schiiten alle Regierungen bis zu seiner Rückkehr als unrechtmäßig angesehen wurden. Die schiitischen Ulama wiederum waren wenig mehr als die Repräsentanten des Mahdi, «lebende *isnad*», wie es Abdulaziz Sachedina ausdrückte, eine Kette von Gewährsmännern, die bis zum Verborgenen Imam zurückführte.

Das bedeutet jedoch nicht, daß es keine schiitische Herrschaft gab. Im Jahr 1501 eroberte der erst sechzehnjährige Emir Ismail den Iran und machte sich zum ersten *Schah* oder König des Safavidenreichs. Er erklärte die Zwölfer-Schi'a zur offiziellen Staatsreligion und führte einen blutigen *dschihad* gegen den sunnitischen Islam im eigenen Land und im benachbarten Osmanischen Reich. Ismails *dschihad* gegen die Sunniten wurde wenige Jahre später durch den osmanischen Sultan Selim I. beendet. Zwar war der Vorstoß von Schah Ismail auf osmanisches Territorium damit gestoppt, doch der Iran hatte sich für immer verändert.

Schah Ismail selbst blieb unbeeindruckt von den Zweifeln an der Legitimität eines schiitischen Staates in Abwesenheit des Verborgenen Imams. Er erklärte sich vielmehr zum langersehnten Mahdi und setzte sich bei seiner Thronbesteigung sogar mit Gott gleich.

Nach dem Ende der Safaviden-Dynastie Ismails im 18. Jahrhundert kehrte die Zwölfer-Schi'a zu ihrem alten politischen Quietismus zurück, blieb aber im Iran auch weiterhin Staatsreligion. Die Ayatollahs pflegten erneut die Ideologie der *taqiyya* und verzichteten auf direkte Einmischung in die Staatsführung der Qadscharen-Dynastie, die im 19. Jahrhundert den Safaviden folgte, und der Pahlavi-Dynastie im 20. Jahrhundert.

Das sollte sich mit dem Ayatollah Chomeini grundlegend ändern.

An einem warmen Vormittag im Februar 1979 strömten Hunderttausende auf die Straßen Teherans, um das Ende des langen, repressiven Regimes von Muhammad Reza Pahlavi, des letzten iranischen Schahs, zu feiern. Demokraten, Professoren und Studenten, im Westen ausgebildete Intellektuelle, liberale und konservative Geistliche, Basarhändler, Feministinnen, Kommunisten, Sozialisten, Marxisten, Muslime, Christen und Juden, Männer, Frauen und Kinder – sie alle verband die Ablehnung der despotischen, von Amerika unterstützten Regierung, die das Leben im Iran für so viele Menschen lange Jahr hindurch unerträglich gemacht hatte.

Die Menschen reckten die Fäuste und skandierten: «Tod dem Schah!» und «Tod der Tyrannei!» Zornige junge Männer verbrannten amerikanische Fahnen und riefen antiimperialistische Slogans gegen die Supermacht, die zwei Jahrzehnte zuvor den ersten Versuch einer demokratischen Revolution im Iran zunichte gemacht hatte. Diese Revolution hatte 1953 stattgefunden, als es demselben Bündnis aus Intellektuellen, Geistlichen und Bazaris, den traditionellen iranischen Geschäftsleuten, gelungen war, die iranische Monarchie zu stürzen, die jedoch wenige Monate später von der CIA mit Gewalt wiedereingesetzt wurde.

«Nieder mit Amerika!» riefen sie und gaben der amerikanischen Botschaft in Teheran zu verstehen, daß diesmal die Revolution den Sieg davontragen werde, koste es, was es wolle.

An jenem Tag zog ein anderes, kleineres Häuflein von Demonstranten – bärtige Männer und schwarz verschleierte Frauen – durch Teherans Straßen, die die Namen der Märtyrer Hasan und Husain riefen und den Jüngsten Tag beschworen, das Kommen des Mahdi. Sie führten Bilder und Plakate des strengen, finster blickenden Geistlichen mit sich, der in den letzten Jahren zur maßgeblichen Stimme des Antiimperialismus im Iran geworden war: Ayatollah Ruhollah Chomeini.

Chomeini wurde 1902 geboren. Er stammte aus einer angesehenen Familie schiitischer Geistlicher und studierte Jura und Theologie an den namhaften Hochschulen von Nadschaf und Qom. In der komplizierten Hierarchie des schiitischen Klerus vollzog er einen atemberaubenden Aufstieg und wurde mit erst zweiunddreißig Jahren ein *mudschtahid* und damit zum nacheifernswerten Vorbild. Wie die meisten Iraner verurteilte auch Chomeini die schwache iranische Monarchie, die das Land «heute zum Sklaven Großbritanniens und morgen zum Sklaven Amerikas» machte. Doch anders als die meisten seiner Kollegen im schiitischen Klerus, die am traditionellen politischen Quietismus festhielten, stellte Chomeini seine moralische Autorität unerschrocken in den Dienst der politischen Sache. Seine scharfe Verurteilung des Schah-Regimes und seine nachdrückliche Forderung nach Abschaffung der Monarchie führten im Jahr 1964 zu seiner Verhaftung und schließlich zu seiner Verbannung ins Exil.

1979, fünfzehn Jahre später, kehrte Chomeini im Triumph in den Iran zurück, entschlossen, eine neue Ära in der Geschichte des Landes einzuläuten – eine Entwicklung, die von den Menschen, die jetzt auf der Straße waren, kaum jemand vorhergesehen hatte. Knapp ein Jahr später ächtete Chomeini seine politischen und religiösen Gegner und ließ sie hinrichten, dieselben Männer und Frauen, die für die Revolution gekämpft hatten. An die Stelle der Übergangsregierung trat sein persönliches Idealbild des islamischen Staates, in dem er in allen zivilen, rechtlichen und religiösen Angelegenheiten die alleinige Befehlsgewalt ausübte.

Doch an jenem Februarmorgen rief niemand nach Chomeini, dem *faqih* («Rechtsexperten») – einen Titel, den er sich später als oberster Führer der neu gegründeten Islamischen Republik Iran verlieh. Zu dem Zeitpunkt hatte Chomeini seinen Plan einer absoluten Herrschaft der Geistlichkeit noch nicht offen dargelegt. Inmitten der Rufe «Gott, Koran, Chomeini» und der Plakate, die den greisen Ayatollah zum «Licht unseres Lebens» erklärten, kursierte ein anderer Titel wie ein Geheimnis, das man nicht länger für sich behalten konnte. Chomeini, so flüsterten die Leute, sei der Mahdi; er sei in den Iran zurückgekehrt, um den Islam in seinen ursprünglichen Zustand der Vollkommenheit zurückzuführen.

Die Ursachen für den Erfolg des *Chomeinismus* – eine durchaus angemessene Bezeichnung für die religiös-politische Geisteshaltung, aus der die Islamische Republik Iran hervorging – sind zahlreich und können hier nicht im Detail erörtert werden. Die iranische Revolution von 1979 war in mehrfacher Hinsicht die unvermeidliche Folge zweier vorausgehender, vom Volk getragener Revolutionen: der konstitutionellen Revolution von 1905 bis 1911 und der nationalistischen Revolution von 1953. Beide wurden von ausländischen Staaten niedergeschlagen (die erste von den Russen und in geringerem Umfang den Briten; die zweite, wie bereits erwähnt, von den Vereinigten Staaten), die die natürlichen Ressourcen des Iran auch weiterhin ausbeuten wollten. Ende der siebziger Jahre waren die meisten Iraner der korrupten und unfähigen Herrschaft des Monarchen Muhammad Reza Pahlavi so überdrüssig, daß eine weitere Revolution unvermeidlich war.

Es gab so gut wie keine politische Mitbestimmung (der Schah hatte die politischen Parteien verboten und die Verfassung abgeschafft); die rücksichtslose Wirtschaftspolitik hatte zu einer Rekordinflation geführt; die Aufrüstung war bedingungslos vorangetrieben worden; und es gab so gut wie keine nationale und religiöse Identität. In dieser Situation setzten der Klerus, die Intellektuellen, Geschäftsleute und nahezu alle gesellschaftlichen und politischen Organisationen des Landes (Kommunisten ebenso wie Feministinnen) ihre ideologischen Differenzen aus und schlossen sich zu einer antiimperialistischen, nationalistischen Revolte gegen die korrupte Monarchie zusammen. Entgegen späterer Propaganda handelte es sich keineswegs um eine einheitliche revolutionäre Sammlungsbewegung mit dem Ayatollah Chomeini an der Spitze und dem Ziel einer islamischen Theokratie. Ganz im Gegenteil. Es gab Dutzende unterschiedlicher, teils kontroverser Stimmen gegen den Schah. Die Stimme Chomeinis war nur am lautesten.

Chomeinis Genialität als politischer und religiöser Führer lag in seiner Erkenntnis, daß in einem Land, das religiös und kulturell im Schiitentum verwurzelt ist, die Massen nur mit den Symbolen und Metaphern des schiitischen Islams zu mobilisieren waren. Bei der Umgestaltung Irans im Sinne seiner Vorstellungen einer theokratischen Herrschaft nahm sich Chomeini den Safavidenherrscher Ismail zum Vorbild, der sich fünfhundert Jahre zuvor zum Mahdi erklärt und den ersten schiitischen Staat gegründet hatte.

Freilich setzte sich Chomeini nie mit Gott gleich oder übernahm explizit den Titel eines Mahdi – das wäre politischem Selbstmord gleichgekommen. Chomeini machte sich vielmehr ganz bewußt das messianische Charisma eines Mahdi zu eigen und überließ es seinen Anhängern, daraus die Schlußfolgerungen zu ziehen. Wie alle Mahdis vor ihm berief sich auch Chomeini auf die Abstammung vom siebten Imam Musa al-Kazim und legte sich den messianischen Titel «Imam» zu. Den entsetzlichen acht Jahre dauernden Krieg gegen den Irak unter Saddam Hussein deklarierte er als Rache für das Massaker an Husain und dessen Familie in Kerbela, obwohl eine solche Rache allein dem Mahdi zustand. Die zehntausend iranischen Kinder, die als menschliche Minenräumer an die Kriegsfront geschickt wurden, trugen einen «Schlüssel zum Paradies» um den Hals und ein Stirnband mit der Aufschrift *Kerbela*, um sie daran zu erinnern, daß sie keinen Eroberungskrieg führten, sondern in den Fußstapfen der Märtyrer wandelten.

Die augenfälligste Verbindung zum Mahdi war Chomeinis Prinzip von der «Statthalterschaft des Rechtsexperten» (*velayat-e faqih*). Die Besonderheiten dieser Doktrin, bei der Volkssouveränität und göttliche Souveränität in einer Hand liegen, werden im letzten Kapitel dieses Buches näher erläutert. Vorerst soll es genügen, die Grundgedanken dieser Doktrin und ihrer Bedeutung für Chomeinis politische und religiöse Ideologie zu skizzieren.

Chomeini zufolge kann in Abwesenheit des Mahdi göttliche Führung nur von den irdischen Stellvertretern des Verborgenen Imam ausgeübt werden, den Ulama. Chomeini war nicht der erste schiitische Theologe, der diese Ansicht vertrat. An der Wende zum 20. Jahrhundert formulierten politisch gesinnte Geistliche wie Schaich Fazlollah Nuri (eine der ideologischen Leitfiguren Chomeinis) und Ayatollah Kaschani ähnliche Gedanken. Doch das Prinzip der *velayat-e faqih* beinhaltete gegenüber der traditionellen schiitischen Lehre zwei entscheidende Unterschiede. Erstens sollte die absolute Autorität in der Hand eines einzigen Geistlichen liegen und nicht von allen qualifizierten Geistlichen gemeinsam ausgeübt werden. Zweitens war diese Autorität mit derjenigen des Verborgenen Imams identisch. Mit anderen Worten: Chomeinis Führung war – wie die des Propheten und der zwölf Imame – unfehlbar und göttlich inspiriert.

«Wenn ein fähiger Mann», schrieb Chomeini in seiner geschichtspolitischen Abhandlung *Der islamische Staat*, «der die beiden obengenannten Eigenschaften [Kenntnis des Gesetzes und Sinn für Gerechtigkeit] besitzt, auftritt und eine Regierung bildet, verfügt er über die gleichen Vollmachten bei der Verwaltung des Gemeinwesens, über die der Prophet verfügte.»

Ein erstaunlicher Anspruch und für das Schiitentum eine radikale religiöse Neuerung. In offenem Widerspruch zur etablierten Vorstellung, die Schiʿa könne nur vom Mahdi selbst nach dessen Rückkehr aus der Verborgenheit geleitet werden, behauptete Chomeini, es sei Aufgabe des Klerus, die messianische Ära einzuleiten und die Mahdi-Herrschaft aufzubauen. *Velayat-e faqih* besagt, daß in Abwesenheit des Verborgenen Imams der *faqih* (der oberste Rechtsexperte und Geistliche, der über «den höchsten Grad an Wissen» verfügt) die Aufgaben übernehmen müsse, die die Imame innehatten. Und als Stellvertreter des Mahdi auf Erden habe der *faqih* «die gleichen Vollmachten ... wie der hochedle Prophet» und könne vom Volk absoluten Gehorsam verlangen.

Es ist ein Zeichen für die große Vielfalt des religiösen und politischen Denkens im Schiitentum, daß die meisten anderen Ayatollahs im Iran – darunter die ranghöchsten, die Ayatollahs Borudscherdi und Schariat-Madari – Chomeinis Doktrin der *velayat-e faqih* mit der Begründung ablehnten, die Verantwortung muslimischer Geistlicher in der modernen Welt liege in der Bewahrung des spirituellen Charakters des islamischen Staates, nicht in dessen politischer Leitung. Was aber Chomeini so verführerisch machte, war seine Fähigkeit, seine Theologie in der populistischen Sprache der Zeit vorzutragen. Er formulierte die traditionelle schiitische Ideologie in einen Aufruf zum Aufstand der unterdrückten Massen um und erreichte damit auch die einflußreichen kommunistischen und marxistischen Gruppierungen des Landes. Die säkularen Nationalisten umwarb er, indem er seine Reden mit Anspielungen auf die mythische Vergangenheit Irans schmückte und die Details seiner politischen Philosophie bewußt verschleierte. «Wir sagen nicht, daß die Staatsgewalt in den Händen des *faqih* liegen soll», verkündete er. «Aber wir sagen, daß sie in Übereinstimmung mit Gottes Gesetz zum Wohl des Landes ausgeübt werden soll.» In der Öffentlichkeit vergaß er allerdings oft zu erwähnen, daß in einem solchen Staat «die Theologen die Führung übernehmen».

Chomeini widersprach, als die anderen Ayatollahs ihm entgegenhielten, das Konzept der *velayat-e faqih* ersetze nur eine Form der Tyrannei durch eine andere; schließlich sei nach Chomeinis Vorstellung der *faqih* nicht nur ein weltlicher Führer, sondern Erbe des Verborgenen Imams, der als solcher nicht göttliche Gerechtigkeit übe, sondern selbst göttliche Gerechtigkeit sei. Tatsächlich ist nach Chomeini der *faqih* «nicht ‹gerecht› im begrenzten Sinn von sozialer Gerechtigkeit, sondern in dem strengeren, umfassenderen Sinn, daß seine Gerechtigkeit nicht länger existierte, sollte er auch nur ein einziges Mal lügen».

Nachdem Chomeini die anderen Ayatollahs zum Schweigen gebracht und Irans schiitische Mehrheit sich erhoben hatte, konnte er die Übergangsregierung absetzen. Noch bevor den meisten Iranern klar wurde, worauf sie sich eingelassen hatten, begann er, mit Hilfe seines Mandats durch das Volk seine theologischen Überzeugungen politisch zu verwirklichen. Er errichtete eine Islamische Republik und ernannte sich zum ersten *faqih* des Landes: zur obersten weltlichen und religiösen Autorität.

Dreißig Jahre später wird Chomeinis Konzept von der «Statthalterschaft des Rechtsexperten» (*velayat-e faqih*) erneut in Frage gestellt: nicht nur von hochrangigen religiösen Führern des Iran wie den Großayatollahs Mir Mohammad Ruhani, Sayed Hassan Tabatabai-Qomi, Yusuf Sanei und Hussein Ali Montazeri (der vor seinem Tod im Jahr 2010 erklärte, nicht einmal der Prophet habe die absolute Führungsbefugnis innegehabt), sondern auch von Studenten der theologischen Hochschule in Qom, der religiösen Hauptstadt des Landes. Diese künftigen religiösen Führer haben das traditionelle Schiitentum aus der Zeit vor Chomeini nie kennengelernt, sind sich jedoch sehr bewußt, daß Ayatollah Chomeini mit seinem Versprechen des «vollkommenen Staates» mit Hilfe der *velayat-e faqih* gescheitert war. Sie wissen auch, daß die politisierte Form des iranischen Schiitentums die Einstellung der meisten Iraner (von denen 70 Prozent unter dreißig sind und somit den vorrevolutionären Iran nicht kennen) gegenüber der Religion allgemein und dem Islam im besonderen vielleicht irreparabel beschädigt hat.

Die größte Herausforderung des Chomeinismus jedoch kommt aus dem Nachbarland Irak. Der US-geführte Krieg zum Sturz Saddam Husseins 2002 hatte den unerwarteten Nebeneffekt, daß die andere große schiitische Rechtsschule in der heiligen Stadt Nadschaf wieder frei agieren konnte. Unter Führung des im Iran geborenen Großayatollah Ali al-Sistani, der von vielen als der hochrangigste Ayatollah weltweit betrachtet wird, vertritt die Rechtsschule von Nadschaf eine eher traditionelle, apolitische Interpretation des schiitischen Islams. Befreit von Saddam Husseins brutaler Unterdrückung hat Nadschaf damit begonnen, seinen Einfluß über die irakischen Grenzen hinaus in den Iran geltend zu machen. Sistanis Schüler strömen in die Hochschulen von Qom, und auch Nadschaf selbst verzeichnet einen stetigen Zustrom iranischer Studenten, die eine Version der schiitischen Theologie studieren wollen, die von Chomeinis politischer Philosophie unberührt geblieben ist.

Es wird vielleicht noch zwei Generationen dauern, bevor das Schiitentum zur Ideologie aus der Zeit vor Chomeini zurückkehrt und die schiitischen Ulama zu ihrer Rolle als moralische und nicht politische Autorität der schiitischen Gemeinschaft zurückfinden. Doch diese Rückbesinnung scheint unausweichlich. Schließlich basiert die Religion des Schiitentums auf offener Debatte und einem rationalen Diskurs. In seiner fast 1400-jährigen Geschichte übte kein schiitischer Geistlicher jemals die uneingeschränkte Macht über einen anderen schiitischen Geistlichen derselben

Schule aus. Und noch nie hatte ein Geistlicher die alleinige Autorität zur Interpretation des Glaubens innegehabt. Die Schi'a besaß stets die Freiheit, dem Geistlichen ihrer Wahl zu folgen, nicht zuletzt deshalb ist das Schiitentum eine so wunderbar eklektizistische Religion. Hier liegt auch der Grund, warum so viele Schiiten inner- und außerhalb des Iran die Islamische Republik Iran nicht mehr als Inbegriff des islamischen Staates, sondern als dessen korrupte Ausprägung betrachten (mit diesem Thema beschäftigen wir uns in einem anderen Kapitel).

Der Ayatollah Chomeini starb 1989. So gebrechlich und krank der Siebenundachtzigjährige auch war, sein Tod kam dennoch völlig überraschend. Beim Trauerzug durch die Straßen wurde sein Leichnam von der Bahre gezerrt und das Leichentuch, in das er gewickelt war, in Fetzen gerissen. Es wurde von den Trauernden als Reliquie verehrt. Manche wollten nicht glauben, daß «der Imam» gestorben war. Sie behaupteten, er sei nicht tot, sondern habe sich nur in die Verborgenheit zurückgezogen und komme wieder.

Lange vor seinem messianischen Aufstieg zur Macht im Iran war Chomeini ein treuer Anhänger der großen Mystiker des Islams gewesen, der Sufis. Als idealistischer Theologiestudent füllte der junge Ruhollah seine Hefte heimlich mit bemerkenswert leidenschaftlichen Versen, in denen er seine Sehnsucht nach der Vereinigung mit Gott ähnlich der Vereinigung eines Liebenden mit seiner Geliebten zum Ausdruck brachte.

«Ach, ich sehne mich nach einem Becher Wein aus der Geliebten eignen Hand», schrieb Chomeini. «Wem kann ich dies Geheimnis anvertrauen? Wohin soll ich gehen mit meinem Kummer? Mein Leben lang habe ich mich danach verzehrt, das Antlitz der Geliebten zu erblicken. Ich bin ein Falter, der begierig die Flamme umkreist, eine Schote mit dem Samen der wilden Raute, die im Feuer röstet. Sieh meinen befleckten Mantel und diesen Gebetsteppich der Heuchelei. Werde ich sie eines Tages vor der Tür der Schenke in Fetzen reißen können?»

Erstaunliche Worte für einen zukünftigen Ayatollah, doch vertraute Worte für den, der die Grundprinzipien des Sufismus kennt, der zweiten großen sektiererischen Strömung des Islams. Für die Sufis ist der Islam weder Gesetz noch Theologie, weder Bekenntnis noch Ritual, sondern nur ein Mittel, das Ich auszulöschen und eins zu werden mit dem Schöpfer des Himmels und der Erde.

8. Färbe deinen Gebetsteppich mit Wein

Der Weg der Sufis

Dies ist die Geschichte von Leila und Madschnun.

Einst wurde einem mächtigen Stammesfürsten ein Knabe von außerordentlicher Schönheit geschenkt. Er erhielt den Namen Kais, und als er heranwuchs, wurde allen offenbar, daß er dereinst der Stolz seiner Familie und seines Stammes werden würde. Schon als Kind übertraf er seine Altersgenossen an Wissen, Fleiß und Gelehrsamkeit. Wenn er redete, war es, als verstreute seine Zunge rundherum Perlen, und wenn er lächelte, waren seine Wangen wie rosa Tulpen, die in der Sonne erblühten.

Eines Tages begegnete Kais einem Mädchen, dessen Anblick sein Herz mit unaussprechlicher Sehnsucht erfüllte. Ihr Name war Leila, das bedeutet «Nacht», und unter dem Schattendunkel ihres Haars war ihr Gesichtchen die Lampe. Eine Gazellenäugige war sie, mit rosenfarbenen Lippen.

Auch Leila erging es wie Kais, und auch sie konnte sich ihre Gefühle nicht erklären. Die beiden Kinder ertranken im Meer der Liebe, noch ehe sie wußten, daß es Liebe gibt. Als wäre die Liebe ein Mundschenk, der den Becher ihrer Herzen bis zum Rand mit Wein füllte. Sie tranken, was er ihnen eingeschenkt hatte, und wurden trunken, ohne zu wissen, wovon.

Kais und Leila verbargen ihre Gefühle vor den Leuten, während sie die Gassen und Passagen des Basars durchstreiften, nah genug, um einander flüchtige Blicke zuzuwerfen, doch weit genug voneinander entfernt, um nicht ins Gerede zu kommen. Ein Geheimnis wie dieses jedoch kann nicht verborgen bleiben, und bald flog das Getuschel von Mund zu Mund. «Kais und Leila sind verliebt!» flüsterten sich die Leute auf der Straße zu.

Leilas Sippe war empört. Ihr Vater nahm sie von der Schule und sperrte sie zu Hause im Zelt ein; ihre Brüder schworen, sich Kais entgegenzustellen, wenn er auch nur in die Nähe käme. Doch kann man einen Hund davon abhalten, bei Vollmond zu heulen?

Getrennt von seiner Geliebten, wanderte Kais im Basar wie ein Getriebener von Bude zu Bude, von Zelt zu Zelt. Wohin er auch ging, sang er von Leilas Schönheit und pries ihre Tugend. Die Trennung von Leila raubte ihm den Verstand, und bald zeigten die Leute auf ihn und riefen: «Sieh, der Verrückte, der *madschnun*, kommt!»

Kais war tatsächlich von Sinnen. Aber was ist Wahnsinn? Ein Sichverzehren in den Flammen der Liebe? Der Falter, der sich ins Feuer der Sehnsucht stürzt und verbrennt? Wenn es so ist, war Kais tatsächlich verrückt. Kais war *Madschnun*.

Nur noch mit Lumpen bekleidet und seines Verstandes beraubt, verließ Madschnun die Stadt, irrte durch die Berge und Einöden des Hidschaz und sang schmerzliche Lieder über seine ferne Geliebte. Ohne Heimat und ohne seine Familie, war er verbannt aus dem Land des Glücks. Gut und Böse, Recht und Unrecht hatten keine Bedeutung mehr für ihn. Er war ein Liebender; er kannte nichts als die Liebe. Er entsagte seinem Verstand und lebte als Ausgestoßener in der Wüste, das Haar schmutzig und verfilzt, nichts als Fetzen am Leib.

In seinem Wahnsinn gelangte Madschnun zur Ka'ba. Er schob sich durch den Strom der Pilger, bis er zum Heiligtum kam. Dort streckte er seine Hände aus, schlug gegen das Tor und rief laut: «Herr, laß wachsen meine Sehnsucht nach Leila, von Augenblick zu Augenblick! Laß sie dauern, auch wenn ich selber vergehe! Gib mir zu trinken von dem Quell der Liebe, bis mein Durst gelöscht ist. Laß mich lieben, o Gott, lieben allein um der Liebe willen, und mache diese Liebe noch hundertmal größer, als sie schon war und jetzt ist!»

Die Pilger waren entsetzt. Sie sahen, wie Madschnun zu Boden sank, Staub auf sein Haupt streute und sich für die Schwäche seiner Leidenschaft verfluchte.

Durch sein Verhalten brachte Madschnun seine Familie und seinen ganzen Stamm in Verruf, doch er kannte keine Scham. Als er hörte, daß Leila mit Ibn Salam, einem Mann von sagenhaftem Reichtum, verheiratet worden war, verlor er vollends den Verstand. Er riß sich die Fetzen vom Leib und kroch nackt wie ein Tier durch die Wildnis. Er schlief mit den Tieren der Wüste in Schluchten, ernährte sich von wilden Pflanzen und stillte seinen Durst mit Regenwasser. Seine Liebe war bald in aller Munde. Von überallher kamen die Leute und lauschten ihm oft stundenlang, während er von seiner geliebten Leila erzählte.

Eines Tages, als er einer gebannt lauschenden Zuhörerschaft seine Verse rezitierte, erblickte er plötzlich in seinem Schoß ein Blatt Papier, mit dem der Wind spielte. Auf dem Blatt Papier standen nur zwei Worte: «Leila» und «Madschnun». Madschnun riß das Blatt mitten entzwei, zerknüllte den Teil, auf dem «Leila» stand, und warf ihn achtlos fort. Seinen eigenen Namen behielt er. Als die Leute, die ihn umringten, das sahen, wunderten sie sich sehr.

«Was soll denn das jetzt?» fragte einer.

«Weil ein Name besser ist als zwei», erwiderte Madschnun. «Einer genügt für uns beide. Wenn ihr wüßtet, was ein Liebender ist, so wüßtet ihr auch, daß man nur ein wenig kratzen muß an ihm, und schon tropft die Geliebte heraus.»

«Aber warum hast du dann Leila weggeworfen und dich selbst behalten?» fragte ein anderer.

«Weil man die Schale sieht und nicht den Kern», gab Madschnun zur Antwort. «Versteht ihr das nicht? Der Name ist eine Hülle, und diese Hülle bin ich. Ich bin die Schale, und Leila ist die Perle. Ich bin der Schleier, und das Antlitz darunter ist sie.»

Die Leute verstanden zwar nicht, was er meinte, aber sie waren verblüfft über den Liebreiz seiner Worte.

Die Heimstätte ihrer Eltern war indes für Leila zum Gefängnis geworden. Zur Heirat mit einem Mann gezwungen, den sie nicht liebte, lebte sie mit dem Geheimnis ihrer Liebe in tiefster Einsamkeit. Sie litt nicht weniger als Madschnun, aber sie besaß nicht die Freiheit, über die er verfügte. Auch sie hätte gern bei den wilden Tieren der Wüste gelebt und ihre Liebe zu Madschnun von den Berggipfeln gesungen. Aber sie war eine Gefangene, in ihrem Zelt und in ihrem eigenen Herzen. Als eines Morgens ein alter Kaufmann ihr eine Nachricht von Madschnun brachte, fühlte sich Leila wie ein im Wind schwankendes Schilfrohr, hohl und gewichtslos.

«Ohne deinen strahlenden Glanz», sagte der Alte zu ihr, «gleicht Madschnuns Seele einem vom Sturm zerwühlten Nachtmeer, über das sich der Himmel mondlos wölbt. Wie ein Herold durchzieht er Gebirge und Täler, und was er alle zwei Schritte ausruft, ist ‹Leila›, und was er überall sucht, ist wiederum Leila.»

«Ja, ich bin es», rief Leila und verfluchte sich selbst. «Ich bin es, die des Freundes Herz so verbrannt und solches Schicksal über ihn gebracht hat.» Verzweifelt löste sie einige Juwelen aus ihrem Ohrgeschmeide und überreichte sie dem Alten. «Nimm sie als Geschenk von mir an. Geh und hole Madschnun, und bring ihn hierher. Nur ansehen will ich ihn, nur einen Blick auf ihn werfen, einen einzigen Blick tun ins Licht.»

Der Alte war einverstanden. Tagelang ritt er durch die Wüste, auf der Suche nach Madschnun. Als er ihn schließlich fand, überbrachte er ihm Leilas Botschaft: «Willst du die Fessel der Trennung nicht dies eine Mal sprengen? Sie möchte Auge in Auge mit dir sein, und wäre es auch nur für die Dauer eines Atemzuges.»

«Was wissen die Menschen von mir?» dachte Madschnun. Erkannten sie nicht, daß ihr Glück nicht sein Glück war? Für ihre Wünsche gab es Erfüllung, für seine Sehnsucht gab es sie nicht. «Meine Sehnsucht ist anderer Art. Sie kann in dieser vergänglichen Welt nicht erfüllt werden.»

Doch Madschnun konnte der Aussicht nicht widerstehen, in das Antlitz seiner Geliebten zu blicken. Er legte sich einen Mantel um, folgte dem Kaufmann zu einem Palmengarten und versteckte sich dort, während der Alte Leila holen ging.

Als der Kaufmann sie an der Hand in den Garten zu Madschnun führte, zitterte sie am ganzen Körper, und als nicht mehr als zwanzig Schritt sie von dem Geliebten trennten, blieb sie wie erstarrt stehen. Der Alte zog sie am Arm, aber sie konnte sich nicht bewegen.

«Edler Mann», sagte sie. «Bis hierher darf ich gehen, weiter nicht. Ich gleiche schon jetzt einer brennenden Kerze. Gehe ich näher ans Feuer, so verbrenne ich ganz.»

Der Alte eilte zu Madschnun. Er zog den jungen Mann, der bleich war im Gesicht und vor sich hinstarrte, aus seinem Versteck ins Mondlicht und wies auf Leila. Madschnun taumelte vorwärts. Das Licht der Sterne drang durch die Wipfel der Palmen. Eine Bewegung in der Dunkelheit, und dann, unter der Himmelskuppel, blickten Leila und Madschnun einander an.

Es war nur ein Moment. Ein Erröten der Wangen. Die beiden Liebenden sahen einander an, trunken vom Duft des Weins der Liebe. Doch obwohl sie einander jetzt nah genug waren, um sich zu berühren, wußten sie, daß einen solchen Wein zu trinken erst im Paradies erlaubt ist. Ein Atemstoß, ein Seufzer, ein erstickter Schrei, und Madschnun wandte sich um und floh wie ein Schatten aus dem Garten in die Wüste hinaus.

Jahre vergingen. Die Palmenblätter verdorrten. Die Blumen warfen in Trauer ihre Blütenblätter ab. Wie die Landschaft gelb wurde und der Garten welkte, so welkte auch Leila. Das Licht in ihren Augen schwand, und mit ihrem letzten Atemzug flüsterte sie den Namen ihres Geliebten.

Als Madschnun hörte, daß seine Geliebte gestorben war, eilte er nach Hause und warf sich auf ihr Grab. Er legte sich auf die Erde, als betete er, aber von seinen ausgedörrten Lippen kam nur ein Wort: «Leila.» Dann endlich wurde er von seinem Schmerz und seiner Sehnsucht erlöst. Seine Seele verließ den Körper, und er war nicht mehr.

Einige sagen, Madschnun sei monatelang so, wie er gestorben war, auf Leilas Grab liegengeblieben, andere sagen, jahrelang. Niemand wagte sich dem Grab zu nähern, das von den Tieren der Wüste bewacht wurde. Sogar die Geier, die über dem Grab kreisten, rührten Madschnun nicht an. Als von ihm nur noch Staub und Knochen übrig waren, brachen die Tiere ihre Totenwache ab und zogen sich wieder in die Wildnis zurück.

Als die Tiere verschwunden und Madschnuns Staub vom Wind fortgetragen war, wurde ein neuer Grabstein für Leila angefertigt. Er trug die Inschrift:

> So schlummern die beiden der Auferstehung entgegen;
> es kann kein Tadel ihnen mehr den Weg verlegen.
> Sie hatten sich Treue gelobt in dieser Welt;
> sie schlafen in jener zusammen im gleichen Zelt.

Sufismus – der Begriff, der die unendlich vielgestaltige mystische Tradition des Islams bezeichnet, ist letztlich undefinierbar, wie schon Reynold Nicholson meinte. Auch *sufi* vermag diese Bewegung nicht klarer zu fassen. *Tasawwuf*, was soviel bedeutet wie das «Sufi-Sein», hilft ebenfalls nicht weiter, bezeichnet es doch vermutlich das grobe Wollgewand (*suf*), das die ersten Sufis zum Zeichen ihrer Weltentsagung und ihrer Armut trugen. Inhaltlich ist *sufi* praktisch gleichbedeutend mit *derwisch* oder *faqir*, «Bettler» bzw. «Armer». Immer wieder wird behauptet, *sufi* sei vom arabischen *safwe*, »auserwählt», oder *suffa*, «Reinheit», abgeleitet, was beides etymologisch falsch ist. Die Herleitung vom griechischen *sophia*, «Weisheit», ist ebenfalls unwahrscheinlich, wenngleich von bestechender

Symbolkraft. Versteht man *sophia* im aristotelischen Sinn als «Wissen von den letzten Dingen», kommt man nicht nur sprachlich dem Phänomen des *Sufismus* schon sehr nah.

Als religiöse Bewegung war der Sufismus ein Amalgam unterschiedlicher philosophischer und religiöser Strömungen – gleichsam ein leeres Gefäß, in dem Grundgedanken des christlichen Mönchtums und der hinduistischen Askese, buddhistisches und tantrisches Gedankengut, ein Hauch islamischer Gnostik und Neuplatonismus sowie Elemente des Schiitentums, des Manichäismus und des zentralasiatischen Schamanismus miteinander verschmolzen. Eine solch bunte Mischung von Einflüssen erschwert zwar die wissenschaftliche Analyse, vermittelt aber ein anschauliches Bild von den Anfängen dieser Bewegung.

Die ersten Sufis waren einzelne, miteinander nur im Geist verbunden, die auf der Suche nach Gotterkenntnis das muslimische Weltreich durchzogen. Als die Zahl dieser Wanderderwische zunahm, errichtete man an bestimmten, vielbereisten Knotenpunkten wie Bagdad und Chorasan Herbergen, in denen sich diese Bettelmönche treffen und über die Erfahrungen ihrer spirituellen Reise austauschen konnten. Im 11. Jahrhundert, etwa zu der Zeit, als die Schiiten von den Abbasiden als Ketzer verfolgt wurden, waren diese Herbergen zu klosterartigen Dauereinrichtungen geworden, von denen einige sich zu mystischen Schulen oder *Orden* entwickelten.

Die Sufi-Orden entstanden im Umkreis eines spirituellen Meisters, der sich aus der Umma zurückgezogen hatte, um den Weg der inneren Läuterung und Erleuchtung zu gehen. Im Arabischen als *schaich* und im Persischen als *pir* bezeichnet (beides heißt soviel wie «alter Mann»), waren diese Meister ihrerseits die Schüler früherer, legendärer Meister, deren verstreute Lehren sie sammelten und an eine neue Schülergeneration weitergaben. Hatte ein Schüler spirituelle Reife erlangt, durfte er die Lehre des Meisters an seine eigenen Schüler weitergeben. Der Sufismus erscheint daher gleichsam wie ein eklektisches Kochrezept, dessen Zutaten über einen langen Zeitraum hinweg aus allen möglichen Quellen zusammengetragen wurden. Doch wie der Sufimeister Schaich Fadlallah Haeri mahnt, «gibt es einen großen Unterschied zwischen dem bloßen Sammeln von Rezepten und dem eigentlichen Kochen und Essen der Gerichte.»

Der Sufismus entstand – wie das Schiitentum – als eine Gegenbewegung zum imperialen Islam der muslimischen Herrscherdynastien und zum strengen Formalismus der «orthodoxen» islamischen Geistlichkeit. Beide Strömungen praktizierten *ta'wil*, um die verborgene Bedeutung des Korans aufzuspüren; beide konzentrierten ihre spirituellen Aktivitäten auf die Verehrung des Propheten Muhammad; und beide entwickelten einen Heiligenkult, in dessen Mittelpunkt ein Imam bzw. ein Pir stand.

Zwar hatten die Schiiten und die Sufis eine gemeinsame spirituelle Ebene und beeinflußten einander, doch der Sufismus war innerhalb des Islams immer eine betont antiintellektuelle Strömung, deren einziges Ziel esoterisches Wissen und Versenkung waren. Im Unterschied zur Schi'a strebten die Sufis auch nicht nach politischer Macht. Selbst da, wo sie politische Bedeutung gewannen wie auf dem indischen Subkontinent, wiesen die sufistischen Pirs anfangs alle weltliche Macht zurück und hielten sich von den politischen und theologischen Auseinandersetzungen fern, von denen die muslimische Gemeinschaft in ihrer Frühzeit geprägt war. Die Sufis strebten vielmehr nach Askese und Rückzug aus der Umma und deren weltlichen Belangen, um ein Leben in Einfachheit und Armut zu führen. «Wenn du die Könige nicht ändern kannst», sagen die Sufis, «so ändere dich selbst.»

Durch Rituale und spirituelle Übungen strebten die Sufis nach Auslöschung des Ich. Zwar ist dies das Ziel aller mystischen Strömungen, doch es gibt einige entscheidende Unterschiede zwischen dem Sufismus und der traditionellen Mystik.

Erstens verwirft der Islam jede Form des mönchischen Einsiedlertums. Der Islam ist eine Gemeinschaftsreligion und steht dem radikalen Rückzug und Individualismus ausgesprochen kritisch gegenüber. Ein Muslim, der die Umma ablehnt, ist gewissermaßen wie ein Katholik, der die römisch-katholische Kirche ablehnt: Beide sagen sich bewußt vom Quell ihres Heils los. Auch wenn sich die meisten Sufis aus der Gesellschaft zurückzogen, waren sie doch keine Mönche. Sie waren Handwerker, Drogisten und Kaufleute, die in der realen Welt lebten und arbeiteten. Ein echter Sufi, schreibt Schaich Haeri, «trennt das Innen nicht vom Außen»; denn wenn man «anfängt, sein inneres Selbst zu reinigen, gelangt man am Ende zur äußeren Welt und zur Gesellschaft».

Zweitens lehnt der Koran die Ehelosigkeit – eine weitere Gemeinsamkeit mystischer Bewegungen – als Verstoß gegen das Gebot Gottes («Seid fruchtbar und mehret euch») kategorisch ab. Zahlreiche Offenbarungsverse handeln von der Stärkung und dem Erhalt der Familie, die im Islam als Urmodell der Umma und als Mikrokosmos der Schöpfung gilt. Mehrfach wird im Koran die kindliche Treue zu den Eltern mit der Treue zu Gott gleichgesetzt (2, 83; 4, 36; 6, 151; 31, 14). Obwohl es einige berühmte unverheiratete männliche und weibliche Sufis gab – eine von ihnen ist Rabia von Basra, die trotz ihrer legendären Schönheit alle Heiratsanträge zurückwies, um sich ganz der Gottsuche zu widmen –, war das Zölibat im Sufismus nie weit verbreitet.

Doch der wohl entscheidende Unterschied zwischen dem Sufismus und der traditionellen religiösen Mystik besteht darin, daß letztere der Ursprungsreligion eng verhaftet bleibt. Der Sufismus hingegen streift den Islam ab wie eine Schale, die der unmittelbaren Gotteserfahrung hinderlich ist. Mit anderen Worten: Die formelle islamische Religion ist nur Ausgangspunkt, nicht Leitgedanke und Wesensmerkmal des Sufismus. Wie alle Religionen kann auch der Islam den Menschen nur auf Gott aufmerksam machen, der Sufismus dagegen will ihn zu Gott förmlich hindrängen.

Das bedeutet jedoch nicht, daß der Sufismus den Islam und seine religiösen Ansprüche und Verhaltensnormen rundweg ablehnt. Entgegen bisweilen vehementer Vorwürfe von sunnitischer und schiitischer Seite sind Sufis Muslime. In ihren Gebeten und Andachtsübungen unterscheiden sie sich nicht von anderen Muslimen. Sie benutzen muslimische Symbole und Metaphern und bekennen sich zu muslimischen Glaubensäußerungen und Ritualen. Wie der hochangesehene Sufi-Schaich des Rifa'i-Ordens in Jerusalem, Muhammad al-Schadhili, sagt: «Wenn du … dem Propheten nachfolgst, mußt du ein echter Muslim sein … der sich seinem Gott ganz hingibt und sein Sklave wird.»

Dennoch betrachten die Sufis jegliche Orthodoxie, die traditionellen Unterweisungen, das Gesetz, die Theologie und die fünf Säulen des Islams als inadäquat, um wahre Gotteserkenntnis zu erlangen. Selbst der Koran, den die Sufis als unmittelbare Rede Gottes anerkennen, vermag in ihren Augen das Wesen Gottes nicht zu erhellen. Warum, so ein Sufi-Meister, sollte man seine Zeit damit verschwenden, einen Liebesbrief (nämlich den Koran) zu lesen, wenn der Geliebte anwesend ist, der ihn geschrieben hat?

Wie alle Reisen einen Anfang haben, so beginnt auch der Weg des Sufismus mit der «äußeren Schale» des Islams. Während der Sufi auf dem

Weg zu «Selbstüberwindung» und Einheit mit dem Göttlichen verschiedene Stufen durchschreitet, muß er zuerst diese Schale abstreifen, denn, wie Madschnun sagt, es kommt auf das an, was im Innern der Schale ist. An die Stelle von Vernunft und Theologie, Bekenntnis und Ritual, Gesetz und Gebot muß in der Seele des Erleuchteten die höchste Tugend treten: die Liebe.

Es überrascht nicht, daß die Mehrheit der Muslime, historisch betrachtet, dem Sufismus mit Argwohn begegnete. Die sufistische Überzeugung, der menschliche Verstand könne das Göttliche nicht ergründen, diese Erkenntnis sei nur durch intuitive Wahrnehmung erreichbar, erregte verständlicherweise den Anstoß der religiösen Obrigkeit. Noch schlimmer war, daß die Sufis bei ihrer Suche nach der geheimen Erkenntnis der inneren Welt die Scharia als unbrauchbar ablehnten. Im Mittelpunkt des islamischen Gesetzes steht, wie bereits gesagt, der äußere Glaubensvollzug (*zahir*), nicht die innere Frömmigkeit (*batin*). Daher stellte der Sufismus eine Bedrohung der religiösen Autorität der Ulama dar. Schlimmer noch: Mit ihrem Rückzug aus der muslimischen Gemeinschaft schufen die Sufis ihre eigene Umma mit den Pirs als oberster religiöser Autorität.

Die Sufis lehnten den Rigorismus der Scharia und ihre traditionellen Deutungen ab und wandten sich Formen lokaler Religiosität und Glaubenspraxis zu. So wurden sie besonders in jenen Teilen des muslimischen Herrschaftsgebiets populär, die nicht arabisch dominiert waren. In Indien breitete sich der Sufismus wie ein Lauffeuer aus. Hier verband sich die muslimische Ablehnung des Kastenwesens mit alten indischen Übungen wie Atemtechniken, körperlichen Übungen und Meditation. In Zentralasien entwickelten persische Sufis einen völlig neuartigen reichhaltigen Textkanon mit Dichtung, Liedern und sufistischer Literatur, die im Unterschied zum Koran in der Landessprache verfaßt waren und rasch Verbreitung fanden.

Diese knappen Hinweise zu den Ursprüngen des Sufismus können natürlich nur unzureichend erklären, was Sufismus ist. Denn als religiöse Strömung kann er nur umschrieben, nicht begrifflich definiert werden.

Das folgende Gleichnis, das ursprünglich von Dschalal al-Din Rumi stammt, dem größten Sufi-Dichter, der jemals gelebt hat (er starb 1273), wird von Idris Schah, dem Großschaich von Sardana, folgendermaßen wiedergegeben:

Ein Perser, ein Türke, ein Araber und ein Grieche waren unterwegs zu einem fernen Ort. Sie stritten sich, wie sie das einzige Geldstück, das sie noch besaßen, ausgeben sollten. Alle vier waren hungrig, doch der Perser wollte die Münze für *angur* ausgeben, der Türke für *üzüm*, der Araber für *inab* und der Grieche für *stafil.* Die Auseinandersetzung spitzte sich zu, da keiner der vier nachgeben wollte.

Ein anderer Reisender, ein Sprachkundiger, der gerade vorüberkam, sagte: «Gebt mir die Münze. Ich werde einen Weg finden, euer aller Wünsche zu befriedigen.»

Er nahm die Münze, ging zum Stand eines Obsthändlers und kaufte vier Büschel Weintrauben.

«Das ist ja mein *angur!*» rief der Perser.

«Das ist doch genau das, was ich *üzüm* nenne», sagte der Türke.

«Sie haben mir *inab* gebracht», sagte der Araber.

«Ach was», sagte der Grieche. «In meiner Sprache heißt das *stafil.*»

Und plötzlich erkannten die Männer, daß sie in Wirklichkeit alle dasselbe wollten, nur nicht wußten, wie sie es einander verständlich machen sollten.

Die vier Reisenden sind die Menschen mit ihren geistigen Bedürfnissen, die sie nicht in Worte fassen können und in jeweils unterschiedlicher Weise zum Ausdruck bringen. Der Sprachkundige ist der Sufi, der den Menschen zeigt, daß das, was sie suchen (ihre Religionen), zwar unterschiedliche Namen trägt, in Wahrheit aber ein und dasselbe ist. Er kann jedoch – und das ist der wichtigste Aspekt dieses Gleichnisses – den Reisenden nur die Trauben anbieten, nicht den Wein, «die Essenz der Frucht». Mit anderen Worten: Das Geheimnis der letzten Realität ist nicht mitteilbar; vielmehr muß es der Mensch auf dem beschwerlichen inneren Weg der Selbstüberwindung selbst erfahren. Wie der bedeutende iranische Dichter Saadi von Schiraz schrieb:

> Ich bin ein Träumer, der stumm ist,
> Und die Leute sind taub.
> Ich bin unfähig zu sprechen,
> Und sie sind unfähig zu hören.

Was ist Sufismus? Sufismus ist Madschnuns Liebe zu Leila. «Zahllose Wellen, die sich kräuseln und für einen Augenblick die Sonne reflektieren, alle aus dem gleichen Meer», wie der Sufi-Meister Halki sagt. Nach

Ibn Dschunaid (gestorben 910), dem «Patriarchen der Sufis», besteht Sufismus darin, daß man «das jeweils Höhere übernimmt und das jeweils Niedrigere hinter sich läßt». Der Sufi ist, so Rumi, «weder Christ noch Jude, auch Parse und Muslim nicht; vom Osten nicht noch vom Westen, vom Festland nicht noch vom Meer, nicht ... vom Schoße der Erde und nicht aus des Himmels Licht ... nicht aus Staub oder Wasser, aus Feuer nicht noch aus Wind ... das Diesseits nicht noch das Jenseits». Er ist, in den Worten Ishan Kaisers, «der Tempel der Feueranbeter; der Priester des Magiers; die innere Wirklichkeit des mit überkreuzten Beinen meditierenden Brahmanen; Pinsel und Farbe des Künstlers».

Trunken ohne Wein, gesättigt ohne Speise, ein König unter einem schlichten Mantel, ein Schatz in einer Ruine, ist der Sufismus für den Islam dasselbe wie das Herz für den Menschen: sein vitales Zentrum, sein Wesenskern. Mit Madschnuns Worten: die in der Schale versteckte Perle, das Antlitz unter dem Schleier. Der Sufismus ist die geheime, in den tiefsten Tiefen des muslimischen Glaubens verborgene Wirklichkeit. Nur wenn man in diesen Tiefen gräbt, bekommt man eine Ahnung von dem, was diese rätselhafte Glaubensrichtung ausmacht.

An einem Frühlingsmorgen im 10. Jahrhundert geriet der geschäftige, aber streng kontrollierte Markt von Bagdad in helle Aufregung, als ein in Lumpen gekleideter Mann namens Husain ibn Mansur al-Halladsch, einer der frühesten und berühmtesten Sufi-Meister, mit lauter Stimme rief: *Ana al-Haqq!* «Ich bin die Wahrheit!», was nichts anderes hieß als: «Ich bin Gott!»

Die Obrigkeit war bestürzt. Al-Halladsch wurde auf der Stelle verhaftet und den Ulama übergeben, die diesen streitbaren Sufi-Meister bereits kannten. Er stammte aus einer zoroastrischen Priesterfamilie im Südiran, war zum Islam konvertiert und schon in jungen Jahren in die abbasidische Hauptstadt Bagdad gekommen. Hier wurde er Schüler des legendären Sufi Pir Tustari (gestorben 896) und zu einem charismatischen Prediger, der Wunder vollbrachte und frevlerische Äußerungen tat. Von seinen Schülern «der Ernährer» genannt, zog sich al-Halladsch den Zorn der islamischen Geistlichkeit dadurch zu, daß er den Haddsch als eine *innere* Wallfahrt bezeichnete, die ein Mensch reinen Herzens überall vollziehen könne. Hinzu kam, daß er sich in seinen Lehren vorrangig auf Jesus berief, den er als einen «versteckten Sufi» betrachtete. Aufgrund dieser Äußerungen wurde er als Fanatiker und «heimlicher Christ» verurteilt. Doch es war seine ketzerische Behauptung, die Einheit mit Gott erreicht zu haben, die al-Halladsch zum berühmtesten, wenn auch keineswegs einzigen sufistischen Märtyrer der Geschichte machte.

Während der acht Jahre seiner Gefangenschaft hatte al-Halladsch zahlreiche Gelegenheiten zu widerrufen, doch er nutzte sie nicht. Unter dem Druck der religiösen Autoritäten verurteilte ihn schließlich der Abbasidenkalif Muqtadir zum Tod. Aufgrund der Schwere seiner Ketzerei wurde er gefoltert, ausgepeitscht, verstümmelt und gekreuzigt; er wurde enthauptet, zerstückelt, verbrannt und seine Asche im Fluß Tigris verstreut.

Was meinte al-Halladsch mit seinem Ausruf? Behauptete er tatsächlich, Gott zu sein? Und wenn ja, wie läßt sich dann der Sufismus als legitime Strömung einer so radikal monotheistischen und ikonoklastischen Religion wie des Islams verstehen?

Zahlreiche Sufis verurteilten al-Halladsch. Al-Ghazali, der vielleicht bedeutendste islamische Mystiker, bezeichnete ihn als einen «törichten Schwätzer», dessen Tod «für die wahre Religion von größtem Nutzen war». Al-Ghazalis Kritik galt jedoch nicht al-Halladschs Anspruch, die spirituelle Einheit mit Gott, den Zustand der Verschmelzung seines Wesens mit dem Göttlichen erreicht zu haben. Was er und andere mißbilligten, war vielmehr, daß al-Halladsch etwas preisgegeben hatte, was ein Geheimnis hätte bleiben sollen.

Al-Ghazali, der sich sein Leben lang bemühte, die islamische Mystik mit der islamischen Orthodoxie in Einklang zu bringen (er war erstaunlicherweise Sufi und gleichzeitig ein traditionalistischer Asch'ari), wußte besser als jeder andere, daß esoterisches Wissen behutsam und schrittweise enthüllt werden muß. Wie «ein Kind von den Möglichkeiten Erwachsener kein wirkliches Wissen» haben und ein leseunkundiger Erwachsener «die Möglichkeiten eines Gebildeten nicht ermessen» kann, so vermag nicht einmal ein Gebildeter «die Erfahrungen der erleuchteten Heiligen» zu verstehen, schrieb al-Ghazali in seiner *Erneuerung der Wissenschaften des Glaubens (Ihya ulum ad-din)*.

Al-Halladschs Sakrileg war nicht der Ausruf an sich, sondern seine unvorsichtige Offenlegung des Geheimnisses gegenüber Uneingeweihten, denen das Verständnis für das fehlte, was er meinte. Wie al-Hudschwiri (gestorben 1075) sagte, können Uneingeweihte allzu leicht «die Intention [des Sufis] falsch verstehen und Anstoß nehmen nicht an deren wahrem Inhalt, sondern an einer Vorstellung davon, die sie sich selbst zurechtgelegt haben». Sogar al-Halladsch räumte ein, daß er diese Einheit mit Gott erst nach einem langen Weg der inneren Einkehr erreicht habe. «Es hat mein Geist», schrieb er in seinem *Diwan* über Gott, «gemischt sich mit dem Deinen, wie Wein vermischt mit klarem Wasser sich. Wenn etwas Dich berührt, rührt es auch mich an, denn immer bist und überall Du ich.»

Um zu verstehen, wo al-Halladschs innere Reise endete, müssen wir dorthin zurückkehren, wo sie begann: zur ersten Station des langen und beschwerlichen Wegs spiritueller Selbstreflexion, der von den Sufis *tariqa*, «Pfad», genannt wird. *Tariqa* ist die mystische Reise, die den Sufi von der äußeren Wirklichkeit der Religion zur göttlichen – und *einzigen* – Wirklichkeit Gottes führt. Wie bei jeder Wanderschaft hat auch dieser Pfad ein Ende, aber es ist kein gerader Weg, vielmehr der Aufstieg auf einen majestätischen Berg, dessen Gipfel die Gegenwart Gottes verhüllt. Freilich gibt es verschiedene Wege zum Gipfel, und einige sind weniger beschwerlich als andere. Doch da jeder dieser Wege am Ende an dasselbe Ziel führt, ist es gleich, welchen man wählt. Es kommt nur darauf an, daß man von diesem Weg nicht abweicht und das Ziel nicht aus den Augen verliert. Wenn man die verschiedenen Engpässe, Stufen und Stationen durchlaufen hat, die jeweils eine unbeschreibliche, neue spirituelle Erfahrung bereithalten, erreicht man schließlich den Augenblick der Erleuchtung. Dann zerreißt der Schleier der Wirklichkeit, das Ich erlischt und verliert sich in Gott.

Das berühmteste Gleichnis, das diesen sufistischen Pfad und die Stationen der Selbstüberwindung beschreibt, stammt von dem iranischen Drogisten und Parfümhändler Farid al-Din Attar (gestorben 1230). In seinem epischen Meisterwerk *Mantiq ut-tair (Die Konferenz der Vögel)* versammeln sich die Vögel der Welt um den Wiedehopf, einen mythischen Vogel, der per Los dazu bestimmt wurde, auf der Reise zu Simurgh, dem König der Vögel, die Führung zu übernehmen. Doch vor Beginn der Reise müssen die Vögel dem Wiedehopf absoluten Gehorsam schwören:

Was immer er befiehlt auf diesem Weg,
wir müssen ohne Widerspruch ihm folgen.

Dieser Schwur sei notwendig, so erklärt der Wiedehopf, weil auf der Reise Gefahren für Leib und Seele lauerten und nur er allein den Weg kenne. Die Vögel müßten daher tun, was immer er von ihnen verlange.

Sieben gefährliche Täler sind zu durchqueren, die den Stationen der Reise entsprechen. Das erste ist das Tal des Suchens, in dem die Vögel «der Welt entsagen» und ihre Verfehlungen bereuen müssen. Dann kommt das Tal der Liebe, wo die Vögel in ein Feuermeer getaucht werden, «bis ihr ganzes Sein entflammt ist»; dann das Tal des Geheimnisses, in dem kein Weg einem anderen gleicht: «So können die Vogel nicht zusammen fliegen, denn die Erkenntnis ist ja ganz verschieden.» Im Tal der Loslösung «verschwinden alle Bedürfnisse und jeglicher Hunger nach Sinn und Bedeutung»; und im Tal der Einswerdung begreift der Suchende, daß alles, was ihm als verschieden vorkam, in Wirklichkeit eins ist: «Siehst viele du, siehst wenige du dort – auf diesem Wege ist ja alles eins.»

Im sechsten Tal, dem Tal der Verwirrung, durchbrechen die Vögel, kraftlos und verwirrt, den Schleier der gewohnten Dualismen und werden mit der Leere ihres Seins konfrontiert. «Wirklich, nein, ich weiß ja nichts», klagen sie unter Tränen.

Ich weiß das nicht und weiß auch nichts von mir;
Ich liebe, doch ich weiß nicht, wen ich liebe;
Nicht Muslim, Heide nicht – was bin ich denn?

Schließlich gelangen die Vögel ans Ende ihrer Reise, ins Tal des Nichts, wo sie, ihres Ichs entkleidet, «den Mantel des Vergessens» anlegen und vom Geist des Universums verzehrt werden. Nur wenn die Vögel alle sieben Täler durchwandert, «den Berg des Ichs zerstört» und «ihren Verstand der Liebe geopfert» haben, dürfen sie vor den Thron Simurghs treten.

Von den Tausenden Vögeln, die mit dem Wiedehopf die Reise angetreten haben, schaffen es nur dreißig bis ans Ende. «Geschmolzen ihre Flügel, Leib und Seele, von Kopf bis Fuß nichts als nur Schmerz, Verwirrung», treten diese dreißig Vögel vor den Simurgh und sind erstaunt, nicht, wie erwartet, den König der Vögel zu erblicken, sondern «sich selbst». *Simurgh* ist das persische Wort für «dreißig Vögel»; und hier, am

Ende ihres Wegs, erkennen sie, daß sie zwar voller Hoffnung den weiten Weg gegangen sind, doch in Wirklichkeit immer nur auf der Suche nach sich selbst waren. «Die Hoheit ist ein Spiegel, wie die Sonne», sagt Simurgh. «Und wer hierherkommt, sieht sich selbst in ihm.»

Der Sufi-Meister Attar entwickelte in seiner Dichtung und in seiner Lehre den Gedanken von der «spirituellen Alchemie», in der die Seele wie Erz gereinigt werden muß, um zu ihrem ursprünglichen, unverfälschten Zustand zurückzukehren, zur Lauterkeit und Klarheit reinen Goldes. Wie die meisten Sufis betrachtete auch Attar die Seele als ein Gefäß für Gottes Botschaft. In jedem Menschen gibt es unterschiedliche Grade der Aufnahmefähigkeit, je nachdem, wo er sich auf seinem Weg gerade befindet.

Auf den ersten Stufen des Pfades (wo sich die große Mehrheit der Menschen befindet) ist *nafs* (das Selbst, das Ich, die Psyche oder besser die «Summe aller egozentrischen Neigungen») die einzige Realität. Im weiteren Verlauf seiner Wanderschaft begegnet der Suchende *ruh*, dem Weltgeist. Der Koran bezeichnet *ruh* als «Atem Gottes», der dem Menschen eingehaucht wird, um seinen Körper lebendig zu machen (15, 29; Übersetzung nach Reza Aslan). In diesem Sinn ist *ruh* gleichbedeutend mit dem göttlichen, ewigen, belebenden Geist, von dem die Schöpfung durchdrungen ist – zugleich die Essenz der Schöpfung. *Ruh* ist reines Sein. Die Hindus nennen es *prana*, die Taoisten *chi*; diese ätherische Kraft des Universums meinen auch die christlichen Mystiker, wenn sie vom Heiligen Geist sprechen.

Nach der traditionellen Sufi-Lehre befindet sich *ruh* mit *nafs* in einem ewigen Kampf um das Herz (*qalb*) des Menschen, das nicht Sitz der Gefühle ist (nach muslimischer Vorstellung ist dies der Bauch), sondern das vitale Zentrum des menschlichen Lebens, der «Sitz einer Essenz, die das Individuelle transzendiert», wie Titus Burckhardt sich ausdrückt. *Qalb* ist gleichbedeutend mit der westlichen Vorstellung von der Seele als der bewegenden Kraft des Verstandes.

Ein Individuum erreicht die letzte Stufe des Pfads, wenn *nafs* aufhört, *qalb* zu beherrschen. Dann kann sich *qalb* in *ruh* verlieren – der jedem Menschen innewohnenden, jedoch vom Schleier des Selbst verhüllten Kraft – wie ein Tautropfen, der in der unermeßlichen Weite des Ozeans versinkt. Schließlich wird *fana* erreicht, der Zustand der ekstatischen, berauschenden Selbstentäußerung, die letzte Station des Sufi-Pfads. Hier, am Ende der Reise, wenn das Individuum sein Ich losläßt, wird es eins mit dem universellen Geist und erreicht die Verschmelzung mit dem Göttlichen.

Die Anzahl der Stationen des Pfades variiert je nach Tradition (der von Attar begründete Sufi-Orden zum Beispiel kennt sieben). Doch alle Sufis sind sich einig, daß diese Stationen Schritt für Schritt durchlaufen werden müssen. Wie Rumi schrieb: «Bevor du den fünften Becher trinken kannst, mußt du die ersten vier getrunken haben, und jeder schmeckt köstlich.» Weiterhin braucht der unerfahrene Wanderer das Geleit eines Pir, der das Ende der Reise bereits erreicht hat. «Begib dich nicht auf die Wanderung ohne die Führung eines vollkommenen Meisters», mahnte der Sufi-Dichter Hafis. «Es gibt Dunkelheit. Hüte dich davor, dich zu verirren!»

Der Pir ist jenes «erhabene Elixier», welches «das Kupfer des suchenden Herzens in reines Gold verwandeln und das Sein läutern kann», um den Sufi-Gelehrten Javad Nurbakhsh zu zitieren. Wie der Wiedehopf verlangt auch der Pir von seinen Schülern die vollkommene Unterwerfung und einen Treueschwur (*bai'a*), wie er traditionell dem Schaich oder Kalifen geleistet wurde. Doch der Pir besitzt weit größere Autorität als ein Schaich oder Kalif, denn er ist «der Freund Gottes». Der Pir ist nicht einfach nur ein Seelenführer; er wird zu «den Augen, mit denen Gott die Welt betrachtet». In der Sufi-Dichtung wird der Pir oft als «kosmischer Pol» oder *qutb* bezeichnet, die Achse, um die die geistige Energie des Universums kreist. Besonders anschaulich wird dieser Gedanke bei den türkischen Sufi-Orden der Tanzenden Derwische, die in ihrem trancehaft wirbelnden Tanz die Bewegung des Kosmos nachahmen, indem sie sich, manchmal stundenlang, auf der Stelle drehen und den Pir umkreisen, den Mittelpunkt ihres Universums.

Die Pirs, die den Pfad zurückgelegt haben, werden als Heilige verehrt. Ihr Todestag gilt als Feiertag (*urs*, im Persischen «Hochzeit», weil der Pir im Tod die letzte Vereinigung mit Gott erreicht hat). Ihre Gräber sind Pilgerstätten, insbesondere für die Muslime, für die der Haddsch unerschwinglich ist. Hierher kommen sie mit ihren Gelöbnissen, Bitten und Anrufungen. Die spirituelle Kraft des Pir, seine *baraka*, ist so groß, daß bereits die Nähe seines Grabes Krankheit oder Unfruchtbarkeit heilen kann. Wie häufig bei den Sufis gibt es auch hier keinen Unterschied der

Geschlechter, der ethnischen Zugehörigkeit und der Religion. Vor allem auf dem indischen Subkontinent versammeln sich nicht selten Christen, Sikhs, Hindus und Muslime an den Grabmälern der Sufi-Heiligen.

Durch ihr Charisma gewinnen die Pirs Schüler, an die sie ihr esoterisches Wissen (*erfan*) weitergeben. Wie das griechische *gnosis* bezeichnet auch *erfan* eine höhere Stufe der Erkenntnis, ein nichtintellektuelles, nichtrationales Wissen, das, mit den Worten des zweiundvierzigsten Pir des Oveyssi-Ordens, Schah Angha, nur durch «Selbstdisziplin und Läuterung» erreicht werden kann, «nicht durch rationale, logische Beweisführung». Da der Verstand das göttliche Geheimnis nicht zu erfassen vermag, wird wahre Erkenntnis über das Wesen des Universums und die Stellung des Menschen darin nur im Verzicht auf die Vernunft zugunsten der Liebe geschenkt.

Von allen Prinzipien, die der Sufi-Schüler beherzigen muß, ist daher keines wichtiger als die Liebe. Die Liebe ist das Fundament des Sufismus. In der Sprache der Liebe kann sich der Sufismus am besten mitteilen und zum Ausdruck bringen. Die Erfahrung der Liebe ist die universelle Station auf dem Pfad des Sufismus, denn es ist die Liebe – nicht die Theologie und ganz gewiß nicht die Gesetzesfrömmigkeit –, die die Erkenntnis Gottes vermittelt.

Für die Sufis ist Gottes Essenz – Gottes *Substanz* – die Liebe. Die Liebe ist die treibende Kraft der Schöpfung. Der Sufismus lehnt die Schöpfung aus dem Nichts ab, denn bevor etwas war, war die Liebe: Gottes Liebe zu sich selbst in einem Urzustand der Einheit. Erst als Gott den Wunsch hatte, diese Liebe einem «Anderen» mitzuteilen, entstand der Mensch nach dem Bild des Göttlichen. Daher tut sich im Menschen Gott kund; ja der Mensch ist der durch Liebe sich selbst gegenübertretende Gott.

Mit Gottesliebe meinen die Sufis etwas anderes als die christliche *agape* oder die spirituelle Liebe. Ihre Gottesliebe ist eine leidenschaftliche, alles verzehrende, selbstlose und sich selbst verleugnende Liebe. Wie Madschnuns Liebe zu Leila verlangt auch die sufistische Liebe die bedingungslose Unterwerfung unter den Willen des Geliebten. Liebe bis zur Selbstaufgabe. Attar zufolge ist Liebe das Feuer, welches das Ich verzehrt und die Seele läutert. Der Liebende «wird entflammt und brennt ...»

Der fiebrig ist und brennend vor Verlangen,
Der keine Vorsicht kennt und Hunderte von Welten
Ohne Zögern im Nichts aufgehen läßt,
Der weder Glauben kennt noch Blasphemie,
Der keine Zeit hat für Zweifel und Sicherheit,
Für den Gut und Böse einerlei,
Der nichts ist als lebendiges Feuer.

Wie die meisten Mystiker streben auch die Sufis bei ihren Andachtsübungen nach Aufhebung der Dichotomie von Subjekt und Objekt und nach der unverbrüchlichen Einheit zwischen dem Individuum und dem Göttlichen. Diese Einheit wird oft mit der Metaphorik der sinnlichen Liebe veranschaulicht. So schrieb Hafis über Gott: «Der Duft Deines Haars ist die Erfüllung meines Lebens, unvergleichlich ist die Süße Deiner Lippen.»

Die eindrucksvollsten Bilder dieser Art formulierte Rabia von Basra (717–801). Früh verwaist, wurde Rabia eine Sklavin, über die ihr Herr die sexuelle Verfügungsgewalt besaß. Doch Zeit ihres Lebens strebte sie nach der mystischen Vereinigung mit Gott; sie schlief oft wochenlang nicht, um zu fasten, zu beten und über die Bewegung des Universums zu meditieren. Bei einer dieser nächtlichen Versenkungen bemerkte ihr Herr einen hellen Lichtschein über ihrem Kopf, der das ganze Haus erleuchtete. Erschrocken darüber, schenkte er Rabia die Freiheit und ließ sie in die Wüste gehen, um dem Pfad zu folgen. Hier erreichte Rabia den Zustand der Selbstentäußerung (*fana*) und wurde die erste, wenn auch nicht einzige Sufi-Meisterin; selbst der hochangesehene Gelehrte Hasan al-Basri mußte vor ihr die Waffen strecken.

Wie bei ihrem christlichen Gegenstück Teresa von Ávila bekunden auch Rabias Verse eine intime Begegnung mit Gott:

Du bist mein Atem,
Meine Hoffnung,
Mein Gefährte,
Meine Sehnsucht,
Mein ganzer Reichtum.
Ohne Dich – mein Leben, meine Liebe –
Hätte ich nie diese endlosen Länder durchwandert …
Überall suche ich Deine Liebe –
Dann plötzlich erfüllt sie mich.

O Herr meines Herzens,
Strahlendes Auge der Sehnsucht in meiner Brust,
Nie werde ich von Dir frei sein,
Solange ich lebe.
Sei Du zufrieden mit mir, Geliebter,
Dann bin auch ich zufrieden.

Diese verzehrende Sehnsucht nach dem Geliebten, die in Rabias Versen immer wieder zum Ausdruck kommt, verrät einen wichtigen Aspekt der sufistischen Vorstellung der Liebe. Zunächst einmal ist es eine Liebe, die *unerfüllt* bleiben muß, wie Madschnun im Palmengarten erkannte. Wie Attars Vögel auf ihrer Reise zu Simurgh erfahren, kann man beim Aufbruch nicht wissen, ob man jemals das Ziel erreichen wird. Nur ganz wenige Suchende gelangen zur Vereinigung mit Gott. Daher wird der Sufi auch oft mit einer Braut verglichen, die auf ihrem Ehebett sitzt, «Rosen auf die Kissen gestreut», und sich in Sehnsucht nach dem Bräutigam verzehrt, der niemals kommen wird. Und doch wartet die Braut; sie wird für immer warten, sie wird «an der Liebe sterben», sich nach dem Geliebten verzehren und rufen: «Komm zu mir! Komm zu mir!», bis sie als eigenständiges Wesen aufhört zu existieren und zur reinen Liebenden wird, die den Geliebten in vollkommener Vereinigung liebt. Wie al-Halladsch seine Erfahrung der göttlichen Einheit beschrieb:

Ich bin Er, den ich liebe, und Er, den ich liebe,
ist ich – zwei Geister, doch in einem Körper.
Wenn du mich siehst, hast du Ihn gesehen;
und wenn du Ihn siehst, siehst du uns beide.

Wenn also die vollkommene Liebe unerwiderte Liebe ist, die keine Gegenleistung erwartet, dann ist für den Sufi der vollkommene Liebende und der Inbegriff der Liebe Iblis, der Satan, der ursprünglich ein Engel war und Gott diente, doch dann von Gott verstoßen wurde, weil er sich weigerte, sich vor Adam niederzuwerfen. In seiner «Apologie des Iblis» beschreibt Rumi, daß diese Gehorsamsverweigerung gegen Gott seinen Grund «in der Liebe zu Gott, nicht im Ungehorsam» hat. Schließlich «entspringt aller Neid der Liebe, der Angst, ein anderer könne zum Gefährten des Geliebten werden».

In die Hölle geworfen, um nie wieder das Antlitz Gottes zu sehen, sehnt sich Iblis weiter nach dem Geliebten, der «mich in der Wiege schaukelte» und «mir als Säugling Milch zu trinken gab». Er wird sich für immer nach Gott sehnen und aus den Tiefen der Hölle rufen: «Ich bin mit Ihm vermählt, mit Ihm vermählt, mit Ihm vermählt.»

Die Bestürzung, die diese eher schmeichelhafte Deutung des Iblis bei den meisten Muslimen hervorruft, ist durchaus beabsichtigt. Wie Attar sagt, kennt «die Liebe weder Glauben noch Blasphemie». Nur wenn der Schleier der Dualismen zerrissen ist – die Unterscheidung zwischen richtigem und falschem sittlich-religiösem Verhalten –, kann man *fana* erreichen. Der Sufi kennt keine Dualismen, sondern nur Einheit. Es gibt für ihn weder Gut noch Böse, weder Licht noch Finsternis, sondern allein Gott. Das sollte nicht mit der hinduistischen Vorstellung von *maya* (der Illusion der Wirklichkeit) oder der buddhistischen Vorstellung von *sunyata* (der Leere aller Dinge) verwechselt werden. Für den Sufi ist Realität weder Leere noch Illusion, sondern Gott. «Gott gehört der Osten und der Westen», heißt es im Koran. «Wohin ihr euch wenden möget, da habt ihr Gottes Antlitz vor euch. Er umfaßt (alles) und weiß Bescheid» (2, 115). Und weil nach dem islamischen Glaubensbekenntnis Gott eins ist (*tauhid*), so der Sufismus, muß auch die Realität eins sein.

> Das Atom, die Sonne, die Galaxien und das Universum
> Sind doch nur Namen, Bilder und Formen.
> In Wirklichkeit sind sie alle eins und nur eins.

Die traditionelle westliche Philosophie kennt für diesen Gedanken der radikalen Einheit den Begriff des *Monismus*. Er bezeichnet die Auffassung, nach der sich die Vielheit des Wirklichen in Raum, Zeit, Essenz und Eigenschaft auf ein letztes, einziges Prinzip zurückführen läßt. Das sufistische Ideal dieser radikalen Einheit heißt *ahadiyya* und betont den theistischen Aspekt dieser monistischen Vorstellung: *al-Ahad*, «der Eine», ist der erste und wichtigste der neunundneunzig schönsten Namen Gottes.

Dieser theistische Monismus ist der Grund dafür, daß die Sufis die herkömmlichen Dualismen ablehnen; nicht weil sie die Unterscheidung von «richtigem» und «falschem» sittlichem Verhalten ablehnen, sondern weil sie allein «die Existenz der Einheit» – der göttlichen Einheit – akzeptieren. Zugegebenermaßen hat dies viel Verwirrung über die wahre Lehre des Sufismus gestiftet, vor allem angesichts der «trunkenen Sufis», die das islamische Gesetz auf provozierende Weise verletzten, indem sie in aller

Öffentlichkeit Alkohol tranken, Glücksspiel spielten und den Frauen nachstellten, um die äußerlichen Aspekte der Religion zu überwinden. Dieses Streben nach Überwindung der traditionellen Dualismen wurde jedoch meist in Bildern zum Ausdruck gebracht, am häufigsten in den Metaphern der Trunkenheit und Völlerei – in der Sufi-Dichtung die vorherrschenden Bilder für die sich selbst vernichtende, rauschhafte Liebe.

«Heute nacht werde ich ein Weinfaß aufstellen», heißt es in einem der schönsten Rubaiyat Omar Chayyams, «mich mit zwei Weinbechern versorgen: Zuerst werde ich mich von Verstand und Glaubensbekenntnis scheiden, dann vermähle ich mich mit der Tochter der Rebe.» Chayyams Wein ist spiritueller Natur – Symbol für die «Gnade des Herrn in der Welt». Der Sufi weist die traditionellen Ideale der religiösen Frömmigkeit und des rechten sittlich-moralischen Verhaltens zurück und flieht die «Vernunft und die Fallstricke des Intellekts», um den Becher seines Herzens mit dem berauschenden Wein der Gottesliebe zu füllen. Wie Hafis schreibt: «Frömmigkeit und moralische Rechtschaffenheit haben nichts mit Ekstase zu tun; färbe deinen Gebetsteppich mit Wein!»

Wenn der Schleier der Dualismen gelüftet und das Ich ausgelöscht ist, so daß *ruh qalb* vollkommen in sich aufnehmen kann, erreicht der Suchende *fana*, die «ekstatische Selbstentäußerung». Hier, am Ende des Pfads, wird ihm die Wahrheit der göttlichen Einheit offenbart, und er erkennt, daß (in den Worten Schah Anghas) «der Bach, der Fluß, der Tropfen, das Meer, das Bläschen alle mit einer Stimme sagen: Wasser, wir sind Wasser».

Indem der Sufi in einem Akt radikaler Selbstauslöschung sich selbst wegwirft, gewinnt er Zugang zu den Eigenschaften und Attributen Gottes. Er wird nicht Gott, wie sunnitische und schiitische Muslime *fana* oft mißverstehen. Vielmehr taucht er ein in Gott, so daß Schöpfer und Geschöpf eins werden. Diese göttliche Einheit wird am klarsten von dem großen Mystiker und Gelehrten Ibn al-Arabi (1165–1240) zum Ausdruck gebracht, der das traditionelle muslimische Glaubensbekenntnis «Es gibt keinen Gott außer Gott» umformulierte zu «Es gibt kein anderes Sein als das Sein Gottes; es gibt keine andere Wirklichkeit als die Wirklichkeit Gottes».

In der Denkschule Ibn al-Arabis, die für die Entwicklung des Sufismus so bedeutend ist, daß man ihr ein eigenes Kapitel widmen müßte, sind Mensch und Kosmos getrennte, aber eng miteinander verbundene Formen des Universalgeistes, zwei einander reflektierende Spiegel. Unter Anwendung von *ta'wil* interpretierte Ibn al-Arabi den Satz des Korans, Gott habe die Menschheit «aus einem einzigen Wesen geschaffen» (4, 1), neu und behauptete, das Universum selbst sei «ein einziges Wesen». Für Ibn al-Arabi sind die Menschen damit «ein Abbild des großen kosmischen Buchs im kleinen»; und die wenigen Individuen, die ihre «grundlegende Einheit mit dem göttlichen Sein erkannt» haben, um Reynold Nicholson zu zitieren, sind mit Ibn al-Arabi der «vollkommene Mensch» (auch der «universelle Mensch»).

Für den vollkommenen Menschen ist Individualität nur die äußere Form. In seiner inneren Wirklichkeit ist er das Universum, «das Abbild Gottes», wie es Ibn al-Arabis bedeutendster Schüler Abdul Karim al-Dschili ausdrückte. Der vollkommene Mensch ist ein perfekter Spiegel der göttlichen Attribute, das Medium, in dem sich Gott manifestiert.

Der Sufismus betrachtet zwar alle Propheten und Gesandten, die Imame und Pirs als Beispiele für den vollkommenen Menschen, doch das Paradigma dieses einzigartigen Wesens ist niemand anderer als der Prophet Muhammad. Der Prophet ist für alle Muslime das Verhaltensvorbild, dem es (gewissermaßen im Zuge einer *imitatio Muhammadi*) auf dem Weg zu Gott nachzueifern gilt. Doch für die Sufis ist Muhammad mehr als nur das «schöne Beispiel», wie es im Koran heißt (33, 21). Muhammad ist das uranfängliche Licht, der Erste unter Gottes Geschöpfen.

Die sufistische Vorstellung vom «Licht Muhammads» (*nur Muhammad*) verweist auf den starken Einfluß der Gnosis. Muhammad ist der ewige *logos* ähnlich wie Jesus für die christlichen Gnostiker. Muhammad ist damit, wie Jesus nach dem Johannesevangelium, «das Licht», das «in der Finsternis leuchtet, und die Finsternis hat es nicht erfaßt» (Joh 1, 5), oder – nach dem Thomasevangelium – «das Licht, das vor allen Dingen ist».

Doch im Unterschied zu Jesus in den gnostischen Evangelien ist Muhammad nicht der «menschgewordene Gott». Gott ist «das Licht von Himmel und Erde», wie es im Koran (24, 35) heißt, und damit, wie al-Ghazali in seiner *Nische der Lichter* ausführt, ist Muhammad nichts anderes als der *Abglanz* von Gottes Licht. Tatsächlich beschreibt der Sufismus die Beziehung zwischen Gott und Muhammad im Bild der Beziehung zwischen der Sonne und dem Mond, der nur das Licht der Sonne widerspiegelt. Die Sonne ist die eigentliche Kraft; sie ist *schöpferisch*. Der

Mond ist Ausdruck der Schönheit, er ist der *Abglanz* der Sonne. Und damit übermittelt «derjenige, der [Gottes] Botschaft mitteilt, göttliches und nicht eigenes Wissen ... Genau wie das Licht des Mondes nicht dessen eigenes Licht ist», so Inayat Khan. Deshalb nennen die Sufis den Propheten *dhikr Allah*, «Gottesgedenken», auch wenn *dhikr*, wie wir gleich sehen werden, im Sufismus mehrere Bedeutungen hat.

Wie nicht anders zu erwarten, waren die Sufis mit ihrer Ablehnung der Gesetzesfrömmigkeit und der religiösen Institutionen immer wieder Verfolgungen seitens der religiösen Obrigkeit ausgesetzt. Sie waren in den Moscheen nicht gern gesehen und daher gezwungen, eigene Riten und Glaubensübungen zu entwickeln. *Dhikr*, die Praktik des Gottesgedenkens, wurde, trotz großer Unterschiede zwischen den einzelnen Orden, zum zentralen Ritual aller Sufis.

Die geläufigste Form ist der sogenannte «laute *dhikr*», der vor allem durch den vorwiegend in Syrien, der Türkei, Zentralasien und Teilen Afrikas verbreiteten Qadiriya-Orden bekannt geworden ist. Die Qadiri, vermutlich die erste offiziell anerkannte *tariqa* des Sufismus, sprechen in rhythmischer Gleichmäßigkeit und tausendfacher Wiederholung die *schahada* oder eine andere religiöse Formel. Begleitet von kräftigen Atemstößen und schnellen Kopf- und Körperbewegungen (die Novizen sitzen dabei im Kreis), wird das Tempo der Rezitationen immer schneller, bis nur noch das Wort Allah übrigbleibt, das sich schließlich zu dem arabischen Wort *hu!* («Er», also «Gott») verkürzt. Durch die wiederholte Anrufung Gottes in diesem körperlichen Akt des Gedenkens streift der Adept allmählich sein Ich ab und legt statt dessen das Gewand der Attribute Gottes an. Auf diese Weise, so die Qadiri, «wird der Gedenkende zu dem, dessen er gedenkt».

Neben dem «lauten *dhikr*» der Qadiri gibt es den sogenannten «schweigenden *dhikr*», den die Naqschbandi praktizieren. Diesem Orden, der als der traditionellste Sufi-Orden gilt, gehören vorwiegend politisch aktive Pietisten an, die ihre Herkunft auf Abu Bakr zurückverfolgen und sich strikt an die Scharia halten. Die Naqschbandi lehnen Musik und Tanz ab und pflegen nüchternere Rituale wie den schweigenden *dhikr*, bei dem die Namen Gottes in stiller Versenkung lautlos wiederholt werden.

Der schweigende *dhikr* ist nicht exakt dasselbe wie die Meditationsübungen beispielsweise des Theravada-Buddhismus. Daneben praktizieren die Naqschbandi und einige andere kontemplative Sufi-Orden die Übung des *fikr*, das Ian Richard Netton als «Kontemplation mit dem Ziel des Gewißwerdens des Göttlichen» wiedergibt. Alle diese Übungen haben jedoch nur ein Ziel: die Vereinigung mit Gott.

Nicht alle *dhikrs* bestehen aus lauter oder schweigender Rezitation. Die bekannteste Form des *dhikr* ist vielmehr der spirituelle Tanz des türkischen Mevlevi-Ordens, der von Rumi gegründet wurde und unter dem Namen Tanzende Derwische bekannt ist. Manche Sufis verwenden die Kalligraphie als Form des *dhikr*, und im Kaukasus, wo der Sufismus zahlreiche schamanistische Praktiken des indoeuropäischen Kulturkreises übernahm, steht weniger die Rezitation oder Meditation als vielmehr der körperliche Schmerz im Mittelpunkt, der den Adepten in einen Zustand der Ekstase versetzen soll. Der Rifa'i-Orden in Makedonien zum Beispiel ist berühmt für seine öffentlichen Selbstverstümmelungen, bei denen sich die Adepten im Trancezustand Nägel in den Körper bohren. In einigen Teilen Marokkos gibt es Sufis, die *dhikr* als Mut- und Tapferkeitsübung praktizieren, um sich vom trügerischen Schein der materiellen Welt zu befreien.

Der Tschischti-Orden, der auf dem indischen Subkontinent beheimatet ist, praktiziert eine Form des *dhikr*, bei dem Musik eine Rolle spielt. Ihr «Gottesgedenken» drückt sich in rauschhaften spirituellen Konzerten, *sama'*, aus, die Bruce Lawrence einen «dynamischen Dialog zwischen einem menschlichen Liebenden und dem göttlichen Geliebten» nennt.

Freilich haben Musik und Tanz, die ja im traditionellen islamischen Kult streng verboten sind, auf dem indischen Subkontinent eine lange Tradition. So war ein Grund für die rasche Ausbreitung des Sufismus in Indien sicherlich, daß beides so leicht und unproblematisch in das gottesdienstliche Zeremoniell eingegliedert werden konnte. Die frühen Tschischti-Prediger traten oft mit einer Flöte oder Trommel auf, um die Leute um sich zu scharen, bevor sie die Geschichten ihrer Pirs zu erzählen begannen. *Sama'* ist mithin nicht nur eine Technik, um die übersinnliche Welt erfahrbar zu machen, sondern auch ein praktikables Mittel, um neue Anhänger zu gewinnen. Oft wird *sama'* auch bei politischen Versammlungen eingesetzt. Im Unterschied zu den meisten Sufi-Orden, die reinen Quietismus praktizieren, nahm der Sufismus in Indien schon immer regen Anteil am gesellschaftlichen und politischen Geschehen, am ausgeprägtesten zur Zeit der Moghul-Herrscher (1526–1858). Damals übten einige ausgewählte Sufis großen Einfluß auf die Staatsführung aus; umgekehrt verschafften sie den Herrschern spirituellen Segen und moralische Legitimität.

Der wohl einflußreichste dieser «politischen Sufis» war der Schriftsteller und Philosoph Schah Wali Allah (gestorben 1762). Als ein glühender Anhänger des traditionalistischen Naqschbandi-Ordens wollte er in seinen Schriften und in seinen Vorlesungen den Sufismus von «fremden» Einflüssen (insbesondere vom Neuplatonismus, von persischer Mystik und dem hinduistischen Vedantismus) reinigen und einer nach seiner Meinung älteren, unverfälschten Form der islamischen Mystik Geltung verschaffen, die eng mit der traditionalistischen sunnitischen Orthodoxie verbunden war. Doch Wali Allah ging es in erster Linie darum, grundlegende islamische Wertvorstellungen in Gesellschaft und Wirtschaft zu verankern, und erst in zweiter Linie um eine Läuterung des Sufismus. Seine theologisch-politische Ideologie, die sehr unterschiedlich verstanden wurde, übte großen Einfluß auf nachfolgende Generationen muslimischer Theologen und Philosophen aus.

Mit seiner Förderung der islamischen Wissenschaften und seinen aufgeklärten sozioökonomischen Theorien gab Wali Allah islamischen Modernisten Anstöße. Sayyid Ahmad Khan gründete unter seinem Einfluß die Aligarh-Bewegung, eine intellektuelle Gesellschaft, die das europäische Bildungssystem in Indien einführen wollte und die Zusammenarbeit der Muslime mit den britischen Kolonialherren befürwortete, welche sich immer stärker in die Politik des Subkontinents einzumischen begannen.

Mit seiner Betonung der Orthodoxie übermittelte Wali Allah aber auch mehreren «puritanischen» Strömungen in Indien entscheidende Impulse. Am bekanntesten ist die Deobandi-Schule, deren Anhänger (arabisch *taliban*) beim Widerstand gegen die britische Besatzung in Indien eine wichtige Rolle spielten. Die Paschtunen unter ihnen ergriffen schließlich in Afghanistan die Macht und setzten ihre radikal-orthodoxe, theologisch-politische Philosophie als Staatsform durch (ihre Geschichte kann hier nicht erzählt werden).

Bedenkt man die tragischen Folgen der Kolonialherrschaft in Indien, so ist leicht zu erraten, von welcher theologisch-politischen Vision Schah Wali Allahs sich die entrechtete muslimische Bevölkerung Indiens am meisten angesprochen fühlte. In allen kolonialisierten Regionen des Nahen Ostens und Nordafrikas wurde die Stimme des Modernismus und der Offenheit gegenüber den aufklärerischen Idealen der europäischen Kolonialherren von der sehr viel lauteren und aggressiveren Stimme des Traditionalismus und des Widerstands gegen das unerträgliche Joch des Imperialismus übertönt. Eine neue Generation indischer Muslime, geboren in einem Land, das zur Verfügungsmasse des Britischen Weltreichs geworden war, teilte nicht mehr die alte sufistische Sicht: «Wenn die Welt nicht mit dir einverstanden ist, dann sei du mit der Welt einverstanden.» Sie folgten lieber dem Aufruf des großen mystischen Dichters und Philosophen Muhammad Iqbal (1877–1938), eines Schülers des Qadiriya-Ordens und Anhängers Wali Allahs: «Wenn die Welt nicht mit dir einverstanden ist, *steh auf gegen sie!*»

9. Ein Erwachen im Osten

Die Antwort auf den Kolonialismus

Depesche von Frederick Cooper, Vizekommissar von Amritsar, an das Auswärtige Amt in London über das Schicksal der meuternden Sepoys (bengalischen muslimischen Soldaten) in Lahore, Indien, 1. August 1857:

> Am 30. Juli flohen 400 Sepoys des 26. Eingeborenen-Infanterieregiments aus dem Gefangenenlager in Mianmir, wohin man sie auf Befehl der Krone gebracht und entwaffnet hatte, um zu verhindern, daß sie sich den mohammedanischen Rebellen in Delhi anschlossen. Geschwächt und ausgehungert, wie sie waren, konnten die Sepoys am Ufer des Ravi ohne Schwierigkeiten gestellt werden; 150 von ihnen wurden beschossen und in den Fluß getrieben, wo sie ertranken. Die Überlebenden trieben auf Holzplanken im Fluß, bis sie das andere Ufer erreichten, wo sie sich wie aufgescheuchte Hühner aneinanderdrängten und auf ihre Gefangennahme warteten. Hätten sie zu fliehen versucht, wäre es zum blutigen Kampf gekommen. Doch die Vorsehung wollte es anders. Tatsächlich haben Natur, Kunst und Zufall zusammengewirkt, um ihr Schicksal zu besiegeln.
>
> Die Sonne ging in goldenem Glanz unter; und als sich die todgeweihten Männer, einander an den Händen fassend, beim Näherkommen unserer Schiffe am Ufer zusammendrängten, warfen sie lange Schatten auf das glitzernde Wasser. In ihrer Verzweiflung stürzten sich vierzig bis fünfzig von ihnen in den Fluß; die *sowars* [berittene indische Soldaten], die schon auf die Köpfe der Schwimmenden zielten, wurden angewiesen, nicht zu schießen. Die Meuterer waren erstaunlich willfährig. Offenbar hatte der irrwitzige Gedanke von ihnen Besitz ergriffen, sie würden, nachdem man ihnen eine labende Erfrischung gereicht hat, vor ein Kriegsgericht gestellt. Daher ließen sie sich widerstandslos festbinden und wie Sklaven in die Frachträume unserer Schiffe führen.
>
> Um Mitternacht, als der herrliche Mond durch die Wolken brach und sich in

Myriaden von Teichen und Wasserläufen spiegelte, hatten wir 282 der bengalischen Rebellen gefangen. Am Morgen traf ein Kommando der Sikhs mit einem großen Vorrat Seilen ein. Doch da Bäume rar waren, verzichtete man darauf, den Strick zu benutzen. Schwieriger war die Frage, wie man mit den loyalen mohammedanischen berittenen Soldaten verfahren sollte, die gewiß nicht stillschweigend zusehen würden, wenn ihren aufrührerischen Glaubensbrüdern die gerechte Strafe zuteil wurde. Wie es das Glück wollte, war der 1. August der Tag des großen mohammedanischen Festes Bukra Eid. Ein ausgezeichneter Vorwand, um den mohammedanischen Kavalleristen die Heimreise zu gestatten, während wir Christen, ungestört von ihrer Anwesenheit und mit Unterstützung der treuen Sikhs, ein Zeremonialopfer anderer Art an ihren Glaubensbrüdern vollzogen.

Blieb noch eine letzte Schwierigkeit: die Frage der Hygiene. Doch abermals hatten wir Glück. Hundert Meter von der Polizeistation entfernt entdeckte man einen tiefen wasserlosen Brunnen, der die Frage löste, was man mit den unehrenhaften Soldaten machen sollte.

Bei Tagesanbruch wurden die Gefangenen jeweils zu zehnt zusammengebunden und aus ihren Zellen geholt. Im Glauben, man würde sie vor Gericht stellen und ihre ungerechtfertigten Beschwerden anhören, waren die Sepoys erstaunlich gefügig. Doch als die Schüsse durch den stillen Morgen hallten, erkannten sie, welches schreckliche Schicksal sie tatsächlich erwartete, und ihre Überraschung war so groß wie ihre Wut.

Die Exekution verlief ohne Zwischenfälle, bis einer unserer Leute (der Älteste aus unserem Erschießungskommando) ohnmächtig wurde. Man legte eine kleine Verschnaufpause ein. Nachdem wir 237 Mohammedaner erschossen hatten, wurde der Distriktbeamte informiert, daß die verbleibenden Gefangenen sich offensichtlich weigerten, die Bastion zu verlassen, in die man sie in Erwartung ihrer Exekution verbracht hatte. Da man Handgemenge und Widerstand befürchtete, traf man Vorbereitungen, ihren Ausbruch zu verhindern. Die Bastion wurde umstellt, die Tore wurden geöffnet – und siehe da! Die Leichen von fünfundvierzig Soldaten, die vor Angst und Erschöpfung, Müdigkeit, Hitze und Atemnot gestorben waren, wurden ans Tageslicht gezerrt. Diese Toten wurden zusammen mit ihren exekutierten Kameraden von den Straßenkehrern des Dorfes in den Brunnen geworfen. Binnen achtundvierzig Stunden nach ihrer Flucht war das gesamte 26. Regiment zur Rechenschaft gezogen und beseitigt worden.

Für jene, die Zeichen deuten können, möchten wir auf das einsame goldene Kreuz verweisen, das noch immer auf der Spitze der christlichen Kirche in Delhi glänzt, heil und unversehrt, auch wenn die Kugel, auf der es ruht, von den meuternden Ungläubigen der Stadt von Schüssen durchsiebt wurde. Das Kreuz als symbolischer Sieger über einen erschütterten Erdball! Wie nichtig

> erscheinen doch Klugheit und Heldenmut unserer englischen Soldaten gegenüber dem manifesten und wunderbaren Eingreifen des Allmächtigen Gottes für die Sache des Christentums!

Es gab mehrere Ursachen für das, was die Briten Sepoy-Aufstand nannten, heute jedoch unter der Bezeichnung Indischer Aufstand (*Indian Revolt*) von 1857 geläufig ist. Die Ereignisse, die zu diesem Aufstand führten, sind gut dokumentiert. Durch die Ostindische Kompanie, die das Handelsmonopol innehatte, beherrschte das Britische Weltreich fast zweihundert Jahre lang die indischen Märkte. Doch erst im 19. Jahrhundert, als die Briten den letzten Moghul-Kaiser Bahadur Schah II. zum Thronverzicht zwangen, übernahmen sie die direkte Herrschaft im Land. 1857 hatten sie der entkräfteten Bevölkerung ihren Willen aufgezwungen, so daß sie die reichen Ressourcen des Subkontinents mühelos ausplündern konnten.

Im Dienste der europäischen Wirtschaft erfolgte die Modernisierung der kolonialisierten Länder im Eiltempo. Europäische Wertvorstellungen wie Säkularismus, Pluralismus, persönliche Freiheitsrechte, Menschenrechte und in sehr viel geringerem Maße auch Demokratie – das großartige Vermächtnis der Aufklärung, die in Europa Jahrhunderte gebraucht hatte, um sich zu entwickeln – wurden den kolonialisierten Völkern aufoktroyiert, ohne daß man sich bemühte, diese neuen Werte verständlich und nachvollziehbar zu übermitteln. Westliche Technologie wurde nur insoweit eingeführt, als sie der Produktionssteigerung diente. Man stampfte neue Städte aus dem Boden, anstatt alte, gewachsene auszubauen. Der Import billig produzierter westlicher Güter zog den Ruin des lokalen Handwerks nach sich, und den einheimischen Produzenten blieb kaum eine andere Wahl, als sich den wirtschaftlichen Bedürfnissen der Kolonialmächte anzupassen.

Als Entschädigung für die Ausplünderung ihres Landes, die Unterdrückung ihrer Unabhängigkeit und die Zerstörung ihrer Wirtschaft erhielten die kolonialisierten Völker das Geschenk der «Zivilisation». Der Kolonialgeist wurde von den Europäern als «Zivilisierungsmission» verbrämt. Wie Cecil Rhodes, der Gründer der De-Beer-Diamantengesellschaft und eine Zeitlang praktisch der Diktator des heutigen Südafrika, erklärte: «Wir Briten sind die erste Rasse in der Welt, und je mehr von der Welt wir in Besitz nehmen, desto besser ist es für die menschliche Rasse.»

Eines der zahlreichen Probleme dieser sogenannten Zivilisierungsmission bestand darin, daß sie, selbst wenn keine schlechte Absicht dahinterstand, mit einer «Christianisierungsmission» einherging. Deren Hauptziel war, mit den Worten von Sir Charles Trevelyan, Gouverneur von Madras, «nichts weniger als die Bekehrung der Einheimischen zum Christentum». In Indien stiegen christliche Prediger in der Zivilverwaltung und in der britischen Armee in höchste Ämter auf. Charles Grant, Direktor der Ostindischen Kompanie (die bis 1858 fast die alleinige Herrschaft ausübte), war gleichzeitig ein engagierter christlicher Missionar und wie die meisten seiner Landsleute überzeugt, Großbritannien sei die Herrschaft über Indien von Gott übertragen worden, um das Land aus heidnischer Dunkelheit zum Licht des Christentums zu führen. Fast die Hälfte aller Schulen auf dem indischen Subkontinent wurde von Missionaren wie Grant geleitet, der vom britischen Mutterland finanziell großzügig unterstützt wurde, um die Bevölkerung christlich zu indoktrinieren.

Nicht alle Kolonialherren waren mit diesem Missionierungsprojekt einverstanden. Lord Ellenborough, Generalgouverneur zwischen 1842 und 1844, warnte seine Landsleute immer wieder, die Unterstützung der christlichen Missionierung durch die Imperialmacht gefährde die Sicherheit des Britischen Weltreichs und beschwöre den Unmut der Bevölkerung herauf, ja führe womöglich zu offenem Widerstand. Doch auch Ellenborough hätte Trevelyan darin zugestimmt, daß die indische Religion «eine so krasse Unmoral und dermaßen absurde Naturanschauungen» aufweise, daß sie «vor der europäischen Wissenschaft nicht bestehen» könne.

Die Überzeugung der Briten, der alte Feind des Christentums müsse zivilisiert werden, weckte bei den indischen Muslimen ein Gefühl der Unterlegenheit und Angst. Viele Muslime fürchteten, ihr Glaube und ihre Kultur stehe unter Beschuß. Durch die Annexion von Fürstenstaaten, die Enteignung der Landbesitzer, die Mißachtung der notleidenden indischen Bauern und die rücksichtslosen Wirtschaftsstrategien der Ostindischen Kompanie staute sich in Indien eine solche Wut auf, daß «die Allianz der Missionierungsbestrebungen mit der Staatsmacht», wie Disraeli es nannte, schließlich den Funken der Rebellion entzündete.

Die bengalischen Soldaten, die 1857 den Indischen Aufstand anzettelten, waren nicht nur empört über die britische Kolonialpolitik, die ihr Land seiner natürlichen Rohstoffe beraubte. Sie waren zu Recht überzeugt, daß die britische Armee sie mit Gewalt zum Christentum bekehren wollte. Nicht genug, daß ihr befehlshabender Offizier offen das Evangelium predigte. Ihre Gewehrpatronen waren mit einer Mischung aus Rindertalg und Schweinefett imprägniert – für Hindus und Muslime gleichermaßen ein schwerer Affront. In einem Akt zivilen Ungehorsams verweigerten mehrere Soldaten die Benutzung solcher Patronen. Von ihren britischen Vorgesetzten wurden sie daraufhin mit Inhaftierung in Ketten bestraft. Dies war für die restlichen bengalischen Truppeneinheiten, rund 150 000 Soldaten, die Initialzündung. Es kam zur Revolte.

Die Aufständischen erzielten rasch wichtige Erfolge, unter anderem mit der Einnahme Delhis, und ernannten den abgesetzten Moghul-Herrscher Bahadur Schah zu ihrem Anführer. Dieser, achtzig Jahre alt, verfaßte eine schriftliche Erklärung, in der er die hinduistische und die muslimische Bevölkerung aufrief, ihm beizustehen, das unter der Kolonialherrschaft «stöhnende, arme und hilflose Volk zu befreien und zu schützen». Diese Proklamation wurde in ganz Indien verbreitet. Was als militärische Meuterei der Sepoys begonnen hatte, weitete sich zu einem gemeinsamen Aufstand der hinduistischen und muslimischen Zivilbevölkerung aus.

Die Briten reagierten mit gnadenloser Härte. Um den Aufstand niederzuschlagen, entsandten sie ein großes Expeditionskorps. Im ganzen Land kam es zu Massenverhaftungen; Demonstranten, ob jung oder alt, wurden auf offener Straße niedergeprügelt. Die meisten größeren Städte wurden verwüstet. In Allahabad erschossen britische Soldaten jeden, der ihnen über den Weg lief; bald waren die Straßen mit verwesenden Leichen übersät. Lucknow wurde geplündert, Delhi praktisch dem Erdboden gleichgemacht. Fast fünfhundert Sepoys des 14. Eingeborenen-Infanterieregiments wurden in Jhelam niedergemetzelt. In Benares hängte man mit den Aufständischen sympathisierende Zivilisten an den Bäumen auf. Ganze Dörfer wurden geplündert und dann in Brand gesteckt. Es dauerte mehr als zwei Jahre blutiger Gemetzel, bis die Briten das Land erneut unter ihrer Kontrolle hatten. Danach wurde die Ostindische Kompanie aufgelöst. Die Administration des Subkontinents unterstand jetzt der englischen Krone. Die Königin konnte stolz verkünden, daß «im Britischen Weltreich die Sonne niemals untergeht».

Die blutige Gewalt, mit der in Indien die koloniale Herrschaft wiederhergestellt worden war, zerstörte alle Illusionen von einer angeblichen moralischen Überlegenheit der Briten. In den Augen der meisten Muslime hatte sich die europäische Zivilisierungsmission im Mittleren Osten als das entlarvt, was sie tatsächlich war: eine Ideologie der politischen und wirtschaftlichen Dominanz durch brutale militärische Macht. Die Ideale der Aufklärung, die die Briten unermüdlich predigten, waren durch die repressive Eroberungspolitik der Kolonialstaaten diskreditiert. Kurzum, Indien wurde zum Paradigma für das gescheiterte koloniale Experiment.

Trotzdem blieben viele muslimische Intellektuelle überzeugt, daß die Übernahme europäischer Werte wie Rechtsstaatlichkeit und die Pflege wissenschaftlichen Fortschritts die einzige Möglichkeit waren, die dramatische Schwächung der muslimischen Zivilisation gegenüber dem aggressiven europäischen Imperialismus aufzuhalten. Diese Haltung vertraten die sogenannten Modernisten, deren exemplarischer Vertreter Sir Sayyid Ahmad Khan war.

Der Sproß aus dem Moghul-Adel war ein Anhänger des indischen Neomystikers Schah Wali Allah. Mitte des 19. Jahrhunderts jedoch begann er sich von einer Ideologie zu lösen, die mit ihren puritanischen Untertönen in Indien bereits zu Erhebungen gegen Hindus und Sikhs geführt hatte. Zur Zeit des Indischen Aufstands stand Sir Sayyid im Dienst der Ostindischen Kompanie und wurde Zeuge der grausamen Rache, die die britischen Streitkräfte an der aufständischen Bevölkerung Delhis übten. Diese Erfahrungen hinderten ihn jedoch nicht daran, ein treuer Untertan des Britischen Empire zu bleiben (er wurde sogar zum Ritter geschlagen). Auch die Not der indischen Muslime nach der gescheiterten Revolte hat ihn nie sonderlich geschmerzt. Sir Sayyid war vielmehr besorgt darüber, wie der Aufstand von den britischen Behörden interpretiert wurde: als eine «von langer Hand vorbereitete mohammedanische Erhebung gegen die britische Herrschaft», um Alexander Duff zu zitieren, den führenden britischen Missionar in Indien. Diese Wahrnehmung führte dazu, daß die indischen Muslime zum Hauptziel britischer Vergeltungsmaßnahmen wurden.

Um diese Vorstellungen zu widerlegen, verfaßte Sir Sayyid sein bekanntestes Werk, *The Causes of the Indian Revolt*, in dem er sich bemühte, einer britischen Leserschaft die Ursachen der Ereignisse von 1857 darzulegen. Der Aufstand, schrieb er, sei keine planmäßige Rebellion gewesen; soziale und wirtschaftliche Mißstände sowie die weitverbreitete Überzeugung, die Briten wollten die Bevölkerung zum Christentum bekehren und ihr die europäische Lebensweise aufzwingen – Sir Sayyid zufolge eine groteske Vorstellung –, habe zu der spontanen Erhebung geführt. Obwohl alles für das Gegenteil sprach, wies er die Vorstellung zurück, die Königin verfolge in Indien das Ziel, die Bevölkerung zu christianisieren. Allerdings räumte er ein, daß schon der bloße Anschein, Kolonialisierung sei gleichbedeutend mit einem christlichen Krieg gegen die Religionen Indiens, ausreiche, um die Massen zum Widerstand zu mobilisieren.

Als frommer indischer Muslim und loyaler britischer Untertan machte Sir Sayyid es sich zur Aufgabe, eine Brücke zwischen beiden Kulturen zu bauen und zwischen ihnen zu vermitteln. Das Problem lag seiner Ansicht nach darin, daß den Indern «das Verständnis dafür fehlte, welches Recht der Staat, dessen Untertanen wir sind, über uns hat, und welches unsere Pflicht gegenüber diesem Staat ist». Wenn es gelänge, der einheimischen Bevölkerung die Ziele und Ideale der Briten in einer verständlichen Sprache zu vermitteln, wären die Inder «für die Gemeinschaft keine Last, sondern ein Segen».

1877 gründete Sayyid Ahmad Khan die Aligarh-Universität, deren wichtigstes Ziel die Wiederherstellung islamischer Größe mittels moderner europäischer Bildung war. Sir Sayyid war zuversichtlich, daß es zu einer eigenständigen islamischen Aufklärung käme, wenn die traditionellen muslimischen Glaubensüberzeugungen und Praktiken im Licht des europäischen Rationalismus und des wissenschaftlichen Denkens betrachtet würden. Damit fände die muslimische Welt den Weg ins 20. Jahrhundert. Den Studenten dieser Lehranstalt wurde beigebracht, sich von den Fesseln der Ulama und der blinden Nachahmung der islamischen Glaubensdoktrin *(taqlid)* zu befreien, da die Probleme, mit denen die Muslime in der modernen Welt konfrontiert seien, mit der überkommenen, veralteten Theologie nicht zu lösen seien. Die einzige Hoffnung auf eine islamische Erneuerung sei die Modernisierung der Scharia. Und um dieses Ziel zu erreichen, müsse sie der Verantwortung einer unfähigen und obsoleten Geistlichkeit entrissen werden.

«Was ich als die ursprüngliche Religion des Islams betrachte», so Sir Sayyid, ist nicht «die Religion, die … die Prediger geschaffen haben.»

Sir Sayyids Schützling Chiragh Ali (1844–1895) aus Kaschmir war es, der die Forderung seines Lehrers nach Rechtsreformen am prägnantesten formulierte. Chiragh Ali war empört darüber, daß die Europäer den Islam als «grundsätzlich erstarrt und unfähig zur Veränderung» betrachteten. Die Vorstellung, die islamischen Gesetze und Bräuche basierten «auf einem Regelwerk, dem nichts hinzugefügt und oder weggenommen werden kann, um es veränderten Umständen anzupassen», sei eine Fiktion, geschaffen von den Ulama, um ihre Herrschaft über die Muslime zu sanktionieren. Er argumentierte, die Scharia könne nicht als bürgerliches Gesetzbuch angesehen werden, da das einzig legitime Gesetz im Islam der Koran sei, der «sich nicht in politische Fragen einmischt und keine bestimmten Verhaltensregeln vorschreibt». Der Koran lehre lediglich «bestimmte religiöse Grundsätze und allgemeine sittliche Verhaltensregeln.» Daher wäre es absurd, das islamische Gesetz, nach Chiragh Alis Ansicht nur ein Phantasieprodukt der Ulama, als «unveränderlich und unwandelbar» zu betrachten.

Wie man sich denken kann, wurde der Vorwurf der Unfähigkeit und Unmaßgeblichkeit von den Ulama nicht gerade positiv aufgenommen. Die Geistlichkeit nutzte ihren Einfluß, um der modernistischen Sicht einer neuen islamischen Identität vehement entgegenzutreten. Als nachteilig für das Anliegen der Modernisten erwies sich schnell die Tatsache, daß es nach dem Indischen Aufstand zunehmend schwieriger wurde, die Ideale der europäischen Aufklärung von der imperialistischen Praxis der europäischen Mächte zu trennen. Den größten Widerstand der Ulama weckte die Forderung der Modernisten, die Scharia habe keinerlei Geltung für das weltliche Leben. Intellektuelle wie Mawlana Mawdudi, Gründer der *Dschama'at-i Islami* (der «Islamischen Gemeinschaft»), widersprachen der Aligarh-Bewegung mit dem Argument, der Islam verlange eben nicht die Trennung von Religion und Privatsphäre, sondern strebe im Gegenteil danach, daß «das Gesetz Gottes zur Richtschnur des praktischen Lebens» werde.

Obwohl er entschieden antinationalistisch eingestellt war, wurde Mawdudi zum ideologischen Wegbereiter des weltweit ersten «islamischen Staats»: Pakistan. Um jedoch zu verstehen, wie es der muslimischen Gemeinschaft Indiens gelang, die verheerenden Folgen nach dem Scheitern des Indischen Aufstands zu überwinden und kaum hundert Jahre später einen eigenen Staat auszurufen, müssen wir zunächst nach

Ägypten blicken, wo eine andere Gruppe muslimischer Reformer zur Zeit der Kolonialherrschaft ein Erwachen im Osten propagierte, das die gesamte muslimische Welt erfassen sollte.

An der Wende zum 19. Jahrhundert war Ägypten, mit den Worten von William Welch, «ein wichtiges Rädchen im Getriebe» des Britischen Empire. Im Unterschied zu Indien, wo die Briten unangefochten und unverhohlen sämtliche Bereiche der Zivilverwaltung kontrollierten, durfte Ägypten unter der Erbmonarchie der entmachteten Vizekönige oder *Khediven* den Schein der Unabhängigkeit wahren. Obwohl im Prinzip loyal gegenüber dem Osmanischen Reich, waren die Khediven im 19. Jahrhundert faktisch Untertanen des Britischen Empire. Ohne die Zustimmung ihrer Kolonialherren konnten sie keine politischen oder wirtschaftlichen Entscheidungen treffen. Die ägyptischen Vizekönige, von den Briten scheinbar unbegrenzt mit Krediten versorgt – Gelder, die sie niemals würden zurückzahlen können –, übten eine apathische Herrschaft aus, die von Zügellosigkeit und politischer Indifferenz gekennzeichnet war.

Derweil wurde Ägypten von ausländischen Arbeitern, reichen Investoren und Angehörigen des englischen Mittelstands überflutet, die in einem Land ihr Glück zu machen suchten, das kaum bürokratische Hindernisse und nahezu grenzenlose Entfaltungsmöglichkeiten bot. Um den Zustrom der Europäer zu bewältigen, wurden am Rand Kairos, abseits der einheimischen Bevölkerung, neue Städte gebaut. Bald kontrollierten die Ausländer den für die ägyptische Wirtschaft so wichtigen Baumwollexport. Sie bauten Häfen, Eisenbahnen und Dämme, um ihre wirtschaftliche Herrschaft zu konsolidieren. Mit dem Suezkanal, ihrer Glanzleistung, war das Schicksal Ägyptens als Großbritanniens wertvollste Kronkolonie besiegelt.

Um diese gewaltigen Projekte zu finanzieren, wurden die Steuern zusätzlich erhöht. Sie waren bereits vorher viel zu hoch, um aus dem Einkommen eines durchschnittlichen Kaireners bezahlt zu werden; noch viel weniger war die wachsende soziale Klasse der Bauern oder Fellachen dazu in der Lage, die durch die Zerstörung ihres lokalen Handwerks gezwungen war, in die Städte zu ziehen. Was noch schlimmer war: Die Khediven hatten der ausländischen Elite Steuerfreiheit (mit Ausnahme der Eigentumssteuer) gewährt. Aufgrund der den Ausländern zugestandenen Immunität konnten sie außerdem in Ägypten nicht vor Gericht gestellt werden.

Diese Ungerechtigkeiten führten natürlich zu Feindseligkeiten gegenüber den Kolonialherren und gelegentlich auch zu Aufständen, die die Briten zum Vorwand nahmen, ihre Kontrolle über die Bevölkerung weiter zu festigen. Bald war der Staat von europäischen Kreditgebern vollkommen abhängig. Die entrechtete Bevölkerung rang um eine gemeinsame Identität, um sich zu organisieren. Mitte des 19. Jahrhunderts war Ägypten reif für die Botschaft der Modernisten, die in Indien formuliert worden war. Der Überbringer dieser Botschaft war Dschamal al-Din al-Afghani (1838–1897), der «Erwecker des Ostens».

Trotz seines Namens war al-Afghani kein Afghane. Wie sein englischer Übersetzer Nikki Keddie nachweisen konnte, ist al-Afghani im Iran geboren und aufgewachsen und studierte traditionelle schiitisch-islamische Wissenschaften. Warum er sich einmal als sunnitischer Muslim aus Afghanistan und ein andermal als Türke aus Istanbul ausgab, ist schwer zu sagen. In Anbetracht von Schah Wali Allahs populärer puritanischer Bewegung, die sich in der gesamten muslimischen Welt ausgebreitet hatte, hielt er es wohl für angebracht, seine schiitische Identität zu verschleiern, um für seine reformistischen Ziele Gehör zu finden.

Mit siebzehn ging al-Afghani nach Indien, um neben den islamischen auch die sogenannten westlichen Wissenschaften zu studieren. Das war im Jahr 1856. Fast zwei Drittel des Subkontinents standen zu diesem Zeitpunkt unter der Oberherrschaft des Britischen Empire. Dank der wirtschaftspolitischen Strategien der Ostindischen Kompanie und ihrer Faktoreien hatte Großbritannien einen Großteil der einheimischen Besitzungen unter Kontrolle. Die Briten hatten Regionalfürsten abgesetzt und den Bauern das geraubt, womit sie bisher ihren kargen Lebensunterhalt bestreiten konnten. Die Stimmung im Land war explosiv.

Zunächst schienen al-Afghani die Geschehnisse nicht weiter zu kümmern. Seinem ersten Biographen Salim al-Anhuri zufolge war er viel zu sehr in seine wissenschaftlichen Studien vertieft, um vom Elend der indischen Bevölkerung Notiz zu nehmen. Doch ein Jahr darauf, als es zum offenen Widerstand kam, wachte er auf. Was ihn bestürzte, ja traumatisierte, war nicht nur die Brutalität, mit der die Briten gegen die Aufständischen vorgingen, sondern auch die Heuchelei, mit der sie die hehren Ideale der Aufklärung predigten, während sie gleichzeitig die Forderungen nach Freiheit und nationaler Selbstbestimmung grausam unterdrückten. Seine Erfahrungen in Indien nährten in ihm einen lebenslangen Haß auf die Briten und führten zu einem beharrlichen Engagement, die muslimische Welt vom Joch der europäischen Kolonialherrschaft zu befreien, die er für die gefährlichste Bedrohung des Islams hielt.

Doch al-Afghani benutzte keine religiöse Begrifflichkeit, wenn er über den Islam sprach. Sein vielleicht bedeutendster Beitrag zum politischen Denken des Islams bestand in seiner Forderung, dieser müsse von seinen rein religiösen Konnotationen befreit und als soziopolitische Ideologie betrachtet werden, um die ganze muslimische Welt gegen den Imperialismus zu einen. Der Islam war für al-Afghani weit mehr als Gesetz und Theologie. Er war für ihn eine Zivilisation – eine Zivilisation, die dem Westen überlegen war. Der Westen, so seine These, habe seine geistigen Grundlagen aus dem Islam bezogen. Ideale wie soziale Gleichheit, Volkssouveränität und Streben nach Wissen seien nicht Errungenschaften des christlichen Europa, sondern der islamischen Umma. Es sei Muhammads revolutionäre Gemeinschaft gewesen, die die Kontrolle des Volkes über die Regierenden praktiziert, die ethnischen Schranken abgeschafft und Frauen und Kindern Rechte und Privilegien zugestanden habe, die bis dahin undenkbar waren.

Mit Sayyid Ahmad Khan war al-Afghani der Ansicht, daß die Ulama die Hauptverantwortung für den Niedergang der islamischen Kultur trugen. Als selbsternannte Hüter des Islams hatten sie unabhängiges Denken erstickt und wissenschaftlichen Fortschritt verhindert, so daß die muslimische Welt im Mittelalter verharrte, während in Europa die Aufklärung begann. Durch ihr Verbot der rationalen Erörterung von Rechtsfragen sowie der Deutung der Schrift mit Hilfe der Vernunft waren die Ulama zu den wahren Feinden des Islams geworden. Al-Afghani verglich sie mit «einem winzigen Docht mit einer sehr kleinen Flamme, die weder ihre Umgebung erhellt, noch anderen Licht spenden kann».

Doch al-Afghani war kein Mitglied der Aligarh-Bewegung. Er betrachtete Sayyid Ahmad Khan mit seinem Plädoyer für die Nachahmung europäischer Ideale sogar als Werkzeug der Kolonialmächte. Für ihn lag der einzige Vorzug Europas gegenüber der islamischen Kultur in seinem technologischen Fortschritt und seiner wirtschaftlichen Stärke. Beides, so seine Überzeugung, werde sich auch in der muslimischen Welt entwikkeln, wenn nur der Islam wieder in seiner einstigen Größe erstrahle. Um aber dauerhafte soziale, politische und wirtschaftliche Reformen zu erreichen, müsse man jene unverbrüchlichen islamischen Werte zeitgemäß umsetzen, auf denen die muslimische Urgemeinschaft gegründet war. Die bloße Nachahmung Europas, die Ahmad Khan forderte, sei reine Zeitverschwendung.

Während seiner Zeit als Mitglied im Erziehungsrat des Osmanischen Reiches gewann al-Afghanis politischer Entwurf schärfere Konturen. Hier kam er in Kontakt mit einer Gruppe leidenschaftlicher türkischer Reformer, der Neuosmanen. Unter Führung von Schriftstellern und Intellektuellen, deren berühmtester der Dichter und Dramatiker Namık Kemal (1840–1888) war, hatten die Neuosmanen ein bestechend klares Reformkonzept entwickelt, das auf der Verschmelzung von westlichen demokratischen Idealen mit traditionellen islamischen Prinzipien beruhte. Das Ergebnis war das übernationale Projekt des Panislamismus, dessen Hauptziel die muslimische Einheit über alle kulturellen, konfessionellen und nationalen Grenzen hinweg und unter dem Banner eines zentralistischen (selbstverständlich türkischen) Kalifats war – mit anderen Worten: eine Erneuerung der Umma.

Al-Afghani übernahm voller Begeisterung die Anschauungen der Neuosmanen, insbesondere ihren Appell zur Wiederherstellung einer muslimischen Gemeinschaft, in der Schiiten und Sunniten gleichberechtigt waren, um dem europäischen Imperialismus geeint entgegenzutreten. Gestärkt durch die neugewonnene Überzeugung von der Richtigkeit des Panislamismus, ging al-Afghani 1871 nach Kairo, damals die kulturelle Hauptstadt der muslimischen Welt – offiziell, um Philosophie, Logik und Theologie zu lehren, in Wirklichkeit aber, um seine Vision des Modernismus in Ägypten zu verbreiten. In Kairo schloß er Freundschaft mit dem ehrgeizigen jungen Gelehrten Muhammad Abduh (1849–1905), der zu einer gewichtigen Stimme der muslimischen Reform in Ägypten werden sollte.

Als Fellache in einem kleinen Dorf im Nildelta geboren, war Abduh ein frommes Kind, das im Alter von zwölf Jahren den gesamten Koran auswendig konnte. Als Schüler des sufistischen Schadhili-Ordens hatte er sich bei dem Studium der islamischen Wissenschaften so sehr ausgezeichnet, daß man ihn zum Weiterstudium an die al-Azhar-Universität nach Kairo schickte. Doch trotz seiner Frömmigkeit und seines unermüdlichen, scharfen Verstandes geriet er bald in Konflikt mit der strengen Pädagogik und traditionalistischen Theologie der Ulama dieser Universität. Gleichzeitig war er betroffen darüber, wie die hehren Ideale der Europäer von deren kolonialistischer Praxis Lügen gestraft wurden.

«Wir Ägypter», schrieb er, «glaubten einst an den Liberalismus und das Wohlwollen der Engländer; das ist heute anders, denn die Fakten sind stärker als Worte. Wir erkennen ganz klar, daß euer Liberalismus nur für euch selbst ist und daß euer Wohlwollen dem des Wolfes für das Lamm gleicht, das er fressen will.»

Enttäuscht von seinen religiösen und politischen Führern, wurde Abduh ein begeisterter Schüler al-Afghanis und veröffentlichte unter dessen Anleitung zahlreiche Bücher und Abhandlungen, in denen er die Rückkehr zu den unverfälschten Werten der «frommen Ahnen» (*salaf*, Plural *aslaf*) forderte, die die muslimische Urgemeinschaft in Medina aufgebaut hatten. Abduh, der sich selbst als Neo-Muʿtaziliten bezeichnete, forderte eine Wiederöffnung der «Tore des *idschtihad*», des unabhängigen Gebrauchs der Vernunft bei der Textauslegung. Der einzige Weg, die Macht der Muslime zu stärken, sei die Befreiung des Islams aus dem eisernen Griff der Ulama und ihrer traditionalistischen Deutung der Scharia. Wie für Sir Sayyid sollten auch Abduh zufolge alle von Menschen geschaffenen Rechtsquellen – *sunna*, *idschma*, *qiyas* etc. – dem rationalen Diskurs unterliegen. Selbst der heilige Koran müsse offen sein für Interpretation, Kritik und Diskussion unter Beteiligung aller Lebensbereiche der muslimischen Gesellschaft. Die Muslime, so Abduh, benötigten nicht die Führung der Ulama bei der Beschäftigung mit der heiligen Offenbarung, sondern sollten die Freiheit haben, den Koran selbst zu entdecken.

Abduh war zwar nicht der Ansicht, der Islam solle sich aus weltlichen Belangen heraushalten; aber er lehnte es kategorisch ab, die weltliche Macht in die Hände der Geistlichen zu legen. Die Ulama waren in seinen Augen absolut unfähig, die muslimische Gemeinschaft ins neue Jahrhundert zu führen. Nötig sei vielmehr eine Reinterpretation der traditionellen islamischen Ideale, die mit modernen demokratischen Prinzipien so verknüpft werden müßten, daß sie der durchschnittliche Muslim verstehen könne. Für Abduh war die *schura* oder Stammesversammlung nichts anderes als repräsentative Demokratie, *idschma* oder Konsens nichts anderes als Volkssouveränität und *bai'a*, der Treueid, nichts anderes als das allgemeine Wahlrecht. Die Umma war folglich das Volk, dessen Herrscher der Kalif, dem die Aufgabe zufiel, das Volk zu schützen und das Wohl der Gemeinschaft zu befördern.

Al-Afghani und Muhammad Abduh gründeten gemeinsam die Salafiyya-Bewegung, die ägyptische Variante des modernistischen Projekts. Nach al-Afghanis Tod schloß sich Abduh mit seinem Freund und Biographen Raschid Rida (1865–1935) zusammen, um die Salafiyya-Reformen in Ägypten politisch umzusetzen. Trotz der wachsenden Popularität des Panislamismus, der ja der Kerngedanke von Abduhs Reformkonzept war, blieb dies jedoch schwierig.

Problematisch war insbesondere die spirituelle und intellektuelle Vielfalt, die den muslimischen Glauben von Anfang an ausgezeichnet hatte und die religiöse Solidarität der zahlreichen Sekten und Splittergruppen nahezu unmöglich erscheinen ließ. Dies galt insbesondere in Anbetracht einer islamisch-puritanischen Bewegung, die die Religion von all ihren kulturellen Neuerungen zu reinigen suchte. Mehr noch: Große und einflußreiche Gruppen säkular gesinnter Nationalisten im Nahen Osten befanden, daß die religiöse Ideologie, die der Salafiyya-Bewegung zugrundelag, unvereinbar sei mit dem, was sie als das Hauptziel der Modernisierung betrachteten: politischer Unabhängigkeit, wirtschaftlichem Wohlstand und militärischer Stärke. Ironischerweise waren viele dieser säkularen Nationalisten von al-Afghanis islamischem Liberalismus geprägt. Sa'd Zaghlul (1859–1927), der einflußreichste ägyptische Nationalist, war ein Schüler Muhammad Abduhs gewesen.

Während Zaghlul und seine nationalistischen Mitstreiter mit der Auffassung des «Islams als Zivilisation», wie sie die Salafiyya vertrat, durchaus einverstanden waren, lehnten sie den Gedanken ab, der Imperialismus könne durch religiöse Solidarität besiegt werden. Das kleinliche Gezänk der Ulama zeige doch, daß das Ziel des Panislamismus unmöglich zu erreichen sei. Die Nationalisten versuchten daher, den europäischen Kolonialismus durch eine säkulare Gegenbewegung zu bekämpfen, der an die Stelle der religiösen Einheit und Solidarität der Salafiyya das pragmatischere Ziel einer rassischen Einheit setzte, den Panarabismus.

Viele waren überzeugt, der Panarabismus sei leichter zu erreichen als der Panislamismus. Wie Sati al-Husri (1880–1968), einer seiner führenden Vertreter, meinte, ist «Religion eine Sache zwischen dem einzelnen und Gott, das Vaterland dagegen ist unser aller Anliegen». Trotzdem betrachteten die Panarabisten ihre Bewegung als politisch *und* religiös, da der Islam nicht von seinen arabischen Wurzeln getrennt werden dürfe. So formulierte der nationalistische Ideologe Abd al-Rahman al-Bazzaz: «Die ruhmreichsten Kapitel der muslimischen Geschichte [sind zugleich] die ruhmreichsten Kapitel der arabischen Geschichte.» Zwar waren sich die Panarabisten mit den Panislamisten darin einig, daß die Muslime zu den Werten der Urgemeinde in Medina zurückkehren müßten, aber sie definierten diese Gemeinde als rein arabisch. Die Einheit der Muslime, so ihr Credo, könne nur durch die Einheit der Araber erreicht werden. Der Panarabismus galt ihnen als «konkreter Schritt dorthin, der [...] dem Panislamismus vorausgehen müsse».

Freilich fiel es den Panarabisten schwer zu definieren, was genau sie mit arabischer Einheit meinten. Entgegen ihrer Forderung nach rassischer Einheit existiert nicht einmal so etwas wie eine einheitliche arabische Ethnizität. Ägyptische Araber haben so gut wie keine Gemeinsamkeiten mit beispielsweise irakischen Arabern. Die beiden Völker sprechen nicht einmal denselben arabischen Dialekt. Es ist jedenfalls eine Tatsache, daß trotz der arabischen Wurzeln der Umma die Araber mit etwa zwanzig Prozent zu Beginn des 20. Jahrhunderts den kleinsten Teil der muslimischen Weltbevölkerung ausmachten. Um diesen Schwierigkeiten zu begegnen, versuchten einige Nationalisten, an die alten Kulturen ihrer jeweiligen Heimatländer anzuknüpfen. Ägyptische Nationalisten verwiesen auf das imaginäre pharaonische Erbe Ägyptens, irakische Nationalisten auf die mesopotamische Vergangenheit des Irak.

Am Ende des Ersten Weltkriegs erhielten die arabischen Nationalisten unerwartet Aufwind, als nach dem Zusammenbruch des Osmanischen Reichs Kemal Atatürk die radikal säkulare, ultranationalistische Türkische Republik gründete. Das Kalifat, das trotz seiner schwindenden Macht fast tausendvierhundert Jahre lang Symbol der religiösen Einheit der Umma gewesen war, wurde abgeschafft. Die Siegermächte des Ersten Weltkriegs, allen voran Großbritannien, teilten das Osmanische Reich in halbautonome Staaten auf. In Ägypten ergriffen die Briten die Gelegenheit, sich zur alleinigen Schutzmacht zu erklären. Der Khedive wurde zum König von Ägypten ernannt, obwohl er nur eine Marionette der Kolonialmacht war.

Mit der Abschaffung des Kalifats und der britischen Besetzung Ägyptens wurde der Panislamismus als gangbare Ideologie muslimischer Einheitsbestrebungen endgültig verworfen. Der Panarabismus war nunmehr zwar die wichtigste Stimme des Widerstands gegen den Kolonialismus, aber er konnte nicht länger hoffen, sich über enge nationale Grenzen hinweg auszubreiten. Die Muslime waren gezwungen, sich als Bürger einzelner Nationen und nicht als Angehörige einer großen Gemeinschaft zu sehen. Mit der Bedeutungslosigkeit des Panislamismus und der Ohnmacht des Panarabismus als gestaltender politischer Kraft blieb es einer neuen Generation von Muslimen unter Führung des charismatischen jungen Sozialisten Hasan al-Banna (1906–1949) überlassen, die Freiheits- und Unabhängigkeitsbestrebungen Ägyptens neu zu beleben.

Hasan al-Banna kam 1923 zum Studium nach Kairo. Unter dem Eindruck der mystischen Lehre al-Ghazalis hatte sich al-Banna schon in jungen Jahren dem sufistischen Hasafiyya-Orden angeschlossen und engagierte sich für den Erhalt und die Erneuerung der religiösen und kulturellen Traditionen des Islams. Später, als leidenschaftlicher und kluger Universitätsstudent, verschlang al-Banna die Schriften von al-Afghani und Muhammad Abduh. Und genau wie sie spürte auch er, daß der Niedergang der muslimischen Zivilisation die Folge nicht nur äußerer Einwirkungen, sondern auch eines mangelnden Engagements der Ägypter für die ursprünglichen Prinzipien des Islams war, wie sie Muhammad in Medina verkündet hatte.

In Kairo war al-Banna entsetzt über die Lasterhaftigkeit und den Säkularismus, die sich in allen Lebensbereichen ausgebreitet hatten. Die alten islamischen Ideale der Gleichheit und sozialen Gerechtigkeit waren in Vergessenheit geraten, während die politische und religiöse Führungsschicht mit ihrer hemmungslosen Gier nach Reichtum und Prestigegewinn der britischen Kolonialmacht in die Hände spielte. Die Briten wiederum beherrschten alle Ebenen des Staates und behaupteten das wirtschaftliche Monopol. Kairo war praktisch ein Apartheidstaat, in dem einige wenige unermeßlich reiche Europäer und verwestlichte Ägypter über Millionen verarmter Bauern herrschten, die auf den Feldern der Reichen schufteten.

Al-Banna appellierte an die Ulama der ägyptischen al-Azhar-Universität, die sich jedoch als so unfähig und obsolet erwiesen, wie es die Modernisten bemängelt hatten. Er war jedoch fest davon überzeugt, daß die Idee der Modernisten, die «sozialen Grundprinzipien zu übernehmen, auf denen die westlichen Staaten aufgebaut sind», grundsätzlich verfehlt war. Al-Banna lehnte auch die nationalistische Ideologie des Panarabismus ab, da er im Nationalismus die Hauptursache für das blutige Gemetzel des soeben zu Ende gegangenen Weltkriegs erkannte. Die einzige Chance zu muslimischer Unabhängigkeit und Selbstbestimmung lag für ihn in der Versöhnung des modernen Lebens mit den islamischen Werten, mit anderen Worten: in der «Islamisierung der Gesellschaft».

Mit dieser Vision trat al-Banna 1928 seine erste Stelle als Dorfschullehrer in Ismailiyya unweit des Suezkanals an. War der Suezkanal die alles überstrahlende Glanzleistung des Kolonialismus in Ägypten, so war Ismailiyya ein Paradebeispiel für das Elend, das die Kolonialherrschaft den Arabern gebracht hatte. Ausländische Soldaten und Zivilisten führten ein Luxusleben in den abgeschotteten Gemeinschaften der Suezkanalzone, während die Einheimischen in armseligen Hütten eine karge Existenz fristeten. Die Straßenschilder waren in englischer Sprache, in Cafés und Restaurants herrschte strikte Rassentrennung, und an öffentlichen Plätzen standen überall Schilder mit der Aufschrift «Keine Araber».

Diese Ungerechtigkeit, diese Demütigung eines Landes, das dem Britischen Weltreich so kolossale Reichtümer einbrachte, empörte al-Banna. Er begann seine Botschaft der Islamisierung in Parks und Restaurants, in Kaffee- und Privathäusern zu predigen. Mit seiner schlichten Parole «Der Islam ist die Lösung» fand er Anklang vor allem bei der Jugend und den Entrechteten, bei all denen, die sich durch ihre schwache Regierung und die unfähige Geistlichkeit verraten fühlten. Was als bescheidene Basisbewegung mit dem Ziel begann, der einfachen Bevölkerung gerechtere Lebensbedingungen zu verschaffen, wurde bald zur ersten islamisch-sozialistischen Massenbewegung.

«Wir sind Brüder im Dienste des Islams», rief der zweiundzwanzigjährige al-Banna bei der ersten offiziellen Versammlung seiner Gruppe, «denn wir sind *Muslimbrüder*.»

Der Einfluß der Muslimbruderschaft auf die muslimische Welt kann gar nicht hoch genug veranschlagt werden. Mit seinem Islamisierungsprojekt fand al-Banna in Syrien, Jordanien, Algerien, Tunesien, Palästina, im Sudan, Iran und Jemen ein starkes Echo. Und damit war der islamische

Sozialismus in seinem Bestreben, der Unzufriedenheit der Muslime eine Stimme zu geben, sehr viel erfolgreicher als Panislamismus und Panarabismus. Die Muslimbrüder nahmen Themen in Angriff, die von sonst niemandem angesprochen wurden: die wachsende Aktivität christlicher Missionare in der muslimischen Welt, den Aufstieg des Zionismus in Palästina, die Armut und politische Entrechtung der muslimischen Völker und den Reichtum und die Autokratie der arabischen Monarchien.

Der wohl bedeutendste Aspekt von al-Bannas Bewegung war der in der Moderne einmalige Versuch, den Islam als eine ganzheitliche religiöse, politische, soziale, wirtschaftliche und kulturelle Lebensform zu fassen. Der Islam, so al-Banna, sei eine universale Ideologie, die allen anderen Gesellschaftsentwürfen überlegen sei. Die muslimische Welt brauche daher eine ausgeprägt islamische Regierungsform, um die sozialen Mißstände beseitigen zu können. Al-Banna betrachtete es nicht als seine Aufgabe, die eigenen Ideen politisch umzusetzen. Die Muslimbruderschaft war eine sozialistische Organisation, keine politische Partei. Ihr Hauptanliegen war es, Herz und Verstand des Menschen in Gott zu versöhnen, um menschliches Leid zu lindern, nicht eine politische Revolution herbeizuführen. Getreu seinem sufistischen Hintergrund war al-Banna überzeugt, der Staat könne nur dadurch reformiert werden, daß der einzelne sich selbst verändere.

Al-Bannas apolitische Grundeinstellung schützte ihn jedoch nicht vor staatlicher Verfolgung. 1949 wurde er auf Betreiben des Khediven von Ägypten und mit Unterstützung der britischen Kolonialmacht ermordet. Dadurch wurde die Muslimbruderschaft jedoch nur weiter gestärkt und entwickelte sich in den fünfziger Jahren des 20. Jahrhunderts mit fast einer halben Million Mitgliedern zur wichtigsten Stimme der Opposition in Ägypten. Sie konnte daher von jener antikolonialistischen, antiimperialistischen Rebellion nicht einfach ignoriert werden, die seit Jahren in der ägyptischen Armee schwelte.

Am 23. Juli 1952 stürzte eine Gruppe unzufriedener Militärs, die sich Freie Offiziere nannte, in einem Staatsstreich den korrupten Monarchen Ägyptens und erklärte das Land einseitig frei von der Kolonialherrschaft. Der Putsch wurde vom Oberkommandierenden der Streitkräfte, General Muhammad Naguib, angeführt, aber jeder in Ägypten wußte, daß der eigentliche Anführer der Revolte Naguibs rechte Hand war, Oberst Gamal Abd al-Nasser.

Anfangs unterstützten die Muslimbrüder die Freien Offiziere, vorrangig deshalb, weil Nasser versprochen hatte, ihr sozialistisches Programm nach dem Umsturz in Ägypten umzusetzen. Die Führung der Muslimbruderschaft bezeichnete die Freien Offiziere als «segensreiche Bewegung» und half mit, nach dem Putsch in den größeren Städten die Ordnung und Sicherheit aufrechtzuerhalten. Nasser zeigte sich für diese Unterstützung dadurch erkenntlich, daß er zu al-Bannas Grab pilgerte und die Muslimbrüder sogar dazu aufforderte, im neuen Parlament mitzuarbeiten. Al-Bannas apolitischen Grundsätzen verpflichtet, lehnten sie jedoch ab.

Mit seinen nationalistischen Bestrebungen und seiner autoritären Herrschaft trat Nasser jedoch bald in Widerspruch zu den egalitären Prinzipien der Muslimbrüder. Im Januar 1953 verbot Nasser im Zuge verstärkter staatlicher Kontrolle alle Parteien und politischen Organisationen – bis auf die Muslimbruderschaft, deren Unterstützung er brauchte, um seinen Rückhalt im Volk nicht zu verlieren. Doch ein Jahr später nahm Nasser einen gescheiterten Mordanschlag während einer Rede in Alexandria zum Anlaß, die Organisation zu zerschlagen. Er führte das Attentat auf eine Verschwörung zurück und verbot die Muslimbruderschaft. Ihre Mitglieder wurden eingekerkert, ihre Wortführer gefoltert und hingerichtet.

In den feuchten Gefängnissen von Nassers Ägypten kam es zu ideologischen Spaltungen innerhalb der Organisation. Vielen war auf schmerzliche Weise klargeworden, daß die sozialistische Vision, durch eine veränderte persönliche Lebensführung könne die Gesellschaft reformiert werden, kläglich gescheitert war. In ihren Augen war al-Bannas Islamisierungsprojekt nicht allein durch das Streben nach sozialer Gerechtigkeit zu verwirklichen. Das Beispiel Nasser hatte ihnen gezeigt, daß solche hohen Ideale nur mit Gewalt durchzusetzen waren. Das postkoloniale Ägypten brauchte eine neue Vision des Islams und seiner Rolle in der modernen Welt. Und der Mann, der diese Vision formulieren sollte, saß zu dem Zeitpunkt in Kairo im Gefängnis.

Der Dichter, Romancier, Journalist, Kritiker und Sozialaktivist Sayyid Qutb (1906–1966) war ein Vordenker des islamischen Radikalismus. Geboren in Oberägypten, war er, wie al-Banna, in den turbulenten zwanziger Jahren nach Kairo gekommen. Nach kurzer Tätigkeit im Erziehungsministerium besuchte Qutb im Jahr 1948 die Vereinigten Staaten, um das dortige Bildungssystem kennenzulernen. Und er war entsetzt über ein Volk, dem die persönliche Freiheit über alles ging, dem es aber gleichzeitig an «menschlichem Mitgefühl und Verantwortungsbewußtsein mangelte ... welche per Gesetz erzwungen werden mußten». Qutb fühlte sich abgestoßen von der westlichen Lebensweise, der «materialistischen Einstellung» und «schlimmen und fanatischen Rassendiskriminierung». Die Ursache für diese Mißstände sah er in der «Trennung der Religion vom gesellschaftlichen Leben», die der Westen verfocht. Und er erschrak über die schnell wachsende westliche Kulturhegemonie in den Entwicklungsländern des Nahen Ostens und Nordafrikas – ein Phänomen, das der iranische Sozialkritiker Dschalal Al-e Ahmad als *gharbzadegi*, «Gift der Verwestlichung» oder «Verwestlichungsseuche», bezeichnete.

1950 nach Kairo zurückgekehrt, schloß sich Qutb der Muslimbruderschaft an, deren Engagement für ein sozialistisches islamisches Gemeinwesen er befürwortete. Hier stieg er rasch zum Leiter der Propagandaabteilung auf. Nach der Revolution von 1952 bot Nasser ihm einen Posten in seiner Regierung an, doch Qutb lehnte ab, um seine Tätigkeit in der Muslimbruderschaft fortzusetzen. Eine verhängnisvolle Entscheidung. Nach dem Attentatsversuch gegen Nasser wurde Qutb zusammen mit zahlreichen weiteren Muslimbrüdern verhaftet, brutal gefoltert und ins Gefängnis gesteckt.

In der Einsamkeit seiner Zelle hatte Qutb eine Erleuchtung. «Predigen allein genügt nicht», schrieb er in seinem revolutionären Manifest *Wegmarken*, erschienen 1964, im Jahr seiner Freilassung. «Diejenigen, die sich der Autorität Allahs bemächtigt haben und Allahs Geschöpfe unterdrücken, werden durch Predigt allein ihre Macht nicht aufgeben.»

Qutb schockierte die Muslime mit seinem Vorwurf, sie lebten noch immer in der vorislamischen *dschahiliyya*, der «Zeit der Unwissenheit», in der dekadente und korrupte Individuen die Souveränität, eines der wichtigsten Attribute Gottes, an sich gerissen hatten. Qutb war mit al-Banna der Ansicht, daß die soziale Ungleichheit nur überwunden werden könne, wenn sich der Islam als eine ganzheitliche soziale, politische und wirtschaftliche Lebensform durchsetze. Im Unterschied zu al-Banna jedoch sah er dieses Ziel nur durch Revolution und die Errichtung eines islamischen Staates erreichbar. Wie er in *Wegmarken* schrieb, werde mit der «Errichtung des Reiches Gottes auf Erden und der Zerstörung des Reiches des Menschen die Macht den Händen der menschlichen Usurpatoren entrissen und Gott zurückgegeben».

Qutbs Ansicht nach braucht der islamische Staat keinen Herrscher, jedenfalls keine zentrale Exekutivgewalt, wie es ein Präsident oder ein König ist. In einem islamischen Staat ist Gott der alleinige Herrscher, und das alleinige Gesetz ist die Scharia. Qutbs radikaler Entwurf eines politischen Islams sollte den Nahen Osten grundlegend verändern und zur Ideologie des *Islamismus* führen.

Nicht zu verwechseln mit Panislamismus, der Theorie der supranationalen Einheit aller Muslime unter einem Kalifen, forderte der Islamismus die Schaffung eines islamischen, auf muslimische Werte gegründeten Staates. Der Islam sei eine alle Lebensbereiche umfassende Weltanschauung und nicht auf die Privatsphäre beschränkt. Wie Qutb schrieb, ist das Hauptanliegen des Islams «die Verschmelzung des irdischen mit dem himmlischen Reich zu einem einheitlichen Ganzen». Voraussetzung dafür sei die Anwendung der Scharia im öffentlichen Leben. Westliche säkulare Werte hätten in der muslimischen Welt keinen Platz, da der Islam die Trennung von religiösem und weltlichem Leben verbiete. Daher müßten alle säkularen Regierungen, einschließlich der von Arabern wie Nasser geführten, durch eine fähige und moralisch verantwortliche islamische Regierung ersetzt werden, wenn nötig, mit Gewalt.

1965, ein Jahr nach seiner Entlassung aus dem Gefängnis, wurde Qutb wegen der Veröffentlichung seiner Schrift *Wegmarken* erneut verhaftet und wegen Verschwörung gehängt. Unterdessen hatten die radikalen Mitglieder der Muslimbruderschaft, die der Verfolgung durch Nasser entkommen waren, in dem einzigen Staat Zuflucht gefunden, der bereit war, sie aufzunehmen: Saudi-Arabien, ein Land, welches unmittelbar vor einem beispiellosen Wirtschaftsboom stand, der aus ungeschlachten Stammesführern die reichsten Männer der Welt machen sollte. Eine erstaunliche Entwicklung für ein Königreich, das kaum zehn Jahre zuvor entstanden war – erwachsen aus dem informellen Bündnis zwischen einem Stammesschaich und einem religiösen Eiferer, der kaum lesen und schreiben konnte.

Zu Beginn des 18. Jahrhunderts, als Europa sich der immensen Bodenschätze des nahöstlichen Mittelmeerraums bewußt zu werden begann, stand das heilige Land, in dem der Islam entstanden und groß geworden war, nominell unter der Oberhoheit des Osmanischen Reiches. Der osmanische Kalif überließ jedoch dem Scherifen von Mekka, einem Nachkommen des Propheten und Erben der Banu Haschim, die Machtbefugnis über die arabische Bevölkerung. Allerdings reichte weder der osmanische Einfluß noch die Macht des Scherifen im Hidschaz besonders weit. In den endlosen, unzugänglichen Wüstengebieten des östlichen Arabiens, in der kargen, unfruchtbaren Landschaft des Nadschd, die von religiöser und kultureller Stagnation gekennzeichnet war, lebten zahlreiche autonome Stämme, die nur sich selbst gegenüber loyal waren. Einer von ihnen war ein kleiner unbedeutender Clan unter Führung des ehrgeizigen Schaichs Muhammad ibn Saud (gestorben 1765).

Obwohl keineswegs ein reicher Mann, war Ibn Saud im Besitz eines Großteils des kultivierten Landes im Umkreis der kleinen Oasenstadt Dariyya, die seine Familie gegründet hatte. Aufgrund seiner Stellung als Schaich besaß er die alleinige Kontrolle über die Brunnen der Stadt und die Haupthandelsrouten. Trotz einiger Karawanen, die er sein eigen nannte, waren seine finanziellen Mittel eher bescheiden, und sein Einfluß reichte kaum über die Grenzen der Oase hinaus. Doch Ibn Saud war ein stolzer und selbstbewußter Mann, aus dem Holz seiner altarabischen Vorfahren geschnitzt und allein dem Schutz seiner Familie und seines Clans verpflichtet. Als der Wanderprediger Muhammad ibn Abd al-Wahhab (1703–1766) in seiner Oase Zuflucht suchte, ergriff Ibn Saud die Gelegenheit zu einem Bündnis mit dem Ziel, den Wohlstand und die Stärke seines Stammes zu vergrößern.

Geboren in der Wüste des Nadschd als Kind einer frommen muslimischen Familie, legte Muhammad ibn Abd al-Wahhab schon in jungen Jahren großen religiösen Eifer an den Tag. Sein Vater, der seine Begabung erkannte, schickte ihn nach Medina zum Koranstudium bei den Schülern Schah Wali Allahs, der kurz vorher seine Kampagne gegen den indischen Sufismus gestartet hatte. Wali Allahs puritanische Ideologie hinterließ bei Abd al-Wahhab einen tiefen Eindruck. Doch erst als er von Medina nach Basra ging und dort die vielfältigen lokalen Ausprägungen des Schiitentums und des Sufismus kennenlernte, wandelte sich seine Wut über die Verfälschung des ursprünglichen Islams in die fanatische Obsession, diesen von «abergläubischen Vorstellungen» zu befreien und die ursprüngliche Reinheit der Religion wiederherzustellen. Nach seiner

Rückkehr auf die Arabische Halbinsel begann er einen aggressiven Kreuzzug zur Verbreitung seiner radikal puritanischen, «fundamentalistischen» Lehre, die unter der Bezeichnung *Wahhabismus* bekannt ist.

Zur Funktion und Bedeutung des islamischen Fundamentalismus sind ein paar klärende Worte notwendig. Der Begriff «Fundamentalismus» wurde Anfang des 20. Jahrhunderts für eine in den Vereinigten Staaten entstandene protestantische Erweckungsbewegung geprägt, die auf die rapide Modernisierung und Säkularisierung der amerikanischen Gesellschaft mit der Rückbesinnung auf die Fundamente des Christentums reagierte. Hierzu zählte vorrangig der Glaube an die Bibel als Gottes Wort im buchstäblichen Sinn – ein Gedanke, der mit dem Siegeszug wissenschaftlicher Theorien, etwa der Evolutionstheorie, als überholt galt. Dem Anspruch auf Historizität der biblischen Geschichten wurde gemeinhin mit Hohn, Spott und Verachtung begegnet. Angesichts der Tatsache, daß alle Muslime ohnehin an die «wörtliche Bedeutung» des Korans als der unmittelbaren Rede Gottes glauben, hat es wenig Sinn, muslimische Extremisten oder Militante als «Fundamentalisten» zu bezeichnen. Der Begriff eignet sich auch nicht zur Bezeichnung von Islamisten im Gefolge Sayyid Qutbs, die die Schaffung eines islamischen Gemeinwesens anstreben. Da sich jedoch die Bezeichnung «islamischer Fundamentalismus» so fest eingebürgert hat, daß sie inzwischen auch im Persischen und Arabischen verwendet wird (wörtlich übersetzt bedeutet der Begriff im Arabischen «frömmlerisch» und im Persischen «rückwärtsgewandt»), werde ich ihn auch in diesem Buch verwenden, allerdings nicht für den politisierten Islam, den ich – treffender – «Islamismus» nennen möchte. Als «islamischen Fundamentalismus» bezeichne ich die radikal ultrakonservative, puritanische Ideologie, die in der muslimischen Welt am prägnantesten der Wahhabismus vertritt.

Tatsächlich ist die wahhabitische Lehre kaum mehr als ein stark vereinfachtes Bekenntnis zum Monotheismus (*tauhid*). Wenn die Wahhabiten erklären: «Es gibt keine Gottheit außer Gott», wollen sie damit sagen, Gott müsse der alleinige Gegenstand religiöser Verehrung sein; die Anbetung irgendeiner anderen Wesenheit ist *schirk*. Für Abd al-Wahhab zählt hierzu die Verehrung der Pirs ebenso wie die Anrufung der Imame als Fürsprecher, die Einhaltung der meisten religiösen Festtage und jegliche Verehrung des Propheten Muhammad. Die Wahhabiten wollten *dhikr*, *matam* und all die anderen Rituale verbieten, die sich nach der Verbreitung des Islams über die Grenzen der Arabischen Halbinsel hinaus – in den Kulturen des Nahen Ostens, Zentralasiens, Europas, Indiens und Afrikas – entwickelt hatten. Abd al-Wahhab verlangte statt dessen die strikte und bedingungslose Anwendung der Scharia. Wie al-Afghani, Muhammad Abduh und die Panislamisten, wie Sa'd Zaghlul, Sati al-Husri und die Panarabisten, wie Hasan al-Banna, die Muslimbrüder und die islamischen Sozialisten, wie Sayyid Qutb, Mawlana Mawdudi und die radikalen Islamisten forderte auch Abd al-Wahhab die Rückkehr zu jener reinen und unverfälschten muslimischen Urgemeinschaft, die Muhammad in Medina gegründet hatte. Doch er trat mit einer dezidiert archaischen Sicht dieser ursprünglichen Gemeinschaft und einem exklusiven Wahrheitsanspruch auf, und alle Muslime, die diese Sicht nicht teilten, insbesondere die Sufis und die Schiiten, wurden mit dem Schwert hingerichtet.

Wie Hamid Algar darlegte, wäre der Wahhabismus als «eine marginale und kurzlebige sektiererische Bewegung in die Geschichte eingegangen», wenn er nicht unter diesen besonderen Zeitumständen auf den Plan getreten wäre. Schließlich handelte es sich um eine spirituell und intellektuell unbedeutende Strömung innerhalb einer Religion, die hauptsächlich auf Spiritualität und Intellektualismus gegründet war. Ja, von der Mehrheit der sunnitischen Muslime wurde sie nicht einmal als orthodox anerkannt. Doch der Wahhabismus hatte zwei entscheidende Vorzüge, die ihm den Rang als wichtigste sektiererische Bewegung im Islam sicherten, seitdem sich die Büßer tausend Jahre zuvor an Alis Grab in Kerbela versammelt hatten. Erstens hatte er das Glück, in jenem heiligen Landstrich der Arabischen Halbinsel entstanden zu sein, wo er sich auf ein bedeutendes Vermächtnis religiöser Erneuerung berufen konnte. Und zweitens genoß er den Schutz eines gefälligen und eifrigen Gönners, der in den einfachen Idealen Abd al-Wahhabs das Instrument zur Beherrschung der ganzen Region sah. Dieser Schutzherr war Muhammad ibn Saud.

Die Umstände, die zum Bündnis zwischen Ibn Saud und Abd al-Wahhab führten, sind von Legenden umwoben. Die beiden lernten sich kennen, als Abd al-Wahhab und seine Schüler die Arabische Halbinsel durchzogen und dabei Grabsteine schändeten, heilige Bäume fällten und

Muslime ermordeten, die sich ihrer kompromißlos puritanischen Sicht des Islams widersetzten. Nachdem sie aus einer Oase vertrieben worden waren, wo sie Zuflucht gefunden hatten (die entsetzten Bewohner verlangten Abd al-Wahhabs Abzug, nachdem er eine Frau öffentlich zu Tode gesteinigt hatte), zogen sie zur Oase Dariyya. Deren Schaich Muhammad ibn Saud war überglücklich, Abd al-Wahhab und seinen heiligen Kriegern uneingeschränkten Schutz gewähren zu können.

«Diese Oase gehört dir», versprach ihm Ibn Saud, «fürchte dich nicht vor deinen Feinden.»

Abd al-Wahhab unterbreitete dem Stammesführer daraufhin ein ungewöhnliches Angebot: «Du sollst mir schwören», sagte er, «daß du einen Dschihad gegen die Ungläubigen [die nichtwahhabitischen Muslime] führen wirst. Dafür wirst du der Führer der muslimischen Gemeinschaft sein, deren religiöse Angelegenheiten ich regeln werde.»

Ibn Saud war einverstanden, und ihre Allianz sollte nicht nur den Lauf der islamischen Geschichte, sondern auch das weltweite geopolitische Gleichgewicht entscheidend verändern. Abd al-Wahhabs heilige Krieger eroberten Mekka und Medina und vertrieben den Scherifen. Nachdem sie die heiligen Stätten in Besitz genommen hatten, zerstörten sie die Gräber des Propheten und seiner Gefährten, unter anderem auch die Geburtsstätte Muhammads und seiner Familie, die zu einem Wallfahrtsort geworden war. Sie plünderten den Schatz der Prophetenmoschee in Medina und verbrannten bis auf den Koran alle Bücher, die sie fanden. Sie verboten Musik und Blumen, Tabak und Kaffee. Unter Androhung der Todesstrafe wurden die Männer gezwungen, sich einen Bart wachsen zu lassen, und die Frauen, sich zu verschleiern und aus der Öffentlichkeit zurückzuziehen.

Die Wahhabiten stellten sich ganz bewußt in eine Linie mit den ersten Extremisten der muslimischen Welt, den Charidschiten, und genau wie ihre fanatischen Vorläufer richtete sich ihr Haß gegen das, was sie als Auswüchse der muslimischen Gemeinschaft betrachteten. Nachdem sie den Hidschaz fest in ihrer Gewalt hatten, zogen sie nach Norden, um ihre Botschaft unter den sufistischen und den schiitischen Ungläubigen zu verbreiten. Am Aschura-Tag des Jahres 1802 erkletterten sie die Mauern von Kerbela und ermordeten zweitausend schiitische Gläubige, die Muharram feierten. In rasendem Zorn zerstörten sie die Gräber Alis, Husains und der Imame und ließen ihre Wut besonders am Grab Fatimas, der Tochter des Propheten, aus. Nachdem sie Kerbela geplündert hatten, wandten sie sich nach Mesopotamien und ins Kernland des Osmanischen Reiches. Erst jetzt gerieten sie ins Blickfeld des Kalifen.

1818 schickte der ägyptische Khedive Muhammad Ali (1769–1849) auf Bitte des osmanischen Kalifen ein Kontingent schwerbewaffneter Soldaten auf die Arabische Halbinsel. Für die ägyptische Armee war es ein Leichtes, die schlecht ausgerüsteten Wahhabiten zu überwältigen. Mekka und Medina wurden erneut der Kontrolle des Scherifen unterstellt und die Wahhabiten zum Rückzug in den Nadschd gezwungen. Nach dem Abzug der ägyptischen Truppen hatten die Saudis eine wichtige Lektion gelernt: Aus eigener Kraft konnten sie das Osmanische Reich nicht besiegen. Sie brauchten einen stärkeren Verbündeten als die Wahhabiten.

Ein solches Bündnis versprach das britisch-saudische Abkommen von 1915. Die Briten, die die Kontrolle am Persischen Golf anstrebten, ermunterten die Saudis zum Widerstand gegen die osmanische Herrschaft auf der Arabischen Halbinsel und unterstützten den saudischen Aufstand unter dem Kommando von Abd al-Aziz ibn Saud (1880–1953) mit Geld und Waffenlieferungen. Nach dem Ersten Weltkrieg, als das Osmanische Reich zerschlagen und das Kalifat abgeschafft wurde, gelang Abd al-Aziz die Rückeroberung Mekkas und Medinas und die erneute Vertreibung des Scherifen. Er ließ vierzigtausend Männer öffentlich hinrichten, erklärte den Wahhabismus zur Staatsdoktrin und benannte die Arabische Halbinsel um in «Königreich Saudi-Arabien». Der primitive Stamm des Nadschd und seine fundamentalistischen Verbündeten waren jetzt die Hüter der heiligen Stätten und Bewahrer der Schlüssel.

Wenig später erhielt das heilige Land, in dem Muhammad die göttliche Offenbarung zuteil geworden war, ein weiteres Gottesgeschenk: das Erdöl, das den kleinen saudischen Clan mit einem Schlag zum Herrn über die Weltwirtschaft machte. Die Saudis betrachteten es als ihre Pflicht, sich für diesen Gottessegen erkenntlich zu zeigen. Sie propagierten ihre puritanische Lehre über alle Grenzen hinweg, um den muslimischen Glauben ein für allemal von religiösen und ethnischen «Korrumpierungen» zu reinigen.

Die Muslimbrüder trafen genau im richtigen Moment in Saudi-Arabien ein. Das Königreich war das einzige muslimische Land, in dem die

Ulama ihre Macht noch nicht eingebüßt hatten. Es war ein totalitärer und kompromißlos wahhabitischer Staat. Hier gab es keine Debatten zwischen Modernisten und Islamisten, hier gab es überhaupt keine Debatten. Nationalismus, Panarabismus, Panislamismus, islamischer Sozialismus – keine dieser einflußreichen Strömungen der muslimischen Welt konnte sich im saudischen Königreich artikulieren. Die einzig geduldete Lehre war der Wahhabismus, die einzige Ideologie der islamische Fundamentalismus. Jede Abweichung wurde brutal bekämpft.

Kein Wunder, daß die saudische Monarchie Nassers säkularen Nationalismus als direkte Bedrohung ansah. Nasser, der den Westen durch die Verstaatlichung des Suezkanals vor den Kopf gestoßen hatte, genoß nicht nur in der muslimischen Welt, sondern in den meisten anderen Staaten der Dritten Welt einen fast mythischen Status. Im Nahen Osten war Nasser gewissermaßen die letzte Bastion des Panarabismus. Nassers Vision eines arabischen Sozialismus, wenngleich in Ägypten kläglich scheiternd, galt vielen Muslimen als einzige Alternative zur «Verwestlichungsseuche». Aufgrund seines großen Charismas und der brutalen Unterdrückung jeglicher Opposition war Nassers Autorität in den sechziger Jahren in allen Teilen der ägyptischen Gesellschaft unangefochten.

In der Hoffnung, Nassers wachsenden Einfluß in der muslimischen Welt einzudämmen, nahm die saudische Monarchie die radikalen Muslimbrüder auf – nicht nur diejenigen, die aus Ägypten verbannt worden waren, sondern auch solche aus anderen säkularen arabischen Staaten wie Syrien und Irak. Die Saudis boten ihnen all das Geld und all die Sicherheit, die sie brauchten, um in ihren Heimatländern den säkularen Nationalismus zu bekämpfen. Doch die Muslimbrüder fanden in Saudi-Arabien nicht nur Schutz. Sie entdeckten den Wahhabismus. Und nicht nur sie allein. Hunderttausende mittellose Arbeiter aus der ganzen muslimischen Welt strömten in das Königreich, um auf den Ölfeldern zu arbeiten. Bei ihrer Rückkehr in ihre Heimatländer waren sie indoktriniert mit saudischer Religiosität.

Die Strenggläubigkeit nach saudischem Vorbild wurde zur Voraussetzung für den Erhalt staatlicher Zuschüsse und für jedwede Vertragsabschlüsse. Die muslimischen Wohltätigkeitseinrichtungen, Stiftungen, Moscheen, Universitäten und Grundschulen, von den Saudis mit riesigen Geldsummen unterstützt, waren ebenfalls streng wahhabitisch. Mit der Schaffung der Islamischen Weltliga 1962 gewann die wahhabitische

Ideologie noch stärker an Boden. Es handelte sich in der Tat um eine neue islamische Expansion, nur daß diese Stammeskrieger die Arabische Halbinsel nicht erst verlassen mußten, um ihre Nachbarn zu erobern; ihre Nachbarn kamen zu ihnen. Als Hüter der Schlüssel hatten die Saudis die Aufsicht über den Haddsch – sehr zum Leidwesen der meisten Muslime, die in ihnen nichts anderes sahen als derbe und unkultivierte Fundamentalisten. Mit Milliarden von Dollars modernisierten und erweiterten die Saudis die Infrastruktur ihrer Wallfahrtsstätten, so daß heute jährlich fast eine Million Muslime das unfruchtbare Tal von Mekka besuchen können.

Seit Gründung der Islamischen Weltliga ist der Wahhabismus mit seiner schlichten Botschaft, seinem Selbstbewußtsein und seiner rigiden Moral bis in den letzten Winkel der muslimischen Welt vorgedrungen. Dank saudischer Missionierungsbestrebungen sind die religiös-politischen Ideologien der Muslimbrüder, der Islamischen Gemeinschaft Mawdudis, der palästinensischen Hamas und des Islamischen Dschihad, um nur einige Gruppen zu nennen, von der wahhabitischen Doktrin geprägt. Die Saudis wurden zu Schutzherren eines neuen Panislamismus, der auf der strengen, kompromißlosen und extremistischen Ideologie des islamischen Fundamentalismus beruht und die Zukunft des muslimischen Gemeinwesens entscheidend mitbestimmt.

Freilich ist Fundamentalismus per definitionem eine Bewegung, die auf der Stelle tritt. Sie kann mit fortschreitender Macht nicht mithalten. Das saudische Königreich bekam dies von Anfang an zu spüren, als Abd al-Aziz ibn Saud mit dem plötzlichen Geldsegen anfing, das prunkvolle Leben eines Königs zu führen. Das Land wurde von westlicher Technologie überschwemmt. Um das Erdöl aus der Wüste zu fördern, mußten Hunderte ausländische Spezialisten ins Land geholt werden, vorwiegend Briten und Amerikaner, die viele bis dahin unbekannte Verlockungen des Materialismus nach Arabien brachten. Abd al-Aziz war dem Britischen Empire so sehr verbunden, daß er von der Queen sogar zum Ritter geschlagen wurde. Kurzum, der König war vom Gift der Verwestlichung infiziert und kehrte den wahhabitischen Kriegern (nunmehr *Ichwan*, «Brüder», genannt, nicht zu verwechseln mit den Muslimbrüdern), die ihm an die Macht verholfen hatten, den Rücken.

Empört über die Gier und Korruption des saudischen Hofs, zettelten die Ichwan 1929 in der Stadt al-Salba einen Aufstand an. Sie forderten den König auf, dem Materialismus abzuschwören und die Ungläubigen aus dem heiligen Land zu weisen. Als Antwort schickte Abd al-Aziz Truppen nach al-Salba und ließ die Ichwan niedermetzeln.

Als die Sowjets 1979 in Afghanistan einmarschierten, erkannte das saudische Regime die Gelegenheit, die «heiligen Krieger» loszuwerden (und sei es nur vorübergehend), die es fast hundert Jahre lang gefördert hatte. Mit wirtschaftlicher und militärischer Unterstützung der Vereinigten Staaten und taktischem Training durch den pakistanischen Geheimdienst Inter-Services Intelligence leiteten die Saudis einen stetigen Strom radikaler islamischer Kämpfer (die sogenannten Mudschahidin («die den *dschihad* führen») aus Saudi-Arabien über den Mittleren Osten nach Afghanistan, wo sie im Kampf gegen die gottlosen Kommunisten eingesetzt werden konnten. Wie es Präsident Jimmy Carters Nationaler Sicherheitsberater Zbigniew Brzezinski formulierte, wollte man «der UdSSR ein Vietnam» bescheren und dafür sorgen, daß die Sowjetarmee in feindlichem Territorium in einem Krieg feststeckte, der nicht zu gewinnen war. Die Vereinigten Staaten betrachteten die Mudschahidin als einen wichtigen Verbündeten im Großen Spiel gegen die Sowjetunion. Diese Kämpfer wurden als «Freiheitskämpfer» bezeichnet, und Präsident Ronald Reagan verglich sie sogar mit den Gründervätern Amerikas.

Was damals niemand bedacht hatte, war die Möglichkeit, daß dieser bunt zusammengewürfelte Haufen von Kämpfern unterschiedlicher Nationalität es tatsächlich schaffen würde, die Sowjetunion zu besiegen. Die Mudschahidin verjagten nicht nur die sowjetischen Streitkräfte aus Afghanistan, indem sie ihre nationalistischen (sprich: islamistischen) Bestrebungen aufgaben und sich zu einem gemeinsamen Ziel zusammenschlossen. Sie schufen auch eine neue *transnationale* militante Bewegung in der islamischen Welt, den Dschihadismus.

Anders als die Islamisten, die entweder durch politische Partizipation oder durch eine radikale Revolution einen islamischen Staat gründen wollten, streben die Dschihadisten eine Zukunft an, in der es keine Staaten mehr gibt, weder islamische noch nichtislamische: eine Welt ohne Grenzen, durch die die Umma in einzelne, voneinander getrennte Nationalstaaten zersplittert wurde. Ihr Traum ist es, die Mauern der Kultur, der ethnischen Zugehörigkeit und der Nationalität einzureißen, die die Muslime voneinander trennen, und die Umma erneut als eine einzige globale Gemeinschaft zu errichten, wie es der Prophet Muhammad beabsichtigt hatte.

In gewisser Weise ist der Dschihadismus lediglich eine Wiederbelebung des Panislamismus, der heute nicht mehr lebendigen Vorstellung einer religiösen Einheit der muslimischen Weltbevölkerung. Allerdings ist der von den Dschihadisten gepredigte Islam eine ultrakonservative Mischung aus salafistischem Aktivismus und wahhabitischem Puritanismus mit einer radikalen Umdeutung des *dschihad* als einer offensiven Waffe zur Erringung der Weltherrschaft. Wie die kompromißlos radikalen Charidschiten teilen auch die Dschihadisten die Muslime in «Leute des Himmels» (sie selbst) und «Leute der Hölle» (alle anderen) ein. Jeder, dessen Interpretation des heiligen Buches und dessen Observanz der Scharia nicht dem dschihadistischen Modell entspricht, wird den «Leuten der Hölle» zugerechnet – den Abtrünnigen und Ungläubigen, die aus der heiligen Gemeinschaft Gottes ausgeschlossen werden müssen.

Die Dschihadisten betraten die weltpolitische Bühne während der irakischen Invasion Kuwaits 1990. Als die saudische Regierung amerikanische Soldaten ins Land holte, um die irakischen Streitkräfte zu vertreiben, erhob sich eine kleine Gruppe von Dschihadisten gegen die saudische Königsfamilie und warf ihr vor, korrupt und degeneriert zu sein und die Interessen der muslimischen Gemeinschaft an ausländische Mächte verkauft zu haben. Die Gruppe, angeführt von dem saudischen Exilanten Usama bin Ladin und dem ägyptischen Dissidenten (und ehemaligen Muslimbruder) Ayman al-Zawahiri gründete al-Qa'ida («die Basis» oder «das Fundament»), eine Organisation die sich zehn Jahre später von den korrupten Führern der arabischen und muslimischen Welt – dem «Nahen Feind», wie die Dschihadisten sagten – abwandte und ihr Augenmerk auf den «Fernen Feind» und die Vereinigten Staaten, die einzige noch verbliebene Supermacht, richtete.

Mit den Anschlägen vom 11. September 2001 geriet der Dschihadismus ins Fadenkreuz Amerikas, und es begann der sogenannte Krieg gegen den Terror. Hunderttausende amerikanische Soldaten und Zivilisten kamen in die Staaten des Mittleren Ostens – von Afghanistan bis in den Irak und darüber hinaus –, deren Mission nicht nur im Aufspüren und in der Zerstörung dschihadistischer Zellen bestand, sondern auch in der Umgestaltung des gesamten Mittleren Ostens zu einer moderneren, gemäßigteren und demokratischeren Region. Im ersten Punkt hatten die Vereinigten Staaten und ihre Verbündeten einen gewissen Erfolg. Als internationale Terrororganisation wurde al-Qaʿida schwer verstümmelt. Ihre Führung wurde gejagt, ihre Kämpfer nahezu dezimiert. Mit ihrer blutigen Gewalt und der willkürlichen Ermordung von Frauen und Kindern konnte al-Qaʿida keinen globalen muslimischen Aufstand gegen den Westen in Gang setzen. Die überwältigende Mehrheit der Muslime aller Schichten, Altersgruppen, Glaubensrichtungen und Nationen wandte sich gegen die Organisation und ihre Ideologie.

Was die Demokratisierung des Nahen und Mittleren Ostens betrifft – das zweite Ziel der Vereinigten Staaten und ihrer Verbündeten –, ist die Bilanz enttäuschend. Die ungeschickte und heuchlerische Art, mit der in der Region Demokratie propagiert wurde, ganz zu schweigen von der religiös polarisierenden Rhetorik eines «Kampfes der Kulturen», von der Amerikas Demokratisierungsmission begleitet war, bestärkte Muslime weltweit in der Überzeugung, daß die Vereinigten Staaten die neue Kolonialmacht im Nahen und Mittleren Osten und ihre wahre Absicht weder Demokratisierung noch Zivilisierung, sondern die Christianisierung der islamischen Welt ist.

Doch auch wenn die Förderung von Demokratie im Nahen und Mittleren Osten bisher gescheitert ist, bleibt die Tatsache, daß nur durch echte demokratische Reformen die Attraktivität des Dschihadismus unterminiert und die Flutwelle der muslimischen Militanz eingedämmt werden kann. Trotz des Chaos und des Blutvergießens in weiten Teilen des Nahen und Mittleren Ostens im Zuge von Amerikas Krieg gegen den Terror liegt die Hoffnung auf Frieden und Wohlstand in der Region in der Schaffung einer genuinen, eigenständigen Demokratie, die von innen wächst. Die Zukunft des Islams selbst hängt davon ab.

10. Der lange Weg nach Medina

Auf der Suche nach der islamischen Demokratie

«Im Namen Gottes, des Erbarmers, des Barmherzigen», intoniert der Iran-Air-Pilot, während unsere Maschine auf dem Mehrabad-Flughafen in Teheran ausrollt. Unter den Passagieren macht sich nervöse Unruhe breit. Die Frauen setzen sich gerade, rücken ihre Kopftücher zurecht und vergewissern sich, daß ihre Hand- und Fußgelenke bedeckt sind, wie es der Anstand verlangt. Ihre Ehemänner reiben sich den Schlaf aus den Augen und sammeln die Sachen ein, die ihre Kinder im Gang verstreut haben.

Ich hebe den Kopf und schaue in die Gesichter, die ich seit unserem Abflug aus London genau beobachtet habe. Sie gehören den jüngeren, alleinreisenden Passagieren an Bord, Männer und Frauen Ende Zwanzig, Anfang Dreißig, genau wie ich. Sie alle tragen schlecht sitzende Kleider, die aussehen wie aus dem Secondhand-Laden – langärmelige Hemden, unförmige Hosen, schmucklose Kopftücher, um möglichst keinen Anstoß zu erregen. Genau wie ich. In ihren Augen entdecke ich dieselbe Besorgnis, die mich beherrscht. Eine Mischung aus Furcht und Aufgeregtheit. Viele von uns besuchen zum ersten Mal das Land unserer Geburt, das wir als Kinder nach der Revolution hatten verlassen müssen.

Vor einiger Zeit hat die iranische Regierung eine vorläufige Amnestie für alle im Exil lebenden Iraner verkündet – eine riesige Diasporagemeinde, die Anfang der achtziger Jahre nach Europa und in die Vereinigten Staaten emigrierte. Jeder konnte in den Iran zurückkehren – besuchsweise, einmal pro Jahr und für höchstens drei Monate –, ohne befürchten zu müssen, verhaftet oder zur Ableistung des Militärdienstes gezwungen zu werden. Der Zuspruch war überwältigend. Tausende junge Iraner strömten ins Land. Manche von ihnen kannten den Iran nur aus den nostalgischen Erzählungen ihrer Eltern. Andere wie ich waren zwar im Iran geboren, hatten dem Land aber als Kinder den Rücken kehren müssen – zu jung, um selbständig zu entscheiden.

Wir gehen von Bord, hinaus in den dunstigen Frühmorgen. Es ist noch stockdunkel, aber im Flughafen herrscht Hochbetrieb. An der Paßkontrolle drängen sich Ankömmlinge aus Paris, Mailand, Berlin, Los Angeles. Warteschlangen gibt es nicht. Babys schreien. Unerträglicher Gestank aus Schweiß und Zigarettenrauch erfüllt die Luft. Ich bekomme Ellbogenstöße von allen Seiten. Und plötzlich sind da die Erinnerungen an diesen Flughafen vor vielen Jahren. Meine Familie, untergehakt, wie sie sich ihren Weg durch einen rasenden Mob bahnt. Wir wollen den Iran verlassen, bevor die Grenzen dicht sind und kein Flugzeug mehr starten darf. Meine Mutter ruft: «Paß auf deine Schwester auf!» Bis heute habe ich ihre atemlose, von Panik erfüllte Stimme im Ohr, als befürchtete sie, meine kleine Schwester müßte zurückbleiben, wenn ich ihre Hand losließe. Ich drückte die Hand so fest, daß sie zu weinen anfing, und zerrte sie zum Flugsteig, während ich nach allen Seiten Fußtritte austeilte, um uns Platz zu machen. Zwanzig Jahre und vier beklemmend lange Stunden später stehe ich endlich am Paßschalter. Ich schiebe meinen Ausweis durch einen Schlitz in der Glasscheibe, hinter der ein junger Mann mit bärtigem Kinn und kaputter Brille sitzt. Er blättert zerstreut in meinem Paß, während ich meine vorbereiteten Antworten auf die Fragen, wer ich bin und was ich hier will, im Geist rekapituliere.

«Was ist ihr Herkunftsland?» fragt der Beamte müde.

«Die Vereinigten Staaten», antworte ich.

Er richtet sich auf und sieht mich an. Wir sind gleich alt, auch wenn er mit seinem müden Blick und dem unrasierten Kinn sehr viel älter wirkt. Er ist ein Kind der Revolution. Ich bin ein Flüchtling – ein Abtrünniger. Er hat versucht, jene Dekaden zu überleben, die ich nur aus der Ferne verfolgte. Plötzlich werde ich von Gefühlen überwältigt. Ich kann ihm kaum in die Augen schauen, als die Frage kommt: «Wo waren Sie?», die die Kontrollbeamten zu stellen verpflichtet sind. Ich höre einen Vorwurf heraus.

An dem Tag, als Chomeini in den Iran zurückkehrte, nahm ich meine vierjährige Schwester an die Hand und verließ, entgegen eindringlicher Ermahnungen meiner Mutter, unsere Wohnung in der Teheraner Innenstadt. Auf den Straßen wurde ausgelassen gefeiert. Seit Tagen waren wir nicht mehr draußen gewesen. In den Wochen bevor der Schah ins Exil ging und der Ayatollah zurückkehrte, herrschte die Gewalt. Die Schulen waren geschlossen, die meisten Fernseh- und Radiostationen ebenfalls, und unser ruhiges Viertel lag wie ausgestorben. Als wir an jenem Februarmorgen aus dem Fenster blickten und die Euphorie auf den Straßen sahen, waren wir nicht mehr zu halten.

Meine Schwester und ich füllten einen Plastikkrug mit *Tang*, einem Fruchtsaftgetränk, nahmen zwei Stapel Pappbecher aus dem Küchenschrank und schlichen nach draußen, um uns in den Trubel zu mischen. Wir schenkten die Pappbecher voll und reichten sie herum. Fremde hoben uns hoch und küßten uns auf die Wangen. Aus weit geöffneten Fenstern wurden mit vollen Händen Bonbons geworfen. Überall war Musik und Tanz. Ich wußte zwar nicht genau, was wir da eigentlich feierten, aber es war mir egal. Ich war vom Augenblick überwältigt, begeistert von den seltsamen Worten, die in aller Munde waren – Worte, die ich zwar zuvor schon gehört hatte, die mir aber noch immer rätselhaft und unerklärlich schienen: Freiheit! Demokratie!

Ein Versprechen, das sich wenige Monate später zu erfüllen schien, als die provisorische Regierung des Iran für den neugebildeten Staat mit der aufregenden Bezeichnung Islamische Republik eine Verfassung vorlegte. Diese Verfassung, unter Chomeinis Führung erarbeitet, war eine Mischung aus Dritte-Welt-Antiimperialismus und den sozioökonomischen Theorien berühmter iranischer Ideologen wie Dschalal Al-e Ahmad und Ali Shariati, der religiös-politischen Philosophie von Hasan al-Banna und Sayyid Qutb und traditionellem schiitischem Populismus. In ihren Grundrechtsartikeln versprach diese Verfassung die Gleichheit von Mann und Frau, religiösen Pluralismus, soziale Gerechtigkeit sowie Rede- und Versammlungsfreiheit – all die erhabenen Ziele, für die die Revolution gekämpft hatte –, während sie gleichzeitig den islamischen Grundcharakter der neuen Republik betonte.

In vieler Hinsicht unterschied sich diese neue iranische Verfassung nicht wesentlich von der alten, die nach der ersten antiimperialistischen Revolution im Jahr 1905 entstanden war. Die jetzige Verfassung schien jedoch zwei Regierungen vorzusehen. Die erste repräsentierte die Souveränität des Volkes mit einem direkt vom Volk gewählten Präsidenten, der in einem zentralisierten Staat die Exekutivgewalt ausübte; mit einem Parlament, das Gesetze erarbeitete und diskutierte, und mit einer unabhängigen Judikative, die Recht sprach. Die zweite repräsentierte die Souveränität Gottes und bestand nur aus einer einzigen Person: dem Ayatollah Chomeini.

Über diesen *velayat-e faqih* hatte Chomeini in den Jahren seines Exils im Irak und in Frankreich Schriften verfaßt. Theoretisch ist der *faqih* die hochgebildete religiöse Autorität im Land, dessen wichtigste Aufgabe darin besteht, die islamische Ausrichtung des Staates zu gewährleisten. Doch die mächtige klerikale Führungsschicht im Iran erhob den *faqih* von einer rein symbolischen moralischen zur obersten politischen Befehlsgewalt. Laut der neuen Verfassung kam dem *faqih* die Befugnis zu, die höchste richterliche Gewalt zu ernennen; er war Oberbefehlshaber der Armee, konnte den Staatspräsidenten entlassen und gegen alle vom Parlament geschaffenen Gesetze ein Veto einlegen. Ursprünglich beauftragt, die Volkssouveränität mit der göttlichen Souveränität in Einklang zu bringen, ebnete der *velayat-e faqih* einer Institutionalisierung der absoluten Herrschaft der Geistlichkeit den Weg.

Doch voller Euphorie über ihre neugewonnene Unabhängigkeit und unter dem Eindruck von Verschwörungstheorien über einen Versuch der CIA und der US-amerikanischen Botschaft in Teheran, auch diesmal (wie bereits 1953) den Schah auf den Thron zurückzubringen, waren die Iraner blind für die fatalen Implikationen der neuen Verfassung. Trotz Warnungen der provisorischen Regierung und lautstarker Proteste der mit Chomeini rivalisierenden Ayatollahs, insbesondere von Ayatollah Schariat-Madari, wurde der Verfassungsentwurf in einem Volksentscheid mit mehr als 98 Prozent der Stimmen gebilligt. (Am Ende entzog Chomeini Schariat-Madari die religiösen Befugnisse – ein Schritt, den das jahrhundertealte schiitische Gesetz untersagte.)

Als die Iraner endlich erkannten, wofür sie gestimmt hatten, unternahm Saddam Hussein, von den Vereinigten Staaten ermutigt und von den Centers of Disease Control und der in Virginia ansässigen Gesellschaft der American Type Culture Collection mit chemischem und biologischem Material ausgerüstet, einen Angriff auf den Iran. Wie in Kriegszeiten üblich, wurden alle abweichenden Stimmen im Interesse der nationalen Sicherheit zum Schweigen gebracht, und der Traum, der ein Jahr zuvor den Funken der Revolution entzündet hatte, wich der ernüchternden Wirklichkeit eines totalitären Staates, in dem der unfähige Klerus die uneingeschränkte religiöse und politische Macht ausübte.

Mit ihrer Unterstützung Saddam Husseins im iranisch-irakischen Krieg wollte die US-amerikanische Regierung eine Ausbreitung der iranischen Revolution verhindern, doch sie erstickte damit jegliche demokratischen Impulse. Erst mit dem Ende des Krieges 1988 und dem Tod Chomeinis ein Jahr später wurden die in der iranischen Verfassung enthaltenen demokratischen Ideale von einer neuen Generation von Iranern wiederentdeckt. Sie waren zu jung, um sich noch an das tyrannische Schah-Regime zu erinnern, jedoch alt genug, um zu erkennen, daß das gegenwärtige System nicht dem entsprach, wofür ihre Eltern gekämpft hatten. Es war ihre Unzufriedenheit, die jene Handvoll reformwilliger Hochschullehrer, Politiker, Philosophen und Theologen antrieb, im Iran eine neue Revolution einzuleiten – nicht um das Land zu säkularisieren, sondern um den wahren islamischen Werten – Pluralismus, Freiheit, Gerechtigkeit, Menschenrechten und vor allem Demokratie – wieder Geltung zu verschaffen. Wie Abdolkarim Soroush, der führende muslimische politische Philosoph des Iran, provozierend meinte: «Wir behaupten nicht mehr, daß ein wahrhaft religiöser Staat demokratisch sein kann, wir behaupten, daß er demokratisch sein muß.»

Die Wahl des reformistischen Geistlichen Muhammad Chatami zum Staatspräsidenten Ende der 1990er Jahre gab dieser Bewegung Auftrieb und förderte die Überzeugung, ein eigenständiges demokratisches System könne auf dezidiert islamische ethische Normen gegründet werden. Beflügelt von dieser Vision und ermutigt durch Chatamis Reformagenda gingen 1999 – im sogenannten Teheraner Frühling – Hunderttausende junge Iraner auf die Straße und forderten mehr Rechte, auch das Recht zu friedlichen Versammlungen, und eine freie Presse.

Erschrocken über diese Manifestation des Volkswillens (der ja überhaupt erst zur Gründung der Islamischen Republik Iran geführt hatte) und überzeugt, die Reformbewegung bedrohe die Existenz des Staates, ließ das iranische Regime die jungen Demonstranten die volle Wucht seines Sicherheitsapparats spüren. Unter dem Kommando der Revolutionsgarden schlugen paramilitärische Einheiten (die gefürchteten Basidsch) die Demonstrationen auf der Straße und an den Universitäten nieder. Reformistische Aktivisten und Chatamis politische Verbündete wurden systematisch zum Schweigen gebracht, verhaftet und ermordet. 2005, mit der Wahl Mahmoud Ahmadinedschads zum Staatspräsidenten, waren in der iranischen Regierung erneut die konservativen Kräfte an der Macht. Politische Analysten weltweit erklärten die Reformbewegung im Iran für tot.

Aber nur wenige Beobachter von außen erkannten, daß die reformistische Botschaft nicht einfach verschwand oder in den Untergrund ging. Sie breitete sich vielmehr aus und fand Eingang in den politischen Mainstream, so daß nach 2010 fast alle Iraner, unabhängig von ihrer politischen und religiösen Einstellung, der Ansicht der Reformbewegung zustimmten, das demokratische Experiment, aus dem 1979 die Islamische Republik Iran hervorgegangen war, sei untergraben worden und müsse korrigiert werden. Nach den umstrittenen Wahlen, die Ahmadinedschad trotz Wahlbetrugsvorwürfen im Jahr 2009 noch einmal an die Macht brachte, ging erneut ein Bündnis aus Studenten, Intellektuellen, Kaufleuten und religiösen Führern (dasselbe Bündnis, das dreißig Jahre zuvor den Schah gestürzt hatte) auf die Straße. Die Proteste wurden unter dem Namen Grüne Bewegung bekannt und richteten sich nicht nur gegen eine gestohlene Wahl. Sie waren eine Revolte gegen den Grundcharakter der Islamischen Republik. Mit seiner brutalen Antwort auf diese neue Herausforderung vermochte das iranische Regime die Volksproteste, die das Land lahmgelegt hatten, zwar zunächst zu ersticken, aber die große Mehrheit der iranischen Bevölkerung scheint dadurch in ihrer Ansicht, daß die Islamische Republik Iran auf ihrem derzeitigen Kurs weder islamisch noch eine Republik war, nur noch bestärkt worden zu sein.

Frühere Versuche des Iran zu einer demokratischen Umgestaltung waren von ausländischen Mächten vereitelt worden: 1905–1911 von den Briten und Russen, 1953 von den Vereinigten Staaten. Es diente den Interessen dieser Staaten, wenn alle demokratischen Bestrebungen in der Region unterdrückt wurden. Die Revolution von 1979 wurde von der Geistlichkeit des Landes gekapert, die ihre moralische Autorität dafür nutzte, die absolute Macht im neu entstehenden Staat an sich zu reißen. Die Reformbewegung der 1990er Jahre wurde von einer Regierung zerschlagen, die vor ihrem eigenen Volk Angst hatte und sich verzweifelt an ihre politische Macht klammerte. Die Forderungen der Grünen Bewegung nach mehr Menschenrechten wurden von einem zunehmend militarisierten Regime niedergeschlagen, das seinem eigenen Überleben oberste Priorität einräumte. Doch der Wunsch der iranischen Bevölkerung, von innen her ein eigenständiges demokratisches System aufzubauen, das der Religion einen Platz im öffentlichen Leben zubilligt, ohne den Willen des Volkes zu untergraben, ist auch noch nach hundert Jahren lebendig. Dieser Wunsch ist auch im Irak und in Pakistan spürbar, in der Türkei und in Indonesien, in Tunesien und Ägypten, im Senegal und in Bangladesch.

In den Jahrzehnten, die seit dem Ende der Kolonialherrschaft und der Gründung islamischer Staaten vergangen sind, wurden im Namen des Islams Regierungen an die Macht gebracht und gestürzt, republikanische Grundwerte beschworen und Autoritarismus verteidigt, Monarchien, Autokratien, Oligarchien und Theokratien gerechtfertigt und Terrorismus, Zwiespalt und Feindseligkeit geschürt. Die Frage bleibt: Taugt der Islam heute zum Aufbau einer wirklich liberalen Demokratie im Nahen und Mittleren Osten? Kann ein moderner islamischer Staat Vernunft und Offenbarung miteinander in Einklang bringen und eine demokratische Gesellschaft auf der Basis der ethischen Ideale aufbauen, die der Prophet Muhammad vor eintausendvierhundert Jahren in Medina formuliert hat?

Er kann nicht nur, er muß. In der muslimischen Welt hat dieser Prozeß bereits begonnen. Aber er kann nur gelingen, wenn er auf islamischen Werten und Normen gründet. Die wichtigste Lektion, die aus der gescheiterten europäischen «Zivilisierungsmission» und dem Desaster der amerikanischen «Demokratieförderung» zu lernen ist, lautet, daß Demokratie von innen heraus wachsen muß, auf dem Boden einer vertrauten Mentalität. Und sie muß sich einer verständlichen und einleuchtenden Sprache bedienen, die von den Einheimischen verstanden wird. Um in mehrheitlich muslimischen Staaten wirksam und überzeugend zu sein, muß Demokratie die manchmal prekäre Beziehung zwischen Religion und Staat ausgleichen, die, wie wir gesehen haben, Jahrhunderte lang das Kennzeichen der politischen Kultur des Islams war.

Im Westen wird manchmal argumentiert, ein solches demokratisches System sei unmöglich, da der Islam grundsätzlich mit Demokratie unvereinbar sei und die Muslime unfähig seien, demokratische und islamische Werte in Einklang zu bringen. Eine solche Ansicht steht im Widerspruch nicht nur zur islamischen Geschichte (und der beobachtbaren Realität), sondern auch zu zahllosen Umfragen, denen zufolge die überwältigende Mehrheit der Menschen in der islamischen Welt die Demokratie als «die beste Regierungsform» betrachtet. Laut einer Umfrage von Pew im Jahr 2006 betrachtet die Mehrheit der Bevölkerung westlicher Staaten die Demokratie als «eine westliche Einrichtung, die in den meisten muslimischen Ländern nicht funktionieren würde»; die Mehrheit der Muslime hingegen wiesen diese Argumentation entschieden zurück und forderten in ihren eigenen Gesellschaften die unverzügliche und bedingungslose Demokratie. Das größte Hindernis auf dem Weg zu einer echten islamischen Demokratie scheinen demnach nicht nur die traditionalistischen Ulama oder die dschihadistischen Terroristen zu sein, sondern (vielleicht noch zerstörerischer) diejenigen im Westen, die nicht anerkennen wollen, daß eine gangbare und dauerhafte Demokratie niemals importiert werden kann.

Aus dem Zweiten Weltkrieg ging Großbritannien siegreich, aber finanziell ruiniert hervor, unfähig, den Preis für die Ideologie seines kolonialen Abenteuers in Indien länger zu bezahlen und zu rechtfertigen. Und so schenkte es diesem Inbegriff seiner imperialistischen Ambitionen, dem Kronjuwel seines schrumpfenden Weltreichs, endlich die langersehnte Freiheit. Am 14. August 1947 gingen dreihundertfünfzig Jahre britischer Kolonialherrschaft in Indien zu Ende. Doch Charles Trevelyans Vision eines Indiens, das dereinst, beschenkt «mit der Bildung und den politischen Institutionen» Großbritanniens, in die Unabhängigkeit entlassen und das «stolzeste Denkmal britischen Wohlwollens» bleiben werde, bewahrheitete sich nicht. Vielmehr spaltete sich das Land mit seiner unruhigen Bevölkerung in ein vorwiegend hinduistisches Indien und ein muslimisches Pakistan.

Die Teilung Indiens war in mehrfacher Hinsicht die unvermeidliche Folge der britischen Politik des Divide et impera. Wie der Indische Aufstand zeigte, glaubten die Briten, der beste Weg, um den Nationalismus zu brechen, bestünde darin, die Bevölkerung des Subkontinents nicht als Inder, sondern als Muslime, Hindus, Sikhs, Christen etc. zu kategorisieren. Diese Klassifizierung und Trennung der einheimischen Bevölkerungsgruppen war eine gängige Strategie der Herrschaftssicherung in Territorien, deren Grenzen willkürlich und ohne Rücksicht auf die ethnische, kulturelle oder religiöse Zugehörigkeit der Bewohner gezogen wurden. In Algerien kultivierten die Franzosen geradezu die Trennung nach sozialen Klassen, in Ruanda vertieften die Belgier die Aufspaltung nach Stammeszugehörigkeiten, und im Irak unterstützten die Briten sektiererische Spaltungen – alles vergebliche Versuche, nationalistische Bestrebungen zu vereiteln und den gemeinsamen Ruf nach Unabhängigkeit zu ersticken. Kein Wunder also, wenn die Kolonialmächte bei ihrem Rückzug aus diesen Staaten, deren Grenzen auf dem Papier gezogen waren, nicht nur ein wirtschaftliches und politisches Chaos hinterließen, sondern auch tief gespaltene Bevölkerungen, denen die gemeinsame Grundlage für den Aufbau einer nationalen Identität fehlte.

Die Teilung Indiens also war nicht einfach nur die Folge einer internen Fehde zwischen Muslimen und Hindus. Und sie war kein isolierter Vorgang. Die zahlreichen sezessionistischen Bewegungen in Indonesien, die blutigen Grenzstreitigkeiten zwischen Marokko und Algerien, der seit fünfzig Jahren andauernde Bürgerkrieg im Sudan zwischen den Arabern im Norden und den Schwarzafrikanern im Süden, die Teilung Palästinas und die daraus resultierende Spirale der Gewalt, die einander bekämpfenden ethnischen Gruppen im Irak und der Völkermord der Hutu an fast einer Million Tutsi in Ruanda, um nur einige Beispiele zu nennen, waren in erster Linie die Folge der Entkolonialisierung.

Als Großbritannien aus Indien abzog, hielt die hinduistische Mehrheit des Landes einen Großteil der wirtschaftlichen, gesellschaftlichen und politischen Macht in Händen. Und die muslimische Minderheit, von den Briten in der wohlklingenden Rhetorik der Demokratie unterwiesen, sah die einzige Möglichkeit zur Selbstbestimmung in der Gründung eines eigenen islamischen Staates: Pakistan.

Doch über den Wunsch nach Selbstbestimmung hinaus herrschte innerhalb der muslimischen Gemeinschaft Indiens wenig Einigkeit über die Rolle des Islams in diesem neuen Staat. Muhammad Ali Jinnah, der Gründer Pakistans fast wider Willen, sah im Islam nur das verbindende Erbe, das in der Lage war, die bunt gemischte muslimische Bevölkerung Indiens in den Grenzen eines eigenen Staates zusammenzuführen. Für Jinnah war der Islam dasselbe wie für Gandhi der Hinduismus: ein einigendes kulturelles Symbol, keine religiös-politische Ideologie. Für Mawlana Mawdudi, den ideologischen Vordenker Pakistans, war der Staat nicht viel mehr als ein Vehikel für die Verwirklichung der islamischen Ordnung. Mawdudi betrachtete den Islam als Gegenentwurf zum säkularen Nationalismus und Pakistan als den ersten Schritt zur Errichtung eines muslimischen Weltstaats. Dem Standpunkt der Muslim-Liga, Pakistans größter politischer Partei, der islamische Staat müsse sein Mandat von seinen Bürgern erhalten, widersprach die Islamische Gemeinschaft, Pakistans größte islamistische Organisation: Nur derjenige Staat sei islamisch, in dem Gott die alleinige Souveränität ausübe.

In den Unruhen und blutigen Auseinandersetzungen nach der Teilung Indiens, als siebzehn Millionen Menschen im Zuge der größten Völkerwanderung der Geschichte in beiden Richtungen über die zerklüfteten Grenzen flüchteten, erfüllte sich weder Jinnahs noch Mawdudis Vision eines islamischen Gemeinwesens. Zwar trat eine Verfassung in Kraft mit einem Parlament als gesetzgebender Gewalt und einer Judikative, die die Übereinstimmung der Gesetze mit den Grundprinzipien des Islams überwachte. Doch bald kam es zur Militärdiktatur unter Ayub Khan, der 1969 die Macht an General Yahya Khan, den Oberbefehlshaber der Armee, abtrat. Nach den Wahlen zur Nationalversammlung 1970 wurde Zulfikar Ali Bhutto 1971 mit seinem Programm eines islamischen Sozialismus zum ersten frei gewählten nichtmilitärischen Regierungschef Pakistans seit der Teilung. Doch Bhuttos sozialistische Reformen, im Volk durchaus populär, wurden von extremistischen Vertretern der muslimischen Geistlichkeit des Landes als unislamisch kritisiert, die damit den Staatsstreich General Zia al-Haqs 1977 vorbereiteten. Gestützt von der religiösen Obrigkeit, erzwang Zia die Islamisierung des öffentlichen Lebens durch Einführung einer islamischen Gesetzgebung. Nach Zias Tod 1988 errangen im Zuge allgemeiner Wahlen die Reformregierungen Benazir Bhuttos und Nawaz Sharifs die Macht, die – nach zehn Jahren eines brutalen islamischen Fundamentalismus in Pakistan – einen liberaleren Islam vertraten. Doch 1999, nach Korruptionsvorwürfen gegen die gewählte Regierung, errichtete der Oberbefehlshaber der pakistanischen Streitkräfte, General Pervez Musharraf, erneut die Militärdiktatur. Nach weiteren zehn Jahren Militärherrschaft mußte Musharraf Benazir Bhutto und Nawaz Sharif die Rückkehr aus dem Exil gestatten; 2008 mußte er als Präsident zurücktreten. Die Ermordung Benazir Bhuttos wenige Monate nach ihrer Rückkehr hatte die Präsidentschaft von Bhuttos Ehemann Asif Ali Zardari zur Folge. Zardaris unsichere Macht wurde wiederholt durch Anschläge militanter Islamisten auf die Probe gestellt. Deren Rückzugsgebiet ist die Nordwestliche Grenzprovinz (Khyber Pashtunkhwa) Pakistans, von wo aus sie das Land in einen «talibanisierten» Staat unter ihrer Kontrolle verwandeln wollen. All dies in einem Zeitraum von sechzig Jahren.

Allein die Entwicklung Pakistans beweist, daß die Idee eines islamischen Gemeinwesens viele politische Modelle hervorbringen kann. Man könnte eine ganze Reihe heutiger Staaten als «islamisch» bezeichnen, die kaum etwas gemeinsam haben. Ägypten ist eine als Republik verbrämte Autokratie mit einem Präsidenten auf Lebenszeit und einem ohnmächtigen Parlament. Syrien ist eine arabische Diktatur mit einem Herrscher, der dem allmächtigen Militär zu Diensten ist. Jordanien und Marokko bilden brisante Monarchien, deren junge Könige zaghafte Schritte in Richtung einer Demokratisierung unternommen haben, ohne jedoch ihre Machtfülle einzuschränken. Iran ist ein faschistischer Staat, regiert von einer korrupten klerikalen Oligarchie, die entschlossen ist, alle demokratischen Reformbemühungen im Keim zu ersticken. Saudi-Arabien ist eine fundamentalistische Theokratie mit dem Koran als alleiniger Verfassung und der Scharia als alleinigem Gesetz. Gleichzeitig erhebt jeder dieser Staaten den exklusiven Geltungsanspruch für die Verwirklichung des medinensischen Ideals eines Gemeinwesens; und jeder dieser Staaten lehnt die anderen Modelle als Korrumpierung dieses Ideals entschieden ab.

Das wahre medinensische Ideal des islamischen Staates wäre jedoch nichts anderes als die nationale Ausprägung der Umma. In seiner einfachsten Form wäre ein solcher islamischer Staat ein von Muslimen für Muslime geführtes Gemeinwesen, dessen Werte, Verhaltensnormen und Gesetze von der islamischen Moral geprägt sind. In einem solchen Staat stünden die religiösen Minderheiten unter einem besonderen Schutz und nähmen am sozialen und politischen Leben der Gemeinschaft teil, wie es in Medina der Fall war. Wie die Offenbarungen von den Bedürfnissen der Umma diktiert waren, wären alle rechtlichen und moralischen Bestimmungen dieses islamischen Staates an den Bedürfnissen seiner Bürger orientiert. Denn wie Abu Bakr so weise sagte, als er die Nachfolge des Propheten antrat, gilt der Treueschwur nicht einem Staatspräsidenten, Premierminister, Priester, König oder irgendeiner anderen irdischen Autorität, sondern der Gemeinschaft und Gott. Solange die Kriterien erfüllt sind, die der Prophet vor fast tausendvierhundert Jahren in Medina aufstellte und die die rechtgeleiteten Kalifen zu bewahren suchten, spielt es keine Rolle, welche Form ein solcher islamischer Staat hat.

Warum also nicht die Demokratie?

Die repräsentative Demokratie ist das erfolgreichste soziale und politische Experiment der modernen Welt, und es ist bis heute nicht zum Abschluß gekommen. Gegenwärtig wird weithin das Modell der amerikanischen Demokratie propagiert, in gewisser Weise zu Recht. Die Wurzeln der Demokratie liegen zwar im antiken Griechenland, doch zur vollen Blüte gelangte sie auf amerikanischem Boden. Und aus diesem Grund ist allein in Amerika die amerikanische Demokratie möglich; sie kann nicht von amerikanischen Traditionen und Werten losgelöst werden.

Diese grundlegende Tatsache ignorierte Präsident George W. Bush mit seiner Agenda der «Demokratieförderung», die das Fundament der künftigen Beziehungen zwischen den Vereinigten Staaten und dem Nahen und Mittleren Osten bilden sollte. Für die Ankündigung, im Nahen und Mittleren Osten die Demokratie zu verbreiten, wurde Bush im In- und Ausland verlacht. Kritiker sahen darin nur einen Vorwand, in der Region einen nicht endenden Krieg zu führen. Die Völker des Nahen und Mittleren Ostens – in Ägypten, Jordanien, Saudi-Arabien und Marokko – wußten sehr genau, daß ihre Diktatoren zugleich die engsten Verbündeten der Amerikaner in der Region waren und den Amerikanern jahrzehntelang überzeugend dargelegt hatten, daß eine Schwächung ihrer diktatorischen Regime die sofortige Machtübernahme radikaler Islamisten zur Folge haben würde: ein fadenscheiniges Argument, das von den Vereinten Nationen als «Legitimität der Erpressung» bezeichnet worden ist. Wie unaufrichtig und heuchlerisch Bushs blumige Reden waren, wurde offenkundig, als die Wahlen im Libanon, in Ägypten und in Palästina nicht so ausgingen, wie von den Vereinigten Staaten erhofft, und die ganze Agenda der Demokratieförderung beendet wurde.

Doch was in der Diskussion über Amerikas wahre Absichten im Nahen und Mittleren Osten außer acht geriet, war die Tatsache, daß eine große muslimische Mehrheit in Umfragen mehr Demokratie in ihren Ländern wollte. Eine Welle demokratischer Begeisterung in der gesamten Region brachte neue Hoffnung für viele Menschen, die in autokratischen Gesellschaften lebten und nun auf die Chance hofften, über die politische Zukunft ihres Landes mitzubestimmen, und sei dieses Mitspracherecht noch so geringfügig. Die Grüne Bewegung im Iran war der zündende Funke. Dank der neuen sozialen Medien Twitter, Facebook und YouTube zerbrach das staatliche Medienmonopol, und es artikulierte sich der Wunsch der Menschen nach politischer und persönlicher Freiheit. Der Funke sprang rasch auf die ganze Region über. Junge Demonstranten, die politische Partizipation und wirtschaftliche Chancen forderten, nutzten auch in Tunesien die sozialen Medien, um Proteste zu organisieren und den langjährigen Diktator des Landes ins Exil zu zwingen. Das Feuer der Freiheit breitete sich in Algerien und im Jemen und – womit viele nicht gerechnet hatten – auch in Ägypten aus. In Kairo, Suez und Gizeh gingen Zehntausende junge Menschen auf die Straße und forderten ein Ende der dreißigjährigen Herrschaft Hosni Mubaraks, der mit amerikanischer Finanzhilfe in Höhe von rund 60 Milliarden Dollar eines der brutalsten und repressivsten Regime im Nahen Osten errichtet hatte.

Die große Mehrheit der mehr als eine Milliarde Muslime weltweit kennt und akzeptiert die Grundprinzipien der Demokratie. Dank der Bemühungen von Reformern und Modernisten überall in der muslimischen Welt haben sich heute die meisten Muslime die Sprache der Demokratie, übersetzt in traditionelle islamische Konzepte, angeeignet: Die *schura* oder «beratende Versammlung» ist nichts anderes als die Volksvertretung, *idschma* bezeichnet die politische Partizipation, *bai'a* oder «Treueschwur» das allgemeine Wahlrecht und so weiter. Ideale wie Konstitutionalismus, Rechenschaftspflicht der Regierung, Pluralismus und Menschenrechte werden in der muslimischen Welt weithin anerkannt, auch wenn die meisten Herrscher in der Region sich weigern, sie umzusetzen.

Nicht unbedingt anerkannt aber ist die ausgesprochen westliche Auffassung einer strikten Trennung von Religion und Staat und des Säkularismus als Grundlage einer demokratischen Gesellschaft. Seit seinen Anfängen im Arabien des 7. Jahrhunderts bis zur Geburt islamischer Staaten im 20. Jahrhundert wollte der Islam stets mehr sein als nur eine Religion. Als der Prophet Muhammad vor tausendvierhundert Jahren in Medina das erste islamische Gemeinwesen schuf, legte er die Grundlage für einen umfassenden Lebensstil, der die sozialen, spirituellen und materiellen Bedürfnisse der Menschen und zugleich den Willen Gottes erfüllt. Mit anderen Worten: Der Islam ist mehr als nur eine Religion, der Islam ist eine *Identität*. Dies gilt für alle Religionen. Laut Umfragen bezeichnen sich 70 Prozent der US-amerikanischen Bevölkerung als Christen. Das bedeutet nicht, daß sieben von zehn Amerikanern am Sonntag in die Kirche gehen, daß sieben von zehn Amerikanern das Neue Testament lesen oder sieben von zehn Amerikanern mehr über das Christentum wissen, als daß Jesus in einer Krippe geboren wurde und an einem Kreuz starb. Die überwältigende Mehrheit der Amerikaner, die sich als Christen bezeichnen, bekunden mit diesem Bekenntnis ihre Identität, nicht ihren Glauben. Dasselbe gilt für die überwältigende Mehrheit der Juden, Buddhisten, Hindus, Shinto, Jains etc. Religion war stets mehr als nur eine Frage des Glaubens und der religiösen Praxis. Sie ist zuallererst eine Seinsweise. Religion umfaßt die Kultur eines Menschen, seine politischen Überzeugungen, seine Weltsicht. Dies gilt ganz besonders für den Islam, der wie alle großen Religionen nicht nur von metaphysischen Belangen, sondern auch von dem sozialen, kulturellen, spirituellen und politischen Umfeld geformt wurde, in dem er sich entfaltet.

Das heißt nicht, daß der Islam die Trennung von «Moschee und Staat» ablehnt, im Gegenteil. Nur in wenigen mehrheitlich muslimischen Ländern hat der Klerus die unmittelbare Befehlsgewalt über die Regierung. Jene Staaten, die dies versucht haben – der Sudan, Nigeria, Afghanistan und der Iran –, sind alle eklatant gescheitert. Dennoch ist richtig: Wenn es um Religion geht, sind die Grenzen zwischen der öffentlichen und der privaten Sphäre in den mehrheitlich muslimischen Ländern fließender als im Westen. Einer der Gründe dafür liegt darin, daß der Islam aus einer Stammeskultur hervorgegangen ist und sich hauptsächlich in den kommunitären Gesellschaften des Nahen und Mittleren Ostens sowie Nordafrikas entwickelt hat. Einem radikalen Individualismus steht der Islam eher kritisch gegenüber, die Belange der Gemeinschaft haben Vorrang gegenüber den Rechten des Individuums. Aus welchen Gründen auch immer haben die Muslime in fast allen mehrheitlich muslimischen Ländern immer wieder bekundet, daß islamische Werte, Sitten und Gebräuche in der Politik ihres Landes eine Rolle spielen sollten. Ein Staat kann nur insofern als demokratisch betrachtet werden, als er seine Gesellschaft widerspiegelt. Wenn also die Gesellschaft auf bestimmten Werten gründet, muß sich dann nicht auch der Staat auf diese Werte stützen?

Zugegeben, seit den Anschlägen vom 11. September ist es unmöglich, eine solche Frage zu stellen, ohne sofort das Bild Afghanistans unter den Taliban zu beschwören. Das Bild der afghanischen Frau, die, eingehüllt in die Burka, der Willkür eines ungebildeten Haufens frauenfeindlicher Männer ausgeliefert ist, wurde zum Symbol der Rückständigkeit, ja Bösartigkeit der islamischen Herrschaft. Und es ist nicht leicht, solche Bilder durch politische Konzepte zu ersetzen.

Bedenkt man, wie oft in der Geschichte grausame Maßnahmen totalitärer Regime wie der Taliban in Afghanistan, der Wahhabiten in Saudi-Arabien oder des *faqih* im Iran mit Verweis auf den Islam gerechtfertigt wurden, überrascht es nicht, daß der Begriff «islamische Demokratie» im Westen auf so große Skepsis stößt. Einige der bekanntesten Islamwissenschaftler in den Vereinigten Staaten und Europa lehnen diesen Begriff rundweg ab, da sie die Prinzipien der Demokratie mit fundamentalistischen islamischen Werten für unvereinbar halten. Wenn Politiker davon sprechen, dem Nahen Osten die Demokratie bringen zu wollen, meinen sie eine säkulare Demokratie nach amerikanischem Vorbild, nicht eine gewachsene islamische. Diktatorische Regime im Nahen Osten rechtfertigen ihre brutal antidemokratische Politik vor der Weltöffentlichkeit damit, daß ihnen die «Fundamentalisten» im eigenen Land nur die Wahl zwischen Despotismus und Theokratie ließen. Aus ihrer Sicht besteht das Problem der Demokratie darin, daß sich die Menschen, wenn sie die Wahl hätten, gegen ihr Regime entscheiden würden. So wurden in Algerien freie demokratische Wahlen immer dann verhindert, wenn eine islamistische Partei zu gewinnen drohte. Und in Ägypten werden freie Wahlen durch Notstandsgesetze unmöglich gemacht, die verhindern sollen, daß beispielsweise die Muslimbrüder in der Regierung eine Stimme bekommen.

Lassen wir für einen Augenblick außer acht, in welcher Weise diese und viele andere autokratische Regime im Nahen Osten mit ihrer antidemokratischen Politik die Entstehung des muslimischen Extremismus begünstigt haben, und wenden uns der theoretischen Diskussion über die islamische Demokratie zu, wie sie in der westlichen Welt geführt wird: vor allem den Argumenten, in einer modernen Demokratie könne es keine a priori vorgegebenen sittlichen Verhaltensregeln geben und die Grundlage einer wirklich demokratischen Gesellschaft müsse der Säkularismus sein. Wer so argumentiert, leugnet die moralischen Grundlagen, auf denen viele moderne Demokratien aufgebaut sind, und – noch viel wichtiger – verkennt den Unterschied zwischen Säkularismus und Säkularisierung.

Wie der protestantische Theologe Harvey Cox meinte, ist Säkularisierung ein Prozeß, in dessen Verlauf «bestimmte Verantwortlichkeiten aus kirchlichen in politische Hände übergehen». Säkularismus dagegen definiert er als eine Ideologie, die die Religion aus dem öffentlichen Leben verbannen will. Säkularisierung ist eine historische Entwicklung, in der sich die Gesellschaft immer mehr «von religiöser Kontrolle und geschlossenen metaphysischen Weltanschauungen befreit». Säkularismus dagegen ist Cox zufolge selbst eine geschlossene metaphysische Weltanschauung, die «wie eine neue Religion wirkt».

Die Türkei ist immer noch ein laizistischer Staat, in dem religiöse Symbole wie der Schleier im öffentlichen Dienst verboten sind. Hinsichtlich der ideologischen Entschlossenheit könnte man sagen, daß sich ein laizistisches Land von einem religiösen Land wie dem Iran kaum unterscheidet; beide «ideologisieren» die Gesellschaft. Die Vereinigten Staaten sind demgegenüber ein Land im Prozeß der Säkularisierung, das sich ganz ungeniert auf eine jüdisch-christliche – oder besser gesagt dezidiert protestantische – moralische Grundlage stellt. Wie Alexis de Tocqueville bereits vor fast zweihundert Jahren feststellte, bildet die Religion die Grundlage des politischen Systems in Amerika. Sie spiegelt nicht nur die sozialen Werte Amerikas, sie diktiert sie oftmals auch. Schon allein die Sprache, in der politische Themen wie Abtreibung und Ehe zwischen Homosexuellen im Kongreß diskutiert werden, läßt erkennen, daß Religion bis zum heutigen Tag ein integraler Bestandteil der nationalen Identität Amerikas und praktisch die moralische Grundlage seiner Verfassung, seiner Gesetze und seiner nationalen Sitten und Traditionen ist. Entgegen dem, was in den amerikanischen Geschichtsbüchern in der Schule gelehrt wird, bildet die Trennung von «Kirche und Staat» nicht das Fundament des amerikanischen Staates. Sie ist vielmehr das Ergebnis eines vor zweihundertfünfzig Jahren begonnenen Säkularisierungsprozesses, der nicht auf Säkularismus, sondern auf *Pluralismus* basiert.

Es ist der Pluralismus, nicht der Säkularismus, der die Demokratie ausmacht. Ein demokratischer Staat kann auf unterschiedlichen moralischen Normen beruhen, solange der Pluralismus die Quelle seiner Legitimität ist. Israel gründet sich auf ein dezidiert jüdisches moralisches Wertesystem, das alle Juden der Welt – unabhängig von ihrer Nationalität – als Bürger des Staates Israel anerkennt. In England ist das religiöse Oberhaupt der Staatskirche zugleich Souverän des Landes. Indien wurde bis vor kurzem von Anhängern der elitistischen Theologie der Hinduisierung (Hindutva) regiert, die ihre wenig überzeugende, jedoch ausgesprochen erfolgreiche Vision des «wahren Hinduismus» im Staat zu etablieren suchte. Und doch gelten diese Länder, wie die Vereinigten Staaten, als Demokratien – nicht weil sie säkular sind, sondern weil sie, zumindest theoretisch, dem Pluralismus verpflichtet sind.

Der Staat Israel gründet sich auf ein ausschließlich jüdisches moralisches Wertesystem, das allen Juden der Welt, unabhängig von ihrer Nationalität, die israelische Staatsbürgerschaft und eine Vielzahl materieller Rechte und Privilegien zuerkennt, die nichtjüdische Bürger nicht besitzen; ein Staat, in dem die orthodoxen rabbinischen Gerichte in allen Angelegenheiten des Judentums (für Juden und Nichtjuden) Recht sprechen; in dem die religiösen Schulen, die Yeshivas, staatlich subventioniert werden; in dem es keine Zivilehe, nur religiöse Eheschließungen gibt (kein Staatsbeamter wird eine Ehe schließen, in der ein Partner nichtjüdisch ist); in dem alle Neubürger, ungeachtet ihrer Religionszugehörigkeit, einen Treueschwur auf den «jüdischen Staat» leisten müssen. Israel ist, der Definition des Begriffs zufolge, eine «jüdische Demokratie». Doch dieselben, die Israels Versöhnung jüdischer und demokratischer Ideale loben (trotz der offenkundigen Konflikte, die in Israel selbst, aber auch in den besetzten palästinensischen Gebieten daraus entstanden sind) leugnen reflexhaft die Möglichkeit einer Versöhnung islamischer und demokratischer Ideale in den mehrheitlich muslimischen Ländern. Die erfolgreichen Beispiele Indonesien, Malaysia, Bangladesch, Senegal etc. oder die Tatsache, daß fast ein Drittel der Muslime weltweit in demokratischen Staaten lebt, bleiben dabei außer Acht. Für bestimmte Kritiker des Islams kann es schlichtweg keinen islamischen Pluralismus geben, auch wenn noch so viele Belege für das Gegenteil existieren.

Der Islam kann auf eine lange Tradition des religiösen Pluralismus zurückblicken. Muhammads Anerkennung von Juden und Christen als schutzwürdiger Bevölkerungsgruppen (*dhimmi*), sein Glaube an ein gemeinsames heiliges Buch (*umm al-kitab*), von dem alle Offenbarungsschriften abgeleitet sind, und sein Traum von einer einzigen, geeinten Umma aller drei abrahamitischen Religionen waren erstaunlich revolutionäre Ideen in einer Zeit, in der Religionen die Menschen spalteten und entzweiten. Und auch wenn militante und fundamentalistische Muslime den Islam interpretieren, ohne seinen historischen und kulturellen Kontext zu berücksichtigen, gibt es in den großen Weltreligionen nur wenige heilige Schriften, die anderen religiösen Traditionen so viel Respekt entgegenbringen wie der Koran.

Gewiß, die polytheistischen Religionen genießen im Koran nicht dieselbe Wertschätzung wie die monotheistischen Glaubensrichtungen. Doch das ist vorrangig darauf zurückzuführen, daß die Offenbarung während eines zermürbenden und blutigen Krieges mit den «polytheistischen» Quraisch übermittelt wurde. Der koranische Begriff «Schutzbefohlene» wurde je nach den politischen Gegebenheiten unterschiedlich interpretiert. Als sich der Islam im heutigen Iran und in Indien ausbreitete, erhielten die dualistischen Zoroastrier und bestimmte polytheistische Hindu-Sekten den Status von *dhimmi*. Zwar zeigt sich der Koran gegenüber Verletzungen muslimischer Grundwerte durchaus als unduldsam, aber es gibt auf der Welt kein Land, das die Religionsfreiheit nicht entsprechend seinen geltenden Moralvorstellungen einschränkt. Pluralismus bedeutet religiöse Toleranz, nicht schrankenlose religiöse Freiheit.

Das Fundament des islamischen Pluralismus bildet der unmißverständliche Koranvers: «In der Religion gibt es keinen Zwang» (2, 256). Er besagt, daß die Aufteilung der Welt in Gläubige (*dar al-Islam*) und Ungläubige (*dar al-Harb*), die zur Zeit der Kreuzzüge aufkam und die Vorstellungen der traditionalistischen muslimischen Theologen bis heute beherrscht, jeglicher Grundlage entbehrt. Er besagt auch, daß die Ideologie der Wahhabiten, den Islam zu seiner ursprünglichen «Reinheit» zurückzuführen, nicht haltbar ist. Der Islam war und ist eine Religion der Vielfalt. Die Vorstellung eines ursprünglichen, unverfälschten Islams, der sich erst später in ketzerische Sekten und Parteiungen aufspaltete, ist historisch gesehen eine Fiktion. Schiitentum und Sufismus in ihren vielfältigen Erscheinungsformen repräsentieren Denkströmungen, die im Islam von Anfang an vorhanden waren und ihre Inspirationsquelle in den Worten und Taten des Propheten haben. Gott ist Einer. Für den Islam gilt das definitiv nicht.

Der Pluralismus als Fundament einer islamischen Demokratie ist deshalb so wichtig, weil religiöser Pluralismus der erste Schritt zu einer echten Menschenrechtspolitik im Nahen Osten ist. Wie Abdulaziz Sachedina bemerkt, könnte praktizierter religiöser Pluralismus ein «wirksames Beispiel für einen demokratischen, sozialen Pluralismus» sein, «in dem Menschen unterschiedlicher religiöser Herkunft bereit sind, sich zu einer Gemeinschaft von Weltbürgern zusammenzuschließen». Wie der islamische Pluralismus muß jedoch auch eine islamische Menschenrechtspolitik von dem medinensischen Ideal ausgehen.

Von den revolutionären Privilegien und Rechten, die Muhammad den marginalisierten Gruppen seiner Gemeinschaft zuerkannte, war in diesem Buch wiederholt die Rede, ebenso vom Bemühen der religiösen und politischen Erben Muhammads, diese Rechte wieder zu beschneiden. Doch schon der Prophet richtete eine Warnung an all jene in Medina, die diese egalitaristischen Maßnahmen in Frage stellten: «Wer aber gegen Gott … widerspenstig ist, den läßt er in ein Feuer eingehen, damit er (ewig) darin weile. Eine erniedrigende Strafe hat er zu erwarten» (4, 14). Die Achtung der Menschenrechte im Islam dient also nicht nur dem Schutz der zivilen Freiheiten, sondern ist eine grundlegende religiöse Pflicht.

Dennoch bedeutet die islamische Sicht der Menschenrechte weder einen Freibrief für moralischen Relativismus noch die Freiheit von allen ethisch-moralischen Beschränkungen. Aus der Tatsache, daß der Islam einen grundlegend gemeinschaftlichen Charakter besitzt, folgt ja zwangsläufig, daß eine Menschenrechtspolitik den Schutz der Gemeinschaft gegen das Selbstbestimmungsrecht des einzelnen abwägen muß. Unter Umständen kann es also sein, daß das Wohl der Allgemeinheit Priorität gegenüber den Rechten des einzelnen hat, beispielsweise in bezug auf Alkohol und Glücksspiel, die im Koran bekanntlich verboten sind. Doch die Antwort auf diese und andere ethische Fragen muß dem Willen der Gemeinschaft immer wieder neu angeglichen und damit neu bewertet werden.

Die Achtung der Menschenrechte ist etwas, das sich – wie der Pluralismus – in einer Demokratie ganz allmählich entwickelt. Vergessen wir nicht, daß in der zweihundertfünfzigjährigen Geschichte Amerikas die schwarzen Bürger zweihundert Jahre lang den Weißen rechtlich nicht gleichgestellt waren. Menschenrechte und Pluralismus sind jedoch nicht das Ergebnis der Säkularisierung, sondern deren Ausgangspunkt. Daher muß eine demokratische Gesellschaft, ob islamisch oder nicht, die sich den Prinzipien des Pluralismus und der Menschenrechte verpflichtet fühlt, auch den Weg der *politischen* Säkularisierung gehen.

Hier liegt die Crux der reformistischen Argumentation. Eine islamische Demokratie darf keine «Theo-Demokratie» sein. Dennoch muß sie ein auf das islamische moralische Regelwerk gestütztes demokratisches

System bilden, das die islamischen Ideale des Pluralismus und der Menschenrechte wahrt, wie sie erstmals in Medina eingeführt wurden; zugleich muß sie dem unvermeidlichen Prozeß der politischen Säkularisierung aufgeschlossen gegenüberstehen. Auch wenn der Islam den Säkularismus scheut – die grundlegenden islamischen Werte stehen einer politischen Säkularisierung in keiner Weise entgegen. Einzig und allein der Prophet besaß religiöse und weltliche Befehlsgewalt, doch der Prophet ist nicht mehr unter uns. Wie die Kalifen, Könige und Sultane der großen islamischen Zivilisationen der Geschichte können auch die Führer einer islamischen Demokratie nur nichtreligiöse, zivile Aufgaben innehaben. Zudem steht völlig außer Frage, wer in einem solchen Gemeinwesen der Souverän ist. Eine Regierung des Volkes, durch das Volk und für das Volk kann nur durch den Willen des Volkes eingesetzt oder abgeschafft werden. Schließlich sind es die Menschen, die Gesetze machen, nicht Gott. Auch Gesetze, die auf heiligen Schriften beruhen, müssen von Menschen interpretiert und für diese Welt anwendbar gemacht werden. Jedenfalls bedeutet Souveränität nicht nur die Macht, Gesetze zu erlassen, sondern auch, dafür zu sorgen, daß sie eingehalten werden. Abgesehen von einer gelegentlich verhängten Plage hat Gott diese Macht auf Erden kaum jemals ausgeübt.

Wer behauptet, ein Staat sei nur dann islamisch, wenn die Souveränität in der Hand Gottes liegt, plädiert letztlich dafür, daß diese Souveränität von der Geistlichkeit ausgeübt wird. Da Religion per definitionem Interpretation ist, liegt in einem religiösen Staat die Souveränität bei denen, die die religiöse Deutungshoheit innehaben. Gerade deshalb kann eine islamische Demokratie kein religiöser Staat sein, andernfalls wäre er eine Oligarchie und keine Demokratie.

Von der Zeit des Propheten über die Zeit der rechtgeleiteten Kalifen bis zu den großen Reichen und Sultanaten der islamischen Geschichte war kein einziger Versuch, eine starre, einheitliche Interpretation des islamischen Glaubens und der islamischen Praxis durchzusetzen, von Erfolg gekrönt. Ja, bis zur Gründung der Islamischen Republik Iran gab es in der Weltgeschichte kein islamisches Gemeinwesen, in dem eine einzelne Person das Deutungsmonopol des heiligen Buches innehatte. Was nicht heißt, daß religiöse Autoritäten keinen Einfluß auf den Staat haben sollten. Chomeini mag recht damit haben, daß diejenigen am besten qualifiziert sind, die Religion zu interpretieren, die sich ihr Leben lang mit ihr beschäftigt haben. Doch dies kann, wie beim Papst in Rom, nur eine moralische, keine politische Einflußnahme sein. Die Funktion der Geistlichkeit in einer islamischen Demokratie besteht nicht in der Ausübung von Herrschaft, sondern in der Bewahrung und – wichtiger noch – in der Widerspiegelung der Moral des Staates. Und da nicht die Religion, sondern die Deutung der Religion über die Moral befindet, braucht eine solche Deutung stets den Konsens der Gemeinschaft.

Dies bedeutet jedoch, daß der Islam bei der Definition dessen, wie eine im Land selbst gewachsene Demokratie in mehrheitlich muslimischen Ländern aussehen soll, notgedrungen eine Rolle spielen wird, zumindest in den Anfangsphasen. Diejenigen in Europa und Nordamerika, die erwarten, daß Länder, die bisher kaum etwas anderes als autoritäre Regime kannten, sofort eine voll ausgeformte säkulare, liberale Demokratie etablieren können, leben im Reich der Phantasie. Schon ein flüchtiger Blick auf die islamische Geschichte zeigt, wie sehr der Islam die Einstellungen der Muslime gegenüber Staat und Politik beeinflußt hat, die der Rechten ebenso wie der Linken. Im Iran zum Beispiel bedienen sich die Reformer und die konservativen Hardliner derselben Symbole, derselben Rhetorik und derselben Sprache im Kampf entweder für demokratische Reformen oder für theokratische Intransigenz, weil beiden die Macht des Islams für die Mobilisierung der Massen bewußt ist. Der Grund, warum politische Opposition im Nahen und Mittleren Osten so oft religiös ist, liegt nicht darin, daß diese Oppositionsparteien einen theokratischen Staat errichten wollen, sondern daß die Sprache der Religion in der muslimischen Gemeinschaft die größte Akzeptanz besitzt.

Wenn die Demokratie in mehrheitlich muslimischen Staaten eine Chance haben soll, müssen religiöse Parteien zur Teilnahme am Prozeß der politischen Willensbildung ermuntert werden, auch extremistische islamistische Gruppen wie die Hisbollah im Libanon und die Hamas in Palästina. Es stimmt, es gibt Gruppen, deren einziges Interesse die Errichtung einer repressiven, archaischen Theokratie ist und die entschlossen sind, ihre theopolitischen Ziele mit Gewalt und Terror durchzusetzen. Ihnen muß mit allen Mitteln entgegengetreten werden. Doch wenn selbst legitime religiöse Opposition entmutigt oder geächtet wird, führt dies nur zu Radikalisierung. So geschah es im Iran, als der Schah jede legitime Opposition der Geistlichkeit gegen seine despotische Herrschaft niederschlug. Die Folge war eine Radikalisierung und die Entstehung eines ganz neuen revolutionären Schiitentums, das ihn schließlich vom Thron stieß und aus dem Iran eine islamische Republik machte.

Niemand kann die potentielle Gefahr verkennen, die darin liegt, religiös konservativen Gruppen einen Platz am politischen Verhandlungstisch zu geben. Und natürlich kann es zu Problemen kommen, wenn die Religion im Staat eine Rolle spielt, denn es wird immer Gruppen geben, die ihre Deutung der Religion zur Durchsetzung ihrer eigenen gesellschaftlichen und politischen Ziele zu nutzen suchen. Doch dies gilt für alle Demokratien, besonders für die amerikanische. Eine reale Gefahr jedoch liegt darin, die politischen Ambitionen solcher Gruppen zu unterdrücken. Denn die Unterdrückung legitimer islamistischer Oppositionskräfte hat stets militanten Gruppen und religiösen Extremisten in die Hände gespielt. Ein Beispiel ist Algerien, wo der Aufstieg der extrem gewaltbereiten dschihadistischen Organisation Groupe Islamique Armé (GIA) die unmittelbare Folge der Entscheidung des algerischen Militärs war, die eher moderaten und anpassungsbereiten Islamisten vom Front Islamique de Salut (FIS) von der politischen Teilhabe auszuschließen. Wenn umgekehrt moderate islamistische Parteien an der Politik und Regierung ihres Landes beteiligt wurden, schwand die Unterstützung der Bevölkerung für extremistischere Gruppen. In der Türkei zum Beispiel hat der politische Erfolg der islamistischen AKP (Partei für Gerechtigkeit und Entwicklung) die radikaleren religiösen Kräfte geschwächt und ihnen die Unterstützung der Massen entzogen. Es ist eine schlichte Tatsache, daß im Nahen und Mittleren Osten, aber auch in anderen Regionen ohne die Partizipation von Islamisten, die bereit sind, sich an die Regeln zu halten, ihre Waffen niederzulegen und statt dessen zu den Urnen zu gehen, die Demokratie keine Wurzeln fassen kann.

Einer islamischen Demokratie kann es letztlich nicht darum gehen, die Volkssouveränität mit der göttlichen Souveränität in Einklang zu bringen; sie muß bestrebt sein, das «Glück der Menschen mit der Billigung Gottes» in Einklang zu bringen, um Abdolkarim Soroush zu zitieren. Und sollte es zwischen beiden zum Konflikt kommen, muß die Interpretation des Islams hinter die demokratisch-politische Realität zurücktreten, nicht umgekehrt. So ist es immer gewesen. Von dem Augenblick an, als Gott dem Propheten das erste Wort der Offenbarung übermittelte («Lies!»), hat sich die Geschichte des Islams aus den jeweiligen sozialen, kulturellen und politischen Lebenshintergründen derer entwickelt, die seine Geschichte erzählten. Heute muß sich diese Geschichte erneut weiterentwickeln. Denn der Kampf für islamische Demokratie ist nur eine von vielen Fronten in einem weltweiten Kampf innerhalb des Islams, einem Kampf zwischen denen, die ihren Glauben und ihre Traditionen mit den Gegebenheiten der modernen Welt versöhnen wollen, und denen, die auf diese Gegebenheiten mit einer manchmal gewalttätigen Hinwendung zurück zu den «Fundamenten» ihres Glaubens reagieren.

Ungeachtet der tragischen Ereignisse vom 11. September und weiterer Terroranschläge gegen westliche Ziele, ungeachtet der globalen Mentalität eines «Kampfes der Kulturen» und der dieser Mentalität zugrundeliegenden Realität eines «Kampfes der monotheistischen Religionen», ungeachtet auch der lautstarken religiösen Rhetorik der Regierenden kann eines gar nicht oft genug betont werden: Was heute im Islam stattfindet, ist eine innermuslimische Auseinandersetzung, kein Kampf zwischen dem Islam und dem Westen. Der Westen ist nur Zuschauer – das unachtsame und doch komplizenhafte Opfer eines innerislamischen Machtkampfes um die Frage, wer das nächste Kapitel in der Geschichte dieser Religion schreiben wird.

Mit diesem Problem haben alle großen Religionen gerungen, die einen mehr, die anderen weniger. Man denke nur an den Dreißigjährigen Krieg (1618–48) zwischen der Protestantischen Union und der Katholischen Liga, in dem innerchristliche Konflikte blutig ausgetragen wurden. Der Dreißigjährige Krieg markierte in mehrfacher Hinsicht das Ende der christlichen Reformation, jener vielleicht urtypischen Auseinandersetzung um die Zukunft einer Religion. Nach diesem verheerenden Krieg, dem fast ein Drittel der Bevölkerung Deutschlands zum Opfer fiel, entwickelte sich die christliche Theologie vom doktrinären Absolutismus der vorreformatorischen Zeit zum doktrinären Pluralismus der Neuzeit und schließlich zum doktrinären Relativismus der Aufklärung. Die Entwicklung des Christentums von seinen Anfängen bis zur Reformation dauerte tausendfünfhundert Jahre – fünfzehn schreckliche, blutige und bisweilen apokalyptische Jahrhunderte.

Eintausendvierhundert Jahre fanatischer Debatten über die Frage, was es bedeutet, ein Muslim zu sein; eintausendvierhundert Jahre hitziger Auseinandersetzungen um die Interpretation des Korans und die Anwendung des islamischen Rechts; eintausendvierhundert Jahre des

Bemühens, eine gespaltene Gemeinschaft durch Beschwörung der göttlichen Einheit wieder zu versöhnen; eintausendvierhundert Jahre der Stammesfehden, Kreuzzüge und Weltkriege – und der Islam ist soeben in sein fünfzehntes Jahrhundert eingetreten und damit in die Verwirklichung seiner eigenen, lang erwarteten und hart erkämpften Reformation. Doch diese Reformation wird sich nicht in den Wüstenregionen der Arabischen Halbinsel vollziehen, wo die Botschaft des Islams der Welt geoffenbart wurde, sondern in den aufstrebenden Hauptstädten der islamischen Welt – Teheran, Kairo, Damaskus und Jakarta – und in den kosmopolitischen Hauptstädten Europas und der Vereinigten Staaten – New York, London, Paris und Berlin –, wo jene Botschaft von muslimischen Einwanderern der ersten und zweiten Generation neu definiert wird. Diese Muslime haben genug von der Dominanz des Traditionalismus und der Militanz ihrer Religion. Sie haben die islamischen Wertvorstellungen ihrer Vorfahren mit den demokratischen Idealen ihrer neuen Heimat verbunden und sind damit zur «treibenden Kraft» der islamischen Reformation geworden, wie Tariq Ramadan es nannte, der in der Schweiz geborene Intellektuelle und Enkel von Hasan al-Banna.

Wie die Reformationen der Vergangenheit wird es auch diesmal ein erschütterndes Ereignis sein, von dem die Welt bereits heute überwältigt wird. Doch aus der Asche dieses Kataklysmus erwächst ein neues Kapitel der islamischen Geschichte. Wer dieses Kapitel schreiben wird, ist noch nicht ausgemacht, doch schon jetzt wartet auf die muslimische Welt eine neue Offenbarung. Eine Offenbarung, die nach Jahrhunderten schläfriger Erstarrung endlich erwacht ist, um in Medina ans Licht zu treten.

11. Willkommen zur islamischen Reformation

Die Zukunft des Islams

Mitten in der alten Stadt Kairo befindet sich eine Institution, die so alt und so triumphal ist wie die Stadt selbst. Seit mehr als tausend Jahren ist die berühmte Moschee und Universität al-Azhar für Millionen Muslime in der ganzen Welt ein Zentrum der Gelehrsamkeit des sunnitischen Islams. Wenn es im Islam so etwas wie einen Vatikan gäbe, läge er hier. Die Azhar-Moschee wurde 972 n. Chr. von den Kalifen der Fatimiden-Dynastie gegründet, die ihre Herkunft auf Fatima zurückführte, die Tochter des Propheten Muhammad. Fatimas Beiname ist al-Zahra, die «Strahlende», und so bedeutet al-Azhar so viel wie *die Strahlendste*. Abends, wenn die Sonne hinter den hohen, smogverhangenen Minaretten untergegangen ist, strahlt das imposante Bauensemble heller als die Sterne am diesigen Himmel.

Die beiden Campusse der Universität al-Azhar, der für Studentinnen und der für Studenten, liegen gleich neben dem zentralen Basar der Stadt, dem Khan el-Khalili mit seinen labyrinthischen, kopfsteingepflasterten Gassen, in denen sich einheimische Schnäppchenjäger und müde Touristen drängen. In den Sommermonaten, wenn die brodelnde Energie der Stadt selbst den Kairoern zuviel wird, flüchten sich Männer und Frauen, Junge und Alte, Christen und Muslime in die kühle, beruhigende Stille des großen offenen Innenhofs der Azhar. Barfüßige alte Männer sitzen im Schatten der überdachten Säulenhallen auf den Marmorfliesen, mit dem Rücken an die fragilen Säulen gelehnt. Studenten kauern in Grüppchen in den fein gemeißelten Nischen und Ecken der großen Gebetshalle, um zu lernen oder sich zu unterhalten. An besonders heißen Tagen bewegen sich in diesem Komplex nur die Tauben und die Männer mit weißen Käppis und staubigen grauen *galabiyas*, die mit getrockneten Palmwedeln die Fußböden fegen.

In diesen heiligen Mauern atmet alles Tradition, auch die Mauern selbst. Bei meinem ersten Besuch in der Azhar fragte ich einen ägyptischen Freund, wie lange es diese religiöse Einrichtung hier in Kairo schon gebe. «Es gab sie schon immer», sagte er.

Das war nicht übertrieben. Auch wenn die moderne Hauptstadt Ägyptens auf den Trümmern eines halben Dutzends längst vergessener Städte erbaut ist: Die Stadt, deren arabischer Name al-Qahira bedeutet, «die Siegreiche», die Stadt der tausend Minarette, die als Hauptstadt des schiitischen Fatimidenreichs begann und heute als kulturelles Zentrum der arabischen Welt anerkannt ist – diese Stadt wurde mit al-Azhar als Rückgrat gegründet. Im 12. Jahrhundert eroberte der muslimische Krieger Saladin Ägypten und setzte der schiitischen Herrschaft ein Ende. Er entzog der Azhar seine Unterstützung und überließ sie dem Verfall, doch aus der Asche von Saladins Ayyubiden-Dynastie erstand sie in noch strahlenderem Glanz. Im 18. Jahrhundert beschoß Napoleon Bonaparte die Azhar, seine Soldaten drangen auf Pferden in die Moschee ein, plünderten sie und töteten dreitausend Menschen. Drei Jahre später war es die Azhar, die den Aufstand gegen die Franzosen führte und Napoleon nach Europa zurückdrängte. Im 20. Jahrhundert, gegen Ende der britischen Kolonialherrschaft, lieferten die Ulama der Universität al-Azhar die theologische Basis für Streiks und Boykotte, die schließlich die Invasoren aus Ägypten vertrieben. In den 1950er Jahren, während Gamal Abd al-Nassers sozialistischer Revolution, unterstützte die Azhar zunächst die Ideale des Panarabismus, denen sie jedoch abschwor, als Nasser die Universität in eine staatlich kontrollierte säkulare Institution umwandelte. In der Zeit nach der Revolution wurde die Azhar gleichzeitig zum Instrument der Legitimierung einer säkularen Diktatur und einer islamistischen Reaktion gegen diese Diktatur. Und als im Irak und in Afghanistan der Krieg gegen den Terror wütete, war sie gleichzeitig ein Bollwerk gegen den westlichen «Kreuzzug gegen den Islam» und Hort eines friedlichen Konservatismus – ein Gegenmodell zum eifernden Extremismus, von dem sich die ägyptische Jugend angezogen fühlte.

Die enge Bindung an die «Tradition», die hinter den Mauern der Azhar in flüsternder Ehrfurcht beschworen wird, verleiht dieser Einrichtung und ihren Gelehrten die Autorität, in allen Angelegenheiten des

Glaubens und der Moral als Schiedsrichterin zu agieren. Tatsächlich ist die Autorität der Ulama – in der Azhar, aber auch an anderen Orten der Welt – eng an ihre Befähigung gekoppelt, das zu wiederholen, was seit mehr als tausend Jahren von Männern wie sie selbst, die in diesem Gebäude dieselben Texte und Kommentare studiert haben, gesagt, geschrieben und gedacht wurde.

Im Schiitentum erwächst religiöse Autorität aus der spirituellen Verbindung der Ulama zum Propheten und zu den Imamen. Im sunnitischen Islam erwächst sie allein aus der vollständigen Unterordnung der Ulama unter die Tradition. Die Autorität der schiitischen Geistlichkeit gilt als ewig und von Gott inspiriert, die der sunnitischen Geistlichkeit ist nicht unvergänglich, und sie gründet in der Vergangenheit. Sie wurde nicht von Gott, sondern von Menschen übertragen. Wie ein jüdischer Rabbi ist auch ein sunnitischer Geistlicher ein Gelehrter, kein Priester. Sein Urteil wird nicht deshalb befolgt, weil es eine göttliche Autorität in sich trüge, sondern weil ihm seine Gelehrsamkeit, die intime Kenntnis der Tradition und die unverbrüchliche Verbindung zur Vergangenheit eine besondere Erkenntnis des Willens Gottes garantiert. Zerreißt dieses Band, weil soziale, politische oder religiöse Krisen die Fundamente der muslimischen Gesellschaft erschüttern, gerät die gesamte Institution ins Wanken.

In der tausendvierhundertjährigen Geschichte des Islams gab es immer wieder solche Brüche: mit dem Tod des Propheten, der imperialen Expansion, dem Konflikt mit Europa, den Kreuzzügen, dem Kolonialismus und der Zerschlagung des Kalifats. Doch kein Bruch hatte für die Entwicklung des Islams schwerwiegendere Folgen und zerschnitt das Band der Ulama mit der Vergangenheit radikaler als die Begegnung der Muslime mit der Moderne und der Globalisierung.

Eintausendvierhundert Jahre lang nahmen die ehrwürdigen Religionsgelehrten der Azhar und ähnlicher Institutionen anderswo auf der Welt das Monopol zur Übermittlung der Botschaft des muslimischen Glaubens für sich in Anspruch. Die Entscheidung darüber, wie man beten, fasten und sich kleiden oder wen man heiraten soll, lag bei gelehrten alten Männern in Dutzenden religiösen Einrichtungen und Rechtsschulen, die ihre Aufgabe darin sahen, die Zukunft des Islams zu gestalten, indem sie dessen Vergangenheit kontrollierten. Das hat sich heute geändert.

Ein Muslim oder eine Muslimin, die heute rechtlichen oder geistlichen Rat für ein rechtschaffenes Leben suchen, werden sich vermutlich nicht an die altmodischen Gelehrten der ehrwürdigen ägyptischen al-Azhar, sondern an den äußerst populären ägyptischen Fernsehprediger Amr Khaled wenden. Zig Millionen junge Muslime weltweit, von Jakarta bis Detroit, verfolgen die wöchentliche TV-Show, in der Amr Khaled in religiösen und rechtlichen Fragen Ratschläge erteilt. Seine Facebook-Seite hat mehr als zwei Millionen Fans. Sein YouTube-Kanal zählt mehr als 26 Millionen Nutzer. Seine DVDs verkaufen sich besser als viele Hollywood-Hits. 2007 rangierte er im *Time Magazine* auf Platz dreizehn der weltweit einflußreichsten Persönlichkeiten. Er ist zweifellos einer der prominentesten, gefragtesten und maßgeblichen Islamgelehrten auf diesem Planeten.

Nur daß Amr Khaled gar kein Gelehrter ist. Er ist kein Geistlicher. Er hat weder an der Universität al-Azhar noch an sonst irgendeiner anerkannten geistlichen Einrichtung studiert. Ja, er besitzt überhaupt keine Ausbildung in islamischer Theologie oder islamischem Recht; er ist Buchhalter von Beruf. Islamischem Recht zufolge steht es ihm nicht zu, seine Ansichten über Sinn und Bedeutung der islamischen Glaubenslehre öffentlich darzulegen. Dennoch spielt Amr Khaled mit seiner Omnipräsenz in Fernsehen und Internet eine Rolle, die traditionell den Ulama als den einzigen Interpreten des Islams vorbehalten war. Und er ist nicht der einzige. Überall auf der Welt schicken sich selbsternannte Prediger, spirituelle Gurus, Wissenschaftler, Aktivisten und Amateurintellektuelle an, den Islam neu zu definieren, indem sie die Interpretation ihrer Religion dem eisernen Griff der Ulama entwinden und über die Zukunft dieser sich immer weiter ausbreitenden und tief zersplitterten Religion selbst entscheiden.

Willkommen zur islamischen Reformation.

Der Begriff «Reformation» ist zugegebenermaßen mit so viel religiösem und kulturellem Gepäck befrachtet, daß Historiker und Religionsgelehrte sich oft scheuen, ihn zu benutzen. Er hat klar und deutlich christliche und europäische Konnotationen. Dennoch verweist «Reformation» grundsätzlich auf etwas, das fehlt oder mit Mängeln behaftet ist und der Verbesserung oder Korrektur bedarf. Der Begriff enthält kein Werturteil.

Wenn man ihn aus seinem historischen Kontext herauslöst, bezeichnet er ein universelles religiöses Phänomen, das in fast allen institutionalisierten Religionen zu finden ist. Denn wie immer man die Reformation des Christentums definiert, war sie doch vor allem ein Streit um die Frage, wer die Befugnis zur Definition des Glaubens besitzt: das Individuum oder die Kirche. Dieser Streit führte letztlich zur Zersplitterung des Christentums in rivalisierende Gruppen und zu religiösen Schismen. Doch der diesem Streit zugrundeliegende Konflikt beschränkt sich keineswegs auf die europäische oder christliche Geschichte. Die Geschichte der Religionen, besonders der sogenannten abendländischen Religionen, kann als ein langer Kampf zwischen Institutionen und Individuen um die religiöse Autorität betrachtet werden. In Zeiten sozialer Spannungen oder politischer Unruhen kann dieser stets vorhandene Konflikt an die Oberfläche treten, oft mit katastrophalen Folgen.

So war es im 1. Jahrhundert n. Chr., als militante jüdische Gruppen im römisch besetzten Palästina (*Palästina* wurde in römischer Zeit das gesamte Gebiet genannt, das Palästina und das heutige Israel sowie große Teile Jordaniens, Syriens und des Libanon umfaßt) die Autorität des Tempels und seiner Priesterhierarchie, das Judentum zu definieren, radikal in Frage stellten. Das, was zu Recht als die «jüdische Reformation» bezeichnet worden ist, führte zur Entstehung des rabbinischen Judentums, aber auch zur Entstehung einer ganz neuen jüdischen Sekte, des Christentums. Sie geht auf einen jüdischen Reformer zurück, dessen wichtigste Botschaft lautete, die Autorität zur Definition des jüdischen Glaubens liege nicht bei «den Hohepriestern und Schriftgelehrten», sondern bei jedem einzelnen Gläubigen. (Allerdings führte die jüdische Reformation auch zur Zerstörung Jerusalems und zur Vertreibung der Juden aus der Stadt.)

Die Reformation, aus der das Christentum hervorging, führte tausendfünfhundert Jahre später zu dessen Spaltung, als Martin Luther seine 95 Thesen an die Tür der Schloßkirche zu Wittenberg nagelte. Doch natürlich begann die christliche Reformation nicht mit Luther, und sie war auch nicht einfach nur der weitverbreiteten Unzufriedenheit mit der katholischen Kirche und ihrer Korruption geschuldet. Die christliche Reformation war das Ergebnis eines langen und langsamen Prozesses, der bereits im 14. Jahrhundert begann, als einflußreiche Kirchenführer (am bekanntesten John Wycliffe in England, Jan Hus in Böhmen und Jean Gerson in Frankreich) aggressiv versuchten, die Kirche von innen heraus zu reformieren. Lange bevor Luther in den strengen Orden der Augustinermönche eintrat, hatten die Humanisten bereits eine Renaissance der mittelalterlichen Theologie in Gang gesetzt, als sie nicht der lateinischen Vulgata, sondern der Bibel in den Originalsprachen den Vorzug gaben. Desiderius Erasmus, der vielleicht einflußreichste Intellektuelle des 16. Jahrhunderts, hatte bereits 1516 mit seiner Ausgabe des griechischen Neuen Testaments viel von der protestantischen Theologie vorweggenommen: Die Jungfrau Maria war nun nicht mehr «voll der Gnaden», sondern «hat Gunst gefunden»; und der endzeitliche Ruf Johannes des Täufers im Matthäusevangelium lautete nicht mehr «Tut Buße», sondern «Bereut».

Was Luther von Erasmus und den Humanisten unterschied und ihn zum Begründer der christlichen Reformation machte, war sein Ziel. Er strebte keine *Reform* der katholischen Kirche an, die er als den Thron des Antichristen betrachtete, sondern wollte die Kirche zerschlagen, sie ihrer Privilegien als einziger Mittlerin der Erlösung und als einziger Autorität zur Interpretation der Heiligen Schrift berauben. Sein *sola scriptura* besagt nachdrücklich, daß die Deutung der Schrift nicht dem Papst, sondern dem einzelnen Gläubigen obliegen müsse.

Derselbe Prozeß der Reformation, der Judentum und Christentum für immer verändert hat, hat im Islam vor fast einhundert Jahren begonnen, zur Zeit des europäischen Kolonialismus, unter dem im 19. und frühen 20. Jahrhundert rund 90 Prozent der Muslime weltweit lebten. Doch anders als Judentum und Christentum besaß der Islam nie eine einzige religiöse Autorität. Es gab nie einen «muslimischen Tempel» oder einen «muslimischen Papst» als zentrale religiöse Instanz, die das Recht beanspruchte, für die gesamte muslimische Gemeinschaft zu sprechen. Das Kalifat war eine politische, keine religiöse Institution. Besonders in der sunnitischen Tradition, in der 85 Prozent der weltweit 1,5 Milliarden Muslime stehen, liegt die religiöse Autorität nicht bei einem einzigen Individuum oder einer einzigen religiösen Institution (und auch nicht bei der Universität al-Azhar, so herausragend ihre Stellung auch ist). Sie ist vielmehr auf eine Vielzahl konkurrierender religiöser Einrichtungen und Rechtsschulen verteilt, die seit dem Tod des Propheten Muhammad die Deutungshoheit des Islams für sich beanspruchten.

Doch im Verlauf des 20. Jahrhunderts – und besonders seit der Zerschlagung des Kalifats, das (so machtlos es auch geworden war) die muslimische Einheit verkörperte – sahen sich viele Muslime gezwungen, sich weniger als Angehörige einer weltweiten Glaubensgemeinschaft, sondern als Bürger unterschiedlicher Nationalstaaten zu betrachten. Die Folge dieser geopolitischen Fragmentierung war der fast vollständige Zusammenbruch der Ideale einer Gemeinschaft, auf die der Islam gegründet war. Die Ideologien des Panarabismus und des Panislamismus versuchten zwar, die muslimische Gemeinschaft über nationale Grenzen hinweg wieder zu einen. Aber mit dem Zusammenbruch dieser Ideologien wuchs eine neue Generation von Muslimen ohne das Bewußtsein, ja ohne das Bedürfnis einer geeinten Umma auf. Inzwischen hat die Förderung einer modernen Schulbildung in vielen mehrheitlich muslimischen Staaten zu einem enormen Anstieg der Lese- und Schreibfähigkeit und der Bildung allgemein geführt, wodurch das Privileg der Ulama als der «Gelehrten» des Islams erschüttert wurde. Mit einem leichteren Zugang zu neuen Ideen- und Wissensquellen wurde das institutionalisierte Lernen, das die Ulama als ihr Monopol ansahen, zunehmend entwertet. Nimmt man das Aufkommen alternativer Formen muslimischer Identität hinzu – den politischen Islam (Islamismus), den islamischen Sozialismus oder sogar den Dschihadismus, die alle die Ulama für den Niedergang der islamischen Kultur und die moralische Korruption der muslimischen Gesellschaft verantwortlich machen –, kann man von einer «Demokratisierung» der religiösen Autorität sprechen: Jeder, der eine geeignete Plattform hat und seine Stimme laut genug zu Gehör bringt, kann heute Rechte und Privilegien für sich beanspruchen, die zuvor allein dem islamischen Klerus vorbehalten waren.

Einer der Gründe, warum die Ulama die Deutungshoheit des Islams so lange innehaben konnten, liegt darin, daß sie in der Vergangenheit fast immer die einzigen waren, die die heiligen Schriften und die Texte des Islams lesen konnten. Seit dem Ende des 7. Jahrhunderts n. Chr., als die Verse des Korans gesammelt und ein Kanon erstellt wurde, war das heilige Buch des Islams nur in seiner Originalsprache Arabisch verfügbar. Für die Ulama kam eine Übersetzung der heiligen Schrift in irgendeine andere Sprache einer Entweihung der göttlichen Natur des Textes gleich. Bis zum heutigen Tag werden Übertragungen des Korans in andere Sprachen als *Interpretationen* betrachtet, nicht als der Koran selbst.

Und deshalb waren die meiste Zeit in den vergangenen tausendvierhundert Jahren 90 Prozent der Muslime weltweit, deren Muttersprache nicht Arabisch war, darauf angewiesen, daß die Ulama ihnen die Bedeutung und die Botschaft ihres Glaubens darlegten. (Wie man sich vorstellen kann, hatte eine solche unangefochtene Kontrolle über die heiligen Schriften nachteilige Folgen besonders für muslimische Frauen, die im Laufe der Geschichte immer weiter aus einem Text verdrängt wurden, dessen einzige Interpreten – mit wenigen Ausnahmen – Männer waren.)

All dies ist heute im Umbruch. Im Laufe des vergangenen Jahrhunderts sind Übersetzungen des Korans in mehr Sprachen entstanden als in den tausendvierhundert Jahren zuvor. Immer mehr muslimische Laien und besonders Frauen befreien sich von Jahrhunderten der Interpretation des Korans durch die Geistlichkeit zugunsten einer individualisierten und nicht vermittelten Lektüre. Zwei arabische Begriffe definieren diesen Prozeß: *tadschdid*, was so viel heißt wie «Erneuerung», und *islah* oder «Reform». Sie beschreiben die Rückkehr zu den Gründungstexten des Islams. Tatsächlich wird heute eine der am schnellsten wachsenden und höchst dynamischen Bewegungen innerhalb des Islams von einer internationalen Gemeinschaft von Muslimen angeführt, die sich *Koranisten* nennen. Sie betrachten den Koran als die einzige Quelle des islamischen Glaubens und lehnen die Hadithe, die Sunna und die Scharia ab.

Wenn dieser Gedanke vertraut klingt, dann deshalb, weil die heiligen Schriften in religiösen Reformationen stets die wichtigste Arena der Auseinandersetzung waren. Eine Reformation kann nur dann erfolgreich sein, wenn die einzelnen zu den Texten Zugang haben, die der Institution ihre Macht verleihen. Luthers *sola scriptura* – der Gedanke, daß jeder die Bibel selbst auslegen kann, ohne die Vermittlung durch den Papst – wäre folgenlos geblieben, wenn Luther nicht das Neue Testament aus dem Lateinischen (das nur der Klerus und die gebildete Oberschicht lesen konnten) ins Deutsche übertragen hätte, in die Sprache des Volkes. Muslimische Männer und Frauen folgen den großen Reformern der Vergangenheit, wenn sie heute die Autorität, den Koran zu definieren und entsprechend ihren Bedürfnissen neu zu interpretieren, für sich reklamieren.

In diesem bemerkenswerten, Jahrhunderte dauernden Prozeß wurden Muslime in der ganzen Welt von dem bekannten, dennoch aber revolutionären Diktum beflügelt, daß es zwischen dem Gläubigen und Gott keines Vermittlers bedürfe, daß jeder Mensch imstande sei, Gottes Willen zu erkennen, und daß die enge Bindung an die Vergangenheit nicht unbedingt dazu qualifiziere, über die Zukunft zu befinden. Einige haben auf der Grundlage dieser radikalen Überzeugung ganz neue Deutungen des Islams im Geist des Pluralismus, des Individualismus, des Modernismus und der Demokratie entwickelt. Andere haben begonnen, ein anderes, ebenso neues Ideal des Islams zu propagieren, das Intoleranz, Fanatismus, Militanz und ewigen Krieg beinhaltet. Welche dieser Deutungen der «wahre Islam» ist, bleibt eine Frage, die nicht zu beantworten ist. Schließlich impliziert die Ablehnung einer institutionalisierten Deutungshoheit, daß *alle* Interpretationen der islamischen Glaubenslehre als gleichermaßen gültig betrachtet werden müssen. Wie Martin Luther erkannt hat, kann es keine (institutionellen oder sonstigen) Zwänge im Glauben mehr geben, wenn jeder Gläubige bevollmächtigt ist, seine Religion selbständig zu interpretieren. So wie die christliche Reformation den Weg für viele oft einander widerstreitende und manchmal irritierende Deutungen des Christentums ebnete, brachte auch die islamische Reformation eine Vielzahl stark divergierender und konkurrierender Ideologien des Islams hervor. Festzuhalten jedoch bleibt, daß der friedliche, tolerante und zukunftsgerichtete Islam eines Amr Khaled auf der einen und der gewaltbereite, intolerante und rückwärtsgewandte Islam eines Usama bin Ladin auf der anderen Seite zwei konkurrierende und einander widersprechende Facetten ein und derselben Reformation sind, da beide den Ulama die alleinige Kompetenz streitig machen, für den Islam zu sprechen. Im Guten wie im Schlechten liegt diese Kompetenz heute bei jedem einzelnen Muslim.

Ein paar Kilometer von den Campussen der Universität al-Azhar entfernt, in einem unscheinbaren Bürogebäude inmitten des brodelnden Geschäftsviertels Dokki betreiben rund hundertfünfzig festangestellte Mitarbeiter, die meisten von ihnen zwischen zwanzig und vierzig Jahre alt, eine Internetseite, die rasch zu einer vielbesuchten Webadresse geworden ist. IslamOnline.net hat Schätzungen zufolge fast eine Million Besucher täglich, die meisten zwischen achtzehn und vierundzwanzig (es ist zudem eine besonders von muslimischen Frauen besuchte Internetseite). Die Nutzer erhalten Nachrichten und Informationen aus der ganzen Welt, bekommen Tipps für Gesundheit und Wohlbefinden, debattieren über islamisches Recht, diskutieren über Politik, Kunst und Kultur und kommunizieren mit gleichgesinnten Muslimen in der ganzen Welt. Die größte Attraktivität von IslamOnline jedoch besitzt die populäre und umstrittene «Fatwa-Datenbank» auf der Internetseite.

Wenn in der Vergangenheit ein Kairoer Muslim eine Fatwa, ein Rechtsgutachten, zu einem strittigen Thema benötigte, blieb ihm keine andere Möglichkeit, als sich zu Füßen der ehrwürdigen Religionsgelehrten der Universität al-Azhar zu setzen, deren Ansichten über religiöse und gesellschaftliche Angelegenheiten Gesetz waren. Heute kann dieser Muslim von zu Hause aus auf IslamOnline das riesige Archiv neuerer und älterer Fatwas durchforsten, die von den Muftis (den Gelehrten, die berechtigt sind, eine Fatwa herauszugeben) bisher veröffentlicht wurden: Rechtsgutachten zum Thema Frauen, Gesundheit, interreligiöse Beziehungen, Geld und Finanztransaktionen, Sport und Spiel, Krieg und Frieden und vieles andere. Die Website bietet sogar Fatwas zu allen nur erdenklichen Top-Nachrichten des Tages: Gutachten quasi von der Stange.

Auf IslamOnline kann man aus Zehntausenden Fatwas wählen, fast fünftausend davon in englischer Sprache. Weil die Fatwas aus einem breiten Spektrum von Quellen stammen, hat der Nutzer zu jedem Thema die Wahl zwischen mehreren, oft einander widersprechenden Fatwas; jeder kann selbst entscheiden, welche Fatwa ihm am meisten zusagt. Wenn die gewünschte Fatwa nicht in der Datenbank zu finden ist, vermitteln die Mitarbeiter von IslamOnline eine Live-Schaltung zu einem «Cyber-Mufti», der persönlich mit dem Ratsuchenden spricht und innerhalb von vierundzwanzig Stunden eine zufriedenstellende Fatwa erläßt. Erweist sich auch die Fatwa des Cyber-Mufti als unbefriedigend, kann der Nutzer eine der vielen mit IslamOnline konkurrierenden Webseiten aufrufen: Fatwa-Online.com, Islamismscope.com, Almultaka.net, Islam-qa.com (dessen Fatwas in zwölf Sprachen verfügbar sind) oder Askimam.org. Wer damit nicht zufrieden ist, kann immer noch AmrKhaled.net aufrufen oder die Webseite des irakischen Großayatollah Ali al-Sistani (sistani.org) sowie eine der tausend anderen Webseiten einer Vielzahl geistlicher Führer, Aktivisten, Akademiker, Laien, spiritueller Führer, Intellektueller oder Amateure, die mit einer einfachen IPO-Adresse ihren Einfluß über ihre lokale Gemeinschaft hinaus erweitern können. Und weil es im Islam keine zentrale religiöse Autorität gibt, die entscheidet, welche dieser Ansichten richtig ist und welche nicht, kann der Nutzer sich aussuchen, welche Fatwa ihm am meisten zusagt.

Der Einfluß des Internets kann gar nicht überschätzt werden, nicht nur bezüglich der Entwicklung des Islams, sondern, wichtiger noch, bezüglich der Auffächerung und Demokratisierung der religiösen Autorität im Islam. Diese Entwicklung ist wohl nur mit der Erfindung des Buchdrucks zu vergleichen: So wie diese technologische Neuerung im christlichen Europa die Reformation befördert hat, indem sie deren Wortführern die Möglichkeit gab, ihre Ideen auf dem gesamten Kontinent zu verbreiten, ist heute das Internet zum wichtigsten Vehikel einer islamischen Reformation geworden. Ideen und Ansichten, die einst Jahrzehnte oder Jahrhunderte brauchten, bis sie über die Grenzen der islamischen Welt hinaus Verbreitung fanden, können heute in Echtzeit von jedermann mit einem Mausklick abgerufen werden. Millionen Muslime haben ungehinderten Zugang zum Denken und zu den Lehren renommierter Religionsgelehrter, aber auch unbekannter Amateurintellektueller. Dies veranlaßte den prominenten Mufti der König-Abdul-Aziz-Universität in Saudi-Arabien zu der Klage: «Fatwas sind heute etwas, das jeder erlassen kann. Das ist sehr gefährlich, denn unrichtige Fatwas können totale Zerstörung bringen.»

Der Mufti hat recht. Das Internet ist ein zweischneidiges Schwert. Es kann dazu dienen, die religiöse Autorität zu demokratisieren und aufregende neue Ideen in Umlauf zu bringen, schafft aber auch eine Situation, in der höchst eigenwillige Interpretationen des Islams im Netz um die Herzen und Köpfe der Muslime konkurrieren. Wichtiger noch: Das Internet ist zu einer Bastion gewaltgeprägter Interpretationen des Islams und besonders zur Plattform des Dschihadismus geworden. Und wegen der relativen Anonymität des Internets ist es oft schwierig, zwischen Ulama und Dschihadisten, respektablen Gelehrten und gefährlichen Dilettanten zu unterscheiden.

Doch genau aus diesem Grund ist das Internet für eine neue Generation politisch aktiver, sozial bewußter und globalisierter muslimischer Jugendlicher heute die Hauptquelle spiritueller Führung. Das Internet – aber auch die gewachsene Mobilität, das Satellitenfernsehen und eine Vielzahl sozialer Online-Netzwerke – vermittelt diesen jungen Muslimen eine vollkommen neue Sicht der Welt und damit ein gesundes Mißtrauen gegen institutionelle Autoritäten, sei es der Staat oder die Geistlichkeit. Ja, viele betrachten diese beiden Institutionen als identisch. Schließlich übt in fast allen mehrheitlich muslimischen Ländern der Staat eine direkte Kontrolle über die Ulama aus. Er beansprucht die Aufsicht über deren Führung, wählt die Prediger beim Freitagsgebet aus und schreibt gelegentlich sogar deren Ansprachen. Dies führte bei vielen Muslimen zu der Überzeugung, die Ulama ließen sich vom Staat vereinnahmen und ihren Urteilen zu aktuellen sozialen, politischen und religiösen Themen sei nicht zu trauen.

Diese Auffassung wurde durch den Zustrom muslimischer Einwanderer nach Europa und Nordamerika bestärkt, wo Individualismus und Institutionenfeindlichkeit tief in der Gesellschaft verankert sind. Eine neue Generation sogenannter «verwestlichter» Muslime sucht spirituelle Führung nicht in den großen Moscheen ihrer Eltern (Schätzungen zufolge gehen weniger als ein Drittel der amerikanischen Muslime in die Moschee), sondern in kleinen Hinterhofmoscheen, in Studentengruppen, spirituellen Zirkeln und Islamzentren, die zumeist völlig unabhängig von der traditionellen institutionellen Führung und den gesellschaftlichen und kulturellen Restriktionen ihrer Herkunftsländer agieren. Die Rede- und Meinungsfreiheit und ein besserer Zugang zu neuen Kommunikationstechnologien zur Verbreitung innovativer Ansichten über den zeitgenössischen Islam verschafften diesen «verwestlichten» Muslimen großen Einfluß auf ihre Glaubensbrüder und -schwestern in den mehrheitlich muslimischen Ländern.

Was Muslime in Europa und Nordamerika mit anderen Muslimen dieser Welt gemeinsam haben, ist ihr geringes Alter: Fast drei Viertel von ihnen sind unter fünfunddreißig Jahre. In einigen Ländern, namentlich im Iran und im Jemen, in Tunesien, Ägypten und Algerien, führte dieser *youth bulge*, der hohe Anteil von Jugendlichen an der muslimischen Bevölkerung, zur Unzufriedenheit mit den fehlenden politischen und wirtschaftlichen Chancen und zur Bereitschaft, gegen die eigene Regierung aufzustehen, um Rechte und Freiheiten einzufordern. Facebook, Twitter und andere soziale Medien haben diesen jungen Leuten gezeigt, daß es eine andere Welt mit anderen Chancen und anderen sozialen Strukturen gibt. Tatsächlich ist das Internet für viele junge Muslime mehr als nur ein Kommunikationsmittel und mehr als nur spiritueller Beistand. Es ist die Plattform zur Verwirklichung eines neuen Konzepts der Umma – einer virtuellen Umma, die nicht auf religiöser oder kultureller Zugehörigkeit basiert, sondern auf dem Bewußtsein gemeinsamer Interessen, Werte und Anliegen.

Dieser Wunsch nach einer Neugestaltung von Wesen und Struktur der Umma ist es, was so viele junge Muslime an der vom Dschihadismus propagierten militant individualistischen und radikal institutionenfeindlichen Version des Islams anzieht. Über das Internet erreichen dschihadistische Führer junge Muslime, die sich sozial, wirtschaftlich oder religiös von ihrer Gemeinschaft entfremdet haben, und bieten ihnen eine alternative Form der Gemeinschaft und Identität – mit Zielen und Schlußfolgerungen, die ironischerweise an die radikalen Reformer der christlichen Reformation erinnern. Besonders bin Ladin nutzte das Internet, um sich als neue Quelle religiöser Autorität zu präsentieren. Er erließ seine eigenen Fatwas und entwickelte seine eigene Korandeutung, obwohl er, wie Amr Khaled, kein Kleriker war und keine theologische Ausbildung hatte.

Doch es ist ihre totale Loslösung von den klerikalen Institutionen, auf die diese Dschihadistenführer ihre Autorität gründen. Die dschihadistische Identität hat sich in direkter Opposition zur etablierten Geistlichkeit entwickelt. Auch deshalb stehen ihre Wortführer in den Fußstapfen der großen religiösen Reformer der Vergangenheit, besonders der sogenannten radikalen Reformer der christlichen Reformation wie Hans Hut, Jakob Hutter und Thomas Müntzer, die das Prinzip des religiösen Individualismus bis an seine Grenzen ausweiteten und zum Sturz der sozialen Ordnung aufriefen. Vielleicht hatte bin Ladin aber auch mit christlichen Reformern wie Martin Luther mehr gemeinsam, als viele zugeben wollen. Auch Luther vertrat eine institutionenfeindliche Interpretation der Heiligen Schrift und der Traditionen des Christentums, und auch er stellte sich vehement gegen Deutungen, die der seinen widersprachen. (Er ging sogar so weit, die Bücher der Bibel abhängig von ihrer Übereinstimmung mit seiner Theologie als mehr oder weniger gültig zu betrachten.) Er zögerte auch nicht, zu zügelloser Gewalt gegen Reformer aufzurufen, die er mißbilligte. Während des Bauernaufstands 1525 unter Führung seines Rivalen Thomas Müntzer stellte sich Luther nicht nur auf die Seite der weltlichen Obrigkeit, sondern rief auch öffentlich zum Massenmord an den aufständischen Bauern auf: «Man soll sie zerschmeißen, würgen, stechen, heimlich und öffentlich, wer da kann, wie man einen tollen Hund erschlagen muß.» Mehr als hunderttausend Bauern wurden niedergemetzelt.

Es ist daher kein Wunder, daß die auf Luther zurückgehende Reformbewegung den Reformator schon bald als das Problem und nicht als die Lösung betrachtete. Mitte des 16. Jahrhunderts hatte die christliche Reformation Luther mehr oder weniger den Rücken gekehrt und sich populistischeren Bewegungen zugewandt: den Zwinglianern in der Schweiz, den Wiedertäufern im Rheinland und den Calvinisten in Genf; der Calvinismus wurde schnell zur dominanten Strömung des Protestantismus in Westeuropa. Ein ähnlicher Prozeß vollzieht sich heute im Islam. Usama bin Ladin und seine dschihadistischen Ideologen werden zunehmend fallengelassen von einer Bewegung, die al-Qa'ida weder initiiert noch geleitet, zur Propagierung ihrer religiösen und politischen Agenda jedoch geschickt genutzt hat – eine Ideologie, von der sich ohnehin stets nur ein Bruchteil der globalen muslimischen Bewegung angesprochen fühlte. Die überwältigende Mehrheit der Bevölkerung fast aller muslimischen Länder hat sich die dschihadistische Botschaft nie zu eigen gemacht.

Doch die Reformation, die den Dschihadismus hervorbrachte, geht unvermindert weiter. Sie hat sogar begonnen, jene geistlichen Institutionen zu beeinflussen, gegen die sie ursprünglich gerichtet war. Eine neue Kategorie sogenannter «dissidenter Ulama» – Gelehrte und Dozenten, die ihre Unabhängigkeit von den etablierten Rechtsschulen erklärten – gewinnt in der islamischen Welt immer mehr Anhänger. Diese Ulama sind so etwas wie Wanderprediger mit Autoritätsstrukturen, die den traditionellen klerikalen Institutionen widersprechen. Inzwischen hat sich der Trend umgekehrt, und die traditionellen Institutionen beginnen erneut einen gewissen Einfluß und eine gewisse Autorität auszuüben, indem sie sich derselben Strategien wie ihre reformistischen Rivalen bedienen. Man könnte geradezu von einer «Gegenreformation» sprechen. Al-Azhar besitzt sogar einen eigenen Fernsehsender mit Programmen in Englisch, Französisch, Urdu etc., um den Einfluß von Predigern wie Amr Khaled zurückzudrängen. Heute hat fast jede klerikale Einrichtung der Welt eine bedeutende Onlinepräsenz. Die Ulama wissen, daß ihre Autorität und ihre Reputation davon abhängen, ob es ihnen gelingt, die neuen sozialen Medien zu nutzen, um junge Muslime für einen Diskurs auf ihrem Niveau und zu ihren Bedingungen zu gewinnen. Das Ergebnis ist eine Kakophonie unterschiedlicher Stimmen aus einer Vielzahl von Quellen, die ein Füllhorn von Ideen, Werten, Gedanken und Interpretationen ausschütten, oft im Konflikt miteinander, doch stets mit dem Anspruch, die Zukunft einer Religion zu gestalten, die schon bald die größte der Welt sein wird.

Wie wir aus der Geschichte des Christentums wissen, können Reformationen chaotisch und blutig verlaufen. Und die islamische Reformation hat noch einen weiten Weg vor sich. Vielleicht ist es noch zu früh, um darüber zu spekulieren, in welcher Weise der radikale Individualismus und die Institutionenfeindlichkeit von Muslimen weltweit den Islam in den kommenden Jahren beeinflussen werden. Eines aber läßt sich schon heute sagen: Die idealisierte, perfektionierte und absolut imaginäre Sicht des Islams der Vergangenheit, wie sie jene Puritaner und Fundamentalisten vertreten, die in diese Vergangenheit zurückkehren wollen, hat keine Zukunft. Das nächste Kapitel in der Geschichte des Islams wird von denen geschrieben werden, die bereit sind, nach vorne zu blicken und sich dem zu stellen, was vor ihnen liegt: darauf vertrauend, daß jene Revolution, die der Prophet Muhammad vor eintausendvierhundert Jahren in Gang gesetzt hat, um die archaischen, starren und ungerechten Strukturen der Stammesgesellschaft durch die radikal neue Vision einer von Gott geschenkten Moral und sozialen Gleichheit zu ersetzen, bis heute andauert.

Es hat viele Jahre gedauert, um Arabien von seinen «falschen Götzen» zu befreien. Und es wird noch viele weitere Jahre dauern, bis der Islam von seinen falschen Götzen – Engstirnigkeit und Fanatismus – befreit ist, die von denen angebetet werden, die Muhammads ursprüngliche Vision der Toleranz und Eintracht durch ihre eigenen Ideale von Haß und Zwietracht ersetzt haben. Doch die Befreiung wird kommen, die Reform ist nicht mehr aufzuhalten. Die islamische Reformation ist bereits da. Wir leben mitten in ihr.

Dank

Ich danke euch, Mom und Dad, daß ihr nie an mir gezweifelt habt. Mein Dank gilt Catherine Bell für den entscheidenden Anstoß, Frank Conroy für seine tatkräftige Unterstützung und Elyse Cheney dafür, daß sie mich gesucht und gefunden hat. Ich danke Daniel Menaker für sein Vertrauen, Amanda Fortini für ihre Hilfe, meinen Lehrern, die mich gefordert haben, und Ian Werrett für schlichtweg alles.

Anmerkungen

Prolog: Der Kampf der monotheistischen Religionen

Reverend Franklin Graham sagte in den *NBC Nightly News* am 16. November 2002: «Nicht wir greifen den Islam an, der Islam hat uns angegriffen.» Und weiter: «Der Gott des Islams ist nicht unser Gott. Er ist nicht der Sohn Gottes des christlichen oder jüdisch-christlichen Glaubens. Es ist ein anderer Gott, und ich halte ihn [den Islam] für eine ausgesprochen bösartige Religion.»

Anne Coulters Artikel «This Is War: We Should Invade Their Countries» erschien am 13. September 2001 in der *National Review Online*. Jerry Vine hielt seine Ansprache anläßlich der Jahreskonferenz der Southern Baptist Convention am 10. Juni 2001. Der Wortlaut von James Inhofes Rede im US-Senat vom 4. März 2002 ist erhältlich beim Middle East Information Center; siehe http://middleeastinfo.org/article316.html.

Barry Yeomans lesenswerter Artikel über die verdeckte Missionierung in der muslimischen Welt erschien unter dem Titel «The Stealth Crusade» in *Mother Jones* (Mai/Juni 2002).

1. Das Heiligtum in der Wüste

Soweit möglich, wurde auf englische bzw. deutsche Übersetzungen der arabischen Texte verwiesen.

Meine Beschreibung der heidnischen Ka'ba stützt sich auf die Schriften von Ibn Hischam und al-Tabari sowie auf *The Travels of Ali Bey al-Abbasi* in Michael Wolfes Sammlung von Pilgerberichten, die den Titel trägt *One Thousand Roads to Mecca* (1997). Zur weiteren Lektüre empfehle ich F. E. Peters, *Mecca: A Literary History of the Muslim Holy Land* (1994). Die englische Übersetzung der von Ibn Hischam bearbeiteten Prophetenbiographie von Ibn Ishaq stammt von Alfred

Guillaume (*The Life of Muhammad*, 1955). In deutscher Übersetzung von Gernot Rotter erschien eine gekürzte Fassung von Ibn Ishaq, *Das Leben des Propheten* (1976). Von al-Tabari erschien in englischer Übersetzung die mehrbändige Ausgabe *The History of Al-Tabari*, hg. von Ihsan Abbas u. a. (1988); in deutscher Übersetzung von Theodor Nöldeke liegt der Band *Geschichte der Perser und Araber zur Zeit der Sasaniden* vor (Akademische Druck- und Verlags-Anstalt, Graz 1973 [= unveränderter Nachdruck der Ausgabe Leyden 1879]).

Die Zahl dreihundertsechzig für die Götter des Heiligtums ist eine heilige Zahl und darf nicht wörtlich verstanden werden. In Anbetracht der geringen Größe der Ka'ba gilt es als wahrscheinlich, daß die meisten, wenn nicht alle Götterbilder Mekkas ursprünglich außerhalb des Heiligtums in einer halbkreisförmigen Umgrenzung mit Namen *Hidschr* aufgestellt waren. Zur Funktion und Bedeutung des *Hidschr* vgl. Uri Rubins Aufsatz «The Ka'ba: Aspects of Its Ritual Function and Position in Pre-Islamic and Early Times», *Jerusalem Studies in Arabic and Islam* (1986). Das beste Buch über heilige Orte ist meines Erachtens noch immer Mircea Eliade, *Das Heilige und das Profane* (2. Aufl. 1982); vgl. auch Mircea Eliade, *Mythos der ewigen Wiederkehr* (1953). Den Mythos vom «Nabel der Welt» behandelt G. R. Hawting in seinem kurzen Aufsatz «We Were Not Ordered with Entering It but Only with Circumambulating it: *Hadith* and *Fiqh* on Entering the Kaaba», *Bulletin of the School of Oriental and African Studies* (1984). Das Wenige, was wir über die Verehrung dhu-Samawis durch den Stamm der Amir wissen, erörtern Sheikh Ibrahim al-Qattan und Mahmud A. Ghul in ihrem Aufsatz «The Arabian Background of Monotheism in Islam», in *The Concept of Monotheism in Islam and Christianity*, hg. von Hans Köchler (1982).

Das vorislamische Heidentum im Nahen Osten behandelt Jonathan P. Berkey, *The Formation of Islam* (2003). Vgl. auch Robert G. Hoyland, *Arabia and the Arabs* (2001). Für eine tiefergehende Beschäftigung mit den religiösen Traditionen auf der Arabischen Halbinsel in vorislamischer Zeit empfehle ich Joseph Henningers Aufsatz «Pre-Islamic Bedouin Religion» in *Studies on Islam*, hg. von Merlin Swartz (1981). Trotz seines strengen Monotheismus übernahm Muhammad die Existenz der Dschinn widerspruchslos und widmete ihnen im Koran sogar ein eigenes Kapitel (Sure 18). Er setzte die Dschinn vermutlich mit einer hierarchischen Ordnung der Engel gleich; die guten Dschinn sind demnach Engel, die bösen Dschinn, besonders Iblis (der Satan), der wiederholt als ein Dschinn bezeichnet wird, sind Dämonen (vgl. Koran 18, 50).

Eine aufschlußreiche Untersuchung der jüdischen Einflüsse auf die Ka'ba ist G. R. Hawting, «The Origins of the Muslim Sanctuary at Mecca», in *Studies on the First Century of Islamic Studies*, hg. von G. H. A. Juynboll (1982). Den meines Erachtens zwingenden Beweis, daß die Überlieferungen zu den Ursprüngen der Ka'ba älter sind als der Islam, führt Uri Rubin in seinem Aufsatz «Hanafiyya and Ka'ba: An Enquiry into the Arabian Pre-Islamic Background of *din Ibrahim*», *Je-*

rusalem Studies in Arabic and Islam (1990). Der Schwarze Stein ist ein auf die Erde herabgefallener Meteorit. Dem arabischen Geschichtsschreiber Ibn Sa'd zufolge «leuchtete der schwarze Stein» anfangs «wie der Mond auf die Mekkaner herab, bis er, verschmutzt durch unreine Menschen, schwarz wurde.» Die Geschichte von Jakobs Traum wird in Gen 28, 10–17 erzählt. Zu den Juden in Arabien vgl. Gordon Darnell Newby, *A History of the Jews of Arabia* (1988), bes. S. 49–55. Zum Zusammenhang zwischen *kahin* und *kohen* siehe die entsprechenden Einträge in der *Encyclopedia of Islam*.

Zu den im Koran verwendeten explizit christlichen Symbolen zählen die «Posaunen» des Jüngsten Gerichts (6, 73; 18, 99; 23, 101 etc.), die Verdammnis, welche die Sünder in der Hölle erwartet (104, 6–9), und die «Gärten» des Paradieses (2, 25) – ein Bild, das seinen Ursprung auch in iranischen religiösen Traditionen haben könnte. Eine gründliche Untersuchung dieses Zusammenhangs bieten John Wansbrough, *Quranic Studies: Source and Methods of Scriptural Interpretation* (1977), und H. A. R. Gibbs durchaus lehrreiches Buch mit dem dennoch bedauerlichen Titel *Mohammedanism* (1970). Zum Christentum auf der Arabischen Halbinsel vgl. Richard Bell, *The Origins of Islam in Its Christian Environment* (1968). Die Geschichte Baquras findet sich bei al-Tabari (1988), S. 1135, sowie in den Chroniken al-Azraqis, zitiert bei Peters, *Mecca*. In der koranischen Darstellung, nicht Jesus, sondern eine ihm ähnliche Gestalt sei am Kreuz gestorben, klingen monophysitische und gnostische Glaubenslehren über die göttliche Natur Jesu an. Weitere Stämme, die sich zum Christentum bekehrten, sind die Taghlib, die Bakr ibn Wa'il und die Banu Hanifa.

Unklar ist, wann genau Zarathustra als Prediger auftrat. Die Spekulationen reichen von einer mythischen Vorzeit um 8000 v. Chr. bis zum Beginn des iranischen Großreichs (7. Jahrhundert v. Chr.). Am plausibelsten ist der Zeitraum um 1100–1000 v. Chr. für die Entstehung des Zoroastrismus. Vgl. dazu meinen Aufsatz «Thus Sprang Zarathustra: A Brief Historiography on the Date of the Prophet of Zoroastrianism», *Jusur* (1998–1999). Der Einfluß der zoroastrischen Eschatologie zeigt sich deutlich in apokalyptischen jüdischen Bewegungen wie den Essenern (oder auf wen immer die Schriftrollen vom Toten Meer zurückgehen) mit ihrer komplizierten Eschatologie, derzufolge in der Endzeit, mit der die Herrschaft des Lehrers der Gerechtigkeit anbricht, die Söhne des Lichts gegen die Söhne der Finsternis (beides zoroastrische Begriffe) kämpfen. Zum Zoroastrismus vgl. Mary Boyces dreibändiges Werk *History of Zoroastrianism* (1996). Knappere Darstellungen sind Mary Boyce, *Zoroastrians, Their Religious Beliefs and Practices* (2001), sowie Farhang Mehr, *The Zoroastrian Tradition* (1991). Der Mazdaismus war, kurz gesagt, eine sozialreligiöse Bewegung, die von einem zoroastrischen Häretiker namens Mazdak begründet wurde. Er vertrat die Grundsätze von Gleichheit und Solidarität durch Gemeinsamkeit aller Güter und Besitztümer (einschließlich der Frauen). Der Manichäismus, gegründet von dem Propheten Mani, war eine gnostische religiöse Bewegung, die stark von Zoroastrismus, Christentum und Judentum beeinflußt wurde und einen komplexen radikalen Dualismus zwischen den Kräften der Finsternis/des Bösen und den Kräften des Lichts/des Guten predigte.

Die Geschichte von Zaid und dem Hanifen erzählt Ibn Hischam (1955), S. 143–149. Siehe auch Jonathan Fueck, «The Originality of the Arabian Prophet», in *Studies on Islam*, hg. von Merlin Swartz (1981). Die Grabschriften von Chalid ibn Sinan und Qass ibn Sa'idah zitiert Mohammed Bamyeh in seinem grundlegenden Werk *The Social Origins of Islam* (1999). Zu Abu Amir al-Rahib und Abu Qais ibn al-Aslat, beide entschiedene Gegner von Muhammads muslimischer Gemeinschaft in Medina, vgl. Rubin, «Hanafiyya and Ka'ba». Auch hier führt Rubin den überzeugenden Beweis, daß der Hanifismus bereits in vorislamischer Zeit existierte, wenngleich andere Forscher, darunter Montgomery Watt, Patricia Crone und John Wansbrough widersprechen. Zaids Verse, das gilt als sicher, wurden ihm von späteren arabischen Geschichtsschreibern in den Mund gelegt; sie zeigen jedoch, was die Araber vom Hanifismus hielten.

Eine genauere Untersuchung der Überlieferungen Zaids und Muhammads bietet M. J. Kister, «‹A Bag of Meat›: A Study of an Early Hadith», *Bulletin of the School of Oriental and African Studies* (1968). In der Geschichte, die ich hier erzähle, vermischen sich zwei dieser Überlieferungen: Die eine entstammt Folio 37b – 38a der Qarawiyun-Handschrift 727 und wurde übersetzt von Alfred Guillaume («New Light on the Life of Muhammad», *Journal of Semitic Studies*, 1960); die andere wurde von al-Kharguschi aufgezeichnet und von Kister übersetzt. Die exakte Definition des *tahannuth* ist in der Forschung noch umstritten, doch Ibn Hischam und al-Tabari beschreiben es als heidnische religiöse Übung, die mit der Ka'ba in Zusammenhang stand und zu der sich die Gläubigen in die «Gärten», «Täler» und «Berge» Mekkas zurückzogen. Mehr dazu vgl. M. J. Kister, «*al-Tahannuth:* An Inquiry into the Meaning of a Term», *Bulletin of the School of Oriental and African Studies* (1968). F. E. Peters schreibt in *The Hajj* (1994), das arabische Wort für «irren» in 93, 7 (*dalla*, was soviel heißt wie «irregeleitet», «verirrt») lasse «wenig Zweifel daran, daß mit ‹Irrweg› nicht Muhammads Verwirrung, sondern jene verwerflichen Praktiken gemeint sind, die die Quraisch auch dann noch praktizierten, nachdem Gott auch ihnen eine ‹Unterweisung› geschickt hatte.»

Vom Neubau der Ka'ba berichtet al-Tabari (1988), S. 1130–1139. Der Überlieferung zufolge wurde Muhammad dazu gedrängt, was jedoch seiner aktiven Mitwirkung am Neubau des heidnischen Heiligtums nicht widerspricht. Zum Zeitpunkt des abessinischen Angriffs und der Geburt Muhammads siehe Lawrence I. Conrad, «Abraha and Muhammad», *Bulletin of the School of Oriental and African Studies* (1987). Von Muhammads Geburt und Kindheit erzählen Ibn Hischam (1955), S. 101–119 (vgl. Ibn Ishaq, *Das Leben des Propheten*, 1976, S. 27–32), und al-Tabari (1988), S. 1123–1127.

2. Hüter der Schlüssel

Qusayys religiöse Neuerungen erörtert Rubin in «The Ka'ba.» Mekkas geographische Lage an der nord-südlich verlaufenden Handelsroute ist nur eines von vielen Themen, mit denen sich Richard Bulliet in *The Camel and the Wheel* (1975) auseinandersetzt. An der traditionellen Ansicht über Mekkas Bedeutung als wichtigen Handelsplatz im Hidschaz halten unter anderem W. Montgomery Watt (*Muhammad at Mecca*, 1953) und M. A. Shaban (*Islamic History: A New Interpretation*, 1994) fest. Patricia Crone verwirft diese These in *Meccan Trade and the Rise of Islam* (1987). Einen Kompromißvorschlag macht Peters in *Muhammad and the Origins of Islam* (1994), S. 27, 74 f. und 93. Ihre Ansichten über Muhammad und den Aufstieg des Islams legt Patricia Crone dar in *Hagarism: The Making of the Islamic World* (1977; zusammen mit M. A. Cook) und in *God's Caliph: Religious Authority in the First Centuries of Islam* (1986; zusammen mit Martin Hinds).

Zur Funktion und Bedeutung des Schaich im vorislamischen Arabien vgl. W. Montgomery Watt, *Islamic Political Thought* (1968). Die Bedeutung des *hakam* für die Entwicklung einer normativen Rechtstradition (*sunna*) erörtert am einsichtigsten Joseph Schacht, *An Introduction to Islamic Law* (1998). Das Zitat über die Loyalität der Hanifen gegenüber den Quraisch entstammt Rubin, «The Hanafiyya and Ka'ba», S. 97. Im übrigen ist es interessant zu sehen, daß der Schutz der Witwen und Waisen stets Hauptkriterium einer gerechten Herrschaft war. Der große babylonische König Hammurabi, dessen berühmte Stele die erste schriftlich fixierte Gesetzessammlung enthält, gibt an, er habe seine Feinde erobert, um «Witwen und Waisen Gerechtigkeit» widerfahren zu lassen.

Zu den unterschiedlichen Bedeutungen von *an-nabi al-ummi* vgl. Kenneth Craggs großartiges Buch zur Geschichte und Bedeutung des Korans, *The Event of the Qu'ran* (1971). Das Zitat von Conrad entstammt «Abraha and Muhammad», S. 374 f. Zu Muhammads erstem Offenbarungserlebnis und seiner Ehe mit Chadidscha vgl. Ibn Hischam (1955), S. 150–155 (Ibn Ishaq, *Das Leben des Propheten*, 1976, S. 42–45), und al-Tabari (1988), S. 139–156.

Wie im 6. Kapitel dargelegt, ist der Koran nicht chronologisch geordnet, so daß es schwierig ist, die zeitliche Reihenfolge der Offenbarungen genau zu bestimmen. Trotz großer Differenzen innerhalb der Islamforschung gelten die Kompilationen der frühesten Verse von Theodor Nöldeke bzw. Richard Bell als die besten. Von Montgomery Watt stammt die Zusammenfügung der von beiden Forschern übereinstimmend anerkannten Verse zu einem Verzeichnis, das die seiner Ansicht nach frühesten Koranverse enthält. Ohne Watts Zusammenstellung zu kommentieren, die von den meisten Forschern akzeptiert wird, möchte ich betonen, daß sie, sei sie nun fehlerlos oder nicht, einen guten Eindruck von der ersten Botschaft vermittelt. Watts Verzeichnis beinhaltet größere Abschnitte der folgenden Kapitel: 96, 74, 106, 90, 93, 86, 80, 87, 84, 51, 52, 55; ich würde in Übereinstimmung mit Nöldeke die Kapitel 104 und 107 hinzufügen, die vom frühen Widerstand gegen Muhammads Botschaft handeln und deshalb bald nach Beginn der ersten Offenbarungen entstanden sein dürften. Vgl. Watt, *Muhammad: Prophet and Statesman* (1974). Richard Bells *Introduction to the Qur'an* (1953) beinhaltet auf S. 110–114 neben Nöldekes und William Muirs Chronologie auch eine vierspaltige Analyse der uthmanischen und ägyptischen Chronologie.

Die Namen von Muhammads frühesten Anhängern nennt Ibn Hischam (1955), S. 159–165 (Ibn Ishaq, *Das Leben des Propheten*, 1976, S. 50). Al-Tabari betont ausdrücklich, es sei eine «kleine» Gruppe gewesen. Zwischen Sunniten und Schiiten herrscht Uneinigkeit darüber, ob Abu Bakr oder Ali der erste männliche Muslim war, doch dies ist ein ideologischer Streit. Es kann nicht ernsthaft in Frage stehen, daß Ali, der Muhammad damals am nächsten stand, als erster Mann zum Islam übertrat. Zur Verteidigung des Polytheismus durch die Quraisch vgl. al-Tabari (1988), S. 1175, und Richard Bell (1968), S. 55. Das Zitat über Religion und Handel in Mekka entstammt Muhammad Shaban, «Conversion to Early Islam», in *Conversion to Islam*, hg. von Nehemia Levtzion (1979). Zu Luqman dem Weisen vgl. *The Fables of Luqman*, hg. von Reyes Carboneli (1965). Maxime Rodinsons Werk *Mahomet* (1965) bietet eine interessante, wenngleich veraltete Sicht auf das Leben des Propheten. Sein Kommentar zu Muhammads Ehe mit Chadidscha findet sich auf S. 60. Meine Beschreibung der äußeren Gestalt Muhammads ist Tirmidhis Schilderung bei Annemarie Schimmel, *Und Muhammad ist Sein Prophet* (1981), entnommen.

3. Die Stadt des Propheten

Ibn Battuta liefert in seinen berühmten *Travels* (1958) die wohl früheste Beschreibung der Moschee des Propheten in Medina. Es gibt Hinweise darauf, daß die Bewohner von Yathrib ihre Oase schon vor Muhammads Ankunft «Medina» (die Stadt) nannten, auch wenn sich mit Muhammad die Konnotation dieses Namens änderte.

Der Islam und die Grundlagen der Staatsmacht von Ali Abd ar-Raziq erschien in der französischen Übersetzung von L. Bercher unter dem Titel *L'Islam et les Bases du Pouvoir* in der *Revue des Études Islamiques*, VIII (1934). Eine englische Übersetzung wichtiger Teile dieses Werks finden sich in *Islam in Transition*, hg. von John J. Donohue und John L. Esposito (1982). Ahmed Rashids *The Taliban* (2000;

deutsch unter dem Titel *Taliban. Afghanistans Gotteskrieger und der Dschihad*, 2001) ist die wohl beste Einführung zur Geschichte der Taliban in Afghanistan.

Die Banu Nadir und die Banu Quraiza mit ihren zahlreichen Sippen hatten sich vermutlich zu einem Bündnis mit dem Namen Banu Darih zusammengeschlossen. Doch wie alle Stammesbündnisse war auch dieses politisch und wirtschaftlich motiviert und ließ die religiösen Sitten und Gebräuche unberührt. Uneinigkeit herrscht in der Forschung bis heute darüber, ob die Juden Yathribs Konvertiten oder Einwanderer waren. Die meisten Forscher glauben, sie seien arabische Konvertiten gewesen, was wahrscheinlich ist, wie wir noch sehen werden. Vgl. hierzu Watt, *Muhammad at Medina* (1956), und S. D. Goitein, *Jews and Arabs* (1970). Barakat Ahmad schätzt in *Muhammad and the Jews: A Re-Examination* (1979) die jüdische Bevölkerung Yathribs auf 24000 bis 36000, eine Zahl, die etwas hochgegriffen erscheint.

Zur kurzen Zeit der persischen Herrschaft über die Region sowie die Aufteilung Yathribs zwischen Juden und Arabern vgl. Peters, *Muhammad*, dem auch al-Waqidis Zitat (S. 193) entnommen ist. Zur späten Konversion des Clans der Aus vgl. Michael Lecker, *Muslims, Jews, and Pagans: Studies on Early Islamic Medina* (1995).

Zur Kontroverse um Zeitpunkt und Bedeutung der Verfassung von Medina vgl. Moshe Gil, «The Constitution of Medina: A Reconsideration», *Israel Oriental Studies* (1974). Mehr über Muhammads Rolle als Schaich der Ausgewanderten bei Watt, *Islamic Political Thought;* im Anhang (S. 130–134) findet sich auch eine englische Übersetzung dieser Verfassung.

Zur Herkunft des Wortes *umma* vgl. den Eintrag in der *Encyclopedia of Islam*. Die Beschreibung der Umma als eines «Superstamms» ist Bertram Thomas' *The Arabs* (1937) entnommen; die Bezeichnung «Neostamm» findet sich in Marshall G. S. Hodgsons *The Venture of Islam*, Bd. 1 (1974). Anthony Black erörtert in *The History of Islamic Political Thought* (2001) die Ähnlichkeiten zwischen den Ritualen der Umma und der heidnischen Stämme.

Meiner Überzeugung nach war die *schahada* ursprünglich nicht an Gott, sondern an Muhammad gerichtet, weil viele von denen, die zu Lebzeiten Muhammads die *schahada* gesprochen (und sich damit der Umma angeschlossen) hatten, ihren Treueid mit dem Tod des Propheten erloschen sahen (nach alter Stammessitte hatte die *bai'a* über den Tod des Schaichs hinaus keine Gültigkeit). Wie wir in Kapitel 5 sehen werden, führte die Widerrufung der *bai'a* schließlich zu den *ridda*-Kriegen. Im übrigen wurde das Wort «Islam» zur Bezeichnung der Bewegung von dem Propheten selbst erst bei seiner Abschiedswallfahrt verwendet: «Heute habe ich euch eure Religion vervollständigt und meine Gnade an euch vollendet, und ich bin damit zufrieden, daß ihr den Islam als Religion habt» (5, 3).

Es gibt viele Versionen der al-Aiham-Geschichte. Die in diesem Buch wiedergegebene entstammt Watt, *Muhammad at Medina*, S. 268. Zu Muhammads Markt vgl. M. J. Kister, «The Market of the Prophet», *Journal of the Economic and Social History of the Orient* (1965).

Die *Genesis* erzählt zwei Schöpfungsgeschichten: eine sogenannte priesterschriftliche (im ersten Kapitel), in der Gott Mann und Frau gleichzeitig erschafft; und eine zweite, bekanntere (im zweiten Kapitel), die von Adam und Eva handelt.

Zu Muhammads Reformen bezüglich der Frauen und die Reaktion darauf vgl. Fatima Mernissi, *Der politische Harem* (1989); das Zitat von al-Tabari steht bei Mernissi, S. 165. Wie das Erbe zwischen männlichen und weiblichen Nachkommen aufgeteilt werden soll, wird im Koran (4, 9–14) dargelegt und von Watt in *Muhammad at Medina*, S. 289–293, erläutert. S. 272–289 erörtert Watt auch den Übergang von der Matrilinearität zur Patrilinearität in der mekkanischen Gesellschaft. Zur Regelung der Mitgift der Frau vgl. Hodgson (1974), S. 182. Die Traditionen der vorislamischen Eheschließung und Scheidung sowie die Pflicht, den Schleier zu tragen, erörtert ausführlich Leila Ahmed in ihrem hervorragenden Werk *Women and Gender in Islam* (1992).

Zur Steinigung als Strafe für Ehebruch vgl. meinen Aufsatz «The Problem of Stoning in Islamic Law: An Argument for Reform», UCLA *Journal of Islamic and Near Eastern Law* (2005); vgl. auch Ahmad von Denffer, *Ulum al-Qur'an* (1983), S. 110 f. Die Steinigung zu Tode entstammt dem jüdischen Gesetz und war dort als Strafe für eine Reihe von Verbrechen vorgesehen, unter anderem für Ehebruch (Dtn 22, 13–21), Gotteslästerung (Lev 24, 14), Geisterbeschwörung (Lev 20, 27) und Ungehorsam gegenüber den Eltern (Dtn 21, 18–21). Der Koran sieht als Strafe für Ehebruch in einem Vers (24, 2) die Auspeitschung und in einem anderen Vers (4, 15 f.) das lebenslange Eingesperrtsein der Frau im Haus vor. Sahih al-Buchari und Sahih al-Haddschadsch zufolge hatte Muhammad selbst die Steinigung als Strafe für Ehebruch verhängt, doch diese Überlieferungen sind nicht stichhaltig. So berichtet zum Beispiel Abdullah ibn Aufa, Muhammad habe selbst Steinigungen durchgeführt; auf die Frage aber, ob er die Steinigung vor oder nach der Sure *an-Nur* vorgeschrieben habe (die eindeutig die Auspeitschung für die Ehebrecherin vorsieht), antwortet Ibn Aufa, er wisse es nicht (al-Buchari 8, 824). Zu Umars frauenfeindlichen Neuerungen vgl. Leila Ahmed (1992), S. 60 f.

Zum Kommentar zu den *sufaha* und Abu Bakras Hadith siehe Mernissi, S. 166 f. und S. 67 f. Das Hadith über die Rechte der Frauen entstammt dem *Kitab al-Nikah*, Nr. 1850; das Zitat des Propheten über die Unzulänglichkeiten der Frauen entstammt al-Buchari, Bd. 1, Nr. 304; und al-Razis Kommentar entstammt dessen umfangreichem Werk *at-Tafsir al-Kabir*. (Zu Muhammads Beratung mit Umm Salama in Hudaibiyya vgl. al-Tabari, 1988, S. 1550.) Ursprung und Problematik der Hadithe erörtert Ignaz Goldziher in seinen *Vorlesungen über den Islam* (1925), S. 39. Den Beitrag der Frauen als Autorität vieler Hadithe würdigt Goldziher im Exkurs «Frauen in der Literatur des Hadith» seines Werks *Muhammedanische Studien* (1961), S. 405–407.

Lord Cromer wird zitiert nach Leila Ahmed (1992), S. 152 f., Ali Shariati nach *Fatima Is Fatima* (1971), S. 136, und Shirin Ebadi nach der Rede von Professor Ole Danbolt Mjøs, dem Vorsitzenden des Nobelpreiskomitees (nachzulesen unter http://www.payvand.com/news/03/dec/1065.html).

Zur Stellung der Frau in der heutigen muslimischen Gesellschaft gibt es eine Reihe hervorragender Untersuchungen. Ich empfehle *Faith and Freedom*, hg. von Mahnaz Afkhami (1995); *Islam, Gender, and Social Change*, hg. von Yvonne Yazbeck Haddad und John L. Esposito (1998); *In the Eye of the Storm: Women in Post-Revolutionary Iran*, hg. von Mahnaz Afkhami und Erika Friedl (1994); sowie Haideh Moghissi, *Feminism and Islamic Fundamentalism* (1999). Vgl. auch meine Kritik an Moghissi in *Iranian Studies* (2002).

4. Kampf nach dem Willen Gottes

Die Beschreibung der Schlacht von Uhud zu Beginn dieses Kapitels habe ich al-Tabari (1988), S. 1384–1427, entnommen. Das Zitat von Samuel Huntington entstammt seinem Aufsatz «The Clash of Civilizations?» in *Foreign Affairs* (Sommer 1993), S. 35. Bernard Lewis' Zitat ist aus Hilmi M. Zawati, *Is Jihad a Just War?* (2001), S. 2; auf S. 15–17, 41–45 und 107 beschreibt Zawati das Verständnis des *dschihad* als eines Verteidigungskriegs. Das Zitat von Max Weber entstammt Bryan S. Turner, *Weber and Islam: A Critical Study* (1974), S. 34, jenes über die krummdolchschwingenden arabischen Krieger Rudolph Peters, *Islam and Colonialism: The Doctrine of Jihad in Modern History* (1979), S. 4.

Mit der Lehre vom *dschihad* setzt sich Rudolph Peters in seinem Werk *Jihad in Classical and Modern Islam* (1996) auseinander; vgl. auch *Jihad and Shahadat*, hg. von Mehdi Abedi und Gary Legenhausen (1986), insbesondere die Definitionen S. 2 und 3; sowie Mustansir Mirs aufschlußreichen Aufsatz «Jihad in Islam», in *The Jihad and Its Times*, hg. von Hadia Dajani-Shakeel und Ronald A. Messier (1991). Hadithe, die die Tötung von Frauen und Kindern verbieten, finden sich bei Sahih al-Haddschadsch, Nr. 4319 und 4320. Zu den Vaisnava- und Saiva-Traditionen und den von ihnen beeinflußten Reichen vgl. Gavin Flood, *An Introduction to Hinduism* (1996).

Die Bedeutung der Kreuzzüge für die muslimischen Vorstellungen vom *dschihad* erörtert Hadia Dajani-Shakeel in ihrem Aufsatz «Perceptions of the Counter Crusade», in *The Jihad and Its Times*, S. 41–70; das Zitat von Mustansir Mir befindet sich in diesem Band auf S. 114. Zu einer vergleichenden Ethik des Kriegs sowie zur Lehre vom *dschihad* als eines gerechten Kriegs vgl. Michael Walzer, *Just and Unjust Wars* (1977; deutsch unter dem Titel *Gibt es den gerechten Krieg?*,

1982), und John Kelsay, *Islam and War* (1993), bes. S. 57–76. Das Zitat von Abdullah Yusuf Azzam entstammt Peter L. Bergen, *Holy War, Inc.: Inside the Secret World of Osama bin Laden*, S. 53 (2001; deutsch unter dem Titel *Heiliger Krieg Inc. Osama bin Ladens Terrornetz*, 2001, S. 72). Zu Moulavi Chiragh Alis Ansichten über den *dschihad* vgl. *A Critical Exposition of the Popular Dschihad* (1976); Mahmud Shaltuts Position erörtert Kate Zabiri, *Mahmud Shaltut and Islamic Modernism* (1993).

Zu den muslimischen Opfern von al-Qa'ida siehe Scott Helfstein u. a., «Deadly Vanguards: A Study of al-Qa'ida's Violence Against Muslims», Combating Terrorism Center in West Point, Dezember 2009.

Zu Muhammads Gegnern unter den Hanifen Medinas vgl. Uri Rubin, «Hanafiyya and Ka'ba», *Jerusalem Studies in Arabic and Islam* (1990). Im übrigen steht Moshe Gil fast allein mit seiner Ansicht, in der Verfassung von Medina seien die Juden ursprünglich nicht berücksichtigt gewesen; vgl. «The Constitution of Medina: A Reconsideration», *Israel Oriental Studies* (1974), S. 64 f. Ansonsten herrscht in der Forschung die nahezu einhellige Überzeugung, daß das Dokument authentisch ist und auch die Juden mit einbezog. Zu den Banu Quraiza vgl. M. J. Kister, «The Massacre of the Banu Qurayza: A Reexamination of a Tradition», *Jerusalem Studies in Arabic and Islam* (1986), und Hodgson (1974), S. 191. Kister nennt die Zahl 400. Ahmad schätzt die Zahl der Juden Medinas auf 24 000 bis 28 000. Aus jüdischer Sicht behandeln das Thema H. Graetz, *Geschichte der Juden. Von den ältesten Zeiten bis auf die Gegenwart* (11 Bde.), Bd. 5, *Vom Abschluß des Talmuds (500) bis zum Aufblühen der jüdisch-spanischen Kultur (1027)*, 1998 (= Reprint der Ausgabe letzter Hand, Leipzig 1900); Salo Wittmayer Baron, A *Social and Religious History of the Jews*, Bd. 3 (1964); und Francesco Gabrieli, *Muhammad e le prime conquiste Arabiche* (1967; deutsch unter dem Titel *Mohammed und die arabische Welt*, 1968; das Zitat über die Schlacht von Badr befindet sich hier auf S. 51).

Zu den arabischen Reaktionen auf das Massaker an den Banu Quraiza vgl. Ahmad (1976), S. 76–94, und W. N. Arafat, «New Light on the Story of Banu Qurayza and the Jews of Medina», *Journal of the Royal Asiatic Society* (1976). Tor Andrae wird zitiert nach *Mohammed. Sein Leben und sein Glaube* (Neuausgabe 2002), S. 126.

Objektivere Darstellungen dieses Massakers sind Karen Armstrong, *Muhammad* (1993; deutsch unter dem Titel *Muhammad. Religionsstifter und Staatsmann*, 1993), und Norman A. Stillman, *The Jews of Arab Lands* (1979). Als Bundesgenossen der Quraiza baten Mitglieder des Aus-Clans Muhammad um Gnade für diese. Er fragte sie daher, ob sie einverstanden wären, wenn er einen Mann aus ihrem Stamm zum *hakam* bestimmen würde. Als jedoch Sa'd sein Urteil fällte, erhoben weder die Aus noch sonst jemand Einspruch.

Die Geschichte der von Umar zerstörten Moschee in Damaskus erzählt

J. L. Porter, *Five Years in Damascus: With Travels and Researches in Palmyra, Lebanon, the Giant Cities of Bashan, and the Hauran* (1855). Muhammads Anweisungen an seine Streitmacht erörtert Ignaz Goldziher in seinen *Vorlesungen über den Islam* (1925), S. 23–27. In ihrem herausragenden Werk *The Ornament of the World* (2002) beschreibt Maria Menocal das Klima der religiösen Toleranz unter den Umayyaden im mittelalterlichen Spanien. S. D. Goitein erörtert die Situation der Juden unter muslimischer Herrschaft aus eher wissenschaftlicher Perspektive in *Jews and Arabs* (1970; Zitat dort auf S. 63). Muhammads Ausspruch über den Schutz der Juden und Christen ist entnommen *The Shorter Encyclopedia of Islam*, S. 17. Das Zitat von Peters (im Original kursiv) entstammt dem Band *Muhammad*, S. 203; Watt wurde zitiert nach *Muhammad at Medina* (1956), S. 195.

Zu den Juden in Medina vgl. H. G. Reissener, «The Ummi Prophet and the Banu Israil», *The Muslim World* (1949); vgl. auch D. S. Margoliouth, *The Relations Between Arabs and Israelites Prior to the Rise of Islam* (1924). Zu den Bibelkenntnissen der arabischen Juden vgl. Anmerkung 87 bei S. W. Baron (1964), S. 261. Gordon Newby erörtert die wirtschaftliche Dominanz der jüdischen Clans von Yathrib in *A History of the Jews in Arabia* (1988), S. 75–79 und S. 84 f. Zur Beziehung zwischen Muhammad und den jüdischen Clans von Medina vgl. Hannah Rahmans ausgezeichneten Aufsatz «The Conflicts Between the Prophet and the Opposition in Medina», *Der Islam* (1985); ebenso Moshe Gil, «The Medinan Opposition to the Prophet», *Jerusalem Studies in Arabic and Islam* (1987), und «Origin of the Jews of Yathrib», *Jerusalem Studies in Arabic and Islam* (1984) desselben Verfassers. Zum Thema Archäologie und jüdisches Leben siehe Jonathan L. Reed, *Archeology and the Galilean Jesus* (2000).

Zu Ibn Sayyad vgl. David J. Halperin, «The Ibn Sayyad Traditions and the Legend of al-Dajjal», *Journal of the American Oriental Society* (1976). Auch wenn Ibn Sayyad Muhammads prophetische Sendung akzeptierte, so scheint Muhammad Ibn Sayyads Mission ablehnend gegenübergestanden zu haben. Halperin zeigt, wie die spätere islamische Überlieferung Ibn Sayyad zum Antichrist stilisierte. Zum Zusammenhang zwischen Jesus und Muhammad vgl. Neal Robinson, *Christ in Islam and Christianity* (1991).

Den Bruch zwischen Juden und Christen untersucht M. J. Kister, «Do Not Assimilate Yourselves …», *Jerusalem Studies in Arabic and Islam* (1989). Zu Muhammads monotheistischem Pluralismus vgl. Mohammed Bamyeh, *The Social Origins of Islam* (1999), S. 214 f. Die Zoroastrier, die im Koran (22, 17) eigens erwähnt werden und ein «Buch» besitzen (die *Gathas*), das älter ist als die heiligen Schriften der Juden und Christen, wurden nach der islamischen Eroberung Persiens schließlich in die Reihe der *ahl al-kitab* aufgenommen. Über die Sabier ist wenig bekannt. Vermutlich übernahmen zur Zeit der muslimischen Eroberungen religiöse Gruppen, darunter auch christliche und hinduistische Sekten, die Identität der Sabier, um sich als «Schriftbesitzer» und damit als *dhimmi* Geltung zu verschaffen. In den *Studies in Arabic Literary Papyri*, Bd. 2 (1967), untersucht Nabia Abbott die Beziehungen der frühen Muslime zu den Juden. Die Lektüre der Tora war Abbott zufolge charakteristisch für die «Beschäftigung der frühen Muslime mit nichtislamischem Gedankengut und nichtislamischer Literatur», insbesondere mit den Büchern der «Schriftbesitzer».

5. *Die Rechtgeleiteten*

Die Schilderung von Muhammads Tod ist Ibn Hischam in der Übersetzung von Guillaume (1988), S. 1012 f., entnommen (Ibn Ishaq, *Das Leben des Propheten*, 1976, S. 250 f.). Das Goldziher-Zitat entstammt den *Vorlesungen über den Islam* (1925), S. 31; vgl. auch Goldzihers *Muhammedanische Studien* (1960). John Wansbrough erörtert seine Thesen in den bereits erwähnten *Quranic Studies: Sources and Methods of Scriptural Interpretation* (1977) sowie in *The Sectarian Milieu: Content and Composition of Islamic Salvation History* (1978). Sarjeants Rezension von Wansbroughs *Quranic Studies* sowie Cooks und Crones *Hagarism* erschien im *Journal of the Royal Asiatic Society* (1978). Dale F. Eickelmans Aufsatz über die «falschen Propheten» aus sozialanthropologischer Perspektive erschien unter dem Titel «Musaylima» im *Journal of Economic and Social History of the Orient* (1967). Zu den *ahl al-bait* vgl. M. Sharon, «Ahl al-Bayt – People of the House», *Jerusalem Studies in Arabic and Islam* (1986). Es soll nicht unerwähnt bleiben, daß Sharon die Entstehung des Begriffs *ahl al-bait* in die Umayyadenzeit datiert. Auch wenn dies stimmt, so war doch der dieser Bezeichnung zugrundeliegende Anspruch (die Führungsrolle der Banu Haschim) schon vor Muhammads Tod geläufig. Zur gegenteiligen Ansicht über den religiösen Einfluß des frühen Kalifats siehe Patricia Crone und Martin Hinds, *God's Caliph: Religious Authority in the First Centuries of Islam* (1986).

Die weitaus beste Untersuchung der Nachfolgefrage bietet Wilferd Madelung, *The Succession to Muhammad* (1997). Zu sagen, dieses Kapitel stützt sich auf Professor Madelungs Werk, wäre stark untertrieben. Ich empfehle weiterhin Rafiq Zakaria, *The Struggle Within Islam* (1988); Abu Bakrs Rede ist S. 47 dieses Bandes entnommen. S. 48–53 beschäftigt sich Zakaria auch mit dem Kalifat Umars. Vgl. dazu M. A. Shaban, *Islamic History* (1994), S. 16–19, und Moojan Momens hervorragende Einführung zum Schiitentum, *An Introduction to Shi'i Islam* (1985), S. 9–22. Momen zufolge nennt Ibn Hanbal zehn verschiedene Überlieferungen, in denen Ali als der «Aaron» Muhammads bezeichnet wird (S. 325). Watt wird zitiert nach *Muhammad: Prophet and Statesman*, S. 36.

Die Beschreibung von Umars äußerem Erscheinungsbild sowie seine Bemerkung über die Königsherrschaft entstammen der *New Encyclopedia of Islam*, hg. von Cyril Glasse, S. 462. Zur Halsbandaffäre vgl. al-Tabari (1988), S. 1518–

1528. Auch wenn bestimmten Überlieferungen zufolge sich Umar als erster Kalif den Titel *amir al-mu'minin* zulegte, gibt es Hinweise darauf, daß bereits Abu Bakr diesen Titel trug.

Nöldekes hervorragender Aufsatz über den Koran erschien in der *Encyclopedia Britannica*, 9. Auflage, Bd. 16 (1891); vgl. auch Theodor Nöldeke, *Geschichte des Qorans*, Bd. 3, Leipzig 1938. Caetanis Aufsatz «Uthman and the Recension of the Koran» entstammt *The Muslim World* (1915). Beispiele für unterschiedliche, bis heute geläufige Lesarten des Korans verzeichnet Arthur Jeffery, «A Variant Text of the Fatiha», *The Muslim World* (1939). Auch in diesen Passagen bin ich Wilferd Madelung und seiner Untersuchung zu Uthmans Ermordung in *The Succession to Muhammad*, bes. S. 78–140, verpflichtet.

Es gibt eine umfangreiche Literatur über Alis Leben und Kalifat. Besonders hilfreich für diesen Teil meines Buches war Moojan Momen, *An Introduction to Shi'i Islam*, sowie S. Husain M. Jafri, *The Origins and Early Development of Shi'a Islam* (1979). Vgl. weiterhin Mohamad Jawad Chirri, *The Brother of the Prophet Mohammad* (1982). Zur Geschichte und Geisteswelt der Charidschiten vgl. Montgomery Watt, *The Formative Period of Islamic Thought*, S. 9–37. Alis Zitat entstammt *A Selection from «Nahjul Balagha»*, übersetzt von Ali A. Behzadnia und Salwa Denny, S. 7. Ali war nicht der Erste, der als Imam bezeichnet wurde; alle vier Kalifen trugen diesen Titel, auch wenn bei Ali dessen besondere Beziehung zum Propheten darin anklingt.

Sir Thomas W. Arnold habe ich zitiert nach *The Caliphate* (1965), S. 10. Zu den unterschiedlichen Ansichten über das Verhältnis von Religion und Politik im Islam vgl. Abu-l Ala (Mawlana) Mawdudi, *Nationalism and India* (1947), Abd ar-Raziqs bereits erwähntes Werk über den «Islam und die Grundlagen der Staatsmacht», Sayyid Qutb, *Social Justice in Islam* (1953), und Ruhollah Chomeini, *Islamic Government* (1979; deutsch unter dem Titel *Der islamische Staat*, 1983).

6. Diese Religion ist eine Wissenschaft

Die zahlreichen Berichte über die Inquisition Ahmad ibn Hanbals vor al-Mu'tasims Kalifat hat Nimrod Hurvitz in *The Formation of Hanbalism: Piety into Power* (2002) zusammengetragen und brillant analysiert. Zu den Lebensbeschreibungen Ibn Hanbals und al-Ma'muns vgl. Michael Cooperson, *Classical Arabic Biography: The Heirs of the Prophets in the Age of al-Ma'mun* (2000). Meine Beschreibung des äußeren Erscheinungsbildes Ibn Hanbals sowie das Zitat al-Ma'muns auf dem Sterbebett entstammen Coopersons Buch. Zur Bedeutung der Inquisition vgl. Jonathan Berkey (2003), S. 124–129, und Richard Bulliet, *Islam: The View from the Edge* (1994), S. 115–127. Auch Patricia Crone beschäftigt sich in ihrer neuesten Publikation *God's Rule: Government and Islam* (2004) mit diesem Thema. Das Zitat von Malik ibn Anas entstammt Fatima Mernissi, *Der politische Islam* (1989), S. 81.

In *Islam in Modern History* (1957), S. 20 (deutsch unter dem Titel *Der Islam in der Gegenwart*, 1963, S. 27), erörtert Wilfred Cantwell Smith die islamische Orthodoxie. Zu den fünf Säulen des Islams allgemein vgl. Mohamed A. Abu Ridah, «Monotheism in Islam: Interpretations and Social Manifestations», in *The Concept of Monotheism in Islam and Christianity*, herausgegeben von Hans Köchler (1982), und John Renard, *Seven Doors to Islam* (1996).

Läßt man die apokryphe Überlieferung beiseite, derzufolge Muhammad bei seinem Aufstieg zum Himmel die Zahl der täglichen Gebete (*salat*) von fünfzig auf fünf herunterhandelte, so gibt es Hinweise darauf, daß man in der Frühzeit des Islams nur drei Gebete täglich kannte. Im Koran heißt es: «Und verrichte das Gebet an den beiden Enden des Tages und zu frühen Zeiten der Nacht» (11, 114). Es müssen also zwei weitere *salats* hinzugekommen sein, auch wenn unklar ist, wann und warum. Ibn Dschubairs Zitat über Mekka und den Haddsch ist seinen *Voyages* (1949–1951) entnommen. Malcolm X wird zitiert nach seiner *Autobiography of Malcolm X* (1965; deutsch unter dem Titel *Die Autobiographie*, Bremen 1992).

Al-Ghazali, *The Ninety-nine Beautiful Names of God*, wurde ins Englische übersetzt von David B. Burrell und Nazih Daher (1970), seine *Erneuerung der Wissenschaften des Glaubens* (*Ihya ulum ad-din*) wurde unter dem Titel *The Foundations of the Articles of Faith* (1963) von Nabih Amin Faris (1963) ins Englische übersetzt. Zu *tauhid* vgl. Ali Shariati, *On the Sociology of Islam* (1979).

Die Debatte zwischen Traditionalisten und Rationalisten erörtert Binyamin Abrahamov, *Islamic Theology: Traditionalism and Rationalism* (1998). Ich empfehle auch die Aufsätze in dem von Wilferd Madelung herausgegebenen Band *Religious Schools and Sects in Medieval Islam* (1985) sowie Montgomery Watts bereits erwähntes *The Formative Period of Islamic Thought*. Das Gedankengut der Muʿtazila erörtern ausführlich Richard S. Martin, Mark R. Woodward und Dwi S. Atmaja in *Defenders of Reason in Islam* (1997); zu den Aschʿariten vgl. Richard McCarthy, *The Theology of the Ashʿari* (1953). Das Zitat von al-Tahawi sowie die Glaubensanschauungen von Abu Hanifa, Ibn Hanbal und al-Aschʿari sind Montgomery Watts unentbehrlichem Sammelband *Islamic Creeds: A Selection* (1994) entnommen. Vgl. auch George F. Hourani, *Islamic Rationalism: The Ethics of Abd al-Jabbar* (1971).

In hervorragenden englischen Übersetzungen liegen von Ibn Ruschd (Averroes) vor: der Kommentar zu Aristoteles' *Metaphysik* (*Metaphysics*, 1984; übersetzt von Charles Genequand); *The Epistle on the Possibility of Conjunction with the Active Intellect* (1982; übersetzt von Kalman P. Bland); und die *Three Short Commentaries on Aristotle's «Topics», «Rhetoric», and «Poetics»* (1977; übersetzt von Charles E. Butterworth). Die Bezeichnung «Theorie der zwei Wahrheiten» ist irreführend, da Ibn Ruschd zufolge philosophische Wahrheit die *einzige* Wahrheit ist. Zu Ibn Sina (Avicenna) vgl. die Autobiographie *The Life of Ibn Sina* (1974; übersetzt von William E. Gohlman) und *Treatise on Logic* (1971; übersetzt von Farhang Zabeeh).

Zu den Völkern mit einer mündlichen Überlieferung vgl. Denise Lardner Carmody und John Tully Carmody, *Original Visions: The Religions of Oral Peoples* (1993). Zur Bedeutung von Dichtern und Dichtung für den Kult der Ka'ba vgl. Michael Sells, *Desert Tracings: Six Classical Arabian Odes* (1989). Mohammed Bamyeh erörtert das Phänomen der Wunder im Kapitel «The Discourse and the Path» seines Buches *The Social Origins of Islam*, S. 115–140. In meiner Argumentation folge ich weitgehend diesem Werk. Vgl. auch Cragg, *The Event of the Qur'an*, S. 67. Dayas Zitat entstammt Annemarie Schimmel, *And Muhammad Is His Messenger* (1985), S. 67.

Wie wir noch sehen werden, gibt es zahlreiche apokryphe fromme Legenden über das wundertätige Wirken Muhammads und seiner Gefährten. Der orthodoxe Islam lehnt solche Geschichten entschieden ab und betrachtet Muhammad lediglich als Mittler, durch den der Koran geoffenbart wurde. Er ist zwar unerreichbares Vorbild gottgewollter menschlicher Vollkommenheit, sollte jedoch nicht wie Christus verehrt werden. Al-Tabari erzählt die merkwürdige Geschichte, wie Muhammad mit den Fingern schnippte, um eine Dattelpalme zu entwurzeln und zu sich zu holen (1988, S. 1146). Diese und ähnliche Geschichten über Ali, der Tote erweckt oder übers Wasser schreitet, dienten in erster Linie apologetischen Zwecken und sollten Kritiker zum Schweigen bringen, die von einem Propheten zur Beglaubigung seiner göttlichen Sendung Wundertaten erwarteten.

Zur Debatte über den geschaffenen Koran vgl. Harry Austryn Wolfson, *The Philosophy of Kalam*, bes. S. 235–278. Ibn Hazm und Ibn Kullab werden nach Wolfson zitiert. Zu Sinn und Bedeutung von *baraka* in der islamischen Kalligraphie vgl. Seyyed Hossein Nasr, *Islamic Art and Spirituality* (1987). Zu *baraka* im Koran allgemein vgl. das erste Kapitel von John Renard, *Seven Doors to Islam* (1996). William Grahams lehrreicher Aufsatz «Qur'an as Spoken Word» ist abgedruckt in *Approaches to Islam in Religious Studies*, hg. von Richard C. Martin (2001). *Tadschwid* bezeichnet die allgemeinen Grundregeln der Koranrezitation, die «schöne Aussprache», *tartil* den langsamen, getragenen Vortrag, der Zeit läßt zur Meditation; vgl. dazu Lois Ibsen al-Faruqi, «The Cantillation of the Qur'an», *Asian Music* (1987), und Kristina Nelson, «Reciter and Listener: Some Factors Shaping the Mujawwad Style of Qur'anic Reciting», *Ethnomusicology* (1987).

Sechs Hadith-Sammlungen gelten als kanonisch: die Sammlungen von al-Buchari, al-Haddschadsch, al-Sidschistani (gestorben 875), al-Tirmidhi (gestorben 915), al-Nasa'i (gestorben 915) und Ibn Madscha (gestorben 886). Hinzu kommt die schiitische Kompilation von Malik Ibn Anas (gestorben 795), die erste schriftlich niedergelegte Sammlung. Vgl. Joseph Schacht, *Origins of Muhammadan Jurisprudence* (1950) und *An Introduction to Islamic Law* (1964). Schachts Zitat entstammt seinem Aufsatz «A Revaluation of Islamic Traditions» im *Journal of the Royal Asiatic Society* (1949). Vgl. auch Jonathan Berkey, *The Formation of Islam*, S. 141–151. Bei dem pakistanischen Wissenschaftler handelt es sich um Abdul Qadir Oudah Shaheed; zitiert wird aus seinem *Criminal Law of Islam* (1987), S. 13.

Seine Ansichten über den Koran legt Mahmoud Taha in *The Second Message of Islam* (1996) dar; vgl. auch Abdullahi an-Na'im, *Toward an Islamic Reformation* (1996). Vgl. auch Nasr Hamid Abu Zayds kurzen Aufsatz «Divine Attributes in the Qur'an: Some Poetic Aspects», in *Islam and Modernity*, hg. von John Cooper u. a. (1998). Al-Ghazali wird zitiert nach Zakaria, Appendix 1, S. 303.

Zu *nasch* vgl. Ahmad von Denffer, *Ulum al-Qur'an: An Introduction to the Sciences of the Qur'an* (1983). Manche Theologen lehnen *nasch* rundweg ab; vgl. Ahmad Hasan, *The Early Development of Islamic Jurisprudence* (1970), S. 70–79. Doch selbst Hasan erkennt die Bedeutung des historischen Kontexts bei der Koranexegese an.

7. In den Fußstapfen von Märtyrern

Meine Beschreibung Kerbelas basiert auf Syed-Mohsen Naquvi, *The Tragedy of Karbala* (1992), und Lewis Pelly, *The Miracle Play of Hasan and Husain*, 2 Bde. (1879). Zur Entwicklung und Bedeutung der Muharram-Rituale im Schiitentum vgl. Heinz Halm, *Der schiitische Islam. Von der Religion zur Revolution* (1994; Zitat auf S. 53). Vgl. auch die soziologischen Arbeiten zu diesem Thema von Vernon Schubel, *Religious Performance in Contemporary Islam* (1993), und David Pinault, *The Shi'ites* (1992), dem die beiden Augenzeugenberichte entnommen sind (S. 103–106). Ich empfehle ebenso *The Horse of Karbala* (2001) desselben Autors. Ehsan Yarshater geht den Ursprüngen der Klagerituale nach in «Ta'ziyeh and Pre-Islamic Mourning Rites», in *Ta'ziyeh: Ritual and Drama in Iran*, hg. von Peter Chelkowski (1979).

Hervorragende Einführungen zum Schiitentum sind das bereits erwähnte Werk von Moojan Momen, *An Introduction to Shi'i Islam* (1979), und von S. Husain M. Jafri, *The Origins and Early Development of Shi'a Islam* (1985). Von Tabataba'i erschien unter dem Titel *Shi'ite Islam* (1977) eine englische Übersetzung von Seyyed Hossein Nast. Zu schiitischen Auffassungen über die Scharia vgl. Hossein Modarressi, *An Introduction to Shi'i Law* (1984). Die Idee des «präexistenten Imams» erörtert ausführlich Mohammad Ali Amir-Moezzi, *The Divine Guide in Early Shi'ism* (1994). Zur schiitischen Sicht des Korans vgl. Tabataba'i, *The Qur'an in Islam* (1987). Dscha'far al-Sadiqs Exegese des «Licht-Verses» habe ich Helmut Gätje, *The Qur'an and Its Exegesis* (1976), entnommen.

Nur wenige Publikationen behandeln in angemessener Weise Ursprung und Entwicklung des Mahdi im Islam; zu empfehlen sind Jassim M. Hussain, *The Occultation of the Twelfth Imam* (1982), und Abdulaziz Abdulhussein Sachedina, *Islamic Messianism* (1981). Sachedina behandelt außerdem die Bedeutung der Stellvertreter des Imams in *The Just Ruler in Shi'ite Islam* (1988).

Ibn Chalduns berühmte «Vorrede» zu seiner Geschichte der Araber und Berber, *Muqaddimah*, ist in der englischen Übersetzung des renommierten Islamwissenschaftlers Franz Rosenthal in einer vollständigen und in einer gekürzten Fassung verfügbar. Zu den Machenschaften des Klerus im Iran vgl. Roy Mottahedehs wunderbares Buch *The Mantle of the Prophet* (1985; deutsch unter dem Titel *Der Mantel des Propheten*, 1987). Die zahlreichen Gesamtdarstellungen zur iranischen Revolution können hier nicht alle angeführt werden; ich empfehle besonders Said Amir Arjomand, *The Turban for the Crown* (1988) sowie das jüngst erschienene Buch *The Unthinkable Revolution in Iran* von Charles Kurzman (2004). Das Thema aus neuerer Perspektive behandelt Dariush Zaheri, *The Iranian Revolution: Then and New* (2000). Sandra Mackeys gut lesbare Darstellung der iranischen Geschichte trägt den Titel *The Iranians* (1996).

Zum Chomeinismus vgl. Ervand Abrahamian, *Khomeinism: Essays on the Islamic Republic* (1993). Zu den englischen Übersetzungen von Chomeinis Werken zählen *Islamic Government* (1979; auch auf deutsch unter dem Titel *Der islamische Staat*, 1983), *Islam and Revolution* (1981) und *A Clarification of Questions* (1984). Chomeinis Umdeutung des Schiitentums wird heftig kritisiert von Mohammad Manzoor Nomani in seinem Buch *Khomeini, Iranian Revolution, and the Shi'ite Faith* (1988). Chomeinis Gedicht entstammt Baqer Moins Biographie mit dem Titel *Khomeini: Life of the Ayatollah* (1999).

8. Färbe deinen Gebetsteppich mit Wein

Es gibt mehrere ausgezeichnete englische Übersetzungen von Nizamis *The Legend of Layla and Majnun*, unter anderem von Colin Turner (1970) und Rudolf Gelpke (1966; zuerst deutsch unter dem Titel *Leila und Madschnun*, erstmals aus dem Persischen verdeutscht und mit einem Nachwort versehen von Rudolf Gelpke, 1963); erwähnenswert ist auch James Atkinsons wunderbare Versfassung (1968). Ich erzähle die Liebesgeschichte unter freier Verwendung dieser drei Übersetzungen und Hinzuziehung meiner eigenen Übersetzung des persischen Texts. Vgl. auch die kritische Analyse des Epos von Ali Asghar Seyed-Gohrab, *Layla and Majnun: Love, Madness and Mystic Longing in Nizami's Epic Romance* (2003). Zur Frühzeit des Sufismus vgl. Shaykh Fadhlalla Haeri, *The Elements of Sufism* (1990), und Julian Baldick, *Mystical Islam* (1989). Baldick untersucht die verschiedenen religiösen und kulturellen Einflüsse auf den Sufismus und die Bedeutung des Begriffs. R. A. Nicholson beschäftigt sich unter anderem in *The Mystics of Islam* (1914) und *Studies in Islamic Mysticism* (1921) mit diesem Thema. Von Idris Shahs zahlreichen Texten über den Sufismus nenne ich hier nur *The Sufis* (1964; deutsch unter dem Titel *Die Sufis. Botschaft der Derwische, Weisheit der Magier*, 1976) und *The Way of the Sufis* (1969; deutsch unter dem Titel *Der glücklichste Mensch. Das große Buch der Sufi-Weisheit*, 1986). Vgl. auch Martin Lings, *What is Sufism?* (1993); Inayat Khan, *The Unity of Religious Ideals* (1929); Ian Richard Netton, *Sufi Ritual* (2000); Nasrollah Pourjavady und Peter Wilson, *Kings of Love* (1978); J. Spencer Trimingham, *The Sufi Orders in Islam* (1971); Carl Ernst, *Teachings of Sufism* (1999); und Titus Burckhardt, *An Introduction to Sufi Doctrine* (1976; deutsch unter dem Titel *Vom Sufitum. Einführung in die Mystik des Islam*, München-Planegg 1952; 2., stark erweiterte Auflage 1989).

Vgl. Shaykh Muhammad al-Jamal ar-Rafa'i ash-Shadhili, *Music of the Soul* (1994). Die historischen und theologischen Zusammenhänge zwischen Schiitentum und Sufismus erörtert Kamil M. al-Shaibi in *Sufism and Shi'ism* (1991). Und schließlich gibt es eine brauchbare, wenn auch nicht leicht zu lesende Aufsatzsammlung von Seyyed Hossein Nasr mit dem Titel *Sufi Essays* (1972).

Al-Ghazali, *The Niche of Lights* wurde übersetzt von David Buchman (1998; deutsch unter dem Titel *Die Nische der Lichter*, 1987, übersetzt von 'Abd-Elsamad 'Abd Elhamid Elschazli). Zu al-Ghazalis Philosophie vgl. Montgomery Watt, *The Faith and Practice of al-Ghazali* (1953). Al-Hujwiri, *The Revelation of the Mystery*, wurde übersetzt von Reynold Nicholson (1911). Die zweifellos beste englische Übersetzung von Farid al-Din Attars *Mantiq ut-tair* stammt von Afkham Darbandi und Dick Davis (*The Conference of the Birds*, 1984). Eine Kurzfassung des Epos stellt Annemarie Schimmel in dem von ihr herausgegebenen Band: Attar, *Vogelgespräche und andere klassische Texte*, vor (München 1999). Eine deutsche Übersetzung liegt vor von Marion Zerbst, *Vogelgespräche. Die berühmte persische Sufi-Erzählung über die Pilgerfahrt nach innen* (1988). Der persische Denker und Sufi Javad Nurbakhsh untersucht die Beziehung zwischen Lehrer und Schüler in seinem kurzen Aufsatz mit dem Titel *Master and Disciple in Sufism* (1977). Zu den Stationen des sufischen Wegs vgl. Shaykh Abd al-Khaliq al-Shabrawi, *The Degrees of the Soul* (1997), und Abu'l Qasim al-Qushayri, *Sufi Book of Spiritual Ascent*, ins Englische übersetzt von Rabia Harris (1997). Al-Halladschs *Kitab al-Tawasin* ist nur in der französischen Übersetzung des bedeutenden Sufismus-Forschers Louis Massignon (1913) verfügbar. Massignons *Essay on the Origins of the Technical Language of Islamic Mysticism* (1997; zuerst französisch unter dem Titel *Essai sur les origines du lexique technique de la mystique musulmane*, Paris 1922) ist für Leser bestimmt, die bereits Grundkenntnisse des Sufismus besitzen.

Den Monismus als Grundidee des Sufismus erörtert ausführlich Molana Salaheddin Ali Nader Shah Angha in *The Fragrance of Sufism* (1996). Ibn al-Arabis *Fusus al-Hikam* ist in englischer Übersetzung unter dem Titel *The Wisdom of the Prophets* (1975) verfügbar. Zu Rabia und anderen Frauen im Sufismus vgl. Camille Adams Helminski, *Women of Sufism* (2003), und Margaret Smith, *Rabi'a the Mystic and Her Fellow-Saints in Islam* (1928; deutsch unter dem Titel *Rabi'a von Basra, «Oh, mein Herr, Du genügst mir»: Rabi'a von Basra und andere heilige Frauen im Islam*, 1997). Rabias Gedichte sind gesammelt unter dem Titel *Doorkeeper of the Heart: Versions of Rabi'a* (1988; übersetzt von Charles Upton).

Zu den besten englischen Ausgaben der Werke Rumis zählen *The Essential Rumi* (1995; übersetzt von Colman Barks) und das zweibändige *Mystical Poems of Rumi* (1968; übersetzt von A. J. Arberry); vgl. auch Reynold Nicholson, *Rumi: Poet and Mystic* (1950). Zu Rumis Leben vgl. Annemarie Schimmel, *Ich bin Wind und du bist Feuer. Leben und Werk des großen Mystikers* (1978). Zu Hafis vgl. Nahid Angha, *Selections* (1991), und *Ecstasy* (1998). Allgemeine Darstellungen der Sufi-Dichtung sind Ali Asani und Kamal Abdel-Malek, *Celebrating Muhammad* (1995), sowie J. T. P. de Bruijn, *Persian Sufi Poetry* (1997).

Zum Sufismus in Indien vgl. Muhammad Mujeeb, *Indian Muslims* (1967), und Carl W. Ernst, *Eternal Garden: Mysticism, History, and Politics at a South Asian Sufi Center* (1992). Vgl. auch Bruce Lawrence, «The Early Chisti Approach to Sama'», in *Islamic Societies and Culture: Essays in Honor of Professor Aziz Ahmad*, hg. von Milton Israel und N. K. Wagle (1983).

Das Iqbal-Zitat entstammt Ali Shariati, *Iqbal: Manifestations of the Islamic Spirit* (1991). Vgl. auch Muhammad Iqbal, *The Reconstruction of Religious Thought in Islam* (1960).

9. Ein Erwachen im Osten

Frederick Coopers Beschreibung der Exekution des 26. Eingeborenen-Infanterieregiments ist in Auszügen wiedergegeben bei Edward J. Thompson, *The Other Side of the Medal* (1925); den historischen Kontext, die literarische Ausschmükkung und die Chronologie der Ereignisse habe ich leicht verändert. Trevelyans Kommentar zum Unterhaus wird zitiert von Thomas R. Metcalf, *The Aftermath of Revolt* (1964); vgl. auch C. E. Trevelyan, *On the Education of the People of India* (1838). Benjamin Disraeli und Alexander Duff werden zitiert in Ainslee T. Embrees Sammelband *1857 in India* (1963). Bahadur Shahs Aufruf an das indische Volk entstammt der *Azimgarh Proclamation* und ist abgedruckt bei Charles Ball, *The History of the Indian Mutiny* (1860). Zu zeitgenössischen Berichten über die britische Reaktion auf den indischen Aufstand vgl. C. G. Griffiths, *Siege of Delhi* (1912), und W. H. Russell, *My Indian Diary* (1957). Cecil Rhodes' Beschreibung und Zitat sind *The Columbia Encyclopedia*, 6. Auflage 2001, entnommen.

Zu Sayyid Ahmad Khan vgl. dessen Buch mit dem Titel *The Causes of the Indian*

Revolt (1873) sowie seine «Lecture on Islam», in Auszügen abgedruckt in Christian W. Troll, *Sayyid Ahmed Khan: A Reinterpretation of Muslim Theology* (1978). Zur Aligarh-Bewegung vgl. *The Aligarh Movement: Basic Documents 1864–1898*, herausgegeben von Shan Muhammad (1978). Moulavi Chiragh Ali wird zitiert nach seinem Buch *The Proposed Political, Legal, and Social Reforms in the Ottoman Empire and Other Mohammadan States* (1883). Zu Abu-l Ala (Mawlana) Mawdudi vgl. dessen Werke *Nationalism and Islam* (1947) und *The Islamic Movement* (1984).

Zum Kolonialismus in Ägypten vgl. Joel Gordon, *Nasser's Blessed Movement* (1992); Juan R. I. Cole, *Colonialism and Revolution in the Middle East* (1993); und William Welch, *No Country for a Gentleman* (1988). Al-Afghanis Leben und Werk widmet sich Nikki R. Keddie, *Sayyid Jamal al-Din «al-Afghani»: A Political Biography* (1972); M. A. Zaki Badawi, *The Reformers of Egypt* (1979); und Charles C. Adams, *Islam and Modernism in Egypt* (1933). Zu Muhammad Abduh vgl. Osman Amin, *Muhammad 'Abduh* (1953), und Malcolm H. Kerr, *Islamic Reform: The Political and Legal Theories of Muhammad 'Abduh and Rashid Rida* (1966). Zu Hasan al-Banna empfehle ich seine Lebenserinnerungen mit dem Titel *Memoirs of Hasan al-Banna Shaheed* (1981), Richard P. Mitchell, *Society of the Muslim Brothers* (1969), und *Pioneers of Islamic Revival*, hg. von Ali Rahnema (1995).

Zum Panarabismus empfehle ich Sylvia G. Haims Sammelband *Arab Nationalism* (1962); Nissim Rejwan, *Arabs Face the Modern World* (1998); Abd al-Rahman al-Bazzaz, *Islam and Nationalism* (1952); Michael Doran, *Pan-Arabism Before Nasser* (1999), sowie Taha Husayn, *The Future of Culture in Egypt* (1954).

Sayyid Qutbs Hauptwerke sind *Milestones* (1993) und *Social Justice in Islam*, übersetzt von William Shepard unter dem Titel *Sayyid Qutb and Islamic Activism* (1996). Vgl. auch Jalal-e Ahmad, *Gharbzadegi* (1997).

Die Geschichte Saudi-Arabiens erzählt Madawi al-Rasheed, *A History of Saudi Arabia* (2003). Zum Wahhabismus empfehle ich Hamid Algar, *Wahhabism: A Critical Essay* (2002). Die Wahhabiten selbst bevorzugen die Bezeichnung *ahl al-tauhid* oder *al-Muwahhidun*.

Ein Wort zur Bedeutung und Funktion des Fundamentalismus im Islam. Der Begriff «Fundamentalismus» wurde Anfang des 20. Jahrhunderts zur Beschreibung einer sich unter den Protestanten der Vereinigten Staaten ausbreitenden Bewegung geprägt, die auf die rapide Modernisierung und Säkularisierung der amerikanischen Gesellschaft mit der Rückbesinnung auf die «Fundamente» des christlichen Glaubens reagierten. Ihr entscheidender Ansatz war die wörtliche Interpretation der Bibel. Sie war mit dem Siegeszug wissenschaftlicher Theorien wie der Evolution in Mißkredit geraten, die biblischen Ansprüchen auf Historizität mit höhnischer Verachtung entgegentraten. In Anbetracht dessen, daß alle Muslime an die «Wörtlichkeit» des Korans glauben – der schließlich das unmittelbare Wort Gottes ist –, erscheint es wenig sinnvoll, muslimische Extremisten oder militante Muslime als «Fundamentalisten» zu bezeichnen. «Fundamentalist»

ist auch nicht die angemessene Bezeichnung für Islamisten wie Sayyid Qutb, dessen Ziel die Errichtung eines islamischen politischen Gemeinwesens war. «Islamischer Fundamentalismus» ist jedoch heute ein so gängiger Begriff, daß er sogar ins Persische und Arabische Eingang fand (die wörtliche Übersetzung bedeutet, durchaus treffend, «verstockt» im Arabischen und «rückständig» im Persischen). Ich verwende ihn auch in diesem Buch, allerdings nicht zur Beschreibung des politischen Islams, den ich mit seiner Selbstbezeichnung «Islamismus» nenne. «Islamischer Fundamentalismus» dagegen bezieht sich auf die radikal ultrakonservative und puritanische Ideologie, die in der muslimischen Welt am deutlichsten im Wahhabismus ausgeprägt ist.

Es gibt kaum eine bessere Einführung zur Geschichte des politischen Islams als Gilles Kepel, *Jihad. Expansion et déclin de l'islamisme*, 2000 (deutsch unter dem Titel *Das Schwarzbuch des Dschihad. Aufstieg und Niedergang des Islamismus*, 2002), und *Fitna: Guerre au Coeur de l'Islam*, 2004 (deutsch unter dem Titel *Die neuen Kreuzzüge. Die arabische Welt und die Zukunft des Westens*, 2004). Vgl. auch Anthony Shadid, *The Legacy of the Prophet* (2002). Das Zitat von Usama bin Ladin stammt aus einem Interview, das er im Mai 1998 dem ABC-Reporter John Miller gab.

Mehr zur Entstehung und Entwicklung des Dschihadismus siehe Reza Aslan, *Beyond Fundamentalism* (New York 2010).

Laut einer Umfrage des Pew Research Center von 2005 halten 78 Prozent der Bevölkerung des Nahen und Mittleren Ostens die Demokratie für «die beste Regierungsform». Siehe http://www.pewglobal.org/2006/06/22/the-great-divide-how-westerners-and-muslims-view-each-other/.

10. Der lange Weg nach Medina

Nach der iranischen Revolution von 1979 gab es zwei Verfassungsentwürfe. Der erste, der den Geistlichen keine herausragende Rolle im Staat einräumte, wurde ironischerweise von den linken Parteien des Iran abgelehnt. Der zweite Entwurf, im November von einem dreiundsiebzigköpfigen Expertengremium formuliert, schrieb die Dominanz der Geistlichkeit im Staat fest.

Die Aktivitäten der Centers of Disease Control und der American Type Culture Collection vor und während des iranisch-irakischen Kriegs sind durch erst kürzlich freigegebene Regierungsunterlagen dokumentiert. Vgl. «Report: U.S. Supplied the Kinds of Germs Iraq Later Used for Biological Weapons», USA *Today*, 30. September 2002.

Zu den Taliban vgl. Ahmed Rashid, *The Taliban* (2000; deutsch unter dem Titel *Taliban*, 2002). Harvey Cox, *The Secular City* (1966; deutsch unter dem Titel *Stadt ohne Gott?*, 1967), sollte Grundlagenlektüre für Religions- und Politikwissenschaft sein; vgl. auch Will Herberg, *Protestant, Catholic, Jew* (1955).

In *The Islamic Roots of Democratic Pluralism* (2001) erörtert Abdulaziz Sachedina den islamischen Pluralismus. Es gibt nur wenige Bücher von Abdolkarim Soroush in englischer Sprache; eine Sammlung seiner wichtigsten Schriften wurde herausgegeben und übersetzt von Mahmoud und Ahmad Sadri unter dem Titel *Reason, Freedom, and Democracy in Islam: Essential Writings of Abdolkarim Soroush* (2002). Das Zitat stammt aus seiner Dankesrede bei der Verleihung des «Muslim Democrat of the Year Award» 2004, einer Auszeichnung, die vom Center for the Study of Islam and Democracy in Washington vergeben wird.

11. Willkommen zur islamischen Reformation

Das Konzept von «Brüchen» ist Muhammad Qasem Zamans Buch *The Ulama in Contemporary Islam: Custodians of Change* (Princeton: Princeton University Press, 2002) entnommen.

Mehr zur Internetplattform IslamOnline.net findet man bei Bettina Gräf, «IslamOnline.net: Independent, interactive, popular», *Arab Media and Society* 4 (2008), http://www.arabmediasociety.com/index.php?article=576printarticle. Siehe auch Jens Kutschers Vortrag «Online Fatwas and their Relevance to the European Union» beim 30. Deutschen Orientalistentag in Freiburg, 24.–28. September 2007, http://orient.ruf.uni-freiburg.de/dotpub/kutscher.pdf.

Schaich Abdullah bin Beh wird zitiert nach Rasha Elass, «Scholar condemns ‹fatwa piracy›», *The National* (17. September 2008), http://www.thenational.ae/news/uae-news/scholar-condemns-fatwa-piracy.

Zu Luther und zur christlichen Reformation siehe Diarmaid MacCullochs Standardwerk *Die Reformation 1490–1700* (München 2008).

Laut einer Umfrage des Pew Research Center 2010 beurteilen mehr als neun von zehn Muslimen (94 Prozent) im Libanon al-Qaʿida negativ, ebenso die Mehrheit der Muslime in der Türkei (74 Prozent), in Ägypten (72 Prozent), Jordanien (62 Prozent) und Indonesien (56 Prozent). http://pewglobal.org/2010/12/02/muslims-around-the-world-divided-on-hamas-and-hezbollah/.

Literaturhinweise

Bücher

Abbott, Nabia, *Studies in Arabic Literary Papyri*, Chicago 1957–1972

Abd al-Rahman al-Bazzaz, *Islam and Nationalism*, Bagdad 1952

Abedi, Mehdi, und Gary Legenhausen (Hg.), *Jihad and Shahadat*, Houston 1986

Abrahamian, Ervand, *Khomeinism: Essays on the Islamic Republic*, Berkeley 1993

Abrahamov, Binyamin, *Islamic Theology: Traditionalism and Rationalism*, Edinburgh 1998

Adams, Charles C., *Islam and Modernism in Egypt*, London 1933

Ahmad, Barakat, *Muhammad and the Jews: A Re-Examination*, New Delhi 1979

Ahmad, Jalal-e, *Gharbzadegi*, Costa Mesa, Kalif., 1997

Ahmed, Leila, *Women and Gender in Islam*, New Haven 1992

Algar, Hamid, *Wahhabism: A Critical Essay*, New York 2002

Amin, Osman, *Muhammad 'Abduh*, Washington, D.C., 1953

Andrae, Tor, *Mohammed: Sein Leben und sein Glaube*, Gauting 2002

Angha, Molan Salaheddin Ali Nader Shah, *The Fragrance of Sufism*, Lanham 1996

Angha, Nahid, *Ecstasy*, San Rafael, Kalifornien, 1998

Angha, Nahid, *Selections*, San Rafael, Kalifornien, 1991

An-Na'im, Abdullahi, *Toward an Islamic Reformation*, Syracuse 1990

Arjomand, Said Amir, *The Turban for the Crown*, New York 1988

Armstrong, Karen, *Muhammad*, San Francisco 1992 (deutsch unter dem Titel *Muhammad. Religionsstifter und Staatsmann*, München 1993)

Arnold, Thomas W., *The Caliphate*, London 1965

Asani, Ali, und Kamal Abdel-Malek, *Celebrating Muhammad*, Columbia, South Carolina, 1995

Ash-Shabrawi, Abd al-Khaliq, *The Degrees of the Soul*, London 1997

Attar, Farid ad-Din, The C*onference of the Birds*, New York 1984

Badawi, M. A. Zaki, *The Reformers of Egypt*, London 1979

Baldick, Julian, *Mystical Islam*, New York 1989

Ball, Charles, *The History of the Indian Mutiny*, London 1860

Bamyeh, Mohammed A., *The Social Origins of Islam*, Minneapolis 1999

al-Banna, Hasan, *Memoirs of Hasan al-Banna Shaheed*, Karachi 1981

Baqer, Moin, *Khomeini: Life of the Ayatollah*, New York 1999

Barks, Colman, *The Essential Rumi*, San Francisco 1995

Baron, Salo Wittmayer, *A Social and Religious History of the Jews* (3 Bde.), New York 1964

Bell, Richard, *The Origin of Islam in Its Christian Environment*, London 1968

Bergen, Peter L., *Holy War, Inc.: Inside the Secret World of Osama bin Laden*, New York 2001 (deutsch unter dem Titel *Heiliger Krieg Inc. Osama bin Ladens Terrornetz*, Berlin 2001)

Berkey, Jonathan P., *The Formation of Islam*, Cambridge 2003

Black, Anthony, *The History of Islamic Political Thought*, New York 2001

Boyce, Mary, *History of Zoroastrianism* (3 Bde.), Leiden 1996

Boyce, Mary, *Zoroastrians, Their Religious Beliefs and Practices*, New York 2001

Bruijn, J. T. P. de, *Persian Sufi Poetry*, Surrey 1997

Bulliet, Richard, *Islam: The View from the Edge*, New York 1994

Bulliet, Richard, *The Camel and the Wheel*, Cambridge 1975

Burckhardt, Titus, *An Introduction to Sufi Doctrine*, Wellingsborough 1976

Chelkowski, Peter, *Ta'ziyeh: Ritual and Drama in Iran*, New York 1979

Chomeini, Ruhollah, *A Clarification of Questions*, Boulder 1984

Chomeini, Ruhollah, *Islam and Revolution*, Berkeley 1981

Chomeini, Ruhollah, *Islamic Government*, New York 1979 (deutsch unter dem Titel *Der islamische Staat*, Berlin 1983)

Cole, Juan R. I., *Colonialism and Revolution in the Middle East*, Princeton 1993

Cooper, John, u. a. (Hg.), *Islam and Modernity*, London 1998

Cooperson, Michael, *Classical Arabic Biography*, Cambridge 2000

Cox, Harvey, *The Secular City*, New York 1966 (deutsch unter dem Titel *Stadt ohne Gott?*, Stuttgart und Berlin, 3. Auflage 1967)

Cragg, Kenneth, *The Event of the Qur'an*, Oxford 1971

Cragg, Kenneth, *Readings in the Qur'an*, London 1988

Cragg, Kenneth, *God's Rule: Government and Islam*, New York 2004

Crone, Patricia, *Meccan Trade and the Rise of Islam*, New Jersey 1987

Crone, Patricia, und M. A. Cook, *Hagarism: The Making of the Islamic World*, Cambridge 1977

Crone, Patricia, und Martin Hinds, *God's Caliph: Religious Authority in the First Centuries of Islam*, Cambridge 1986

Dajani-Shakeel, Hadia, und Ronald A. Messier (Hg.), *The Jihad and Its Times*, Ann Arbor 1991

Denffer, Ahmad von, *Ulum al-Qur'an: An Introduction to the Sciences of the Qur'an*, Leicester 1983

Donohue, John J., und John L. Esposito (Hg.), *Islam in Transition*, New York 1982
Doran, Michael, *Pan-Arabism Before Nasser*, Oxford 1999
Eliade, Mircea, *Das Heilige und das Profane*, 2. Auflage Frankfurt/Main 1982
Eliade, Mircea, *Der Mythos der ewigen Wiederkehr*, Düsseldorf 1953
Embree, Ainslee, *1857 in India*, Boston 1963
Ernst, Carl, *Eternal Garden: Mysticism, History, and Politics at a South Asian Sufi Center*, New York 1992
Ernst, Carl, *Teachings of Sufism*, Boston 1999
Esposito, John L., und John O. Voll, *Makers of Contemporary Islam*, New York 2001
Gabrieli, Francesco, *Muhammad e le prime conquiste Arabiche*, Verona 1967 (deutsch unter dem Titel *Mohammed und die arabische Welt*, München 1968)
Gätje, Helmut, *The Qur'an and Its Exegesis*, Berkeley 1976
al-Ghazali, *The Alchemy of Happiness*, London 1980 (deutsch unter dem Titel *Das Elixier der Glückseligkeit*, München 1996)
al-Ghazali, *The Foundations of the Articles of Faith*, Lahore 1963 (deutsch unter dem Titel *Islamische Ethik*, Halle 1916, Nachdruck Hildesheim 2000)
al-Ghazali, *The Niche of Lights*, Utah 1998 (deutsch unter dem Titel *Die Nische der Lichter*, Hamburg 1987)
al-Ghazali, *The Ninety-nine Beautiful Names of God*, Nigeria 1970
Gibb, H. A. R., *Mohammedanism*, London 1970
Goitein, S. D., *Jews and Arabs*, New York 1970
Goldziher, Ignaz, *Muhammedanische Studien*, Hildesheim 1961 (= unveränderter photomechanischer Nachdruck der in zwei Teilen erschienenen Ausgabe Halle 1888 und 1890)
Goldziher, Ignaz, *Vorlesungen über den Islam*, 2., umgearbeitete Auflage Heidelberg 1925
Graetz, Heinrich, *Geschichte der Juden* (11 Bde.), Bd. 5, Berlin 1998 (= Reprint der Ausgabe letzter Hand, Leipzig 1900)
Griffiths, C. G., *Siege of Delhi*, London 1912
Haeri, Shaykh Fadhlalla, *The Elements of Sufism*, Rockport, Mass., 1990
Haim, Sylvia G. (Hg.), *Arab Nationalism*, Berkeley 1962
Halm, Heinz, *Der schiitische Islam. Von der Religion zur Revolution*, München 1994
Helminski, Camille Adams, *Women of Sufism*, Boston 2003
Herberg, Will, *Protestant, Catholic, Jew*, New York 1955
Hodgson, Marshall G. S., *The Venture of Islam*, Chicago 1974
Hourani, George, *Islamic Rationalism*, Oxford 1971
Hoyland, Robert G., *Arabia and the Arabs*, New York 2001
Hurvitz, Nimrod, *The Formation of Hanbalism: Piety into Power*, London 2002
Ibn Batuta, *The Travels of Ibn Batuta*, Cambridge 1958
Ibn Hisham, *The Life of Muhammad*, Oxford 1955
Ibn Rushd, *Commentary on Aristotle's Metaphysics*, Leiden 1984

Ibn Rushd, *The Epistle on the Possibility of Conjunction with the Active Intellect*, New York 1982

Ibn Rushd, *Three Short Commentaries on Aristotle's «Topics», «Rhetoric», and «Poetics»*, Albany 1977

Ibn Sina, *The Life of Ibn Sina*, Albany 1974

Ibn Sina, *Treatise on Logic*, Den Haag 1971

Israel, Milton, und N. K. Wagle (Hg.), *Islamic Societies and Culture: Essays in Honor of Professor Aziz Ahmad*, New Delhi 1983

Jafri, S. Husain M., Origins *and Early Development of Shi'a Islam*, London 1978

Juynboll, G. H. A. (Hg.), *Studies on the First Century of Islamic Studies*, Carbondale und Edwardsville, Ill., 1982

Keddie, Nikki R., *Sayyid Jamal al-Din «al-Afghani»: A Political Biography*, Berkeley 1972

Kelsay, John, *Islam and War*, Kentucky 1993

Kepel, Gilles, *Jihad. Expansion et déclin de l'islamisme*, Paris 2000 (deutsch unter dem Titel *Das Schwarzbuch des Dschihad. Aufstieg und Niedergang des Islamismus*, München und Zürich 2002)

Kepel, Gilles, *Fitna: Guerre au Coeur de l'Islam*, Paris 2004 (deutsch unter dem Titel *Die neuen Kreuzzüge. Die arabische Welt und die Zukunft des Westens*, München 2004)

Kerr, Malcolm H., *Islamic Reform: The Political and Legal Theories of Muhammad 'Abduh and Rashid Rida*, Berkeley 1966

Khan, Inayat, *The Unity of Religious Ideals*, London 1929

Khan, Sayyid Ahmed, *The Causes of the Indian Revolt*, Benares 1873

Köchler, Hans, *The Concept of Monotheism in Islam and Christianity*, Wien 1982

Lammens, Henri, *L'islam: Croyances et institutions*, Beirut 1928 (englisch unter dem Titel *Islam: Beliefs and Institutions*, London 1968)

Lecker, Michael, *Muslims, Jews, and Pagans: Studies on Early Islamic Medina*, Leiden 1995

Lings, Martin, *What Is Sufism?*, Cambridge 1993

Mackey, Sandra, *The Iranians*, New York 1996

Madelung, Wilferd, *Religious Schools and Sects in Medieval Islam*, London 1985

Madelung, Wilferd, *The Succession to Muhammad*, Cambridge 1997

Margoliouth, D. S., *The Relations Between Arabs and Israelites Prior to the Rise of Islam*, London 1924

Martin, Richard, *Approaches to Islam in Religious Studies*, Oxford 2001

Martin, Richard, u. a., *Defenders of Reason in Islam*, Oxford 1997

Massignon, Louis, *Essai sur les origines du lexique technique de la mystique musulmane*, Paris 1922 (englisch unter dem Titel *Essay on the Origins of the Technical Language of Islamic Mysticism*, Notre Dame, Ind., 1997)

Mawdudi, Abu-l Ala (Mawlana), *Nationalism and India*, Lahore 1947

Mawdudi, Abu-l Ala (Mawlana), *The Islamic Movement*, London 1984
McCarthy, Richard, *The Theology of the Ash'ari*, Beirut 1953
Mehr, Farhang, *The Zoroastrian Tradition*, Amherst, Mass., 1991
Menocal, Maria Rosa, *Ornament of the World*, New York 2002
Mernissi, Fatima, *Le harem politique*, Paris 1987 (deutsch unter dem Titel *Der politische Harem*, Frankfurt/Main 1989)
Metcalf, Thomas, *The Aftermath of Revolt*, Princeton 1964
Mitchell, Richard P., *The Society of the Muslim Brothers*, New York 1969
Momen, Moojan, *An Introduction to Shi'i Islam*, New Haven 1985
Mottahedeh, Roy, *The Mantle of the Prophet*, New York 1985 (deutsch unter dem Titel *Der Mantel des Propheten oder Das Leben eines persischen Mullah zwischen Religion und Politik*, München 1987)
Naquvi, M. A., *The Tragedy of Karbala*, Princeton 1992
Nasr, Seyyed Hossein, *Islamic Art and Spirituality*, New York 1987
Nasr, Seyyed Hossein, *Sufi Essays*, London 1972
Netton, Ian Richard, *Sufi Ritual*, Surrey 2000
Newby, Gordon Darnell, *A History of the Jews of Arabia*, South Carolina 1988
Nicholson, R. A., *Rumi: Poet and Mystic*, London 1978
Nicholson, R. A., *Studies in Islamic Mysticism*, Cambridge 1921
Nicholson, R. A., *The Mystics of Islam*, London 1914
Nizami, *Leila und Madschnun*. Erstmals aus dem Persischen verdeutscht und mit einem Nachwort versehen von Rudolf Gelpke, Zürich 1963 (englisch unter dem Titel *Layla and Majnun*, London 1966)
Nurbakhsh, Javad, *Master and Disciple in Sufism*, Teheran 1977
Peters, F. E., *Mecca: A Literary History of the Muslim Holy Land*, New Jersey 1994
Peters, F. E., *Muhammad and the Origins of Islam*, New York 1994
Peters, F. E., *The Hajj*, New Jersey 1994
Peters, Rudolph, *Islam and Colonialism: The Doctrine of Jihad in Modern History*, Den Haag 1979
Peters, Rudolph, *Jihad in Classical and Modern Islam*, Princeton 1996
Pinault, David, *The Horse of Karbala*, New York 2001
Pinault, David, *The Shiites*, New York 1992
Pourjavady, Nasrollah, und Peter Wilson, *Kings of Love*, Teheran 1978
Qutb, Sayyid, *Milestones*, Indianapolis 1993
Qutb, Sayyid, *Social Justice in Islam*, Leiden 1953
Rahnema, Ali (Hg.), *Pioneers of Islamic Revival*, London 1995
al-Rasheed, Madawi, *A History of Saudi Arabia*, Cambridge 2003
Rashid, Ahmed, *The Taliban*, New Haven 2000 (deutsch unter dem Titel *Taliban. Afghanistans Gotteskrieger und der Dschihad*, München 2001)
Rejwan, Nissim, *Arabs Face the Modern World*, Florida 1998
Renard, John, *Seven Doors to Islam*, Berkeley 1996

Robinson, Neal, *Christ in Islam and Christianity*, London 1991
Rodinson, Maxime, *Mahomet*, Paris 1965 (deutsch unter dem Titel *Mohammed*, Luzern und Frankfurt/Main 1971)
Rumi, Jalal al-Din, *Mystical Poems of Rumi* (2 Bde.), Chicago 1968
Rumi, Jalal al-Din, *Rumi: Poet and Mystic*, London 1950
Russell, W. H., *My Indian Diary*, London 1957
Sachedina, Abdulaziz Abdulhussein, *Islamic Messianism*, Albany 1981
Sachedina, Abdulaziz Abdulhussein, *The Islamic Roots of Democratic Pluralism*, Oxford 2001
Sachedina, Abdulaziz Abdulhussein, *The Just Ruler in Shi'ite Islam*, New York 1988
Schacht, Joseph, *An Introduction to Islamic Law*, Oxford 1998
Schacht, Joseph, *Origins of Muhammadan Jurisprudence*, Oxford 1950
Schimmel, Annemarie, *Rumi: Ich bin Wind und du bist Feuer. Leben und Werk des großen Mystikers*, Düsseldorf 1978
Schimmel, Annemarie, *Und Muhammad ist Sein Prophet. Die Verehrung des Propheten in der islamischen Frömmigkeit*, Düsseldorf und Köln 1981
Schubel, Vernon, *Religious Performance in Contemporary Islam*, Columbia 1993
Sells, Michael, *Desert Tracings: Six Classical Arabian Odes*, Connecticut 1989
Shaban, M. A., *Islamic History: A New Interpretation*, Cambridge 1994
Shah, Idris, *The Sufis*, New York 1964 (deutsch unter dem Titel *Die Sufis: Die Botschaft der Derwische, Weisheit der Magier*, Köln 1976)
Shah, Idris, *The Way of the Sufi*, New York 1969 (deutsch unter dem Titel *Der glücklichste Mensch. Das große Buch der Sufi-Weisheit*, Freiburg, Basel, Wien 1986)
al-Shaibi, Kamil M., *Sufism and Shi'ism*, Surbiton 1991
Shariati, Ali, *Fatima Is Fatima*, Teheran 1971 (deutsch unter dem Titel *Fatima ist Fatima*, übersetzt und herausgegeben von der Botschaft der Islamischen Republik Iran, Bonn 1981)
Shariati, Ali, *Iqbal: Manifestations of the Islamic Spirit*, New Mexico 1991
Smith, Margaret, *Rabi'a the Mystic and Her Fellow-Saints in Islam*, Cambridge 1928 (deutsch unter dem Titel *Rabi'a von Basra, «Oh, mein Herr, Du genügst mir»: Rabi'a von Basra und andere heilige Frauen im Islam*, Überlingen 1997)
Smith, Wilfred Cantwell, *Islam in Modern History*, Princeton 1957 (deutsch unter dem Titel *Der Islam in der Gegenwart*, Frankfurt/Main 1963)
Soroush, Abdolkarim, *Reason, Freedom, and Democracy*, New York 2000
Stillman, Norman A., *The Jews of Arab Lands*, Philadelphia 1979
al-Tabari, Abu Ja'far Muhammad, *The History of al-Tabari*, hg. von Ihsan Abbas u. a., New York 1988
Tabataba'i, Muhammad H., *Qur'an in Islam*, London 1988
Tabataba'i, Muhammad H., *Shi'ite Islam*, New York 1979

Taha, Mahmoud, *The Second Message of Islam*, Syracuse 1987
Thompson, Edward J., *The Other Side of the Medal*, London 1925
Tocqueville, Alexis de, *Über die Demokratie in Amerika*, Stuttgart 1985
Trevelyan, C. E., *On the Education of the People of India*, Hyderabad 1838
Trimingham, J. Spencer, *The Sufi Orders in Islam*, Oxford 1971
Troll, Christian W., *Sayyid Ahmed Khan: A Reinterpretation of Muslim Theology*, New Delhi 1978
Turner, Bryan S., *Weber and Islam: A Critical Study*, London 1974
Wadud, Amina, *Quran and Woman: Rereading the Sacred Text from a Woman's Perspective*, New York 1999
Walzer, Michael, *Just and Unjust Wars*, New York 1977 (deutsch unter dem Titel *Gibt es den gerechten Krieg?*, Stuttgart 1982)
Wansbrough, John, *Quranic Studies: Sources and Methods of Scriptural Interpretation*, Oxford 1977
Wansbrough, John, *The Sectarian Milieu: Content and Composition of Islamic Salvation History*, Oxford 1978
Watt, W. Montgomery, *Islamic Creeds*, Edinburgh 1994
Watt, W. Montgomery, *Islamic Political Thought*, Edinburgh 1968
Watt, W. Montgomery, *Muhammad at Mecca*, London 1953
Watt, W. Montgomery, *Muhammad at Medina*, Oxford 1956
Watt, W. Montgomery, *Muhammad: Prophet and Statesman*, London 1961
Watt, W. Montgomery, *The Faith and Practice of al-Ghazali*, London 1953
Welch, William M., *No Country for a Gentleman*, New York 1988
Wolfson, Harry Austryn, *The Philosophy of Kalam*, Cambridge 1976
Zabiri, Kate, *Mahmud Shaltut and Islamic Modernism*, New York 1993
Zaheri, Dariush, *The Iranian Revolution: Then and Now*, Boulder, Colo., 2000
Zakaria, Rafiq, *The Struggle Within Islam: The Conflict Between Religion and Politics*, London 1989
Zawati, Hilmi M., *Is Jihad a Just War?*, Lewiston, Me., 2001

Aufsätze

Abbot, Freedland, «The Jihad of Sayyid Ahmad Shahid», *Muslim World* (1962) S. 216–222
al-Faruqi, Lois Ibsen, «The Cantillation of the Qur'an», *Asian Music* 19, 1 (1987), S. 2–23
Arafat, W. N., «New Light on the Story of Banu Qurayza and the Jews of Medina», *Journal of the Royal Asiatic Society* (1976), S. 100–107
Aslan, Reza, «The Problem of Stoning in the Islamic Penal Code: An Argument for Reform», *Journal of Islamic and Near Eastern Law* 3 (2004)

Aslan, Reza, «Thus Sprang Zarathustra: A Brief Historiography on the Date of the Prophet of Zoroastrianism», *Jusur: Journal of Middle Eastern Studies* 14 (1998/99), S. 21–34

Caetani, Leone, «Uthman and the Recension of the Koran», *The Muslim World* 5 (1915), S. 380–390

Conrad, Lawrence I., «Abraha and Muhammad», *Bulletin of the School of Oriental and African Studies* 50 (1987), S. 225–240

Gil, Moshe, «The Constitution of Medina: A Reconsideration», *Israel Oriental Studies* 6 (1974), S. 44–65

Gil, Moshe, «The Medinan Opposition to the Prophet», *Jerusalem Studies in Arabic and Islam* 10 (1987), S. 65–96

Gil, Moshe, «Origin of the Jews of Yathrib», *Jerusalem Studies in Arabic and Islam* 4 (1984), S. 203–224

Guillaume, Alfred, «New Light on the Life of Muhammad», *Journal of Semitic Studies* (1960), S. 27–59

Halperin, David, «The Ibn Sayyad Traditions and the Legend of al-Dajjal», *Journal of the American Oriental Society* 96 (1976), S. 213–225

Hawting, G. R., «We Were Not Ordered with Entering It but Only with Circumambulating It: *Hadith* and *Fiqh* on Entering the Kaaba», *Bulletin of the School of Oriental and African Studies* 47 (1984), S. 228–242

Huntington, Samuel, «The Clash of Civilizations», *Foreign Affairs* 72, 3 (Sommer 1993), S. 22–49

Kister, M. J., «al-Tahannuth: An Inquiry into the Meaning of a Term», *Bulletin of the School of Oriental and African Studies* 30 (1968), S. 223–236

Kister, M. J., «‹A Bag of Meat›: A Study of an Early Hadith», *Bulletin of the School of Oriental and African Studies* 31 (1968), S. 267–275

Kister, M. J., «Do Not Assimilate Yourselves ...», *Jerusalem Studies in Arabic and Islam* 12 (1989), S. 321–371

Kister, M. J., «The Market of the Prophet», *Journal of the Economic and Social History of the Orient* 8 (1965), S. 272–276

Kister, M. J., «The Massacre of the Banu Qurayza: A Reexamination of a Tradition», *Jerusalem Studies in Arabic and Islam* 8 (1986), S. 61–96

Nelson, Kristina, «Reciter and Listener: Some Factors Shaping the Mujawwad Style of Qur'anic Reciting», *Ethnomusicology* (Frühjahr/Sommer 1987), S. 41–47

Rahman, Hannah, «The Conflicts Between the Prophet and the Opposition in Medina», *Der Islam* 62 (1985), S. 260–297

Reissener, H. G., «The Ummi Prophet and the Banu Israil», *The Muslim World* 39 (1949)

Rubin, Uri, «Hanafiyya and Ka'ba: An Enquiry into the Arabian Pre-Islamic Background of *din Ibrahim*», *Jerusalem Studies in Arabic and Islam* 13 (1990), S. 85–112

Rubin, Uri, «The Ka'ba: Aspects of Its Ritual Function and Position in Pre-Islamic and Early Times, *Jerusalem Studies in Arabic and Islam* 8 (1986), S. 97–131

Ausgewählte Nachschlagewerke

A Dictionary of Buddhism, hg. von Damien Keown, Oxford 2003
The Encyclopedia of Gods, hg. von Michael Jordan, London 1992
The Encyclopedia of Indo-European Culture, hg. von J. P. Mallory und D. Q. Adams, New York 1997
The Encyclopedia of Islam (11 Bde.), hg. von H. A. R. Gibb u. a., Leiden 1986
The Encyclopedia of Religion (16 Bde.), hg. von Mircea Eliade u. a., New York 1987
The Encyclopedia of World Mythology and Legend, hg. von Anthony S. Mercatante, New York 1988
The Encyclopedia of World Religions, hg. von Wendy Doniger, Springfield, Mass., 1999
The New Encyclopedia of Islam, hg. von Cyril Glasse, Walnut Creek, Kalif., 2002
The Oxford Dictionary of World Religions, hg. von John Bowker, Oxford 1997
The Oxford Encyclopedia of the Modern Islamic World, hg. von John L. Esposito, Oxford 1995

Zeittafel

570	Geburt des Propheten Muhammad
610	Muhammad empfängt die erste Offenbarung auf dem Berg Hira
622	Auswanderung (Hidschra) Muhammads und seiner Anhänger nach Yathrib (später Medina genannt)
624	Schlacht von Badr gegen Mekka und die Quraisch
625	Schlacht von Uhud
627	Grabenkrieg
628	Abkommen von Hudaibiyya zwischen Medina und Mekka
630	Muhammads Sieg über die Quraisch und die muslimische Inbesitznahme Mekkas
632	Tod Muhammads
632–634	Kalifat von Abu Bakr
634–644	Kalifat von Umar ibn al-Chattab
644–656	Kalifat von Uthman ibn Affan
656–661	Kalifat von Ali ibn Abi Talib, für die Schiiten der erste Imam
661–750	Die Umayyaden-Dynastie
680	Husain ibn Ali, der Enkel des Propheten, wird in Kerbela getötet
750–850	Die Abbasiden-Dynastie
756	Abd al-Rahman, der letzte Umayyadenprinz, errichtet ein rivalisierendes Kalifat in Spanien
874	Rückzug des Zwölften Imams oder Mahdi in die Verborgenheit
934–1062	Buyiden-Dynastie im westlichen Iran, Irak und Mesopotamien
969–1171	Fatimiden-Dynastie in Nordafrika, Ägypten und Syrien
977–1186	Ghaznaviden-Dynastie in Chorasan, Afghanistan und Nordindien
1095	Papst Urban II. ruft zum Kreuzzug auf
1250–1517	Mamluken-Dynastie in Ägypten und Syrien
1281–1924	Osmanisches Reich
1501–1725	Safaviden-Dynastie im Iran
1520–1858	Moghul-Dynastie in Indien

1857	Indischer Aufstand gegen die Briten
1924	Gründung der säkularen Türkischen Republik und Ende des osmanischen Kalifats
1925	Beginn der Pahlavi-Dynastie im Iran
1928	Gründung der Muslimbruderschaft durch Hasan al-Banna in Ägypten
1932	Gründung des Königreichs Saudi-Arabien
1947	Gründung Pakistans als erstem islamischen Staat
1948	Gründung des Staates Israel
1952	Staatsstreich der Freien Offiziere in Ägypten unter Führung von Gamal Abd al-Nasser
1979	Sowjetischer Einmarsch in Afghanistan
1980	Geiselkrise im Iran
1987	Erste Intifada oder Aufstand der Palästinenser
1988	Gründung der Hamas
1989	Abzug der sowjetischen Truppen aus Afghanistan
1991	Golfkrieg; Gründung von al-Qa'ida
1992	Algerischer Bürgerkrieg
2000	Zweite Intifada in Israel/Palästina
2001	Anschläge al-Qa'idas in New York und Washington
2003	US-geführte Invasion des Irak
2006	Die Hamas gewinnt die Wahlen in Palästina
2008	Israelische Militäroffensive in Gaza
2009	Proteste der Grünen Bewegung im Iran
2010	US-Kampfmission im Irak offiziell beendet
2011	Demokratische Proteste überall in Nordafrika

Glossar

Ahadiyya: «Einheit», das sufische Ideal der Einheit und Einzigkeit Gottes
Ahl/qaum: Volk oder Stamm
Ahl al-bait: die «Leute des Hauses»; die Familie des Propheten Muhammad
Ahl al-kitab: die «Leute des Buches» oder «Schriftbesitzer»; Bezeichnung für Juden und *Christen:* siehe *dhimmi*
Al-Qaʿida: wahhabitische Organisation unter Führung Usama bin Ladins
Ansar: die «Helfer»; Angehörige der zum Islam konvertierten medinensischen Clans
Asbab al-nuzul: die Anlässe oder Umstände, die zur Offenbarung der einzelnen Verse an Muhammad führten
Aschʿari: Begründer der traditionalistischen Schule der islamischen Theologie
Aschura: der zehnte Tag des islamischen Monats Muharram, zugleich Höhepunkt des schiitischen Trauerzeremoniells
Aus: neben den Chazradsch der wichtigste heidnische arabische Clan in Medina
Aya: ein Koranvers
Ayatollah: «Zeichen Gottes»; der höchste Rang in der Hierarchie der schiitischen Geistlichkeit
Baraka: spirituelle Kraft, Charisma
Basmalla: Anrufungsformel zu Beginn der meisten Kapitel (Suren) des Korans: «Im Namen Gottes, des Erbarmers, des Barmherzigen»
Batin: die verborgene, geheime Botschaft des Korans
Baiʿa: Treueschwur des Stammes gegenüber seinem Schaich, Huldigung
Bait/banu: «Haus/Söhne»; Clan
Bidʿa: religiöse Neuerung
Charidschiten: radikale Sekte, die sich während Alis Kalifat vom Schiitentum abspaltete
Chazradsch: neben den Aus der wichtigste heidnisch-arabische Clan in Medina und der erste, der Muhammads Lehre übernahm
Derwisch: persisch «Bettler»; gängige Bezeichnung für die Sufis

Dhikr: «Gedenken»; wichtigstes Sufi-Ritual

Dhimmi: «Schutzbefohlener»; Bezeichnung für Juden, Christen und andere nichtmuslimische «Leute der Schrift», die unter dem besonderen Schutz des islamischen Gesetzes stehen

Dschahiliyya: die vorislamische «Zeit der Unwissenheit»

Dschihad: Anstrengung, Einsatz

Dschinn: ungreifbare Geisterwesen, die beim Jüngsten Gericht für ihre Taten zur Rechenschaft gezogen werden

Dschizya: Schutzsteuer der nichtmuslimischen Untertanen (*dhimmi*)

Du'a: freies, nichtrituelles Gebet

Emir: Statthalter einer muslimischen Provinz

Erfan: mystische «Erkenntnis»

Fana: Auslöschung des Selbst; im Sufismus Zustand der spirituellen Erleuchtung

Faqih: muslimischer Rechtsgelehrter; oberster Führer im Iran

Faqir: siehe *Derwisch*

Fatwa: Rechtsgutachten eines muslimischen Rechtsgelehrten

Fikr: mystische Versenkung, wie sie manche Sufi-Orden praktizieren

Fiqh: Studium des islamischen Rechts

Fitna: muslimischer Bürgerkrieg

Gefährten: die erste Generation von Muslimen, die Muhammad noch gekannt haben

Haddsch: Pilgerfahrt nach Mekka

Hadithe: Geschichten und Aussprüche des Propheten und seiner frühesten Gefährten

Hakam: Schiedsrichter, der in vorislamischer Zeit Streitigkeiten innerhalb und zwischen den arabischen Stämmen schlichtete

Hanif: vorislamischer arabischer Monotheist

Haschim, *Haschimiten:* Name von Muhammads Clan

Hedschaz: westarabische Region

Henotheismus: der Glaube an einen einzigen «Hochgott» ohne die ausdrückliche Ablehnung anderer, niedrigerer Götter

Hidschab: muslimische Praxis der Verschleierung und Absonderung der Frauen

Hidschra: Übersiedlung Muhammads von Mekka nach Yathrib (Medina) im Jahr 622 n. Chr., dem Jahr 1 der islamischen Zeitrechnung (Jahr 1 n. H. [nach der Hidschra])

Iblis: der Teufel (verballhornte Form des Griechischen *diabolos*); Satan

Ichwan: «Brüder»; Wahhabitische Heilige Krieger, die den Saudis bei der Eroberung Arabiens halfen

Idschma: Konsens der Ulama in Rechtsfragen, die durch den Koran und die Hadithe nicht abgedeckt sind

Idschtihad: Prinzip der selbständigen Rechtsfindung eines islamischen Rechtsgelehrten oder Mudschtahid aufgrund rationaler Erwägungen

Imam: im Schiitentum von Gott inspirierter Führer der Gemeinschaft

Islamismus: moderne islamische Bewegung, deren vorrangiges Ziel die Etablierung eines islamischen Gemeinwesens ist

Isnad: Überlieferungskette zur Bekräftigung der einzelnen Hadithe

Istislah: «Gemeinwohl», auf das sich die Gelehrten bei der Urteils- bzw. Rechtsfindung berufen können

Ka'ba: altes mekkanisches Heiligtum für die Stammesgottheiten des Hedschaz vor dem Auftreten Muhammads, der die Götzenbilder entfernte und das Gebäude Allah zueignete

Kafir: Ungläubiger

Kahin (Plural *kuhhan*)*:* Seher und ekstatischer Dichter im vorislamischen Arabien; von einem Dschinn inspiriert

Kalam: islamische Theologie

Kalif: «Nachfolger» Muhammads und weltlicher Führer der muslimischen Gemeinschaft

Khedive: Titel der ägyptischen Monarchen unter britischer Oberhoheit

Kuhhan: siehe *kahin*

Madrasa: islamische Religionsschule

Mahdi: der «Rechtgeleitete»; der Verborgene Imam, der am Jüngsten Tag in Erscheinung treten und Gerechtigkeit bringen wird

Matam: Ritual der Selbstgeißelung als Ausdruck der Trauer über den Märtyrertod Husains

Mudschahidin: muslimische Kämpfer; wörtlich «die den Dschihad führen»

Mudschtahid: muslimischer Rechtsgelehrter, der als Verhaltensvorbild dient und befugt ist, Rechtsgutachten zu erstellen

Muruwwa: Verhaltenskodex der arabischen Stämme in vorislamischer Zeit

Muslimbrüder: sozialistische islamische Organisation, die 1928 von Hasan al-Banna in Ägypten gegründet wurde

Mu'tazila, *Mu'taziliten:* rationalistische Schule der islamischen Theologie

Nabi: Prophet

Nadschd: die Wüstenlandschaft im östlichen Arabien

Nafs: «Atem»; im Sufismus das Selbst oder Ich

Nasch: die Aufhebung eines Koranverses durch einen anderen

Panarabismus: Prinzip der rassischen Einheit der arabischen Weltbevölkerung

Panislamismus: Prinzip der religiösen Einheit der muslimischen Weltbevölkerung

Pir: ein Sufi-Meister (auch Schaich oder «Freund Allahs» genannt)

Qa'id: «Anführer» im vorislamischen Stammeskrieg

Qalb: das «Herz»; im Sufismus gleichbedeutend mit Seele

Qibla: Gebetsrichtung gen Mekka

Qiyas: Analogieschluß als Rechtsfindungsprinzip bei der Entwicklung des islamischen Gesetzes

Quraisch: der beherrschende Stamm Mekkas im vorislamischen Arabien

Qurra: die «Koranleser», die das geoffenbarte Wort als Erste auswendig lernten, aufschrieben und verbreiteten

Qutb: der kosmische «Pol», um den das Universum kreist

Raschidun: die ersten vier «rechtgeleiteten» Kalifen: Abu Bakr, Umar, Uthman und Ali

Rasul: der Gesandte (Gottes)

Ruh: der Weltgeist; der Atem Gottes

Salafiyya: muslimische Reformbewegung, durch Muhammad Abduh und Dschamal ad-Din al-Afghani in Ägypten begründet

Salat: rituelles Gebet, das gläubige Muslime fünfmal am Tag verrichten: bei Sonnenaufgang, mittags, nachmittags, bei Sonnenuntergang und abends

Saum: Fasten

Schahada: das muslimische Glaubensbekenntnis: «Es gibt keinen Gott außer Gott, und Muhammad ist der Gesandte Gottes.»

Schaich: Führer eines Stammes oder Clans; auch Sayyid genannt

Scharia: islamische Rechtsordnung mit den Hauptquellen Koran und Hadithe

Schiʿa, *Schiitentum:* islamische Glaubensrichtung, gegründet von den Anhängern Alis

Schirk: «Beigesellung»; das Infragestellen der Einheit und Einzigkeit Gottes

Schura: beratende Versammlung der Stammesältesten, die im vorislamischen Arabien den Schaich wählten

Sufismus: Bezeichnung für die mystischen Traditionen des Islams

Sunna: die Überlieferungen des Propheten, bestehend aus den Hadithen

Sunni: Sunnit, Anhänger der «orthodoxen» Hauptrichtung des Islams

Sure: ein Kapitel des Korans

Tabiʿun: die zweite Generation von Muslimen nach den Prophetengefährten

Tadschwid: die Wissenschaft der Koranrezitation

Tafsir: traditionelle Koranexegese

Tahannuth: religiöser Rückzug in vorislamischer Zeit

Tanzil: die unmittelbare Offenbarung Gottes an Muhammad

Taqiyya: Praxis der Verstellung und des Verschweigens in der Schiʿa

Taqlid: blindes Nachahmen, ohne die juristische Argumentation in Frage zu stellen

Tariqa: der spirituelle Weg oder Weg der Sufis

Tasawwuf: mystisches Streben im Sufismus

Tauhid: «für Einen erklären»; Anerkennung der Einheit und Einzigkeit Gottes

Tawaf: das siebenmalige rituelle Umschreiten der Kaʿba

Topos: überliefertes literarisches Thema

Ta'wil: Koranexegese mit dem Schwerpunkt auf der verborgenen, esoterischen Textdeutung

Ta'ziye: Passionsspiel mit der öffentlichen Inszenierung von Husains Märtyrertod in Kerbela

Ulama: die islamische Geistlichkeit

Umm al-kitab: «die Mutter des Buches», das «Urbuch»; bezeichnet den göttlichen Ursprung aller geoffenbarten Schriften

Umma: die muslimische Gemeinschaft in Medina

Umra: die sogenannte «kleine Pilgerfahrt» nach Mekka

Velayat-e faqih: die «Statthalterschaft des Rechtsexperten»; Grundprinzip der von Ayatollah Chomeini begründeten religiös-politischen Ideologie

Wahhabismus: puritanische islamische Sekte, gegründet von Muhammad ibn Abd al-Wahhab in Arabien

Wali: Vollstrecker der göttlichen Botschaft

Zahir: explizite Botschaft des Korans

Zakat: Pflicht zur Almosenspende an die muslimische Gemeinschaft; die Spenden werden an die Armen verteilt

Zakir: schiitischer Sänger, der während der Muharram-Zeremonien Geschichten der Märtyrer rezitiert

Zamzam: der Brunnen neben der Ka'ba

Personenregister

Aaron 33, 141 f., 208
al-Abbas 161
Abbott, Nabia 126
Abd al-Aziz ibn Saud 273, 275 f.
Abd al-Dschabbar, Ahmad 178
Abd Allah ibn al-Zubair 204, 212
Abd al-Malik, abbasidischer Kalif 204
Abd al-Muttalib 44, 46
Abd al-Rahman 149 f.
Abd al-Rahman I., Umayyadenemir von Spanien 162
Abd al-Rahman III., Umayyadenemir von Spanien 120
Abd al-Rahman ibn 'Amr ibn Muldscham 160
Abd al-Raziq, Ali 76, 163
Abd al-Wahhab 270–272
Abdallah 43
Abduh, Muhammad 259–261, 263, 271
Abdul Aziz, Schah 206
Abraha 42
Abraham 28, 33 f., 38, 40 f., 46, 59, 68, 77, 88, 114, 124, 127 f., 131, 141, 201, 206, 208
Abrahamov, Binyamin 178
Abu Amir al-Rahib 39
Abu Bakr 66, 72 f., 75, 88, 93, 113, 130, 132–134, 137–140, 142–151, 153–155, 158 f., 244, 289
Abu Bakra 93
Abu Dudschana 103
Abu Hanifa 180, 183, 191
Abu Lahab 71
Abu Qais ibn al-Aslat 39
Abu Ridah, Mohamed A. 170
Abu Said al-Chudri 93
Abu Sufyan 100, 103, 115, 131, 149, 159
Abu Talib 44, 56, 65, 69, 71
Abu Ubaida 137
Abu Zaid, Nasr Hamid 194
Adam 28, 33, 59, 124, 137, 174, 206, 208, 240
al-Afghani, Dschamal al-Din 257–261, 263, 271
Ahmad ibn Hanbal 166 f., 177, 183, 191
Ahmad Khan, Sayyid 110 f., 246, 253 f., 258 f.
Ahmad, Barakat 117
Ahmadinedschad, Mahmoud 284
Ahmed, Leila 90
Aischa 61, 88 f., 95, 99, 101, 132–134, 144–146, 150, 155 f., 159, 204

Al-e Ahmad, Dschalal 267, 281
Algar, Hamid 271
Ali Akbar 199
Ali al-Hadi, zehnter Imam 213
Ali al-Rida, achter Imam 209, 213
Ali ibn Abi Talib, erster Imam 65 f., 72 f., 131,137–142, 144–149, 152, 154 f., 157–162, 198–202, 204, 206–210, 212 f., 271 f.
Ali ibn Husain (Zain al-Abidin), vierter Imam 199, 210 f.
Ali, Ahmed 94
al-Amin, abbasidischer Kalif 167
Amina 43, 45
Andrae, Tor 118
al-Anhuri, Salim 257
Arafat, W. N. 117
Aristoteles 176
Armstrong, Karen 118
Arnold, Thomas 160
al-Asch'ari, Abu'l Hasan 179
al-Aswad 135
An-Naim, Abdullahi 195
Attar, Farid al-Din 234, 236–238, 240 f.
Augustinus von Hippo 35
Ayub Khan 288
Azzam, Abdullah Yusuf 111

Bahadur Schah II. 250, 252
Bahira, Mönch 44 f.
Bakhtiar, Laleh 96
al-Baladhuri, Ahmad ibn Yahya 22
Bamyeh, Mohammed 125
al-Banna, Hasan 263–267, 271, 281, 302
Baqura 36
Baron, S. W. 117, 121
al-Bazzaz, Abd al-Rahman 262
Bell, Richard 70
Berkey, Jonathan 189
Bhutto, Benazir 96, 288
Bhutto, Zulfikar Ali 288
Bin Ladin, Usama 111 f., 277, 311, 315 f.
Borudscherdi (Ayatollah) 219
Brzezinski, Zbigniew 276
al-Buchari, Muhammad 188 f.
Bulliet, Richard 52, 168
Burckhardt, Titus 236
Burton, Sir Richard 97
Bush, George W. 19, 290

Caetani, Leone 152
Carter, Jimmy 276
Chadidscha 57, 62 f., 65, 71 f., 85, 88
Chalid ibn Sinan 39
Chatami, Muhammad 283
Chaucer, Geoffrey 182
Chiragh Ali 111, 255
Chomeini, Ruhollah (Ayatollah) 111, 163, 211, 214–221, 280–283, 298
Çiller, Tansu 96
Conrad, Lawrence 60
Cooper, Frederick 248
Coulter, Ann 19
Cox, Harvey 293 f.
Cragg, Kenneth 60, 182
Cromer, Lord 97
Crone, Patricia 50 f., 137

Daqiqa bint Murschid 95
David 51, 59, 89, 137, 141
Disraeli, Benjamin 251
Dschabalah ibn al-Aiham 83
Dscha'far al-Sadiq, sechster Imam 191, 210–212
al-Dschili, Abdul Karim 243
Duff, Alexander 253

Eickelman, Dale 135

El Fadl, Khaled Abou 195
Ellenborough, Lord 251
Erasmus, Desiderius 308
Eva 174

Fakhry, Majid 94
Fatima 65, 142, 144 f., 162, 199, 202, 204, 206, 209, 303
Fatima bint Ali 95
Fazlollah Nuri, Schaich 218
Ferdinand, König von Aragon 120
Firuz 148
Flaubert, Gustave 97
Fueck, Jonathan 39

Gabrieli, Francesco 113, 117
Gandhi, Mohandas Karamchand 287
Gerson, Jean 307 f.
al-Ghazali, Abu Hamid 175 f., 191, 233, 243, 263
Gil, Moshe 114
Goitein, S. D. 123
Goldziher, Ignaz 92, 136
Graetz, Heinrich 117
Graham, Billy 19
Graham, Franklin 19
Graham, William 185
Grant, Charles 251

Haeri, Schaich Fadlallah 227 f.
Hafis 237, 239, 242
Hafsa 88
Hagar 28, 174
Halki, Sufi-Meister 231
al-Halladsch, Husain ibn Mansur 232–234, 240
Halm, Heinz 205
Hamza 100, 103
Harun al-Raschid, abbasidischer Kalif 167, 213
Hasan al-Askari, elfter Imam 213
Hasan al-Basri 177, 239
Hasan ibn Ali, zweiter Imam 66, 152, 154, 199–202, 206 f., 210, 212, 215
Haschim 48, 50
Hasdai ibn Shaprut 120
Hasina, Schaich 96
Hawting, G. R. 29
Hind 100, 103, 131, 149
Hinds, Martin 137
Hodgson, Marshall 82
Homer 182
Hosea 89
al-Hudschwiri 234
Huntington, Samuel 19, 103
Hus, Jan 307
Husain ibn Ali, dritter Imam 66, 152, 198–200, 202–207, 210, 212, 215, 217, 272
al-Husri, Sati 261, 271
Hut, Hans 315
Hutter, Jakob 315

Ibn Abi Du'ad 166
Ibn al-Arabi 176, 242 f.
Ibn al-Haddschadsch 188 f.
Ibn Chaldun 213
Ibn Dschubair 173
Ibn Dschunaid 232
Ibn Haritha 40
Ibn Hazm 183
Ibn Hischam 22, 38 f., 57, 59, 61 f., 66, 79
Ibn Ishaq 22, 39, 49
Ibn Kullab 183
Ibn Madscha 93
Ibn Ruschd (Averroës) 178
Ibn Sayyad 123
Ibn Sina (Avicenna) 180
Ibn Taimiyya 110
Ibn Salana 223

Idris Schah, Großschaich von Sardana 230
Inayat Khan 244
Inhofe, James 20
Iqbal, Muhammad 247
Isaak 28, 124, 141, 208
Isai 45
Ismail 28 f., 48, 124, 141, 206, 208
Ismail, Safavidenschah 214 f., 217
Ismail, siebter Imam 212

Jafri, Husain 206
Jakob 34, 88, 124, 141
Jashari, Kuqusha 96
Jesaja 128
Jesus 23, 27, 35 f., 41, 43, 45, 59, 61, 121, 123, 126–128, 131, 140, 181, 205, 208, 210, 213, 233, 243, 292
Jinnah, Muhammad Ali 287 f.
Johannes der Täufer 46, 128, 308

Ka'b ibn Asad 115
Karima bint Ahmad 95
Kaschani (Ayatollah) 218
al-Kaschifi 207
Keddie, Nikki 257
Kemal, Mustafa (Atatürk) 262
Kemal, Namık 259
Khaled, Amr 306, 311 f., 315 f.
Kister, M. J. 40
Kyros der Große 36

Lammens, Henri 140
Lawrence, Bruce 245
Lazarus 23
Lecker, Michael 80, 118
Leila 222–226, 231, 238
Lewis, Bernard 103
Luqman, Prophet 67 f.
Luther, Martin 307 f., 310 f., 315 f.

al-Ma'mun, abbasidischer Kalif 161, 165–168, 184
Madelung, Wilferd 141, 146, 152
Madschnun (Kais) 222–226, 230–232, 238, 240
Maimonides, Moses 23
Malcolm X 174
Malik ibn Anas 169, 191
Mame Madior Boye 96
Margoliouth, D. S. 121 f.
Maria 27, 41, 45, 131, 308
Mariya 88
Marwan 152 f., 203
Maslama (Musailama) 135
Mawdudi, Abu-l Ala (Mawlana) 162, 255, 271, 275, 287 f.
Menocal, Maria 120
Mernissi, Fatima 93
Mir, Mustansir 109
Modarressi, Hossein 211
Montazeri, Hussein Ali 220
Moojan, Momen 141
Mose 23, 33, 41, 59, 89, 127, 141 f., 181, 206, 208
Mowtazeri, Hussein Ali 220
Mu'awiya, Umayyadenkalif 156, 159–161, 167, 200–203
Mubarak, Hosni 291
al-Mu'tasim, abbasidischer Kalif 165–168, 305
Muhammad 20, 22–25, 29, 38–46, 48, 50 f., 54, 56–77, 79–93, 95, 99–104, 106–111, 113–151, 154, 157–163, 171 f., 174 f., 180–183, 187, 189 f., 193 f., 197 f., 200 f., 206–213, 228, 243, 258, 271, 273, 277, 285, 289, 291, 295, 297 f., 303, 305, 308, 317

Muhammad al-Baqir, fünfter Imam 211
Muhammad Ali 273
Muhammad ibn Abd al-Wahhab 269
Muhammad ibn al-Hanafiyya 204, 212
Muhammad ibn Hasan al-Madi, zwölfter Imam 213
Muhammad ibn Saud 269, 271 f.
Muhammad Taqi (al-Dschawad), neunter Imam 213
Müller, Max 32
Müntzer, Thomas 315
Musa al-Kazim, siebter Imam 212 f., 217
Musharraf, Pervez 288
al-Mutawakkil, abbasidischer Kalif 168

Nadschm al-Din Razi Daya 182
Naguib, Muhammad 265
Napoleon Bonaparte 304
Naquvi, Syed-Mohsen 207
Nasser (Gamal Abd al-Nasir) 265–268, 274, 304
Netton, Richard 245
Newby, Gordon 33, 122 f.
Nicholson, Reynold 226, 243
Noah 28, 33, 41, 206
Nöldeke, Theodor 151
Nurbakhsh, Javad 237
Nurul Izzah Anwar 96

Obama, Barack 12 f.
Omar Chayyam 242
Otto, Rudolf 175

Pahlavi, Muhammad Reza, Schah von Persien 214–217, 281–284, 299
Paulus 140, 181
Peters, F. E. 52, 121
Petrus 140, 209
Pinault, David 207

al-Qadir, abbasidischer Kalif 168
Qasim 199
Qass ibn Sa'idah 39
Qusayy 48–50, 52, 201
Qutb, Sayyid 163, 266–268, 270 f., 281

Rabia von Basra 229, 239 f.
Raihana 88
Ramadan, Tariq 195, 302
Raschid Rida, Muhammad 261
al-Razi, Fachr al-Din 93
Reagan, Ronald 276
Reed, Jonathan 122
Reissener, H. G. 122
Renan, Ernest 23
Renard, John 170
Rhodes, Cecil 250
Rodinson, Maxime 71
Ruhani, Mir Mohammad 220
Rumi, Dschalal al-Din 230, 232, 237, 240, 245

Saadi von Schiraz 231
Sachedina, Abdulaziz 214, 296
Sa'd ibn Mu'adh 117
Sa'd ibn Ubaida 136, 142
Saddam Hussein 217, 220, 282 f.
Safwan ibn al-Mu'attal 145 f.
Saladin, Sultan von Ägypten 304
Salomo 89, 141
Samuel 45
Sanei, Yusuf 220
Sara 28
Sarjeant, R. B. 136
Sarkozy, Nicolas 98
Sauda 88
Saul, Kg. von Israel 89

Schacht, Joseph 187, 189
al-Schadhili, Muhammad 229
al-Schafi'i, Muhammad 191
Schariat-Madari (Ayatollah) 219, 282
Schemr, General 199 f.
Schubel, Vernon 207
Selim I., osmanischer Sultan 214
Sells, Michael 181
Shaban, Muhammad A. 50, 140
Shaltut, Mahmud 111
Shariati, Ali 98, 160, 176, 281
Sharif, Nawaz 288
Siddharta 61
Simon Bar Kochba 33
al-Sistani, Ali 220, 312
Smith, Wilfred Cantwell 169
Soroush, Abdolkarim 195, 283, 300
Stillman, Norman 118
Sukarnoputri, Megawati 96
Suwaid 67

al-Tabari 22, 40, 43, 59, 66, 79, 86, 121, 172
Tabataba'i, Allamah 208
Tabatabai-Qomi, Sayed Hassan 220
Taha, Mahmud Muhammad 195
al-Tahawi 175
Talha ibn Ubaid Allah 154 f., 159, 204
Teresa von Ávila 239
Tertullian 35
Thomas von Aquin 176
Thomas, Bertram 82
Tocqueville, Alexis de 294
Trevelyan, Charles E. 251, 286
Tustari, Pir 232

Ubaid Allah ibn Jahsch 38
Umar 88, 95, 119, 130, 134, 137, 140, 142, 146–158, 180 f.
Umayya ibn Abi Salt 38
Umm Hani 57
Umm Salama 88, 99, 101
Umm Waraqa 99
Urban II., Papst 352
Uthman ibn Affan 148–159, 161, 186, 201, 203
Uthman ibn Huwairith 38

Vine, Jerry 20

Wadud, Amina 195
Wali Allah, Schah 246 f., 253, 257, 269
Walid, Emir 203
Walzer, Michael 112
Wansbrough, John 136
al-Waqidi, Abu Muhammad 78
Waraqa ibn Naufal 38, 63
Wasil Ibn Ata 180
Watt, W. Montgomery 50 f., 66, 81, 121, 140, 170
Weber, Max 103
Welch, William 256
Wycliffe, John 307

Yahya Khan 288
Yazid I., Umayyadenkalif 198 f., 202–204
Yunus ibn Bukair 39

Zaghlul, Sa'd 261, 271
Zaid 66
Zaid al-Schahid 211
Zaid ibn Amr 38–41, 46, 296
Zainab 200
Zainab bint al-Sha'ri 95
Zarathustra 36 f.
Zardari, Asif Ali 288
al-Zawahiri, Ayman 277
Zia, Khaleda 96
Zia al-Haq 288
Zubair ibn al-Awwam 154 f., 159

Aus dem Verlagsprogramm

Weltreligionen

Neil MacGregor
Leben mit den Göttern
Aus dem Englischen von Andreas Wirthensohn
und Annabel Zettel
2018. 542 Seiten mit zahlreichen Abbildungen
Gebunden

Bernhard Maier
Die Ordnung des Himmels
Eine Geschichte der Religionen
von der Steinzeit bis heute
2018. 576 Seiten mit 50 Abbildungen
Gebunden

Navid Kermani
Ungläubiges Staunen
Über das Christentum
2017. 304 Seiten mit 49 farbigen Abbildungen. Klappenbroschur
C.H.Beck Paperback Band 4502

Jörg Lauster
Die Verzauberung der Welt
Eine Kulturgeschichte des Christentums
5. Auflage. 2017. 734 Seiten mit 89 Abbildungen, davon 25 in Farbe
Leinen

Michael Brenner
Kleine jüdische Geschichte
2. Auflage. 2019. 374 Seiten mit 20 Abbildungen und 5 Karten. Broschiert
C.H.Beck Paperback Band 1994

Friedrich Wilhelm Graf
Götter global
Wie die Welt zum Supermarkt der Religionen wird
2014. 286 Seiten. Klappenbroschur
C.H.Beck Paperback Band 6126